工程实践系列丛书
普通高等院校应用型人才培养"十三五"规划教材

机械制造工程训练

主　编　陈勇志　陈海彬　何楚亮
主　审　孙振忠

西南交通大学出版社
·成都·

图书在版编目（CIP）数据

机械制造工程训练 / 陈勇志，陈海彬，何楚亮主编. —成都：西南交通大学出版社，2019.9（2023.8 重印）
（工程实践系列丛书）
普通高等院校应用型人才培养"十三五"规划教材
ISBN 978-7-5643-7137-1

Ⅰ. ①机… Ⅱ. ①陈… ②陈… ③何… Ⅲ. ①机械制造工艺–高等学校–教材 Ⅳ. ①TH16

中国版本图书馆 CIP 数据核字（2019）第 195993 号

工程实践系列丛书
普通高等院校应用型人才培养"十三五"规划教材

Jixie Zhizao Gongcheng Xunlian
机械制造工程训练

主　编／陈勇志　陈海彬　何楚亮	责任编辑／罗在伟
	封面设计／何东琳设计工作室

西南交通大学出版社出版发行
（四川省成都市金牛区二环路北一段 111 号西南交通大学创新大厦 21 楼　610031）
发行部电话：028-87600564
网址：http://www.xnjdcbs.com
印刷：四川森林印务有限责任公司

成品尺寸　185 mm×260 mm
印张　18.5　　字数　460 千
版次　2019 年 9 月第 1 版
印次　2023 年 8 月第 3 次

书号　ISBN 978-7-5643-7137-1
定价　49.80 元

图书如有印装质量问题　本社负责退换
版权所有　盗版必究　举报电话：028-87600562

前　言

　　工程训练是高等院校学生在学校进行的工程氛围浓厚，教学时间集中的实践教学环节。随着高等院校工程训练教学改革的不断深入，越来越多的现代加工技术如激光加工、3D 打印及机器人技术等被充实到工程训练的教学内容中，为了适应这个改革方向的需要，我们编写了这本工程训练的指导教材《机械制造工程训练》。

　　本书共 16 章，涵盖材料及其成型技术、传统加工技术以及现代加工技术等内容。在现代加工技术的章节中，简单介绍了工业机器人、教育机器人、3D 打印等相对前沿的工业技术，以使学生对现代工业技术有一些初步认识。

　　本教材的编写思路是注重实际效果，便于操作。因此，编写时认真总结和借鉴了兄弟院校关于本课程教学改革的经验和成果，结合编者的教学实践经验和工程训练课程的实际内容，来完成机械制造技术及工艺的介绍。每章的后面还配有思考题与练习题，以帮助学生消化、巩固和深化教学内容。某些章节的思考与练习题中要求学生结合实际设计并制造出有一定创意和使用价值的作品，以便于在教学中开展创新设计与制造活动。因篇幅限制，本教材以必需和够用为原则，内容做了必要的精简，文字力求简洁，同时注意知识的系统性和科学性。

　　本教材适合于应用型本科院校的工程训练教学使用，其他相关专业可根据其专业特点和后续课程需要，有针对性地选择其中的内容组织教学。

　　本教材由东莞理工学院机械工程学院陈勇志、陈海彬、何楚亮老师主编，孙振忠教授主审，李荣泳、何伟锋、叶静、杨宇辉、吴鹏、廖忠淼和陈立甲等老师参加了编写，肖力、蔡盛腾、金鑫等老师搜集整理相关编写参考资料。教材第 1 章、第 16 章由陈勇志编写，第 2 章、第 12 章由叶静编写，第 3 章、第 7 章、第 8 章由何楚亮编写，第 4 章、第 11 章由何伟锋编写，第 5 章、第 9 章由陈海彬编写，第 6 章、第 10 章由李荣泳编写，第 13 章由陈立甲编写，第 14 章由廖忠淼编写，第 15 章由杨宇辉和吴鹏编写。

　　此外，东莞理工学院机械工程学院钟守炎教授、黄辉宇博士和郭建文博士对本书提出了许多宝贵的意见，在此谨表衷心的感谢。

　　鉴于编者水平有限，时间仓促，书中难免存在不妥与疏漏之处，希望广大读者提出修改意见和建议，以便再版修订时补充完善。

编　者

2019 年 5 月

目 录

第1章 机械制造工程实训概述 ·· 1
  1.1 概 述 ·· 1
  1.2 基本要求与注意事项 ·· 1
  1.3 机械制造工程训练考勤制度 ····································· 2
  1.4 安全网上考核 ·· 2
  1.5 机械制造工程训练学生手册 ····································· 2
  思考与练习 ·· 3

第2章 工业安全认识 ·· 4
  2.1 机械安全技术基本知识 ··· 4
  2.2 从业人员须知 ·· 5
  2.3 机械设备安全概述 ··· 6
  2.4 人为伤害概述 ·· 8
  2.5 机械加工安全注意事项 ··· 9
  2.6 清洁检查及日常维护 ·· 10
  2.7 建立安全类突发事件应急处理预案 ···························· 11
  2.8 总 结 ··· 11
  思考与练习 ··· 11

第3章 金属材料及其热处理、铸造与锻造 ······················· 12
  3.1 金属材料及其热处理 ·· 12
  3.2 金属的热处理 ··· 14
  3.3 铸 造 ··· 14
  3.4 锻 压 ··· 17
  3.5 冲模及冲压工序 ·· 21
  思考与练习 ··· 23

第4章 塑料成型与注塑模具拆装 ·································· 24
  4.1 注塑成型的基本原理 ·· 24
  4.2 注塑机的分类与组成 ·· 25
  4.3 注塑成型的操作工艺流程 ······································· 29
  4.4 注塑成型机的操作 ·· 30
  4.5 注塑模具的拆装 ·· 32
  思考与练习 ··· 35

第 5 章 车削加工 ... 36
5.1 概 述 ... 36
5.2 常用量具及其使用方法 ... 45
5.3 卧式车床 ... 51
5.4 车外圆、端面和台阶 ... 55
5.5 切槽、切断、车成型面 ... 58
5.6 车圆锥面 ... 60
5.7 孔加工 ... 61
5.8 车螺纹 ... 62
5.9 零件加工质量及检验方法 ... 65
思考与练习 ... 69

第 6 章 铣削与磨削 ... 70
6.1 铣 削 ... 70
6.2 立式铣床 ... 71
6.3 卧式万能铣床 ... 71
6.4 铣 刀 ... 72
6.5 铣削用量 ... 73
6.6 铣削典型表面 ... 75
6.7 磨 削 ... 77
6.8 砂 轮 ... 79
6.9 平面磨床 ... 80
6.10 万能外圆磨床 ... 81
思考与练习 ... 81

第 7 章 钳 工 ... 82
7.1 概 述 ... 82
7.2 锯 切 ... 82
7.3 锉 削 ... 84
7.4 孔加工 ... 87
7.5 攻螺纹与套螺纹 ... 92
7.6 划 线 ... 94
7.7 装 配 ... 97
思考与练习 ... 99

第 8 章 焊 接 ... 100
8.1 焊接原理与作用 ... 100
8.2 焊接分类 ... 100
8.3 焊接的应用 ... 101

  8.4 电弧焊 ··· 102
  8.5 气 焊 ··· 108
  思考与练习 ·· 114

第9章 数控车削加工 ·· 115
  9.1 概 述 ··· 115
  9.2 数控装置 ··· 116
  9.3 操作系统 ··· 124
  9.4 数控车床注意事项 ·· 130
  思考与练习 ·· 131

第10章 数控铣削加工 ·· 132
  10.1 数控铣床概述 ·· 132
  10.2 数控铣床基本编程方法 ··· 134
  10.3 自动编程 ·· 143
  思考与练习 ·· 152

第11章 数控电火花加工 ·· 153
  11.1 电火花线切割加工 ·· 153
  11.2 电火花成型加工 ··· 167
  11.3 电火花穿孔机加工 ·· 176
  思考与练习 ·· 179

第12章 激光加工 ·· 180
  12.1 激光及其加工系统 ·· 180
  12.2 激光加工应用 ·· 181
  12.3 激光加工操作步骤及实例解析 ··· 182
  思考与练习 ·· 193

第13章 3D打印技术 ·· 194
  13.1 3D打印的基本知识 ·· 194
  13.2 光固化快速成型技术 ··· 198
  13.3 叠层实体快速成型技术 ··· 202
  13.4 选择性激光烧结快速成型技术 ··· 204
  13.5 熔融沉积快速成型技术 ··· 208
  思考与练习 ·· 214

第14章 工业机器人装配与实训 ·· 215
  14.1 机器人概述 ··· 215
  14.2 工业机器人主要零部件装配 ·· 218
  14.3 工业机器人装配实训 ··· 230
  思考与练习 ·· 238

第 15 章 教育机器人认识与实训 ······ 239
15.1 Arduino 初识 ······ 239
15.2 Arduino 的电气特性 ······ 240
15.3 传感器技术及测量 ······ 246
15.4 创新与实践 ······ 248
15.5 综合实例——智能小车 ······ 252
思考与练习 ······ 267

第 16 章 难熔金属合金机器制造技术 ······ 268
16.1 难熔金属合金及其制造方法 ······ 268
16.2 粉末冶金 ······ 270
16.3 硬质合金 ······ 279
思考与练习 ······ 286

参考文献 ······ 287

第1章 机械制造工程训练概述

1.1 概 述

工程训练是一门实践性较强的技术基础课，是熟悉制造生产过程、培养实践动手能力的实践性教学环节。通过工程训练，学生可熟悉机械制造的一般过程，掌握金属加工的主要工艺方法和工艺过程，熟悉各种设备和工具的安全操作使用方法等，培养学生热爱劳动、遵守纪律的好习惯和理论联系实际的严谨作风。

工程训练课程的教学目标是通过课程的学习，使学生了解机械制造的一般过程，熟悉机械零件的常用加工方法及其所用主要设备的工作原理及典型结构、工量夹具的使用以及安全操作技术；使学生了解机械制造工艺知识和一些新工艺、新技术在机械制造中的应用；对简单零件初步具有选择加工方法和进行工艺分析的能力；在主要的工种上具有独立完成简单零件加工制造的实践能力。此外，在劳动观点、质量和经济观念、理论联系实际作风等工程技术人员应具有的基本素质方面，可受到培养和锻炼。

机械制造工程训练包括工业安全认识、金属材料及其热处理、铸造与锻压、塑料成型与注塑模具拆装、车削加工、铣削与磨削、钳工、焊接、数控车、数控铣、数控电火花加工、激光加工、3D打印技术、工业机器人装配与实训、教育机器人认识与实训、难熔金属合金及其制造技术等方面的实训，学生在进行这些工种的实训时，通过视频学习、教师演示以及实际操作与练习，可以获得各种加工方法的感性认识，初步学会使用有关设备、刀具、量具和夹具等，以及相关制造的基本工艺知识，并提高实践动手能力。

1.2 基本要求与注意事项

工程训练与一般的理论性课程不一样，主要的学习不是在教室中进行，而是在工程训练中心的车间。一般的训练中心都有一套完整的管理制度，主要包括安全管理制度、设备管理制度和设备操作规程等，制订这些管理制度主要是为了防止发生人身安全和设备安全事故。

学生在工程训练中的基本要求和注意事项主要有以下几点：

（1）学生进行工程训练之前，必须接受有关的纪律教育和安全教育，并以适当的方式进行必要的考核。

（2）严格遵守安全制度、文明生产制度和设备及工艺操作规程。实习时必须按工种要求穿戴防护用品，不准穿拖鞋、短裤、背心、裙子等参加实习，女同学须带工作帽。

（3）操作时必须精神集中，不准与别人闲谈。学生除在指定的设备上进行实习外，其他一切设备、工具未经同意不准擅自动用。

（4）严格遵守劳动纪律，不得擅自离开岗位。

（5）严格遵守文明生产制度。操作时所用的工具、量具等物品要摆放合理、美观，下课时应收拾清理好工具、设备，打扫工作场地，保持工作环境的整洁卫生，不得在车间嬉戏、吸烟、玩手机、阅读无关的书刊和收听广播等。

（6）严格遵守考勤制度，不得旷工、迟到或早退。

（7）爱护实训车间的工具、设备、劳保用品和一切公共财物，节约使用必需的消耗品（如钢材、铝材、塑料、亚克力、砂布、洗衣粉等）。

（8）现场教学和参观时，必须服从组织安排，注意听讲，不得随意走动。

（9）注意安全，不准在运行吊车的路线上行走和停留。

（10）实训中如发生事故，应立即切断危险源，立即报告实训指导人员，待查明原因、处理完毕后，才能再继续实训。

1.3　机械制造工程训练考勤制度

（1）学生在实训期间，应遵守实训中心上、下课的制度，不能迟到、早退或旷课，不能脱岗。

（2）请病假者原则上要有医生开具的证明，经辅导员老师批准后，告知实训指导人员方为有效。

（3）实训期间学生一般不得请事假。因特殊情况必须请事假者，需经院系有关部门批准后，持相关证明向实训中心办公室办理请假手续。

（4）学生由实训指导老师负责考勤。

1.4　安全网上考核

学生在参加实训的第一天，需要通过安全考试，考试为网上考核，成绩合格方可进入下一阶段实训。

1.5　机械制造工程训练学生手册

工程训练结束后，学生需递交一份《工程训练学生手册》，在实习结束后的一周内由各班班长或学习委员收齐交到实习中心办公室。

《工程训练学生手册》封面统一，封面上写上姓名、班级、学号、实习时间，内容应层次分明、文笔通畅，篇幅合理。

　　《工程训练学生手册》内容包括以下几个方面：

　　（1）思考自己实训过的内容，描述自己在操作技能、机械基础知识等方面的体会与收获。

　　（2）根据实训时的实例，描述自己对有关知识和技能的应用能力和掌握程度。

　　（3）评价自己实训过程中各方面的收获与不足。

　　（4）对实训指导人员做出客观评价，对实习内容和安排提出中肯的意见和建议。

思考与练习

1. 工程训练课程的教学目标是什么？
2. 学生在工程训练中的基本要求和注意事项是什么？
3. 工程训练的考勤有哪些要求？
4. 《工程训练学习手册》包括哪几方面的内容？

第 2 章 工业安全认识

2.1 机械安全技术基本知识

随着现代工业的高速发展,生产技术不断提高,新产品、新工艺、新材料、新设备的出现和应用,给生产经营和使用单位带来十分有利的因素。高校实训中心作为设备使用单位对设备的安全工作、预防事故,保障人身和财产安全有深入的了解。机械设备是现代生产中各行各业不可缺少的设备,不仅工业生产要用到各种机械,其他行业也不同程度上用到各种机械,它是各行各业解放劳动力、提高生产率的有力工具,也是现代工业的基础。在生产的人机环境系统中,机械与人相比,具有人所不可替代的优点。国家对工业安全十分重视,制定了有关法律。严重违反工业安全规定的行为是违法行为,企业发生了严重的安全事故要追究领导人的责任。大学生将来有可能成为企业的骨干或负责人,对此绝不能掉以轻心。学生参加工业安全培训应达到两个要求,一是确保人身安全、设备安全;二是获得工业安全基本知识,为将来的发展做准备,学习各项安全条例、各种设备安全防护与操作、安全事故发生后的应急措施,以及黑客入侵的防范技术等等。从这一系列的问题可以看出工业安全培训的重要性。工业安全涉及面广泛且繁杂,了解这一系列的危害与防护从而采取适当的安全对策是每个大学生应该具备的技能。

2.1.1 工业事故基本特征

事故是指在生产和行进过程中,突然发生的与人们愿望和意志相反的情况,使生产进程停止或受到干扰的事件。工业事故是指在工业生产过程中发生的事故,它的发生是意外的、突然的且后果是有危害的(导致人的伤害或财产损失),即事故具有意外性、突发性和破坏性的特点。事故和其他事物一样具有自己的特性,只有了解事故的特性才能预防事故、减少事故的损失。事故具有五个重要特征,即因果性、偶然性、必然性、潜伏性和复杂性。事故的发生是有原因的,事故和导致事故发生的各种原因之间存在有一定的因果关系,因此,分析、研究各危险因素的特征、形成过程、影响事故的发生和结果的规律与途径对预防和控制事故的发生与发展具有重要意义。事故也是一种随机现象,发生和后果往往具有一定的偶然性和随机性。同时事故又会表现出其必然性。从概率角度讲,危险因素的不断重复出现,必然会导致事故的发生。

2.1.2 从业人员的三级安全教育

1. 入厂教育

新入厂的职工（干部和工人）或调动工作的工人以及新到厂的临时工、合同工、培训和实训人员等在分配到车间和工作地点以前，要由厂劳资部门组织，安全部门进行初步安全教育。其内容包括国家有关安全生产方针政策和法规，本厂安全生产的一般状况，企业内部特殊危险部位的介绍，一般的机械电气安全知识，入厂安全须知和预防事故的基本知识。经考试合格后，再分配到车间。

2. 车间教育

车间教育是指在新职工或调动工作的工人在分配到车间后进行的安全教育。由车间主管安全的主任负责，车间安全员进行教育。教育内容有本车间的生产概况，安全生产情况，本车间的劳动纪律和生产规则，安全注意事项，车间的危险部位，危险机电设施、尘毒作业情况，以及必须遵守的安全生产规章制度。

3. 岗位教育

岗位教育是指由工段、班组长对新到岗位工作的工人进行的上岗前安全教育。教育内容有工段、班组安全生产概况，工作性质和职责范围，应知应会，岗位工种的工作性质、机电设备的安全操作方法，各种安全防护设施的性能和作用，工作地点的环境卫生及尘源、毒源、危险机件，危险物的控制方法，个人防护用具的使用方法，以及发生事故时的紧急救灾措施和安全撤退路线。

三级安全教育时间不得少于40学时。工人经考试合格后，方可独立进行操作。

2.2 从业人员须知

虚心学习，掌握技能。不懂的地方一定要问清楚。要努力掌握所学的知识。要逐步进行实践，生产技能要反复进行练习。整理整顿工作地点，有一个整洁有序的作业环境。经常维护保养设备，按照标准进行操作。"五必须"：必须遵守厂纪厂规，必须经安全生产培训考核合格后持证上岗作业，必须了解本岗位的危险危害因素，必须正确佩戴和使用劳动防护用品，必须严格遵守危险性作业的安全要求。"五严禁"：严禁在禁火区域吸烟、动火，严禁在上岗前和工作时间饮酒，严禁擅自移动或拆除安全装置和安全标志，严禁擅自触摸与己无关的设备、设施，严禁在工作时间串岗、离岗、脱岗或嬉戏打闹。同时，还要做到"三不伤害"：不伤害自己，不伤害他人，不被他人伤害。两人以上共同作业时注意协作和相互联系，立体交叉作业时要注意安全。

注意遵守安全警示标志提出的要求，安全警示标志牌是由安全色、几何图形和图像符号构成的，用以表示禁止、警告、指令和提示等安全信息。根据国家规定，安全色为红、黄、蓝、绿四种颜色，分禁止标志、警告标志、指令标志和提示标志四大类型，如图2-1所示。

● 禁止吸烟　　　● 注意安全　　　● 必须戴防护眼镜　　　● 紧急出口

● 禁止堆放　　　● 当心中毒　　　● 必须戴防护手套　　　● 避险处

（a）禁止标志　　　（b）警告标志　　　（c）指令标志　　　（d）指示标志

图 2-1　安全警示标志

2.3　机械设备安全概述

2.3.1　机械伤害

机械伤害是指机械做出强大的功能作用于人体的伤害。机械伤害主要包括：压伤、碾伤、夹伤、烫伤、割伤、搅伤等。机械伤害的基本类型主要分为：引入或卷入碾轧的危险，挤压、剪切和冲击的危险，卷绕和绞缠的危害，飞出物打击的危险，物体坠落打击的危险，跌倒、坠落的危险，碰撞和刮蹭的危险，高温、明火等灼、烫伤等，如图 2-2 所示。

图 2-2　机械伤害

2.3.2　机械伤害造成的原因

1. 人的不安全行为

人的不安全行为是指违反安全操作规则（程）或安全原则，使事故有可能或有机会发生的行为。

（1）操作错误、忽视安全、忽视警告；
（2）造成安全防护装置失效；
（3）使用不安全设备；
（4）手代替工具操作；
（5）物体存放不当；
（6）冒险进入危险场所；
（7）忽视使用个人劳动防护用品等。

2. 设备的不安全状态

设备的不安全状态是直接形成或可能导致事故发生的物质条件。不安全状态还包括物、作业环境的潜在危险。

（1）缺乏安全防护，保险、联锁、信号等装置或装置有缺陷。

（2）设备、设施、工具、附件（设计）有缺陷。

加工原材料的不安全状态：如木工机械的伤害事故大多数是由于木料材质出现变化，刀头吃力不均而引起。

作业环境的不安全状态。高噪声、照度不符合要求、场地狭窄、物件摆放零乱、超高等都容易造成事故。

管理缺陷：缺乏安全管理规章制度和安全教育、无章可循或有章不循。

为此，设备的安全防护装置必须达到国家相关要求。安全防护装置应具有足够的可靠性，在规定的寿命期限内有足够的强度、刚度、稳定性、耐腐蚀性、抗疲劳性，以确保安全。安全防护装置应与设备运转联锁，保证安全防护装置未起作用之前，设备不能运转；安全防护罩、屏、栏的材料及其运转部件的距离，应符合《机械安全防护装置　固定式和活动式防护装置设计与制造一般要求》（GB/T8196—2003）的规定。安全防护装置应结构简单、布局合理，不得有锐利的边缘和凸缘。

2.3.3 机械伤害预防对策措施

机械伤害风险的大小除取决于机器的类型、用途、使用方法和人员的知识、技能、工作态度等因素外，还与人们对危险的了解程度和所采取规避危险的措施有关。正确判断什么是危险和什么时候会发生危险是十分重要的。

预防的主要对策（3E对策）如下：

（1）工程技术对策：采用先进的、安全可靠、性能高的安全技术、安全设施、安全检测等技术来提高生产过程的本质安全。

（2）安全教育对策：即采用各种有效的安全教育措施，加强文化建设，全面提高操作人员的安全素质。

（3）安全管理对策：即采用各种有效的管理措施与方法，协调人、机、环境的关系，提高生产系统整体的安全性与可靠性。

2.3.4 实现机械本质安全

（1）消除产生危险的原因。
（2）减少或消除接触机器危险部位的次数。
（3）使人们难以接近机器的危险部位（或提供安全装置，使得接近这些部位不会受到伤害）。
（4）提供保护装置或者个人防护装备。
上述措施是依次序给出的，也可以结合起来综合应用。

2.3.5 保护操作者和有关人员安全

（1）通过培训，提高操作人员辨识危险的能力。让操作人员理解安全方针、政策，明确安全的重要性及其对生产产生的影响，确保安全作业的信心。让人员了解操作空间的安全布局、要求和状态，熟悉采取的防范措施，明确一旦发生不安全行为时，需要如何应对。让人员了解本班组和本岗位的安全要求，熟悉具体的操作规程和防范技术，确保安全生产从我做起。
（2）通过对机器的重新设计，或者使用警示标志使危险部位更加醒目，如图 2-3 所示。通过培训，提高操作人员避免伤害的能力。

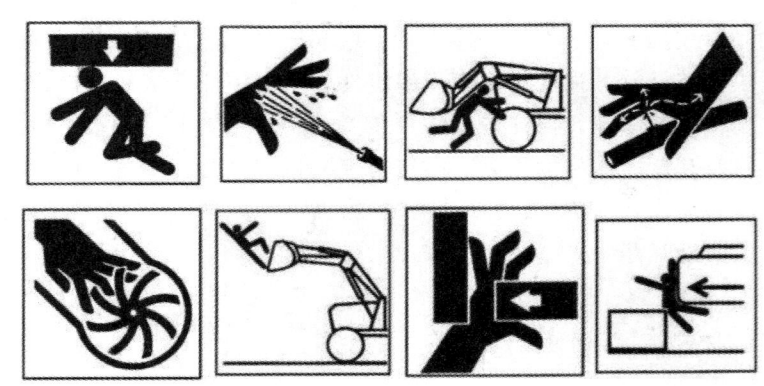

图 2-3　警示标志

2.4　人为伤害概述

2.4.1　人的因素

人们通常因缺乏安全知识，疏忽大意或采取不安全的操作动作等而引起事故。因人的安全素质差（即安全意识差、安全观念差、安全技能差、安全行为规范差）造成的事故灾害占伤亡事故的 80% 及以上。数据显示，发生过工伤事故的企业中，来自农村、乡镇和县城的务工者在工伤事故中分别占工伤者总数的 70.2%、15.4% 和 10%，城市户籍职工受工伤的比例占 4.3%，而大城市的工伤者只占 1.6%。高校毕业生由于入职不久，对岗位环境不熟悉，存在好奇、紧张、侥幸等一些不安全的心理因素，导致在工作中表现出一些不安全的行为，容易诱发安全事故。

常见的影响安全的人的因素有：违章指挥，违章操作，违反劳动纪律。

2.4.2 物的因素

机械设备工具等有缺陷或环境条件差而引起的事故。

2.4.3 人与物的综合因素

上述两种因素综合引起。

2.5 机械加工安全注意事项

树立"安全第一，预防为主"的理念，不伤害自己，不伤害他人，不被他人（它物）伤害。机械操作"十字"作业：清洁、润滑、调整、紧固、防腐。机械操作员"四懂三会"：懂原理、懂性能、懂构造、懂用途、会操作、会维修保养、会排除故障。旋转机械设备操作员防护注意事项：

（1）着装"三紧"：袖口紧、下摆紧、裤脚紧，如图 2-4 所示。
（2）不准戴手套、围巾等。
（3）女员工要将头发扎起盘紧，避免卷入机械设备。
（4）工作卡等容易卷进机械设备物件，在作业前应摘下。

图 2-4 着装"三紧"

2.5.1 危险源识别

作业区域地面要防滑并保持清洁，做到定置管理，严禁嬉戏打闹。人的任何一种不安全行为都可能导致事故的发生，有的是由于安全意识差而做的有意的行为或错误的行为，有的则是由于人的大脑对信息处理不当而做的无意的行为，如误操作或误动作。绝大多数人机事故是可以采取故障诊断等预先识别技术加以防范的。所以，危险源的识别尤为重要。

危险源的识别是有效预防危险的重要因素，作业场地常见的危险源有以下几点：

（1）当锯切较长坯料时，坯料撞击人员造成伤害。
（2）机床自动夹持工件时，夹伤人员。
（3）金属碎屑飞溅，造成伤害。
（4）未持操作证上岗，未佩戴安全防护用具，违章作业触碰锯条等，造成伤害。
（5）机床接地不良，电线裸露，未采用安全电压，造成触电伤害。
（6）衣服、头发等搅入设备造成人员伤害。
（7）产生电火花可能引发火灾。
（8）钻孔产生粉末飞溅导致人员受伤。
（9）砂轮防护罩损坏或拆除，砂轮破碎飞出造成伤害。
（10）工具、工件装卡不牢，工件飞出伤人。

2.5.2 不安全的作业习惯

（1）在作业中有不少操作人员根据自己习惯或为了自己方便，把手脚置于旋转的工作台面。
（2）工作场地杂物堆放不规范，造成物件垮塌。
（3）不佩戴个人防护用品。
（4）工件器具随处乱扔。
（5）混乱接电线、插座。
（6）在渗水的场地操作设备。

2.6 清洁检查及日常维护

我们可能经常听见员工这么说："因为工作很忙，所以没有时间进行检查和清扫。"如果因为工作忙而忽视日常的维护和检查，那么就会导致设备突发故障，如骤然停机等事件，导致生产效率下降。为了消除由于设备故障而产生的时间损失，应该先停下设备进行清扫和检查。单纯的清扫也是不够的。清扫也是检查，只要是能触及看到的地方都需要检查，发现部件有松弛、受损、裂缝等隐患时，要做好标记及时上报，等待维修人员来处理。

作业前按规定进行局部拆检，对设备进行调试，尽量在生产前发现设备存在问题并予以排除。平时要经常观察转动件的声音、螺栓、螺帽是否松动、脱离。确实做好自主保全工作。场地的日常清洁也必须做好。为作业场所提供一个整洁舒适的环境，确保每位工作人员都能保持愉悦的心情。

2.7 建立安全类突发事件应急处理预案

机械设备在使用和保管过程中，稍有不慎，即能引发人身伤亡事故，造成不良影响。保障人员的安全，促进各项工作顺利开展，防范安全事故发生，加强安全防范工作，对引发的灾害性事故，应具有充分的思想准备和应变措施，做好事故发生后的补救和善后工作，能科学有效地实施处置，切实有效地降低和控制安全事故的危害。设立应急组织机构，明确职责，科学制订预案实施方式及处理方法，合理分配人员分管区域和公布联系方式等。

2.8 总 结

安全生产强调了安全的重要性，有具体的导向性和目的性，最大程度地保护劳动者的生命安全和职业健康，最大限度地做到责任到位、培训到位、管理到位以及技术到位。在生产过程中，还必须坚持"以人为本"的原则，一切以安全为重分析危险源，预测评估一切有害因素，掌握危险出现的规律和变化，采取相应的预防措施，将危险和安全隐患消灭在萌芽状态。

思考与练习

1. 从业人员要进行哪几级安全教育？
2. 造成机械伤害的原因及其预防措施？
3. 作业场地常见的危险源有哪些？
4. 认识常见的安全警示标志。

第 3 章 金属材料及其热处理、铸造与锻压

3.1 金属材料及其热处理

金属材料是指具有光泽、延展性、容易导电、传热等性质的材料。一般分为黑色金属和有色金属两种。黑色金属包括铁、铬、锰等。其中钢铁是基本的结构材料，称为"工业的骨骼"。钢的热处理就是利用钢在固态范围内的加热、保温和冷却，以改变其内部组织，从而获得所需要的物理、化学、机械和工艺性能的一种操作。

3.1.1 金属的分类

金属材料通常分为黑色金属、有色金属和特种金属材料。

（1）黑色金属又称钢铁材料，包括杂质总含量 < 0.2% 及含碳量不超过 0.021 8% 的工业纯铁，含碳量为 0.021 8% ~ 2.11% 的钢，含碳量 > 2.11% 的铸铁，广义的黑色金属还包括铬、锰及其合金。

（2）有色金属是指除铁、铬、锰以外的所有金属及其合金，通常分为轻金属、重金属、贵金属、半金属、稀有金属和稀土金属等，有色合金的强度和硬度一般比纯金属高，并且电阻大、电阻温度系数小。

（3）特种金属材料包括不同用途的结构金属材料和功能金属材料。其中有通过快速冷凝工艺获得的非晶态金属材料，以及准晶、微晶、纳米晶金属材料等；还有隐身、抗氢、超导、形状记忆、耐磨、减振阻尼等特殊功能合金以及金属基复合材料等。

3.1.2 金属的性能

金属材料的性能决定着材料的适用范围及应用的合理性。金属材料的性能主要包括：机械性能、化学性能、物理性能、工艺性能。

1. 机械性能

在一定温度条件下承受外力（载荷）作用时，抵抗变形和断裂的能力称为金属材料的机

械性能（也称为力学性能）。金属材料承受的载荷有多种形式，它可以是静态载荷，也可以是动态载荷，包括单独或同时承受的拉伸应力、压应力、弯曲应力、剪切应力、扭转应力，以及摩擦、振动、冲击等等。

常用的机械性能包括：强度、塑性、硬度、冲击韧性、多次冲击抗力和疲劳极限等。

（1）强度：是指金属材料在静荷作用下抵抗破坏（过量塑性变形或断裂）的性能。由于荷载的作用方式有拉伸、压缩、弯曲、剪切等形式，所以强度也分为抗拉强度、抗压强度、抗弯强度、抗剪强度等。各种强度间常有一定的联系，使用中一般较多以抗拉强度作为最基本的强度指标。

（2）塑性：是指金属材料在载荷作用下，产生塑性变形（永久变形）而不被破坏的能力。

（3）硬度：是衡量金属材料软硬程度的指标。目前生产中测定硬度方法最常用的是压入硬度法，它是用一定几何形状的压头在一定载荷下压入被测试的金属材料表面，根据被压入程度来测定其硬度值。常用的指标有布氏硬度（HB）、洛氏硬度（HRA、HRB、HRC）和维氏硬度（HV）。

（4）疲劳：前面所讨论的强度、塑性、硬度都是金属在静载荷作用下的机械性能指标。实际上，许多机器零件都是在循环载荷下工作的，在这种条件下零件会产生疲劳。

（5）冲击韧性：以很大速度作用于机件上的载荷称为冲击载荷，金属在冲击载荷作用下抵抗破坏的能力叫作冲击韧性。

2. 化学性能

金属与其他物质引起化学反应的特性称为金属的化学性能。在实际应用中主要考虑金属的抗蚀性、抗氧化性（又称作氧化抗力，这是特别指金属在高温时对氧化作用的抵抗能力或者说稳定性），以及不同金属之间、金属与非金属之间形成的化合物对机械性能的影响等等。在金属的化学性能中，特别是抗蚀性对金属的腐蚀疲劳损伤有着重大的意义。

3. 物理性能

金属的物理性能主要考虑：

（1）密度（比重）：$\rho = M/V$（单位：g/cm^3 或 t/m^3），式中 M 为质量，V 为体积。在实际应用中，除了根据密度计算金属零件的重量外，很重要的一点是考虑金属的比强度（强度 σ_b 与密度 ρ 之比）来帮助选材，以及与无损检测相关的声学检测中的声阻抗（密度 ρ 与声速 c 的乘积）和射线检测中密度不同的物质对射线能量有不同的吸收能力等等。

（2）熔点：金属由固态转变成液态时的温度，对金属材料的熔炼、热加工有直接影响，并与材料的高温性能有很大关系。

（3）热膨胀性：随着温度变化，材料的体积也发生变化（膨胀或收缩）的现象称为热膨胀，多用线膨胀系数衡量，亦即温度变化 1℃ 时，材料长度的增减量与其 0℃ 时的长度之比。热膨胀性与材料的比热有关。在实际应用中还要考虑比容（材料受温度等外界影响时，单位质量的材料其容积的增减，即容积与质量之比），特别是对于在高温环境下工作，或者在冷、热交替环境中工作的金属零件，必须考虑膨胀性能的影响。

（4）磁性：能吸引铁磁性物体的性质即为磁性，它反映在导磁率、磁滞损耗、剩余磁感应强度、矫顽磁力等参数上，从而可以把金属材料分成顺磁与逆磁、软磁与硬磁材料。

（5）电学性能：主要考虑材料的电导率，在电磁无损检测中对其电阻率和涡流损耗等都有影响。

4. 工艺性能

金属对各种加工工艺方法所表现出来的适应性称为工艺性能，主要有以下4个方面：

（1）切削加工性能：反映用切削工具（例如车削、铣削、刨削、磨削等）对金属材料进行切削加工的难易程度。

（2）可锻性：反映金属材料在压力加工过程中成型的难易程度，例如将材料加热到一定温度时其塑性的高低（表现为塑性变形抗力的大小），允许热压力加工的温度范围大小，热胀冷缩特性以及与显微组织、机械性能有关的临界变形的界限、热变形时金属的流动性、导热性能等。

（3）可铸性：反映金属材料熔化浇铸成为铸件的难易程度，表现为熔化状态时的流动性、吸气性、氧化性、熔点，铸件显微组织的均匀性、致密性，以及冷缩率等。

（4）可焊性：反映金属材料在局部快速加热，使结合部位迅速熔化或半熔化（需加压），从而使结合部位牢固地结合在一起而成为整体的难易程度，表现为熔点、熔化时的吸气性、氧化性、导热性、热胀冷缩特性、塑性以及与接缝部位和附近用材显微组织的相关性、对机械性能的影响等。

3.2　金属的热处理

热处理是指材料在固态下，通过加热、保温和冷却的手段，以获得预期组织和性能的一种金属热加工工艺。金属热处理是机械制造中的重要工艺之一，与其他加工工艺相比，热处理一般不改变工件的形状和整体的化学成分，而是通过改变工件内部的显微组织，或改变工件表面的化学成分，赋予或改善工件的使用性能。其特点是改善工件的内在质量，而这一般不是肉眼所能看到的。为使金属工件具有所需要的力学性能、物理性能和化学性能，除合理选用材料和各种成型工艺外，热处理工艺往往是必不可少的。

金属热处理工艺大体可分为整体热处理、表面热处理和化学热处理三大类。根据加热介质、加热温度和冷却方法的不同，每一大类又可区分为若干不同的热处理工艺。同一种金属采用不同的热处理工艺，可获得不同的组织，从而具有不同的性能。钢铁是工业上应用最广的金属，而且钢铁显微组织也最为复杂，因此钢铁热处理工艺种类繁多。整体热处理是对工件整体加热，然后以适当的速度冷却，获得需要的金相组织，以改变其整体力学性能的金属热处理工艺。钢铁整体热处理大致有退火、正火、淬火和回火四种基本工艺。

3.3　铸　造

铸造是将金属熔炼成符合一定要求的液体并浇进铸型里，经冷却凝固、清整处理后得到有预定形状、尺寸和性能的铸件的工艺过程。图 3-1 所示为精密铸件。

铸造是比较经济的毛坯成型方法，对于形状复杂的零件更能显示出它的经济性，如汽车发动机的缸体和缸盖，船舶螺旋桨以及精致的艺术品等。有些难以切削的零件，如燃气轮机的镍基合金零件不用铸造方法无法成型。

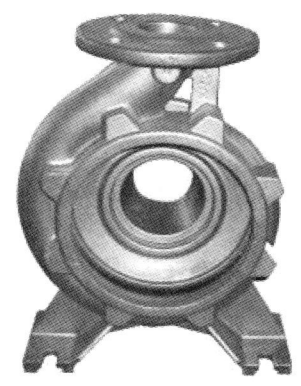

铸造

图 3-1　精密铸件

3.3.1　铸造分类

铸造的主要工艺过程包括：金属熔炼、模型制造、浇注凝固和脱模清理等。铸造用的主要材料是铸钢、铸铁、铸造有色合金（铜、铝、锌、铅等）等。铸造工艺可分为砂型铸造工艺和特种铸造工艺。特种铸造工艺又有离心铸造，低压铸造，差压铸造，增压铸造，石膏型铸造，陶瓷型铸造等。

1. 压力铸造

压力铸造是指金属液在其他外力（不含重力）的作用下注入铸型的工艺。广义的压力铸造包括压铸机的压力铸造和真空铸造、低压铸造、离心铸造等。狭义的压力铸造专指压铸机的金属型压力铸造，简称压铸。这几种铸造工艺是目前有色金属铸造中最常用的、也是价格最经济的。

2. 金属型铸造

金属型铸造是用金属（耐热合金钢，球墨铸铁，耐热铸铁等）制作的铸造用中空铸型模具的现代工艺。

金属型既可采用重力铸造，也可采用压力铸造。金属型的铸型模具能反复多次使用，每浇注一次金属液，就获得一次铸件，寿命很长，生产效率很高。金属型的铸件不但尺寸精度好，表面光洁，而且在浇注相同金属液的情况下，其铸件强度与砂型相比更高，更不容易损坏。因此，在大批量生产有色金属中、小铸件时，只要铸件材料的熔点不过高，一般都优先选用金属型铸造。金属型铸造也有不足之处，如在耐热合金钢上面加工中空型腔费用比较昂贵，所以金属型的模具成本不菲，但总体和压铸模具费用比起来则便宜多了。对小批量生产而言，分摊到每件产品上的模具费用明显过高，一般难以接受。又因为金属型的模具受模材料尺寸和型腔加工设备、铸造设备能力的限制，所以对特别大的铸件又显得无能为力。因而在小批量及大件生产中，很少使用金属型铸造。此外，金属型模具虽然采用了耐热合金钢，但耐热能力仍有限，一般多用于铝合金、锌合金、镁合金的铸造，在铜合金铸造中已较少应用，而用于黑色金属铸造就更少了。

3. 压铸

压铸是在压铸机上进行的金属型压力铸造。压铸机分为热室压铸机和冷室压铸机两类。热室压铸机自动化程度高，材料损耗少，生产效率比冷室压铸机高，但受机件耐热能力的制约，目前还只能用于锌合金、镁合金等低熔点材料的铸件生产。当今广泛使用的铝合金压铸件，由于熔点较高，只能在冷室压铸机上生产。压铸的主要特点是金属液在高压、高速下充填型腔，并在高压下成型、凝固。压铸件的不足之处是：金属液在高压、高速下充填型腔的过程中，不可避免地把型腔中的空气夹裹在铸件内部，形成皮下气孔，所以铝合金压铸件不宜热处理，锌合金压铸件不宜表面喷塑（但可喷漆）。否则，铸件内部气孔在做上述热处理时，将遇热膨胀而致使铸件变形或鼓泡。此外，压铸件的机械切削加工余量也应取小一些，一般在 0.5 mm 左右，既可减轻铸件质量、减少切削加工量以降低成本，又可避免穿透表面致密层，露出皮下气孔，造成工件报废。

4. 熔模铸造

熔模铸造又称失蜡法铸造，是一种少切削或无切削的铸造工艺，是铸造作业中一项优异的工艺技术，其应用非常广泛。它不仅适用于各种类型、各种合金的铸造，而且生产出的铸件尺寸精度、表面质量比其他铸造方法要高，甚至其他铸造方法难以铸得的复杂、耐高温、不易于加工的铸件，均可采用熔模铸造铸得。

熔模铸件尺寸精度较高，一般可达 CT4~6（砂型铸造为 CT10~13，压铸为 CT5~7），当然由于熔模铸造的工艺过程复杂，影响铸件尺寸精度的因素较多，例如模料的收缩、熔模的变形、型壳在加热和冷却过程中的线量变化、合金的收缩率以及在凝固过程中铸件的变形等，所以普通熔模铸件的尺寸精度虽然较高，但其一致性仍需提高（采用中、高温蜡料的铸件尺寸一致性可提高很多）。熔模铸造的另一优点是，它可以铸造各种合金的复杂铸件，特别是可以铸造耐高温合金铸件。如喷气式发动机的叶片，其流线型外廓与冷却用内腔，用一般的机械加工工艺几乎无法完成。用熔模铸造工艺生产不仅可以做到批量生产，保证了铸件的一致性，而且避免了机械加工后残留刀纹的应力集中。

5. 消失模铸造

消失模铸造技术（EPC 或 LFC）是用泡沫塑料制作成与零件结构和尺寸完全一样的实型模具，经浸涂耐火粘结涂料，烘干后进行干砂造型，振动紧实，然后浇入金属液使模样受热气化消失，而得到与模样形状一致的金属零件的铸造方法。消失模铸造是一种近无余量、精确成型的新技术，它不需要合箱取模，使用无粘结剂的干砂造型，减少了污染，被认为是 21 世纪最可能实现绿色铸造的工艺技术。

3.3.2 铸造成型的加工过程

铸造成型的加工过程如下：

（1）铸型（使液态金属成为固态铸件的容器）准备，铸型按所用材料可分为砂型、金属型、陶瓷型、泥型、石墨型等，按使用次数可分为一次性型、半永久型和永久型，铸型准备的优劣是影响铸件质量的主要因素。

（2）铸造金属的熔化与浇注，铸造金属（铸造合金）主要指各类铸铁、铸钢和铸造有色金属及合金。

（3）铸件处理和检验，铸件处理包括清除型芯和铸件表面异物、切除浇冒口、铲磨毛刺和隙缝等以及热处理、整形、防锈处理和粗加工等。

3.4 锻压

锻压

锻压是锻造和冲压的合称，是利用锻压机械的锤头、砧块、冲头或通过模具对坯料施加压力，使之产生塑性变形，从而获得所需形状和尺寸制件的成型加工方法。

3.4.1 锻压用途

在锻造加工中，坯料整体发生明显的塑性变形，有较大量的塑性流动；在冲压加工中，坯料主要通过改变各部位面积的空间位置而成型，其内部不出现较大距离的塑性流动。锻压主要用于加工金属制件，也可用于加工某些非金属，如工程塑料、橡胶、陶瓷坯、砖坯以及复合材料的成型等。

3.4.2 锻压分类

锻压主要按成型方式和变形温度进行分类。按成型方式锻压可分为锻造和冲压两大类；按变形温度锻压可分为热锻压、冷锻压、温锻压和等温锻压等。

1. 热锻压

热锻压是在金属再结晶温度以上进行的锻压。提高温度能改善金属的塑性，有利于提高工件的内在质量，使之不易产生开裂。高温度还能减小金属的变形抗力，降低所需锻压机械的吨位。但热锻压工序多，工件精度差，表面不光洁，锻件容易产生氧化、脱碳和烧损。

2. 冷锻压与温锻压

冷锻压是在低于金属再结晶温度下进行的锻压，通常所说的冷锻压多专指在常温下的锻压，而将在高于常温、但又不超过再结晶温度下的锻压称为温锻压。温锻压的精度较高，表面较光洁而变形抗力不大。在常温下冷锻压成型的工件，其形状和尺寸精度高，表面光洁，加工工序少，便于自动化生产。许多冷锻、冷冲压件可以直接用作零件或制品，而不再需要切削加工。但冷锻时，因金属的塑性低，变形时易产生开裂，变形抗力大，需要大吨位的锻压机械。

3. 等温锻压

等温锻压是在整个成型过程中坯料温度保持恒定值。等温锻压是为了充分利用某些金属在同一温度下所具有的高塑性，或是为了获得特定的组织和性能。等温锻压需要将模具和坯料一起保持恒温，所需费用较高，仅用于特殊的锻压工艺，如超塑成型。

3.4.3 锻压设备

锻压设备是指在锻压加工中用于成型和分离的机械设备。锻压设备包括成型用的锻锤、机械压力机、液压机、螺旋压力机和平锻机，以及开卷机、矫正机、剪切机、锻造操作机等辅助设备。

3.4.4 锻压工艺

1. 热模锻

指将加热后的坯料放置在固定于模锻设备上的锻模内锻造成型的加工方法，热模锻可以在多种设备上进行。

2. 自由锻

指将加热好的金属坯料放在锻造设备的上、下砧铁之间，施加冲击力或压力，直接使坯料产生塑性变形，从而获得所需锻件的一种加工方法。自由锻造的基本工序包括拔长、镦粗、冲孔、切割、弯曲、扭转、错移及锻接等。

（1）拔长，也称延伸，它是使坯料横断面面积减小、长度增加的锻造工序。拔长常用于锻造杆、轴类零件。拔长的方法主要有以下两种：

① 在平砧上拔长。图 3-2（a）所示为在锻锤上下砧间拔长的示意图。高度为 H（或直径为 D）的坯料由右向左送进，每次送进量为 L。为了使锻件表面平整，L 应小于砧宽 B，一般 $L \leq 0.75B$。对于重要锻件，为了整个坯料产生均匀的塑性变形，L/H（或 L/D）应在 0.4～0.8 范围内。

② 在芯棒上拔长。图 3-2（b）所示为在芯棒上拔长空心坯料的示意图。锻造时，先把芯棒插入冲好孔的坯料中，然后当作实心坯料进行拔长。拔长时，一般不是一次拔成，先将坯料拔成六角形，锻到所需长度后，再倒角滚圆，取出芯棒。为便于取出芯棒，芯棒的工作部分应有 1∶100 左右的斜度。这种拔长方法可使空心坯料的长度增加，壁厚减小，而内径不变，常用于锻造套筒类长空心锻件。

（2）镦粗，是对原坯料沿轴向锻打，使其高度减低、横截面增大的操作过程。镦粗分为完全镦粗、端部镦粗、中间镦粗、水压机用球面板镦粗，如图 3-3 所示。镦粗时应注意下列几点：

① 镦粗部分的长度与直径之比应小于 2.5，否则容易镦弯。

② 坯料端面要平整且与轴线垂直，锻打用力要正，否则容易锻歪。

③ 镦粗力要足够大，否则会形成细腰形或夹层。

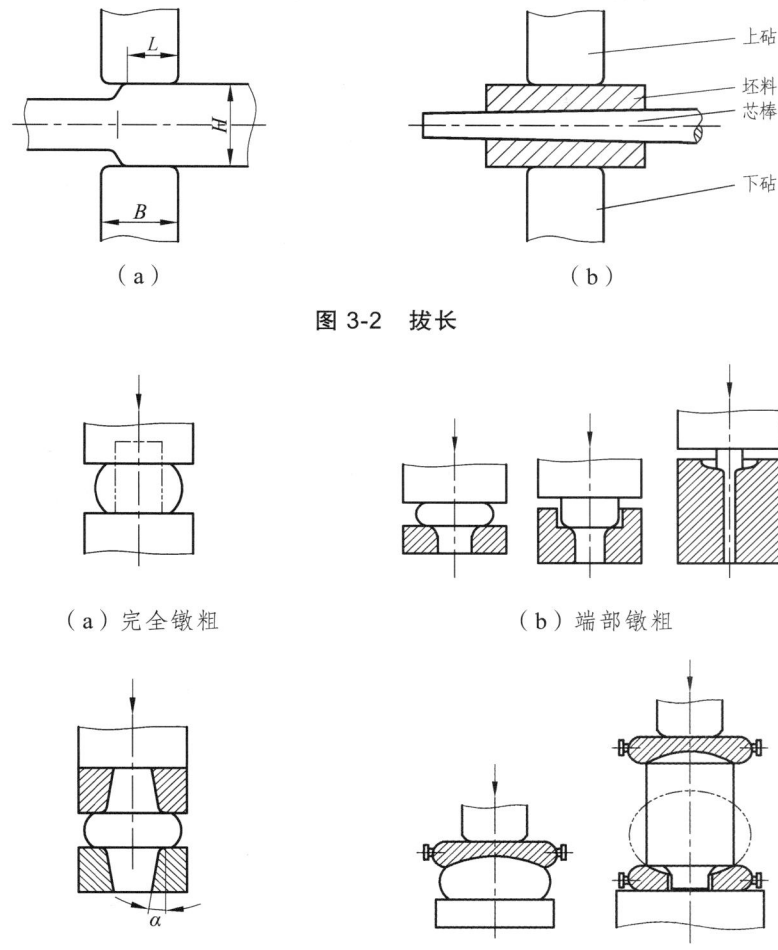

图 3-2 拔长

图 3-3 镦粗

（3）冲孔，是用冲子在坯料上冲出通孔或不通孔的锻造工序，冲孔过程如图 3-4 所示。

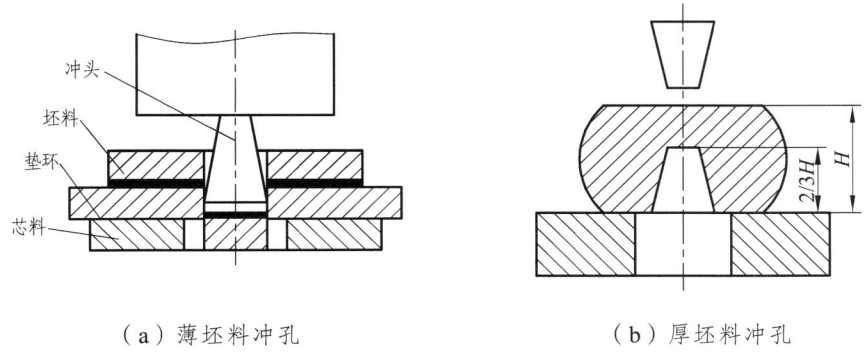

图 3-4 冲孔

（4）弯曲，是使坯料弯曲成一定角度或形状的锻造工序，如图3-5所示。

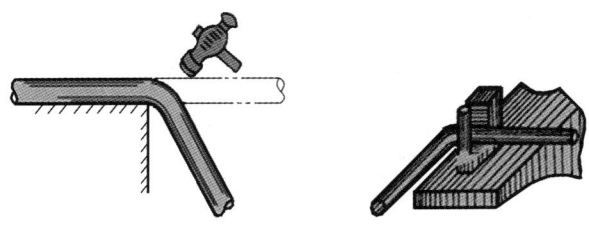

（a）角度弯曲　　　　　　　　（b）成型弯曲

图3-5　弯曲

（5）扭转，是使坯料的一部分相对另一部分旋转一定角度的锻造工序，如图3-6所示。

（6）切割，是分割坯料或切除料头的锻造工序。

3.4.5　锻件的锻造过程示例

锻件往往是经若干个工序锻造而成的，在锻造前要根据锻件形状、尺寸大小及坯料形状等具体情况，合理选择基本工序和确定锻造工艺过程。表3-1所列为六角螺母的锻造工艺过程示例，其主要工序是镦粗和冲孔。

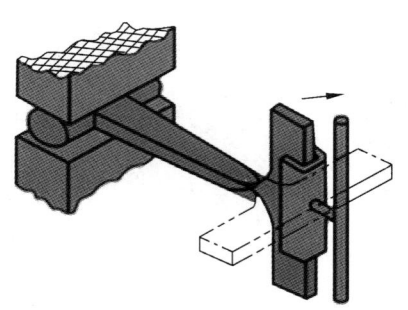

图3-6　扭转

表3-1　螺母的锻造过程

序号	火次	操作工序	简　图	工　具	备　注
1	—	下料	H_0、d_0	錾子或剪床	按锻件图尺寸，考虑料头烧损，计算坯料尺寸，并使 $H_0/d_0 < 2.5$
2	1	镦粗		尖口钳	—
3	2	冲孔		尖口钳 圆钩钳 冲子	—
4	3	锻六角		芯棒	用芯棒插入孔中，锻好一面转60°，锻第二面再转60°，即锻好

续表

序号	火次	操作工序	简图	工具	备注
5		罩圆倒角		尖口钳 罩圆凹模	—
6	—	修整		芯棒 平锤	修整温度可略低于 800 ℃

3.5 冲模及冲压工序

3.5.1 冲模

冲模是板料冲压时使板料产生分离或变形的工具。冲模通过冲床加压将金属或非金属板材或型材分离、成型或接合得到所需制件，它由上模和下模两部分组成。上模的模柄固定在冲床的滑块上，随滑块上下运动，下模则固定在冲床的工作台上。

冲头和凹模是冲模中使坯料变形或分离的工作部分，用压板分别固定在上模板和下模板上。上、下模板分别装有导套和导柱，以引导冲头和凹模对准。而导板和定位销则分别用以控制坯料送进方向和送进长度。卸料板的作用是在冲压后使工件或坯料从冲头上脱出。典型的冲模结构如图 3-7 所示。

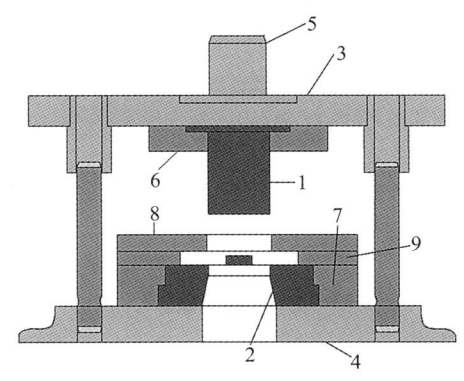

图 3-7 典型冲模

1—凸模；2—凹模；3—上模板；4—下模板；5—模柄；
6，7—压板；8—卸料板；9—导板

冲模一般可分为简单模、连续模和复合模三种，其中简单模的应用较为广泛，在新产品试制和小批量生产冲压件中普遍采用，这种冲模不仅结构简单，而且还具有制造方便、成本低廉的特点，并能满足一定的加工质量要求。

简单冲模是在冲床的一次冲程中只完成一个工序的冲模。工作时条料在凹模上沿两个导板 9 之间送进,凸模向下冲压时,冲下的零件(或废料)进入凹模孔,而条料则夹住凸模并随凸模一起回程向上运动。条料碰到卸料板 8 时(固定在凹模上)被推下,这样,条料继续在导板间送进。重复上述动作,冲下第二个零件。

3.5.2　冲压基本工艺

冲压的主要基本工序有落料、冲孔、弯曲和拉深。

1. 落料和冲孔

落料和冲孔是使坯料分离的工序,如图 3-8 所示。

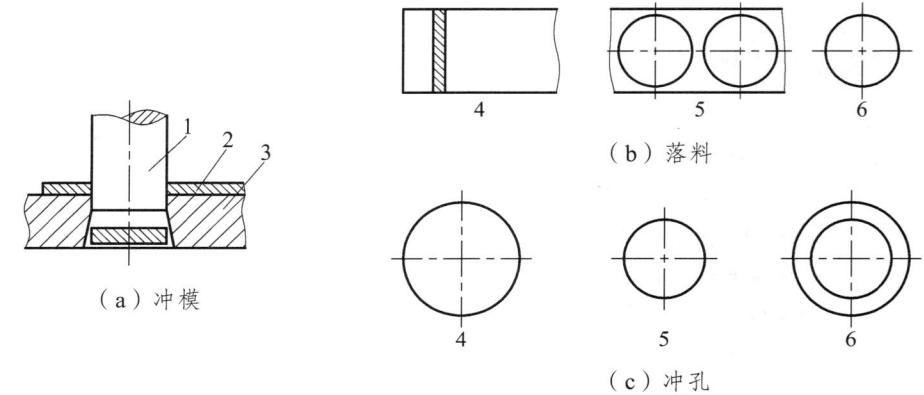

图 3-8　落料及冲孔

1—冲头；2—坯料；3—凹模；4—坯料；5—余料；6—产品

落料和冲孔的过程完全一样,只是用途不同。落料时,被分离的部分是成品,剩下的周边是废料。冲孔则是为了获得孔,被冲孔的板料是成品,而被分离部分是废料。落料和冲孔统称为冲裁。冲裁模的冲头和凹模都具有锋利的刃口,在冲头和凹模之间有相当于板厚 5%～10% 的间隙,以保证切口整齐而少毛刺。

2. 弯曲

弯曲就是使工件获得各种不同形状的弯角。弯曲模上使工件弯曲的工作部分要有适当的圆角半径 r,以避免工件弯曲时开裂,如图 3-9 所示。

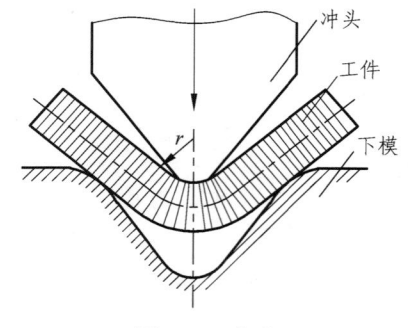

图 3-9　弯曲

3. 拉深

拉深是将平板坯料制成杯形或盒形件的加工过程。拉深模的冲头和凹模边缘应做成圆角以避免工件被拉裂。冲头与凹模之间要有比板料厚度稍大一点的间隙(一般为板厚的 1.1～1.2 倍),以便减少摩擦力。为了防止褶皱,坯料边缘需用压板(压边圈)压紧,如图 3-10 所示。

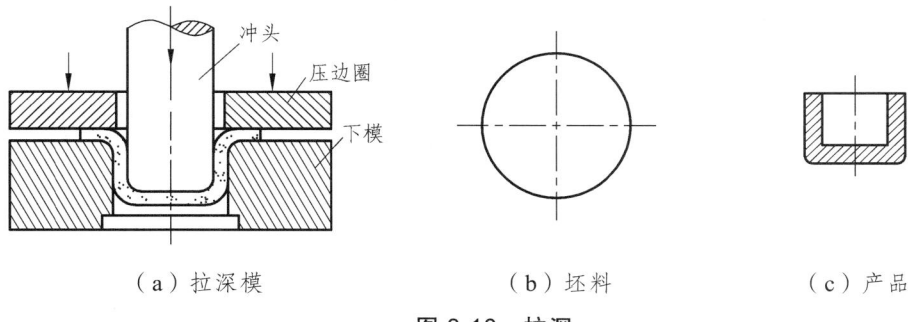

(a) 拉深模　　　　　　（b) 坯料　　　　　　（c) 产品

图 3-10　拉深

思考与练习

1. 金属分为哪些类？
2. 金属有哪几种性能？
3. 铸造的应用与优缺点有哪些？
4. 锻压的工艺与用途有哪些？
5. 冲压基本工艺是什么？
6. 镦粗时应注意哪些问题？
7. 试从设备、模具、锻件精度、生产效率等方面分析比较自由锻、模锻和胎模锻之间有何不同？

第 4 章 注塑成型与注塑模具拆装

4.1 注塑成型的基本原理

注塑成型机简称注塑机，是利用塑料成型模具将热塑性塑料或热固性塑料制成各种形状的塑料制品的主要成型设备，能一次成型外形复杂、尺寸准确或带有金属嵌件且质地密致的塑料制品，广泛应用于国防、石油、汽车、交通运输、建材、包装、农业、文教卫生以及人们日常生活各个领域，图 4-1 所示为日常生活中注塑成型的塑料制品。

图 4-1 日常生活中注塑成型的塑料制品举例

注塑机的机械部分主要由注塑部件和合模部件组成。注塑部件主要由料筒和螺杆及注射油缸组成，如图 4-2 所示。

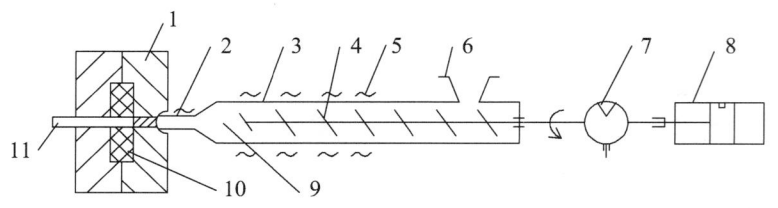

图 4-2 注塑成型原理图

1—模具；2—喷嘴；3—料筒；4—螺杆；5—加热圈；6—料斗；7—油马达；
8—注射油缸；9—储料室；10—制件；11—顶杆

注塑成型是用塑性的热物理性质，把物料从料斗加入料筒内，料筒外由加热圈加热，使物料熔融。在料筒内装有在外动力油马达作用下驱动旋转的螺杆。物料在螺杆的作用下，沿着螺槽向前输送并压实。物料在外加热和螺杆剪切的双重作用下逐渐地塑化、熔融和均化。

当螺杆旋转时，物料在螺槽摩擦力及剪切力的作用下把已熔融的物料推到螺杆的头部，与此同时，螺杆在物料的反作用力作用下向后退，使螺杆头部形成储料空间，完成塑化过程。然后，螺杆在注射油缸活塞杆推力的作用下，以高速、高压，将储料室的熔融料通过喷嘴注射到模具的型腔中。型腔中的容料经过保压、冷却、固化定型后，模具在合模机构的作用下，开启模具，并通过顶出装置把定型好的制件从模具顶出落下。

塑料固体颗粒经料斗加入料筒中，经过塑化熔融阶段，直到注射、保压、冷却、启模、顶出制品落下等过程，全是严格按照自动化工作程序操作，如图4-3所示。

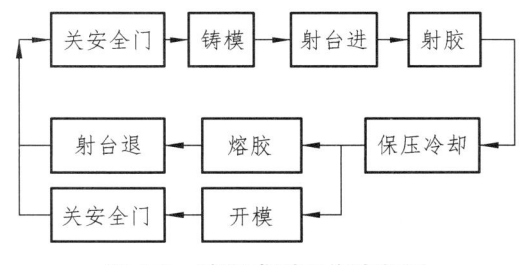

图 4-3　注塑成型工作流程图

4.2　注塑机的分类与组成

4.2.1　注塑机的分类

注塑机根据塑化方式分为柱塞式注塑机和螺杆式注塑机，按机器的传动方式又可分为液压式、机械式和液压-机械（连杆）式，按操作方式分为自动、半自动、手动注塑机。图4-4所示为注塑机的四种类型。

1. 卧式注塑机

卧式注塑机是最常见的注塑机，如图4-4（a）所示。其合模装置和注射装置处于同一水平中心线上，且模具的运动方式是沿水平方向开合模。其特点是：机床机身低，对安置的厂房无高度限制，方便机床操作和维修；制品顶出后可利用重力作用自动落下，无需采用机械手实现落料，易于实现全自动操作。目前，市场上的注塑机多采用此种形式。

2. 立式注塑机

如图4-4（b）所示，立式注塑机合模装置和注射装置处于同一垂直中心线上，模具的运动方式是沿垂直方向开合模。其特点是占地面积较小，模具安装与拆卸方便，从料斗落入的塑料颗粒能较均匀地进行塑化。但制品顶出后不易自动落下，必须借助人手或者机械手取出，不易实现自动化操作。

3. 角式注塑机

如图4-4（c）所示，角式注塑机的注射机构中螺杆的运动轴线与合模机构模板的运动轴线相互垂直排列，它适合于成型中心部分不允许留有浇口痕迹的平面制品。它占地面积比卧式注塑机小，但放入模具内的嵌件容易脱落。

4. 多模转盘式注塑机

如图4-4（d）所示，多模转盘式注塑机有两个或两个以上的工位，合模装置采用了转盘式结构，模具围绕转轴转动。这种形式的注塑机充分发挥了注射装置的塑化能力，可以缩短生产周期，生产效率较高，特别适合于冷却时间长或因安放嵌件而需要较多辅助时间的大批量制品的生产。

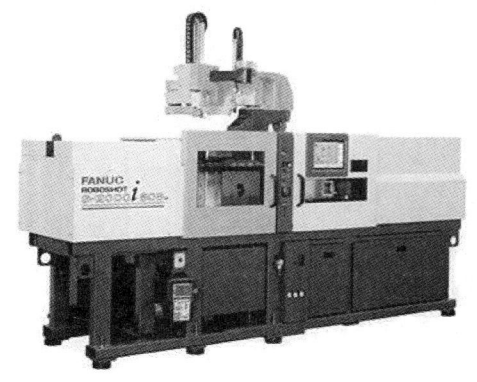
（a）卧式注塑机

（b）立式注塑机

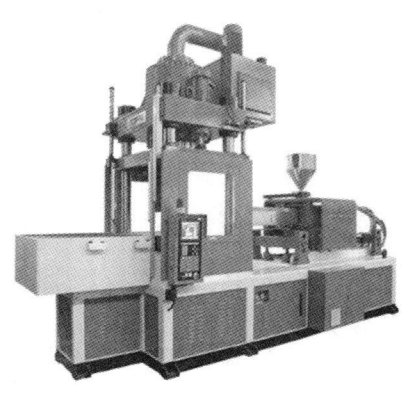
（c）角式注塑机

（d）多模转盘式注塑机

图4-4 注塑机的四种类型

4.2.2 注塑机的基本组成

注塑机根据注塑成型工艺是机电一体化要求很强的机种，通常由注射系统、合模系统、液压传动系统、电气控制系统、润滑系统、加热及冷却系统、安全监测系统等组成，如图4-5、图4-6所示。

1. 注射系统

注射系统是注塑机最主要的组成部分之一，一般有柱塞式、螺杆式、螺杆预塑柱塞注射式3种主要形式。目前应用最广泛的是螺杆式，如图4-7所示，注射系统由塑化组件、注射油缸组件、预塑组件、料斗组件、注射座及射座油缸组件组成。其中，螺杆式注塑机塑化组

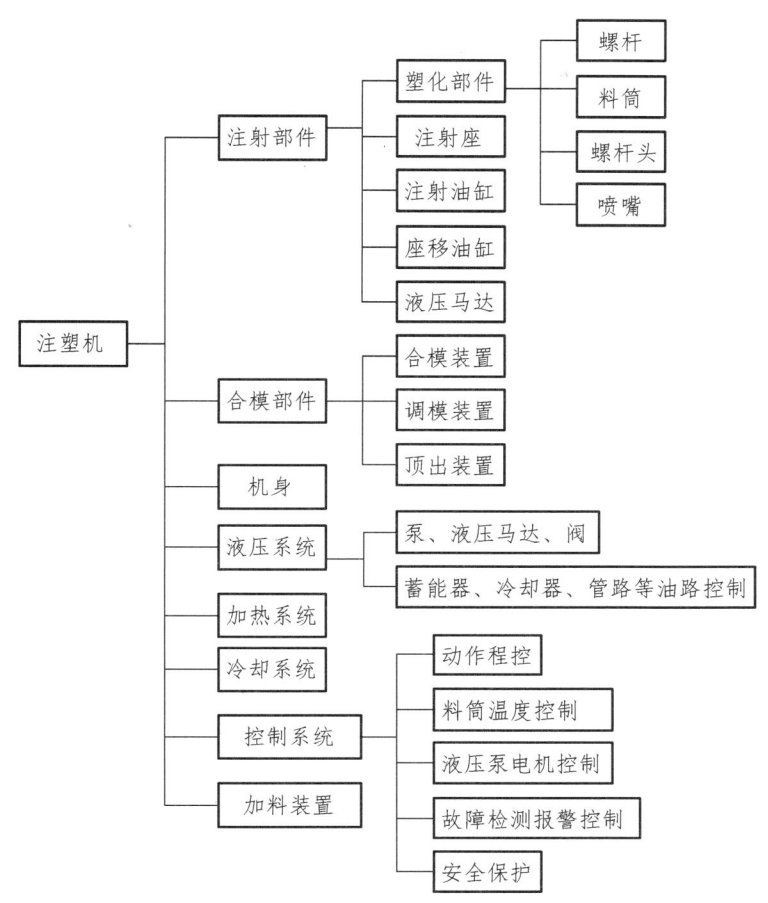

图 4-5　注塑机的基本组成部分

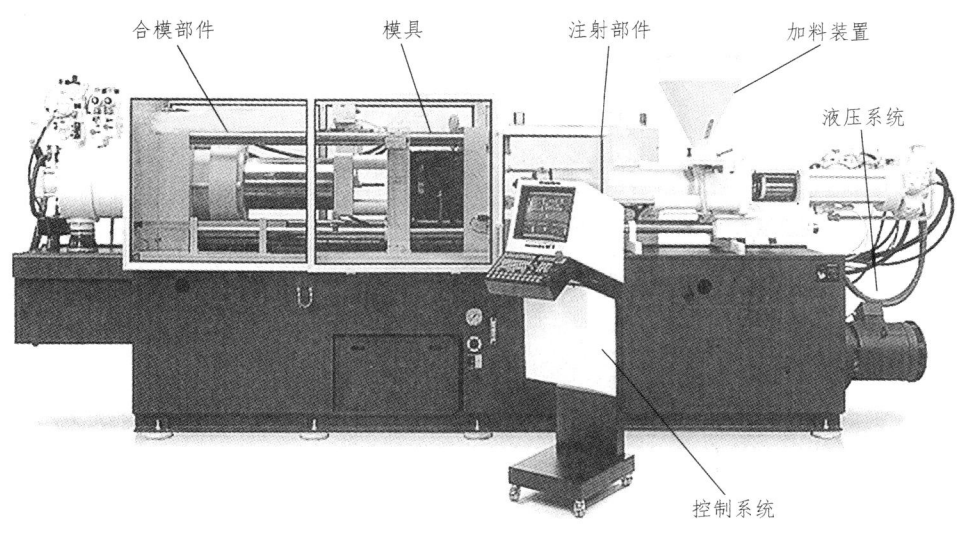

图 4-6　注塑机的组成结构

件结构如图4-8所示,由螺杆、料筒、止逆环、射嘴等组成,通过对料筒加热,螺杆旋转,将原料从下料口输送到料筒前端并熔融,接着将螺杆向前推进,使熔融状态的塑料经喷嘴射入模具成型腔内。

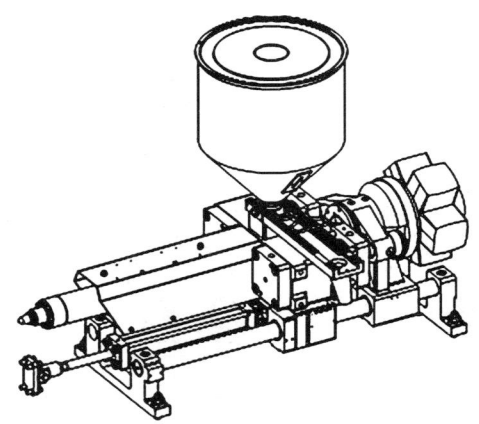

图4-7 螺杆式注塑机

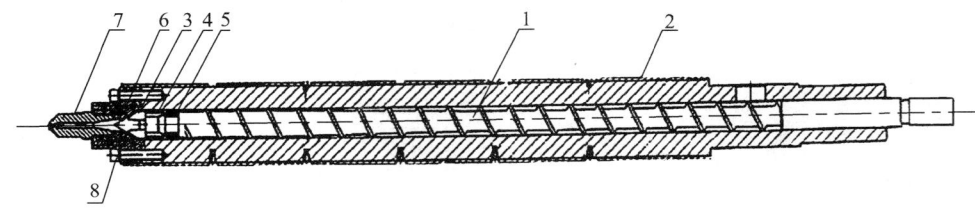

图4-8 注塑机的塑化组件结构

1—螺杆；2—料筒；3—螺杆头；4—止逆环；5—介子；6—法兰；7—射嘴；8—内六角螺丝

2. 合模系统

合模系统主要由曲轴、顶出装置、动板、哥林柱、头板等机构组成,如图4-9所示。合

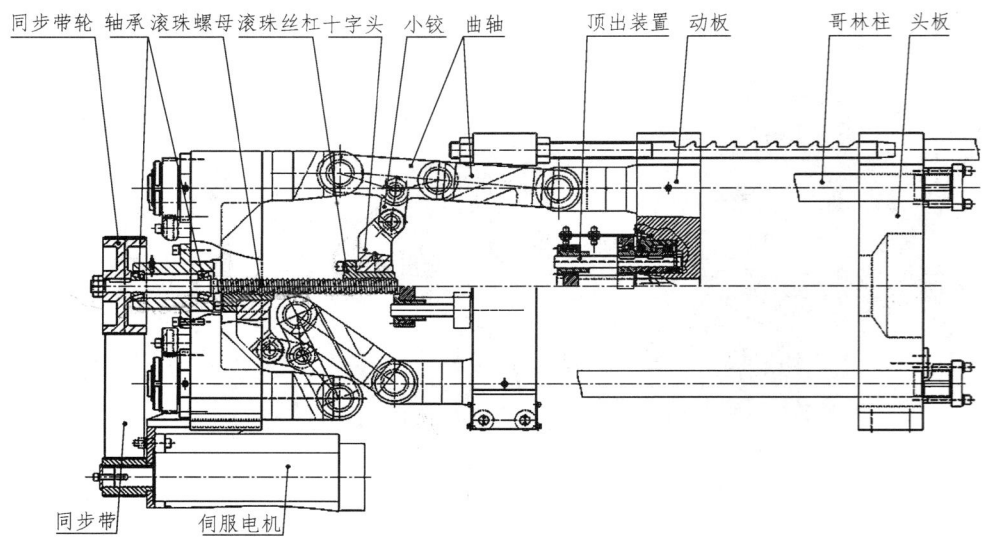

图4-9 注塑机的合模结构

模系统的作用是实现模具闭合、开启及顶出制品。同时，在模具闭合后，提供给模具足够的锁模力，以抵抗熔融塑料进入模腔后产生的模腔压力，防止模具开缝和塑料渗漏，从而避免损坏模具和制品出现飞边现象。

3. 液压传动系统

液压传动系统主要由主回路、执行回路及辅助回路组成，油泵和液压马达是注塑机的动力来源，是使液压能转换为机械能的组件。各类控制阀，如压力阀、流量阀、方向阀、比例阀等控制组件能调节各种油液压力和流量，使注塑机按工艺过程所要求的各种动作提供动力，并满足注射成型工艺中所需压力、速度、温度等各项要求。

4. 电气控制系统

电气控制系统是注塑机的"神经中枢"系统，与液压系统合理配合，可实现对时间、位置、压力、速度和转速等控制与调节，主要由 PLC、继电器、电子元件、仪表、检测组件、传感器等组成。一般手动、半自动、全自动、调整四种控制方式。

5. 润滑系统

润滑系统是注塑机的注射前后导向套、动模板的拉杆导向套、动模板的滑脚导轨、轴杆式合模机构的连杆销轴、调模机构等多处有相对运动的部位提供润滑条件的回路，以便减少能耗和提高零件寿命。润滑泵分为手动泵和自动泵两种，目前的注塑机基本全部由电脑集中控制。

6. 加热及冷却系统

注塑机加热系统一般采用电热圈作为加热装置，通过筒壁导热，对料筒及注射喷嘴内的塑料颗粒进行加热，从而使塑料颗粒变成熔融状态。电热圈安装在料筒的外部，并用多段热电偶进行分段检测；冷却系统通过冷却料管下料口，防止塑料颗粒在下料口熔化，从而导致原料不能正常下料。同时也对油温进行调控，防止注塑机的油温过高引起多种故障。

7. 安全监测系统

注塑机安全监测系统主要由安全门、液压阀、限位开关、光电检测元件等组成，实现机械—电气—液压的连锁保护，对操作者及设备本身进行安全保护。

监测系统通过分析注塑机的油温、料温、系统超载等因素，对工艺流程和设备故障进行监测分析，发现异常情况进行指示或报警。

4.3 注塑成型的操作工艺流程

塑件的注塑成型工艺过程主要包括合模—注射—保压—塑化—冷却—脱模等六个阶段。这六个阶段直接决定着制品的成型质量，而且它是一个完整的连续过程。

1. 合　模

合模装置是注塑机的主要部件，只有当合模速度、合模精度、锁模力达到相关要求时才能满足塑料制品的生产。合模是以巨大的机械推力将模具合紧，以抵挡注塑过程中熔融塑料的高压注射及填充模具而令模具发生的巨大张开力。

注塑机的合模结构有全液压式和机械连杆式，这两种结构都是由连杆完全伸直来实施合模力的。连杆伸直过程是活动板和尾板撑开的过程，也是四根拉杆受力被拉伸的过程。

2. 注射

注射是从模具闭合开始填充塑料算起，到模具型腔填充到大约95%为止。为了使熔料能充满型腔，注塑机需要有足够的注塑压力和注射速度。理论上，填充时间越短，成型效率越高。但是在实际生产中，成型时间或注塑速度会受到很多条件的制约。

3. 保压

注射过程结束后，螺杆停止旋转并向前推进，保持一个压力，继续注射熔料来补充型腔内收缩的空间，从而避免塑料制品出现不饱和现象，该过程称为保压阶段。如果型腔充满后不进行保压，制件会收缩25%，特别是加强筋和壁厚较大的区域由于收缩过大而形成明显的凹痕。保压压力一般为充填最大压力的85%左右。

4. 塑化

注塑机塑化过程主要以加热圈提供的热量和螺杆旋转提供的机械能供给注塑颗粒进行熔料和克服摩擦阻力进行供料，两种能量互相关联，改变其中一种能量的大小将会对另一种能量的大小产生影响。

5. 冷却

在注塑成型工艺中，冷却时间约占整个成型周期的70%~80%，因为要保证塑件冷却固化到一定强度，脱模后才能避免其因受到外力或者残余应力而产生翘曲变形。结合模温机设计出良好的冷却系统可以大幅缩短成型时间，提高生产效率，降低成本。

冷却过程如图4-10所示，塑件的热量从型腔中通过热传导经模架传至冷却水路，再通过热对流被冷却液带走，少数未被冷却水带走的热量则继续在模具中传导，至开模阶段接触外界后散溢于空气中。

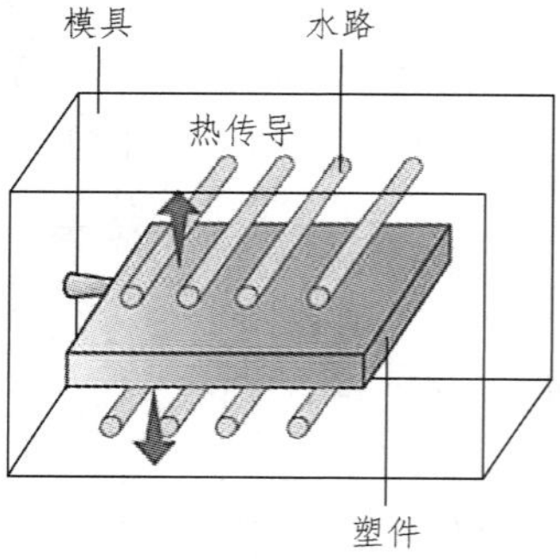

图4-10 模具中的冷却水路

6. 脱模

脱模是注塑成型过程中的最后一个环节。制品虽然已经基本冷却成型，但如果脱模方式不当，可能会导致塑件在脱模时受力不均，顶出时会引起塑件产生断裂或变形等缺陷。脱模的方式主要有两种：顶杆脱模和脱料板脱模。设计模具时要根据塑件的结构特点选择合适的脱模方式，以保证塑件质量。

4.4 注塑成型机的操作

以东华F2V-190为例来介绍注塑成型机的操作。

4.4.1 衣架的注塑成型生产

在东华 F2V-190 注塑机上安装一套衣架模具,型腔为一模一穴,注塑原料为聚丙烯(PP)。

4.4.2 机床的操作

注塑机的操作面板如图 4-11 所示,注塑机的注塑工艺参数已提前通过试模调整完毕。下面简要介绍注塑机的手动操作方法。

1. 开 机

打开机器右边"总电源"开关,在控制面板上旋扭红色的"紧急停止"按钮,等待机器进入操作系统。

2. 温度设定

通过查询 PP 塑料的加工温度范围,设定熔胶筒的 5 段温度及喷嘴温度从右向左分别为设定为 30 ℃、160 ℃、180 ℃、200 ℃、240 ℃、230 ℃,喷嘴温度稍微设低是为了防止塑料流延。打开电热开关进行加热约 30 min,直至实际温度与设定温度相差不到 5 ℃,保温 10 min。

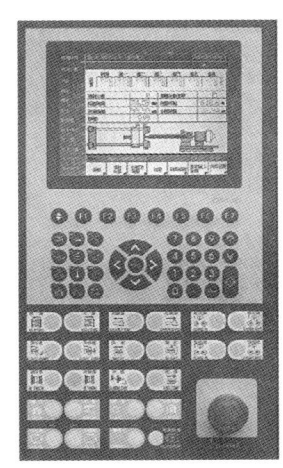

图 4-11　东华 F2V-190 注塑机的操控面板

3. 储 料

加温完成后按"马达开"按钮,长按"注射"按钮,射出少量胶后,长按"塑化"按钮对螺杆进行送料,重复动作"注射"和"塑化"该两个动作将料腔内废料全部打出,直至颜色正常。

4. 加 工

关闭机器安全门,长按"合模"按钮待屏幕显示"锁模行程已终止",若合模位置不准确,加工出来的塑件会出现如图 4-12 所示的现象,这是由于合模不完全,注射进去的塑料从分型面渗漏,形成飞边。按住"注座进"按钮,待喷嘴和注塑模具浇口重合时停止运动。长按"注射"按钮,观察屏幕左下角递增的注射时间,等到注射时间为 4 s 时自动停止,若注射时间不够,加工出来的塑件会出现如图 4-13 所示的现象,这是由于注射时间不够,塑件填充不完整。长按"塑化"按钮,等到屏幕出现"熔胶行程已终止",若熔胶行程不够,会造成供料不足,下一个周期加工的塑件会出现如图 4-14 所示的现象。接着进入冷却阶段,时间为 10~15 s,让模具里面填充的塑料固化成型。最后,长按"开模"按钮,等到屏幕显示"开模行程已终止"后,按"顶杆进"把塑件从模具中顶出,加工出来的成品如图 4-15 所示。

5. 关 机

正常生产机器是全自动状态,等到加工作业完成后,将机器调至"手动"状态,按"合模"按钮,将模具半合拢(1~2 mm 间隙),防止模具长时间不工作造成错位。长按"注座退",将座台退到位。轻按"注射"按钮,少量多次将料腔内余料打完。关闭马达、电加热开关按钮,按下紧急停止按钮,关闭总电源开关,关机完成。

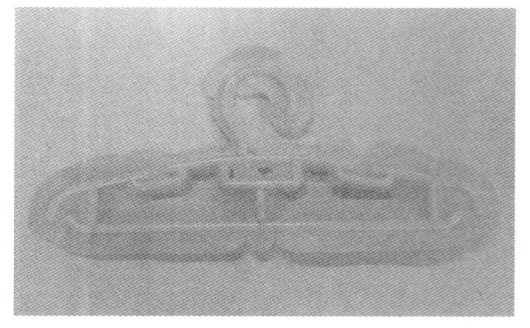

图 4-12 飞边现象

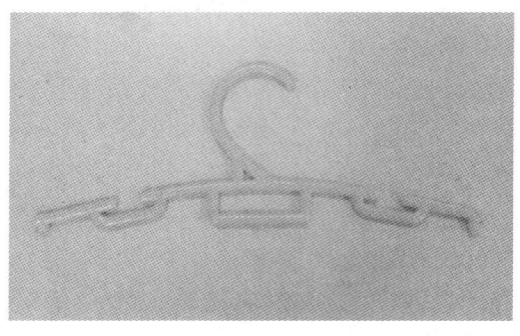

图 4-13 注射量不足

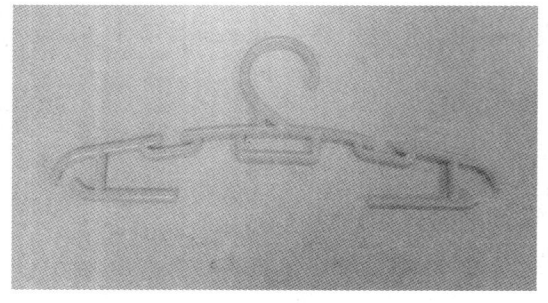

图 4-14 塑化量不足

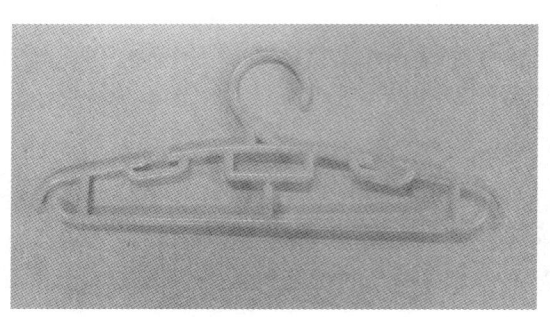

图 4-15 塑件成品

4.5 注塑模具的拆装

4.5.1 注塑模具的结构组成部分

一次性餐盒的注塑生产工艺

方凳的注塑生产工艺

塑料模具在塑料加工过程中占有极为重要的地位，塑料模具的设计、制造也成为一项重要的产业，被誉为"工业之母"。其中用于塑料注射成型的模具叫注射成型模具，简称为注塑模，是各种塑料模具中结构较为复杂的一种模具。由于注塑成型具有制件质量好、生产效率高、对塑料的适应性广、易于自动化生产的优点，注塑模广泛应用于塑料加工生产过程中。

注塑模具的种类很多，其基本结构都是由动模和定模两大部分组成的，图 4-16 所示为一典型的注射模具结构示意图。定模部分安装在注射机的固定模板上，动模部分安装在注塑机的活动模板上。在注塑成型过程中，动模部分跟随注塑机的合模系统整体运动，通过导柱与定模部分的导套的相互导向，使动模部分与定模部分紧密配合，塑料熔体经注塑机的注射系统从模具浇口快速进入模具型腔，塑件冷却成型后开模，即定模部分和动模部分分开，塑料制件留在动模上，最后通过顶出机构将塑件脱离模具。

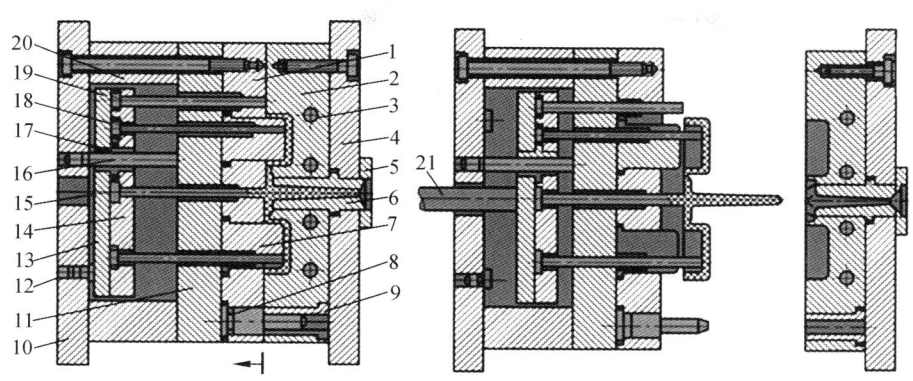

图 4-16 典型的注塑模具结构

1—动模；2—定模；3—冷却水道；4—定模座板；5—定位圈；6—浇口套；7—型芯；8—导柱；
9—导套；10—动模座板；11—支撑板；12—限位钉；13—推板；14—推杆固定板；
15—拉料杆；16—推板导柱；17—推板导套；18—推杆；19—复位杆；
20—垫板；21—注塑机顶杆

典型注塑模具一般由以下几个部分组成：

1. 成型零部件

成型零部件主要由型芯、型腔板、镶件等组成。模具合模时形成型腔，用于填充塑料熔体，它决定塑件的形状和尺寸。在图4-16中，动模板1和型芯7成型塑件的内部轮廓，定模板2成型塑件的外部轮廓。

2. 浇注系统

浇注系统是熔融塑料从注塑机的喷嘴进入模具所流经的通道，一般由主流道、分流道、浇口等组成。在图4-16中，浇口套6中的通道为主流道，其形状为圆锥形，目的是形成拔模角度便于开模时主流道的凝料容易脱模。分流道是主流道和浇口之间的通道，一般多型腔模具或大型塑料模具上有多个分流道。

3. 导向系统

导向系统包括定模和动模之间的导向机构、推出机构两种。导向机构保证动模和定模在合模时准确配合，保证塑件的形状和尺寸精度，见图4-16中的导柱8和导套9；推出机构是避免推出过程中推出板受力不均匀导致歪斜而设置的，见图4-16中的推板导柱16和推板导套17。

4. 推出机构

常见的有推杆推出机构、推板推出机构和推管推出机构等。图4-16中推板13、推杆固定板14、拉料杆15、推杆18和复位杆19组成推杆推出机构。

5. 抽芯机构

当塑件在垂直于分模方向的面有孔或者凸台时，需要在该方向设置凸模或者型芯来形成这些特征。

6. 加热和冷却系统

为满足注射工艺对模具的温度要求，必须对模具温度进行控制，所以会在模具内部、四周安装加热元件或冷却水路，外接模温机作为加热和冷却系统。见图 4-16 中的冷却水道 3。

7. 排气系统

在注射成型过程中，为将型腔内的空气排出，常常需要开设排气系统，通常是在分型面上开设若干条沟槽，或利用模具的推杆或型芯与模板之间的配合间隙进行排气。小型塑件的排气量不大，可直接利用分型面排气，而不必另设排气槽。

4.5.2 注塑模拆装步骤

（1）拆卸前准备。仔细观察分析准备好的注塑模，了解各零部件的功用及相互装配关系，分清可拆卸和不可拆卸件，制定拆卸方案。

（2）模具外部清理与观察。仔细清理注塑模外观的尘土及油渍，并仔细观察典型注塑模外观。记住各类零部件结构特征及其名称，明确它们的安装位置，安装方向（位）。明确各零部件的位置关系及其工作特点。

（3）开始拆卸。掌握该注塑模各零部件的结构及装配关系后，接下来开始拆卸注塑模具。

（4）分离动模板，手拿定模板的突出边缘，将定模和动模部分分开。如果两者粘得较紧，可将模具横放，用铜棒敲打动模座板四周，逐渐将其分离，如图 4-17 所示。

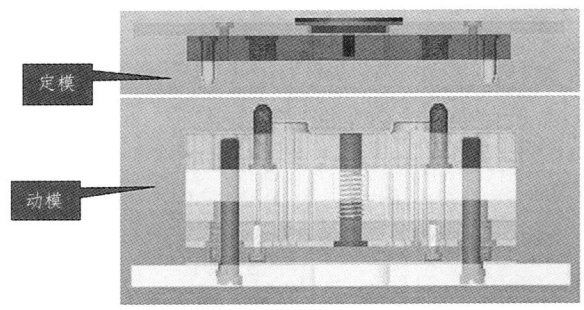

图 4-17　动模板与定模板分开

（5）拆卸定模。先用内六角扳手将定模具上的固定螺钉卸下来，摆放整齐，然后卸下定位圈上小螺钉，即可拆下其他零件。拆卸后的零件应归类再摆放整齐，如图 4-18 所示。

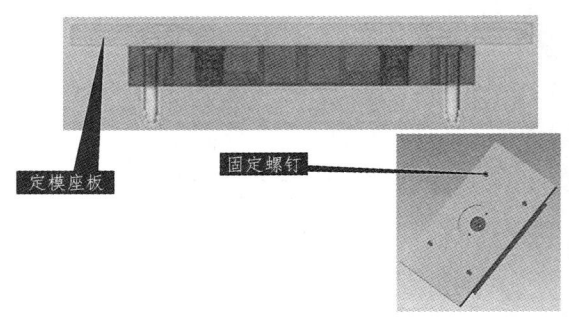

图 4-18　拆卸定模

（6）拆卸动模。定模拆好后，将动模倒放，倒放之后，拆下螺钉，将动模座板和模角拿下来，最后剩下推板和推出固定板、动模垫片和顶针，如图4-19所示。

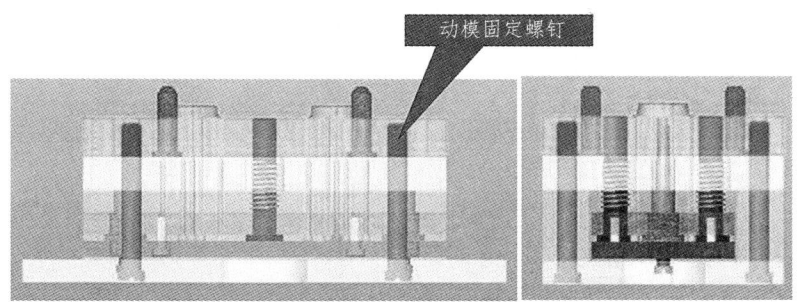

图 4-19　拆卸动模

（7）拆卸下来的零件应按拆卸顺序依次排放（或编号），以便于安装。用工具测量零件的尺寸，画出各个零件的草图。

（8）组装零件。以先拆的零件后装、后拆的零件先装为一般原则制定装配顺序。按拟定的顺序将全部模具零件装回原来的位置。注意正反方向，防止漏装。其他注意事项与拆卸模具相同，遇到零件受损不能进行装配时应学习用工具修复受损零件后再装配。

（9）装配后检查。观察装配后的模具和拆卸前是否一致，检查是否有错装或漏装等。拆装工具整理好按指定要求放回工具箱。

思考与练习

1. 简述最常见的注塑机四种类型及其特点。
2. 注塑成型的主要工艺参数有哪几个？
3. 注塑成型的操作工艺流程包括哪几个部分？
4. 注塑模具由哪几个部分组成？它是如何安装在注塑机上的？

第 5 章 车削加工

5.1 概 述

5.1.1 车削的定义

车削是利用工件的旋转运动（主运动）和刀具移动（进给运动）来实现工件切削的一种加工方法，是机械加工中的主要加工方法之一。如图 5-1 所示，车削外圆工件需要作旋转运动，刀具需要作纵向的直线进给运动。

车削主要用于回转体表面的加工，车削加工主要加工范围如图 5-2 所示，加工的尺寸公差等级为 IT11～IT6，表面粗糙度 Ra 值为 12.5～0.8 μm。

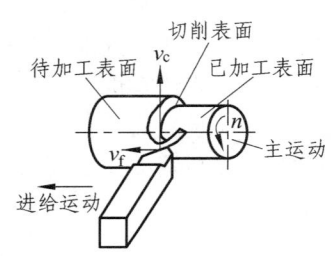

图 5-1 车削外圆示意图

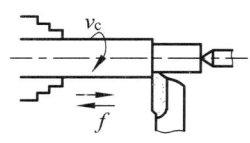

（a）车外圆

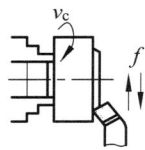

（b）车端面

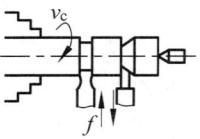

（c）切槽和切断

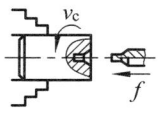

（d）钻顶尖孔

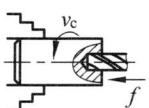

（e）钻孔

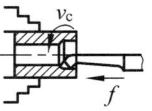

（f）车内孔

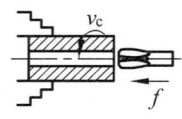

（g）铰孔

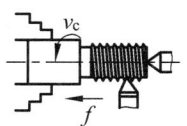

（h）车螺纹

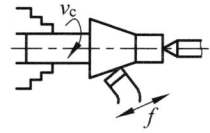

（i）车圆锥

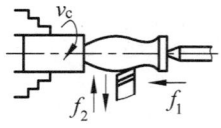

（j）车成型面

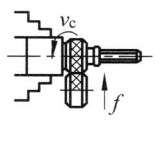 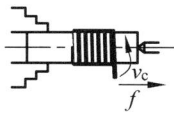 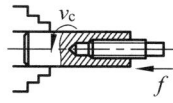

（k）滚花　　　　　　　　（l）绕弹簧　　　　　　　　（m）攻螺纹

图 5-2　车削加工范围

5.1.2　车削运动与车削用量

5.1.2.1　车削运动

车削运动可分为主运动和进给运动。

主运动是使工件与刀具产生相对运动以进行切削的最基本运动，主运动的速度最高，所消耗的功率最大。进给运动是不断地把被切削层投入切削，以逐渐切削出整个表面的运动。进给运动一般速度较低，消耗的功率较少，可由一个或多个运动组成。在车削过程中，工件上通常存在着三个不断变化的切削表面。即：

（1）待加工表面：工件上即将被切除的表面。

（2）已加工表面：工件上已切去切削层而形成的新表面。

（3）过渡表面（加工表面）：工件上正被刀具切削着的表面，介于已加工表面和待加工表面之间。

5.1.2.2　车削用量

车削用量是表示主运动及进给运动参数的数量，是切削速度 v_c、进给量 f 和背吃刀量 a_p 三者的总称。它是调整机床，计算切削力、切削功率和工时定额的重要参数。

1. 切削速度 v_c

切削刃上选定点相对于工件沿主运动方向的瞬时速度称为切削速度，以 v_c 表示，单位为 m/min 或 m/s。

若主运动为旋转运动（如车削、铣削等），切削速度一般为其最大线速度，计算公式为：

$$v_c = \frac{\pi d n}{1\,000 \times 60} \text{(m/s)}$$

式中，d——工件或刀具直径，mm；

　　　n——工件或刀具转速，r/min。

2. 进给量 f

刀具在进给运动方向上相对于工件的位移量，可用刀具或工件每转（主运动为旋转运动时）或每行程（主运动为直线运动时）的位移量来表达和测量，单位为 mm/r 或 mm/行程。

切削刃上选定点相对工件的进给运动的瞬时速度称为进给速度 v_f，单位为 mm/s。它与进给量之间的关系为：

$$v_f = nf = nf_z z$$

3. 背吃刀量 a_p

在通过切削刃上选定点并垂直于该点主运动方向的切削层尺寸平面中,垂直于进给运动方向测量的切削层尺寸,称为背吃刀量,以 a_p 表示,单位为 mm。车外圆时,a_p 可用下式计算:

$$a_p = \frac{d_w - d_m}{2} \text{ (mm)}$$

式中,d_w——工件待加工表面直径,mm;
d_m——工件已加工表面直径,mm。

钻孔时,a_p 可用下式计算:

$$a_p = \frac{d_m}{2} \text{ (mm)}$$

式中,d_m——工件已加工表面直径,即钻孔直径,mm。

5.1.3 车削基本原理

车削是在车床上进行的零件加工工艺,机械制造中使用的材料一般是钢、铁、铜、铝、铅、锌等金属材料,因此本书主要针对金属车削的过程及原理进行介绍。

5.1.3.1 切削变形区的划分

切削层金属形成切屑的过程就是在刀具的作用下发生变形的过程。图 5-3 所示为在直角自由切削工件条件下观察绘制得到的金属切削滑移线和流线示意图。流线表明被切削金属中的某一点在切削过程中流动的轨迹。

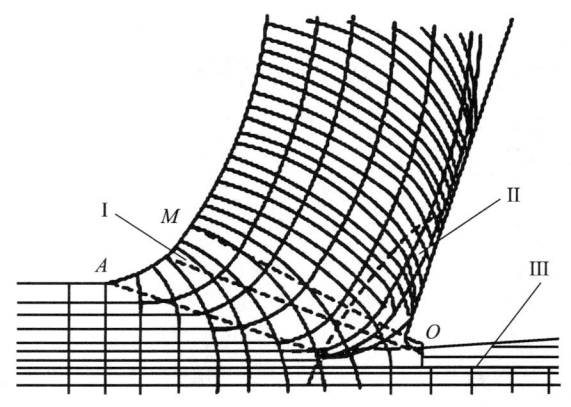

图 5-3 金属切削滑移线和流线示意图

切削过程中,切削层金属的变形大致可划分为三个区域:

1. 第一变形区

从 OA 线开始发生塑性变形，到 OM 线金属晶粒的剪切滑移基本完成。从 OA 线到 OM 线区域（图中Ⅰ区）称为第一变形区。

2. 第二变形区

切屑沿前刀面排出时进一步受到前刀面的挤压和摩擦，使靠近前刀面处的金属纤维化，基本上和前刀面平行。这一区域（图中Ⅱ区）称为第二变形区。

3. 第三变形区

已加工表面受到切削刃钝圆部分和后刀面的挤压和摩擦，造成表层金属纤维化与加工硬化。这一区域（图中Ⅲ区）称为第三变形区。

5.1.3.2 切屑的类型

由于工件材料不同，切削条件各异，切削过程中产生的切屑形状是多种多样的。切屑的形状主要分为带状、节状、粒状和崩碎四种类型，如图 5-4 所示。

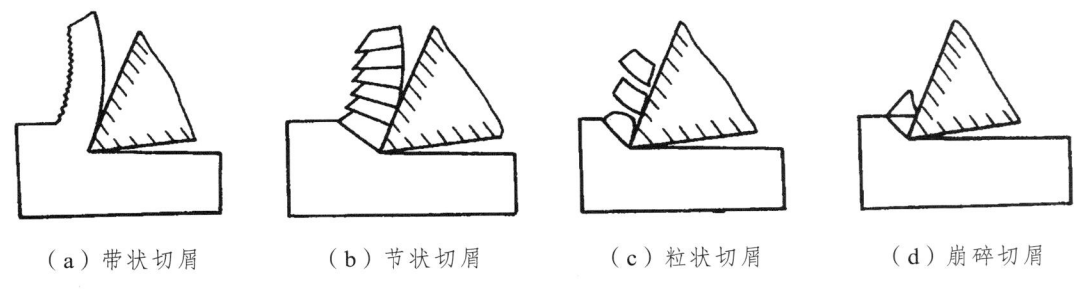

（a）带状切屑　　（b）节状切屑　　（c）粒状切屑　　（d）崩碎切屑

图 5-4　切削类型

1. **带状切屑**

带状切屑是最常见的一种切屑，它的内表面是光滑的，外表面呈毛茸状。加工塑性金属时，在切削厚度较小、切削速度较高、刀具前角较大的工况条件下常形成此类切屑。

2. **节状切屑**

切状切屑又称挤裂切屑，它的外表面呈锯齿形，内表面有时有裂纹。在切削速度较低、切削厚度较大、刀具前角较小的情况下常产生此类切屑。

3. **粒状切屑**

粒状切屑，又称单元切屑。在切屑形成过程中，如剪切面上的剪切应力超过了材料的断裂强度，切屑单元从被切材料上脱落，形成粒状切屑。

4. **崩碎切屑**

切削脆性金属时，由于材料塑性很小、抗拉强度较低，刀具切入后，切削层金属在刀具前刀面的作用下，未经明显的塑性变形就在拉应力作用下发生脆断，形成形状不规则的崩碎切屑。加工脆性材料，切削厚度越大越易得到这类切屑。

前三种切屑是加工塑性金属时常见的三种切屑类型。形成带状切屑时，切削过程最平稳，切削力波动小，已加工表面粗糙度较小。形成粒状切屑时，切削过程中的切削力波动最大。前三种切屑类型可以随切削条件变化而相互转化，例如，在形成节状切屑工况条件下，如进一步减小前角，或加大切削厚度，就有可能得到粒状切屑；反之，加大前角，减小切削厚度，就可得到带状切屑。

5.1.3.3 切屑折断的原理

切削过程中所形成的切屑，由于经过了比较大的塑性变形，它的硬度将会有所提高，而塑性和韧性则显著降低，这种现象叫冷作硬化。经过冷作硬化以后，切屑变得硬而脆，当它受到交变的弯曲或冲击载荷时就容易折断。切屑所经受的塑性变形越大，硬脆现象越显著，折断也就越容易。因此，在切削难断屑的高强度、高塑性、高韧性的材料时，应当设法增大切屑的变形，以降低它的塑性和韧性，便于达到断屑的目的。

切屑的变形一般由以下两部分组成：

第一部分是切削过程中所形成的，我们称之为基本变形。用平前刀面车刀自由切削时所测得的切屑变形，比较接近于基本变形的数值。影响基本变形的主要因素有刀具前角、负倒棱、切削速度三项。前角越小，负倒棱越宽、切削速度越低，则切屑的变形越大，越有利于断屑。因此，减小前角、加宽负倒棱，降低切削速度可作为促进断屑的措施。

第二部分是切屑在流动和卷曲过程中所受的变形，我们称之为附加变形。因为在大多数情况下，仅有切削过程中的基本变形还不能使切屑折断，必须再增加一次附加变形，才能达到硬化和折断的目的。迫使切屑经受附加变形的最简便的方法，就是在前刀面上磨出（或压制出）一定形状的断屑槽，迫使切屑流入断屑槽时再卷曲变形。切屑经受附加的再卷曲变形以后，进一步硬化和脆化，当它碰撞到工件或后刀面上时，就很容易被折断了。

5.1.3.4 切屑的控制

在生产实践中，往往会看到不同的排屑情况。有的切屑打成螺卷状，到一定长度时自行折断；有的切屑折断成 C 形、6 字形；有的呈发条状卷屑；有的碎成针状或小片，四处飞溅，影响安全；有的带状切屑缠绕在刀具和工件上，易造成事故。不良的排屑状态会影响生产的正常进行，因此切屑的控制具有重要意义，这在自动化生产线上加工时尤为重要。

切屑经第Ⅰ、第Ⅱ变形区的剧烈变形后，硬度增加，塑性下降，性能变脆。在切屑排出过程中，当碰到刀具后刀面、工件上过渡表面或待加工表面等障碍时，如某一部位的应变超过了切屑材料的断裂应变值，切屑就会折断。

研究表明，工件材料脆性越大（断裂应变值小）、切屑厚度越大、切屑卷曲半径越小，切屑就越容易折断。可采取以下措施对切屑实施控制：

1. **采用断屑槽**

通过设置断屑槽对流动中的切屑施加一定的约束力，使切屑应变增大，切屑卷曲半径减小。断屑槽的尺寸参数应与切削用量的大小相适应，否则会影响断屑效果。常用的断屑槽截面形状有折线形、直线圆弧形和全圆弧形，如图 5-5 所示。前角较大时，采用全圆弧形断屑槽刀具的强度较好。断屑槽位于前刀面上，一般的形式有平行、外斜、内斜三种，外斜式常形成 C 形屑和 6 字形屑，能在较宽的切削用量范围内实现断屑；内斜式常形成长紧螺卷形屑，但断屑范围窄；平行式的断屑范围居于上述两者之间。

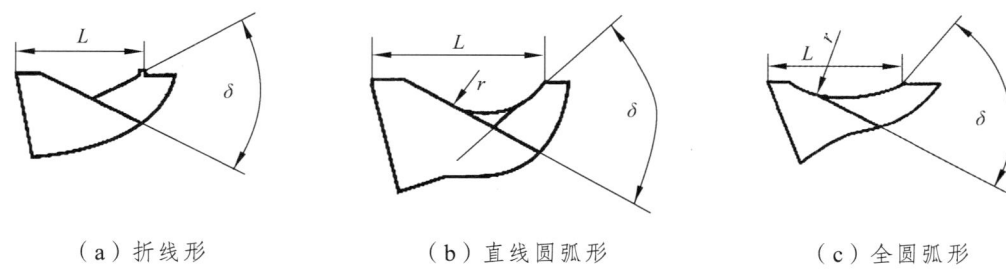

（a）折线形　　　　　　（b）直线圆弧形　　　　　　（c）全圆弧形

图 5-5　断屑槽截面形状

2. 改变刀具角度

增大刀具主偏角 K_r，切削厚度变大，有利于断屑；减小刀具前角可使切屑变形加大，切屑易于折断；刃倾角 λ_s 可以控制切屑的流向，λ_s 为正值时，切屑常卷曲后碰到后刀面折断，形成 C 形屑或自然流出形成螺卷屑；λ_s 为负值时，切屑常卷曲后碰到已加工表面折断，成 C 形屑或 6 字形屑。

3. 调整切削用量

提高进给量 f 使切削厚度增大，对断屑有利，但会增大加工表面粗糙度；适当地降低切削速度使切削变形增大，也有利于断屑，但这会降低材料的切除效率。需要根据实际条件适当选择切削用量。

5.1.4　刀具材料和刀具主要几何角度

5.1.4.1　对刀具材料的基本要求

在切削加工时，刀具切削部分与切屑、工件相互接触的表面上承受了很大的压力和强烈的摩擦，刀具在高温下进行切削的同时，还承受着切削力、冲击和振动，因此要求刀具切削部分的材料应具备以下基本条件：

1. 高硬度

刀具材料必须具有高于工件材料的硬度，常温硬度应在 60HRC 以上。

2. 耐磨性

耐磨性表示刀具抵抗磨损的能力，通常刀具材料中硬质点的硬度越高，数量越多，颗粒越小，分布越均匀，则耐磨性越好。

3. 强度和韧性

为了承受切削力、冲击和振动，刀具材料应具有足够的强度和韧性。

4. 耐热性

刀具材料应在高温下保持较高的硬度、耐磨性、强度和韧性，并有良好的抗扩散、抗氧化的能力，这就是刀具材料的耐热性，它是衡量刀具材料综合切削性能的主要指标。

5. 工艺性

刀具材料需要有较好的可加工性，包括锻、轧、焊接、切削加工、可磨削性和热处理特性等。

5.1.4.2 常用刀具材料

刀具材料种类很多，常用的有碳素工具钢、合金工具钢、高速钢、硬质合金等。碳素工具钢和合金工具钢，因其耐热性较差，仅用于手工工具。当今，用得最多的刀具材料为高速钢和硬质合金。

1. 高速钢

高速钢是在合金工具钢中加入了较多的钨、铬、钼、钒等合金元素的高合金工具钢。高速钢具有较高的硬度（热处理硬度可达 63～66 HRC）和耐热性（600～650 ℃），切削中碳钢的速度一般不高于 50～60 m/min。具有高的强度（抗弯强度为一般硬质合金的 2～3 倍）和韧性，能抵抗一定的冲击振动。它具有较好的工艺性，可以制造刃形复杂的刀具，如钻头、丝锥、成型刀具、拉刀和齿轮刀具等。

高速钢按用途不同分为通用型高速钢和高性能高速钢。

（1）通用型高速钢

通用型高速钢工艺性能好，能满足通用工程材料的切削加工要求。常用的种类有：

① 钨系高速钢。最常用的为 W18Cr4V，它具有较好的综合性能，可制造各种复杂刀具和精加工刀具，在我国应用较普遍。

② 钼系高速钢。最常用的牌号是 W6Mo5Cr4V2，其抗弯强度和冲击韧度都高于钨系高速钢，并具有较好的热塑性和磨削性能，但热稳定性低于钨系高速钢，适合制作抵抗冲击刀具及各种热轧刀具。

（2）高性能高速钢

高性能高速钢是在普通型高速钢中加入钴、钒、铝等合金元素，以进一步提高其耐磨性和耐热性等。

2. 硬质合金

硬质合金是在高温下烧结而成的粉末冶金制品。具有较高的硬度和良好的耐磨性。可加工包括淬硬钢在内的多种材料，因此获得广泛应用。常用硬质合金按其化学成分和使用特性可分为三类：钨钴类（YG）、钨钛钴类和钨钛钽钴类（YW）。

（1）钨钴类硬质合金

由硬质相碳化钨（WC）和粘接剂钴（Co）组成的，其韧性、磨削性能和导热性好。主要适用于加工脆性材料如铸铁、有色金属及非金属材料。代号 YG 后的数值表示钴（Co）的含量，合金中含钴量越高，其韧性越好，适用于粗加工；含钴量少的，用于精加工。

（2）钨钛钴类硬质合金

由硬质相碳化钨（WC）、碳化钛（TiC）和粘接剂钴（Co）组成的，由于在合金中加入了碳化钛（TiC），从而提高了合金的硬度和耐磨性，但是抗弯强度、耐磨削性能和热导率有所下降；低温脆性较大，不耐冲击，因此，这类合金适用于高速切削一般钢材。代号 YT 后的数值表示碳化钛 TiC 的含量，当刀具在切削过程中承受冲击、振动而容易引起崩刃时，应选用 TiC 含量少的牌号，而当切削条件比较平稳，要求强度和耐磨性高时，应选用 TiC 含量多的刀具牌号。

（3）钨钛钽钴类硬质合金

在钨钛钴类硬质合金中加入适量的碳化钽（TaC）或碳化铌（NbC）稀有难熔金属碳化物，可提高合金的高温硬度、强度、耐磨性、粘接温度和抗氧化性。同时，韧性也有所增加，具有较好的综合切削性能，所以人们常称它为"万能合金"。但是，这类合金的价格比较贵，主要用于加工难切削材料。

5.1.4.3 刀具主要几何角度

金属切削刀具切削部分的结构要素和几何角度等都大致相同，现以具有代表性的车刀为例说明刀具主要几何角度。

车刀切削部分由前刀面、主后刀面、副后刀面、主切削刃、副切削刃和刀尖组成，如图 5-6 所示。

（1）前刀面：刀具上切屑流过的表面。

（2）主后刀面：刀具上与工件上的加工表面相对着并且相互作用的表面，称为主后刀面。

（3）副后刀面：刀具上与工件上的已加工表面相对着并且相互作用的表面，称为副后刀面。

（4）主切削刃：刀具上前刀面与主后刀面的交线，称为主切削刃。

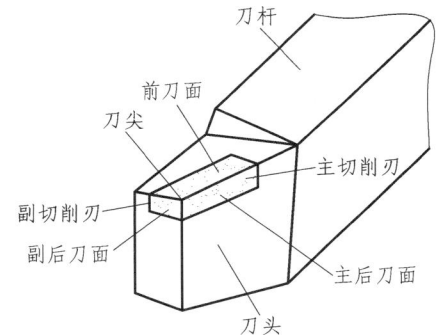

图 5-6　车刀切削部分组成

（5）副切削刃：刀具上前刀面与副后刀面的交线，称为副切削刃。

（6）刀尖：主切削刃与副切削刃的交点。刀尖常磨出圆弧或直线过渡刃。

5.1.4.4 车刀切削部分的主要角度

1. 测量车刀切削角度的辅助平面

为了确定和测量车刀的几何角度，设想在切削刃上建立起三个互相垂直的辅助平面，来表述刀面及切削刃的空间位置，所以，辅助平面又叫刀具标注角度参考系。这三个辅助平面是切削平面、基面和正交平面，如图 5-7 所示。

（1）切削平面 P_s：是切于主切削刃某一选定点并垂直于刀杆底平面的平面。

（2）基面 P_r：过主切削刃某一选定点并平行于刀杆底面的平面。

（3）正交平面 P_0：通过主切削刃上选定点并同时垂直于基面和切削平面的平面。

可见这三个坐标平面相互垂直，构成一个空间直角坐标系。

2. 车刀的主要角度

车刀的主要角度包括前角、后角、主偏角、副偏角、刃倾角，如图 5-8 所示。

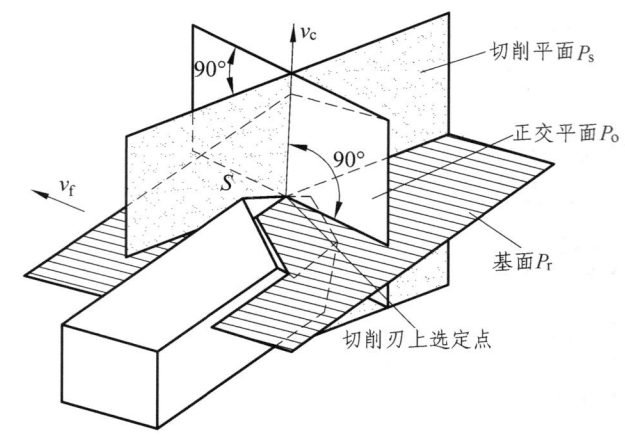

图 5-7 车刀的辅助平面

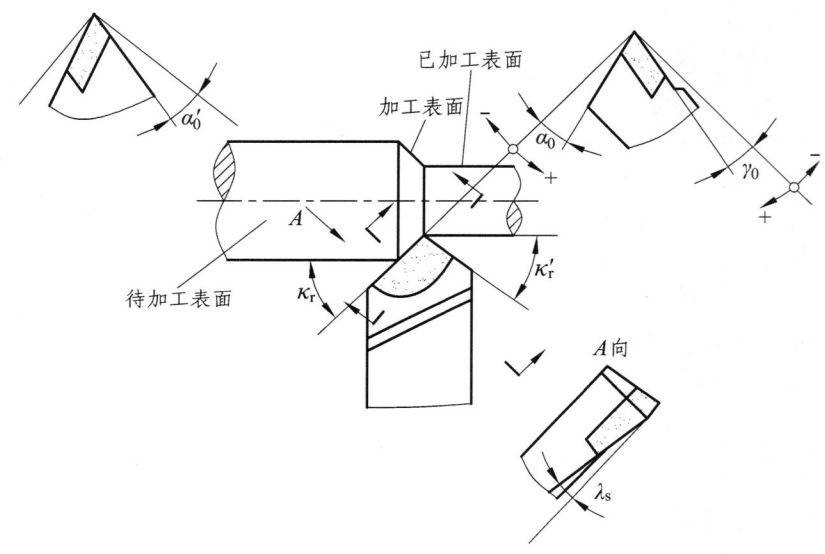

图 5-8 车刀的主要角度

① 前角 γ_0：在正交平面内测量的前刀面与基面间的夹角。前角有正、负和零度之分，当前面与切削平面夹角小于 90° 时前角为正值，大于 90° 时前角为负值，前面与基面重合时为零度前角。

② 后角 α_0：在正交平面内测量的主后刀面与切削平面间的夹角。当后面与基面夹角小于 90° 时后角为正值。为减小刀具和加工表面之间的摩擦等，后角一般不能为零度，更不能为负值。

③ 主偏角 κ_r：在基面内测量的主切削刃在基面上的投影与假定进给运动方向间的夹角。它总是为正值。

④ 副偏角 κ_r'：在基面内测量的副切削刃在基面上的投影与进给运动反方向的夹角。副偏角一般为正值。

⑤ 刃倾角 λ_s：在切削平面内测量的主切削刃与基面间的夹角，如图 5-9 所示。当刀尖是

主切削刃的最高点时刃倾角为正值；当刀尖是主切削刃的最低点时，刃倾角为负值；当主切削刃与基面重合时，刃倾角为零度。

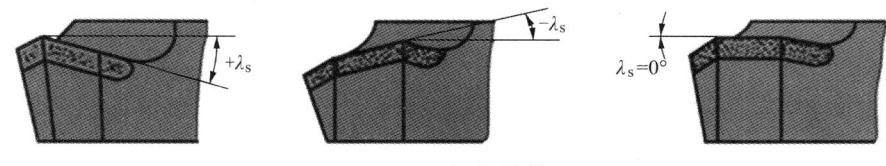

图 5-9　刃倾角的符号

5.2　常用量具及其使用方法

5.2.1　游标卡尺

游标卡尺，是一种测量长度、内外径、深度的精密测量工具。游标卡尺由主尺和附在主尺上能滑动的游标两部分构成。主尺一般以毫米（mm）为单位，而游标上则有 10、20 或 50 个分格，根据分格的不同，游标卡尺可分为分 0.1 mm、0.05 mm、0.02 mm 三种。游标卡尺的主尺和游标上有两副活动量爪，分别叫作内测量爪和外测量爪。内测量爪通常用来测量内径，外测量爪通常用来测量长度和外径，如图 5-10 所示。

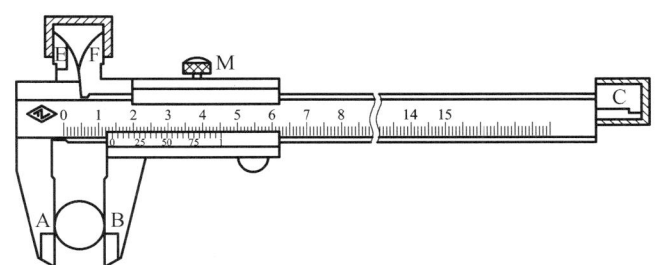

图 5-10　游标卡尺

A、B—外测量爪；C—测杆；E、F—内测量爪；M—螺钉

5.2.1.1　游标卡尺的工作原理与读数方法

以分度值为 0.05 mm 的游标卡尺为例，具体说明游标的工作原理与读数方法。当使游标卡尺的外测量爪并合时，游标上的"0"刻线正对主尺上的 0 刻线（见图 5-11）。游标上有 20 个分度，总长为 39 mm。这样，游标上每个分度的长度为 1.95 mm，它比主尺上二个分度差 0.05 mm。当游标附尺向右移 0.05 mm，则游标上第一条分度线就与主尺 2 mm 刻度线对齐，这时外测量爪张开 0.05 mm；游标向右移 0.10 mm，游标第二分度线就与主尺 4 mm 刻度线对齐，外测量爪张开 0.10 mm，依此类推。所以游标附尺在 1 mm 内向右移动的距离，可由游标中哪一条分度线与主尺某刻线对齐来决定，看是第几条分度线与主尺刻线对得最齐，游标附尺向右移动的距离就是几个 0.05 mm。图 5-12 是图 5-10 中游标位置的放大图，待测物体长度的毫米以上的整数部分看游标"0"刻线指示主尺上的整刻度值，图中所示为

14 mm，毫米以下的小数部分通过观察游标附尺的 20 条分度线来决定，图示为第 9 条分度线与主尺刻度线对得最齐，因而游标附尺的"0"刻线比主尺 14 mm 刻线还错过 0.45 mm，即物体的长度为 14.45 mm。

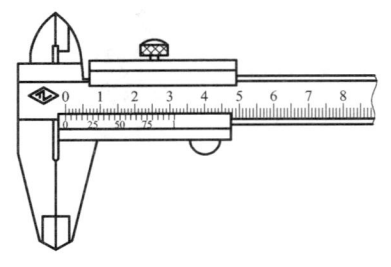

图 5-11 游标长度　　　　　　　　　　　图 5-12 游标卡尺的读数

5.2.1.2 游标卡尺的使用与注意事项

1. 游标卡尺的使用

游标卡尺是精密的测量工具，可用来精密测量工件的宽度、外径、内径和深度，如图 5-13 所示。

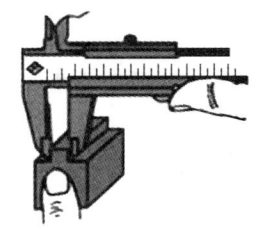 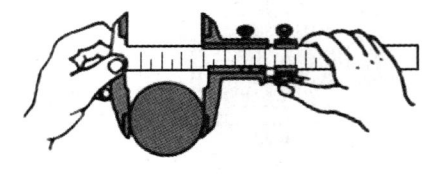

（a）测量工件宽度　　　　　　　　　　（b）测量工件外径

（c）测量工件内径　　　　　　　　　　（d）测量工件深度

图 5-13 游标卡尺的应用

2. 使用游标卡尺的注意事项

使用游标卡尺时应注意如下事项：

（1）游标卡尺是比较精密的测量工具，使用时不要用来测量粗糙的物体，以免损坏量爪。不使用时应置于干燥中性的地方，远离酸碱性物质，防止锈蚀。

（2）测量前应把卡尺揩干净，检查卡尺的两个测量面和测量刃口是否平直无损，把两个量爪紧密贴合时，应无明显的间隙。

(3)移动尺框时,活动要自如,不应有过松或过紧,更不能有晃动现象。

(4)当测量零件的外尺寸时,卡尺两测量面的连线应垂直于被测量表面,不能歪斜。测量时,可以轻轻摇动卡尺。

(5)用游标卡尺测量零件时,不要过分地施加压力,所用压力应使两个量爪刚好接触零件表面。

(6)在游标卡尺上读数时,应把卡尺水平地拿着,使人的视线尽可能和卡尺的刻线表面垂直,以免由于视线的歪斜造成读数误差。

(7)为了获得正确的测量结果,可以多测量几次。即在零件的同一截面上的不同方向进行测量。对于较长零件,则应当在全长的各个部位进行测量,务必获得一个比较正确的测量结果。

5.2.2 百分尺

百分尺是利用螺旋原理制成的精确度很高的测量工具,与游标卡尺相比,其测量精度更高,精确度为 0.01 mm。百分尺主要分为外径百分尺和内径百分尺,其中应用最广泛的是外径百分尺,如图 5-14 所示。

5.2.2.1 工作原理与读数方法

百分尺是应用螺旋读数机构进行测量的,它包括一对精密的螺纹——测微螺杆与螺纹轴套和一对读数套筒——固定套筒与微分筒。用百分尺测量零件的尺寸,就是把被测零件置于百分尺的两个测量面之间。所以两测砧面之间的距离,就是零件的测量尺寸。在百分尺的固定套筒上有上下两排刻度线,刻线每小格为 1 mm,相互错开 0.5 mm。测微螺杆的螺距为 0.5 mm,与螺杆固定在一起的活动套筒外圆周上有 50 等分的刻度。因此,活动套筒转一周,螺杆轴向移动 0.5 mm。如活动套筒只转一格,则螺杆的轴向位移为:$0.5 \div 50 = 0.01$ mm。因此,螺杆轴向位移的小数部分就可从活动套筒上的刻度读出。

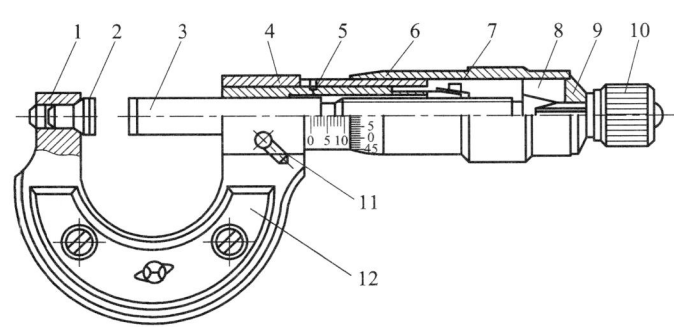

图 5-14 外径百分尺

1—尺架;2—固定测砧;3—测微螺杆;4—螺纹轴套;5—固定刻度套筒;6—微分筒;
7—调节螺母;8—接头;9—垫片;10—测力装置;
11—锁紧螺钉;12—绝热板

读数分为 3 个步骤:

(1)读出固定套筒上露出的刻线尺寸,一定要注意不能遗漏应读出的 0.5 mm 的刻线值。

（2）读出微分筒上的尺寸，要看清微分筒圆周上哪一格与固定套筒的中线基准对齐，将格数乘 0.01 mm 即得微分筒上的尺寸。

（3）将上述两部分相加，即总尺寸。

图 5-15 所示为是百分尺的读数示例。图 5-15（a）的读数为：12 + 0.04 = 12.04 mm；图 5-15（b）的读数为：14.0 + 0.18 = 14.18 mm。

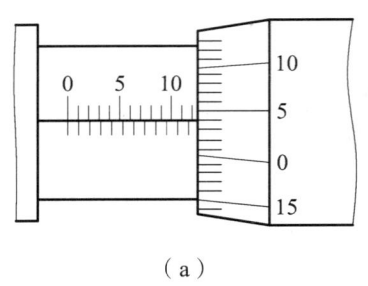 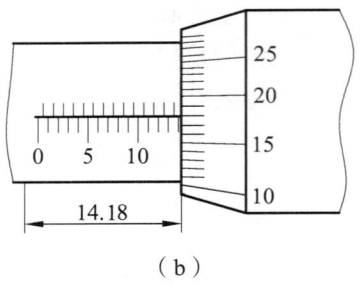

（a） （b）

图 5-15 百分尺的读数示例

5.2.2.2 百分尺的使用方法与注意事项

1. 使用方法

使用百分尺可分为单手操作法和双手操作法，如图 5-16 所示。

（a）单手使用方法　（b）双手使用方法　（c）在车床上使用的方法

图 5-16 百分尺的使用方法

2. 使用百分尺应注意事项

使用百分尺时应注意如下事项：

（1）使用时应先校对零点，若零点未对齐，应根据原始误差修正测量读数。

（2）测量前将测量杆和砧座擦干净，测量时需把工件被测量面擦干净。

（3）工件较大时应放在 V 形铁或平板上测量。

（4）拧活动套筒时需用棘轮装置。

（5）不要拧松后盖，以免造成零位线改变。

5.2.3　百分表

5.2.3.1　工作原理与读数方法

百分表是一种精度较高的测量仪器，其工作原理是将测尺寸（或误差）引起的测杆微小直线移动，经过齿轮传动和放大，变为指针在刻度盘上的转动，从而读出被测尺寸（或误差）的大小。百分表主要用于测量形状和位置误差，也可用于机床上安装工件时的精密找正。百分表的读数准确度为 0.01 mm。百分表的结构原理如图 5-17 所示。当测量杆 1 向上或向下移动 1 mm 时，通过齿轮传动系统带动大指针 5 转一圈，小指针 7 转一格。刻度盘在圆周上有 100 个等分格，各格的读数值为 0.01 mm。小指针每格读数为 1 mm。测量时指针读数的变动量即为尺寸变化量。刻度盘可以转动，以便测量时大指针对准零刻线。

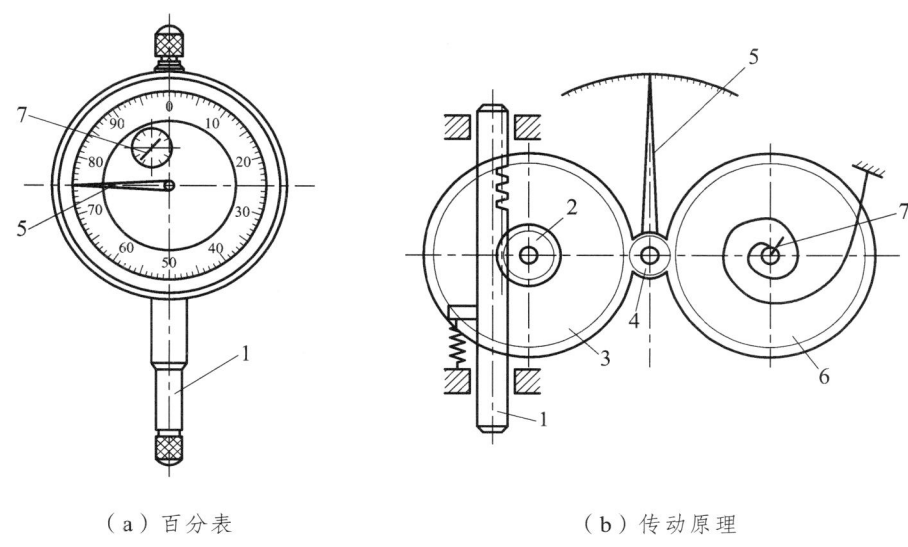

（a）百分表　　　　　　　　　　（b）传动原理

图 5-17　百分表及传动原理

1—测量杆；2，3，4，6—齿轮；5—大指针；7—小指针

5.2.3.2　使用与注意事项

1. 百分表的使用

百分表常装在表架上使用，如图 5-18 所示。

百分表可用来精确测量零件圆度、圆跳动、平面度、平行度和直线度等形位误差，也可用来找正工件，如图 5-19 所示。

 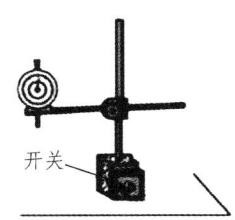 

（a）万能表架　　　　　（b）磁性表架　　　　　（c）普通表架

图 5-18　百分表表架

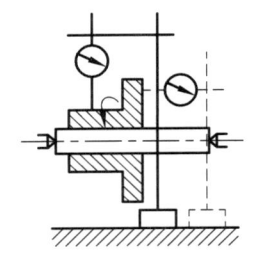 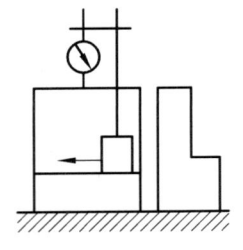 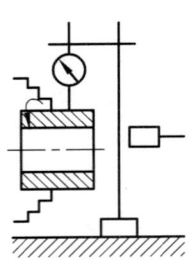

（a）检查外圆对孔的圆跳动　　（b）检查工件两面的平行度　　（c）找正外圆

图 5-19　百分表应用举例

2. 注意事项

（1）使用前，应检查测量杆活动的灵活性。测量杆在套筒内的移动要灵活，没有如何轧卡现象，每次手松开后，指针能回到原来的刻度位置。

（2）使用时，必须把百分表固定在可靠的夹持架上。

（3）测量时，不要使测量杆的行程超过它的测量范围，不要使表头突然撞到工件上，也不要用百分表测量表面粗糙度较大或明显有凹凸不平的工件。

（4）测量平面时，百分表的测量杆要和平面垂直，测量圆柱形工件时，测量杆要和工件的中心线垂直，否则，将使测量杆活动不灵或测量结果不准确。

5.2.4　卡规与塞规

在成批量生产中，为了提高生产效率，常用具有固定尺寸的量具来检验工件，这种量具叫作量规。测量工件尺寸的量规通常制成两个极限尺寸，即最大极限尺寸和最小极限尺寸。测量光滑的孔或轴用的量规叫作光滑量规。光滑量规根据用于测量内外尺寸的不同，分卡规和塞规两种。

1. 卡　规

卡规用来在批量生产中测量圆柱形、长方形、多边形等工件的尺寸。图 5-20 所示为常用的一种卡规，卡规制成的最大极限尺寸和最小极限尺寸分别为止端与通端。测量时，如果卡规的通端能通过工件，而止端不能通过工件，则表示工件合格；如果卡规的通端能通过工件，而止端也能通过工件，则表示工件尺寸太小，已成废品；如果通端和止端都不能通过工件，则表示工件尺寸太大，不合格，必须返工。

2. 塞　规

塞规是用来批量测量工件的孔、槽等内尺寸的。它也做成最大极限尺寸和最小极限尺寸两种，即止端与通端。常用的塞规形式如图 5-21 所示，塞规的两头各有一个圆柱体，长圆柱体一端为通端，短圆柱体一端为止端。检查工件时，合格的工件应当能通过通端而不能通过止端。

图 5-20　卡规

图 5-21　塞规

5.2.5　厚薄规

厚薄规是用来检验两个相结合面之间间隙大小的片状量规，如图 5-22 所示。它由一组薄钢片组成，其厚度为 0.03～0.3 mm，横截面为直角三角形，在斜边上有刻度，利用锐角正弦直接将短边的长度表示在斜边上，即可直接读出缝的大小。

厚薄规使用前必须先清除塞尺和工件上的污垢与灰尘。使用时可用一片或数片重叠插入间隙，以稍感拖滞为宜。测量时动作要轻，不允许硬插。也不允许测量温度较高的零件。

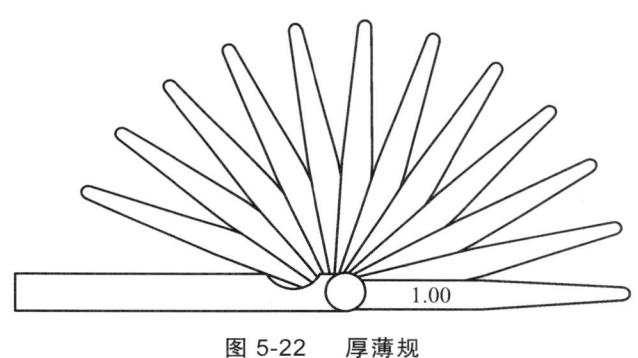

图 5-22　厚薄规

5.3　卧式车床

卧式车床因其主轴以水平方式放置故称为卧式车床。卧式车床能对轴、盘、环等多种类型工件进行多种工序加工，常用于加工工件的内外回转表面、端面和各种内外螺纹，采用相应的刀具和附件，还可进行钻孔、扩孔、攻丝和滚花等工艺。卧式车床是车床中应用最广泛的一种，约占车床类总数的 65%。

5.3.1　卧式车床结构

1. 型　号

卧式车床常用 C62×××来表示，其中，C——机床类型的代号，表示车床类机床；6——机床组别代号，表示普通卧式落地车床；2——型系列代号：马鞍车床（落地车床 0，普通车床 1，马鞍车床 2……）。其他表示车床的有关参数和改进号，如 C6232A 型卧式车床中"32"表示主要参数代号（最大回转直径为 320 mm），"A" 表示重大改进序号（第一次重大改进）。

2. 卧式车床各部分的名称和用途

（1）变速箱，主要由传动轴和变速齿轮组成，用来改变主轴的转速。通过操纵变速箱和主轴箱外面的变速手柄来改变齿轮或离合器的位置，可使主轴获得12种不同的速度。

（2）主轴箱，箱内有主轴部件和主运动变速机构，调整这些变速机构，可得到不同的主轴转向、转速和切削速度。主轴的前端能安装卡盘或顶尖等用于夹持工件，工件在主轴的带动下实现回转主运动。主轴的反转是通过电动机的反转来实现的。

（3）挂轮箱，用来搭配不同齿数的齿轮，以获得不同的进给量。主要用于车削不同种类的螺纹。

（4）进给箱，箱内有进给运动变速机械。主轴箱的运动通过挂轮传给进给箱，进给箱再通过光杠（或丝杠）将运动传给床鞍及刀架，改变机动进给量的大小（或螺纹的导程）。

（5）溜板箱，固定在床鞍的前侧，作用是把进给箱传来的运动传递给刀架，使刀架作纵向（或横向）进给、车螺纹或快速运动。

（6）刀架，主要由方刀架、小滑板、中滑板、转盘以及床鞍组成。刀架的作用是装夹车刀并使车刀作纵向、横向或斜向进给运动。刀架结构如图5-23所示。

方刀架安装在小滑板上，可同时装夹四把车刀，松开锁紧手柄，即可转动方刀架，把所需要的车刀更换到工作位置上；小滑板安装在中滑板上，并可沿中滑板上的导轨移动；中滑板安装在床鞍上，并可以沿床鞍上的导轨移动；转盘与中滑板用螺钉紧固，松开螺钉便可在水平面内扳转任意角度。床鞍安装在床身上，并可以沿床身上的纵向导轨移动。

（7）尾座，用于安装后顶尖以支持工件，或安装钻头、铰刀等刀具进行孔加工。尾座的结构如图5-24所示，主要由套筒、尾座体、底座等几部分组成。转动手轮，可调整套筒伸缩一定距离，并且尾座还可沿床身导轨推移至所需位置，以适应不同工件的加工要求。

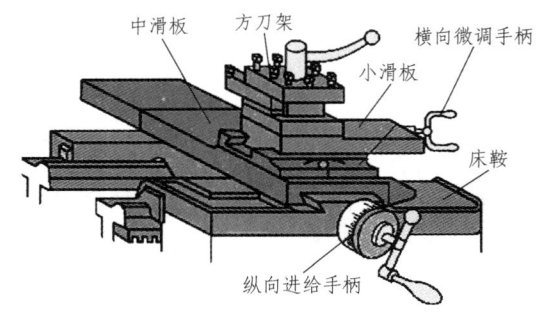 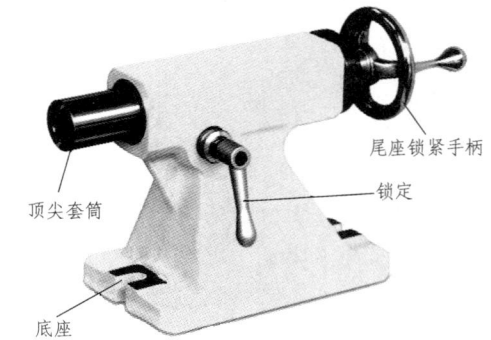

图5-23　刀架结构示意图　　　　　　　图5-24　尾座

（8）床身，固定在床腿上。床身是车床的基本支承件，床身的作用是支承各主要部件并使它们在工作时保持准确的相对位置。

5.3.2　卧式车床的各种手柄和基本操作

1. 卧式车床的调整及手柄的使用

C6232A车床的调整主要通过变换相应的手柄位置实现的，如图5-25所示。

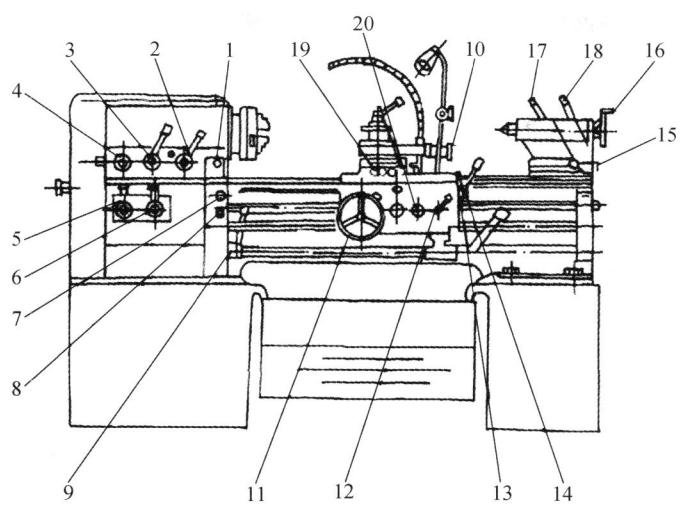

图 5-25　C6232A 车床的调整手柄

1—电机变速开关；2，3—主轴变速手柄；4—左右螺纹转换手柄；5，6—螺距进给量选择手柄；7—急停按钮；
8—冷却泵开关；9—正反车手柄；10—小刀架进给手柄；11—床鞍纵向进给手轮；12—开合螺母手柄；
13—床鞍锁紧螺钉；14—纵横进给选择手柄；15—尾座调整螺钉；16—套筒移动手轮；
17—套筒夹紧手柄；18—尾座体锁紧手柄；19—刀架横向进给手轮；
20—手泵润滑手柄

2. 卧式车床的基本操作

（1）停车练习（主轴正反转及停止手柄 9 在停止位置）

① 正确变换主轴转速。变动变速箱和主轴箱外面的变速手柄 2、3，可得到各种相对应的主轴转速。当手柄拨动不顺利时，可用手稍转动卡盘即可。

② 正确变换进给量。按所选的进给量查看进给箱上的标牌，再按标牌上进给变换手柄位置来变换手柄 5 和 6 的位置，即得到所选定的进给量。

③ 熟悉掌握纵向和横向手动进给手柄的转动方向。左手握纵向进给手动手轮 11，右手握横向进给手动手柄 19。分别顺时针和逆时针旋转手轮，操纵刀架和溜板箱的移动方向。

④ 熟悉掌握纵向或横向机动进给的操作。将纵横进给选择手柄 14 向下压即可纵向进给，如将纵横进给选择手柄 14 向上提起即可横向机动进给。分别向中间扳动则可停止纵、横机动进给。

⑤ 尾座的操作。尾座靠手动移动，其固定靠紧固螺栓螺母。转动尾座移动套筒手轮 16，可使套筒在尾架内移动，转动尾座锁紧手柄 18，可将套筒固定在尾座内。

（2）低速开车练习

练习前应先检查各手柄位置是否正确，无误后进行低速开车练习。

① 主轴启动—电动机启动—操纵主轴转动—停止主轴转动—关闭电动机；

② 机动进给—电动机启动—操纵主轴转动—手动纵横进给—机动纵横进给—手动退回—机动横向进给—手动退回—停止主轴转动—关闭电动机。

5.3.3 车刀的结构及安装

1. 车刀的结构

车刀是由刀头和刀杆两部分所组成,刀头是车刀的切削部分,刀杆是车刀的夹持部分。车刀从结构上分为:整体式、焊接式、机夹式、可转位式车刀4种形式,如图5-26所示。

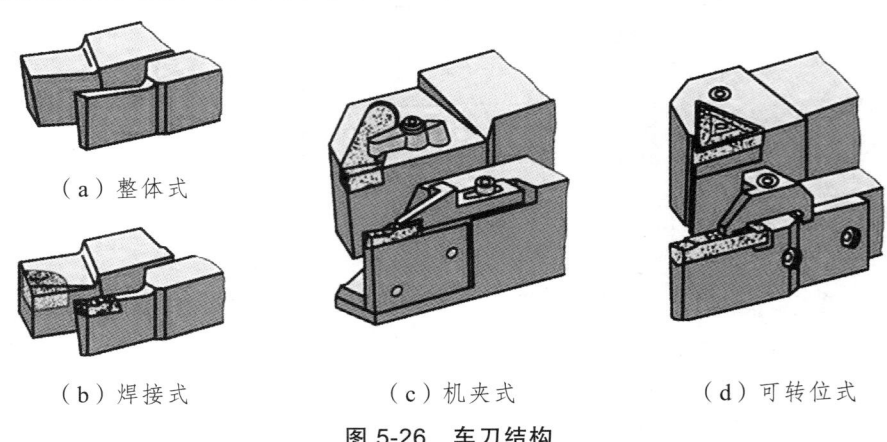

（a）整体式　（b）焊接式　（c）机夹式　（d）可转位式

图 5-26　车刀结构

2. 车刀的安装

车刀必须正确牢固地安装在刀架上,如图5-27所示。安装车刀应注意以下几点:

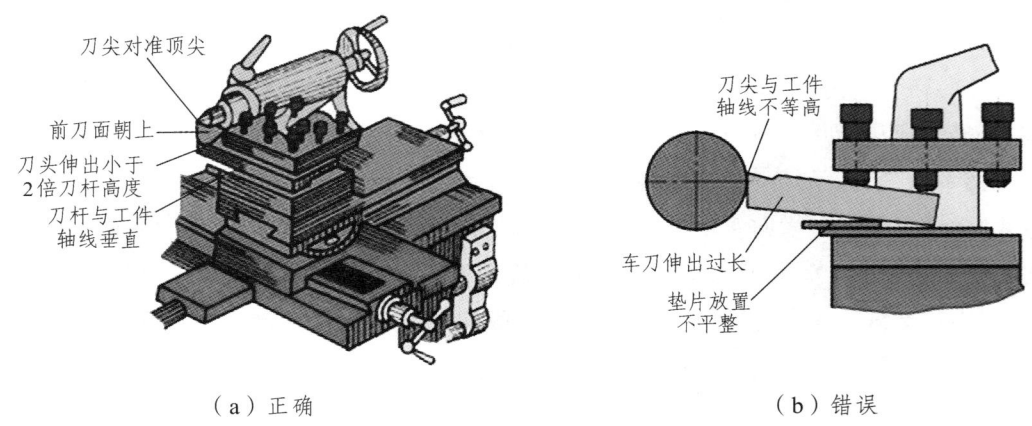

（a）正确　　　　　　　　　　（b）错误

图 5-27　车刀安装示意图

（1）刀头不宜伸出太长,否则切削时容易产生振动,影响工件加工精度和表面粗糙度。一般刀头伸出长度不超过刀杆厚度的2倍。

（2）刀尖应与车床主轴中心线等高。车刀装得太高,后刀面与工件加剧摩擦;装得太低,切削时工件会被抬起。刀尖的高低,可根据尾架顶尖高低来调整。

（3）车刀底面的垫片要平整,并尽可能用厚垫片,以减少垫片数量。调整好刀尖高低后,至少要用两个螺钉交替将车刀拧紧。

5.4 车外圆、端面和台阶

5.4.1 车外圆

车外圆就是将工件装夹在卡盘上作旋转运动，车刀安装在刀架上作纵向移动。车削这类零件时，除了要保证图样的标注尺寸、公差和表面粗糙度外，一般还应注意形位公差的要求，如垂直度和同轴度的要求。

常用的量具有钢直尺、游标卡尺和分厘卡尺等。

1. 外圆车刀的选择

常用外圆车刀有尖刀、弯头刀和偏刀。外圆车刀常用主偏角有 15°、75°、90°。

车外圆可用如图 5-28 所示的各种车刀。尖刀主要用于粗车外圆和没有台阶或台阶不大的外圆。弯刀头用于车外圆、端面和有 45° 斜面的外圆，特别是 45° 弯头刀应用较为普遍。主偏角为 90° 的左右偏刀，车外圆时，径向力很小，常用来车削细长轴的外圆。加工台阶轴和细长轴则常用偏刀。

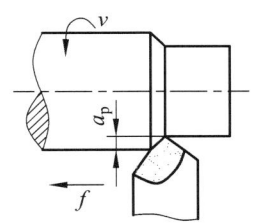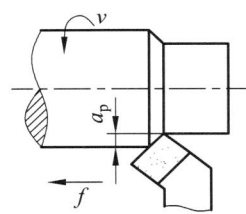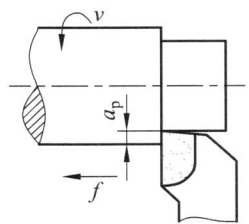

（a）尖刀车外圆　　　（b）45° 弯头刀车外圆　　　（c）偏刀车外圆

图 5-28　车外圆的几种情况

2. 外圆车刀的安装要点

（1）刀尖应与工件轴线等高。
（2）车刀刀杆应与工件轴线垂直。
（3）刀杆伸出刀架不宜过长，一般为刀杆厚度的 1.5～2 倍。
（4）刀杆垫片应平整，尽量用厚垫片，以减少垫片数量。
（5）车刀位置调整好后应固紧。

3. 工件的安装

在车床上装夹工件的基本要求是定位准确，夹紧可靠。所以车削时必须把工件夹在车床的夹具上，经过校正、夹紧，使它在整个加工过程中始终保持正确的位置，这个工作叫作工件的安装。在车床上安装工件应使被加工表面的轴线与车床主轴回转轴线重合，保证工件处于正确的位置；同时要将工件夹紧，以防止在切削力的作用下，工件松动或脱落，保证工作安全。

车床上安装工件的通用夹具（车床附件）很多，其中三爪卡盘用得最多，如图 5-29 所示。由于三爪卡盘的三个爪是同时移动自行对中的，故适宜安装短棒或盘类工件。反三爪用以夹持直径较大的工件。由于制造误差和卡盘零件的磨损等原因,三爪卡盘的定心准确度为 0.05～0.15 mm。工件上同轴度要求较高的表面,应在一次装夹中车出。

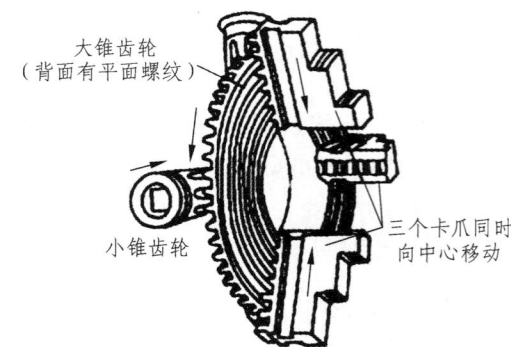

图 5-29 三爪卡盘

三爪卡盘安装工件的步骤:

(1)工件在卡爪间放正,轻轻夹紧。

(2)开机,使主轴低速旋转,检查工件有无偏摆。若有偏摆,应停车后,轻敲工件纠正,然后拧紧三个卡爪,紧固后,须随即取下扳手,以保证安全。

(3)移动车刀至车削行程的最左端,用手转动卡盘,检查是否与刀架相撞。

4. 车外圆的操作步骤

车刀和工件在车床上安装以后,即可开始车削加工。在加工中必须按照如下步骤进行:

(1)选择主轴转速和进给量,调整有关手柄位置。

(2)对刀,移动刀架,使车刀刀尖接触工件表面,对零点时必须开车。

(3)对完刀后,用刻度盘调整切削深度。在用刻度盘调整切削深度时,应了解中滑板刻度盘的刻度值,就是每转过一小格时车刀的横向切削深度值。然后根据切削深度,计算出需要转过的格数。

(4)试切。检查切削深度是否准确。横向进刀,步骤如图 5-30 所示。

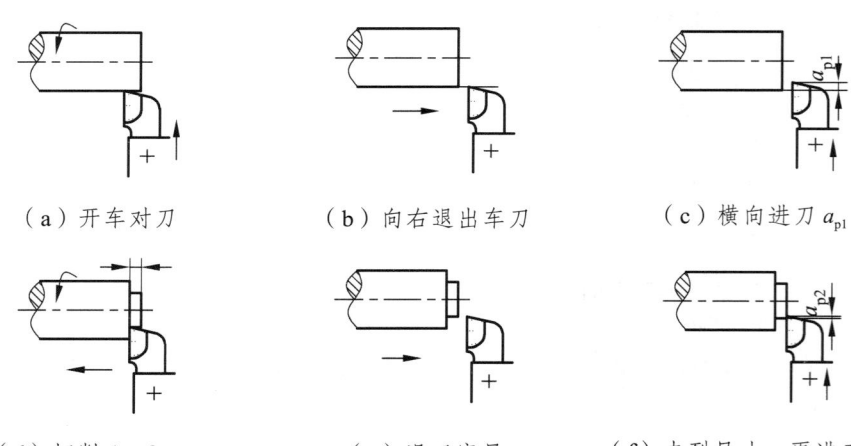

(a)开车对刀　　　　(b)向右退出车刀　　　　(c)横向进刀 a_{p1}

(d)切削 1～2 mm　　(e)退刀度量　　　　　(f)未到尺寸,再进刀 a_{p2}

图 5-30 切外圆的试切步骤

在车削工件时要准确、迅速地控制切削深度，必须熟练地使用中滑板的刻度盘。中滑板刻度盘装在横丝杆轴端部，中滑板和横丝杆的螺母紧固在一起。由于丝杆与螺母之间有一定的间隙，进刻度时必须慢慢地将刻度盘转到所需的格数。如果刻度盘手柄摇过了头，或试切后发现尺寸太小而需退刀时，为了消除丝杆和螺母之间的间隙，应反转半周左右，再转至所需的刻度值上。

（5）纵向自动进车外圆。

（6）测量外圆尺寸。对刀、试切、测量是控制工件尺寸精度的必要手段，是车床操作者的基本功，一定要熟练掌握。

车外圆

5.4.2　车端面

用车削的方法加工与主轴轴线垂直的平面称为车端面。常用的车刀是偏刀和弯头车刀，其加工方法如图 5-31 所示。

车削端面，可用卡盘将工件夹持，露出端面。车削前必须将刀尖对准旋转中心，以免最后在端面中心处留出凸台。同时，车削端面时，切削速度由外圆向中心逐渐减少，当切削速度降低时，表面粗糙度值增大，因此切削速度可比车外圆高一些。

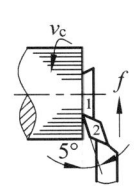 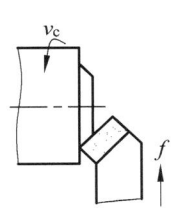 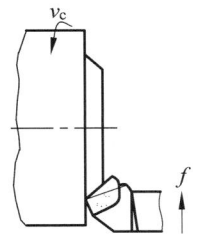 

（a）右偏刀车端面　（b）45°弯头刀车端面　（c）左偏刀车端面

车端面

图 5-31　车端面的常用车刀

车端面应注意以下几点：

（1）车刀的刀尖应对准工件中心，以免车出的端面中心留有凸台。

（2）偏刀车端面，当背吃刀量 a_p 较大时，容易打刀。背吃刀量 a_p 的选择：粗车时 $a_p = 0.2 \sim 1$ mm，精车时 $a_p = 0.05 \sim 0.2$ mm。

（3）端面的直径从外到中心是变化的，切削速度也在改变，在计算切削速度时必须按端面的最大直径计算。

（4）车直径较大的端面，若出现凹心或凸肚时，应检查车刀和方刀架，以及大拖板是否锁紧。

5.4.3　车台阶

所谓台阶，就是在一根长轴上相邻两段不同直径的圆柱。根据相邻两圆柱直径之差，相差高度小于 5 mm 为低台阶，可一次走刀车出；大于 5 mm 为高台阶，需经若干次走刀完成。台阶的车削如图 5-32 所示。

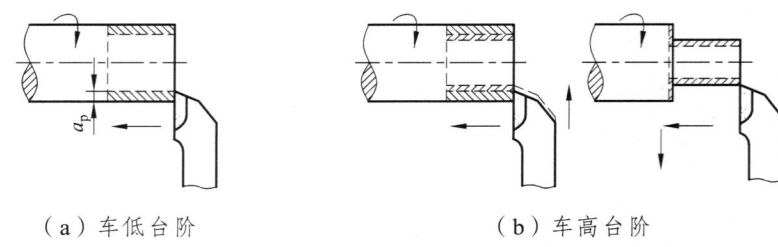

(a) 车低台阶　　　　　　　(b) 车高台阶

图 5-32　台阶的车削

车台阶时，常用角尺安装偏刀，以保证主切削刃与工件轴线垂直，如图 5-33 所示。台阶长度一般用钢直尺来确定，用尖刀划出痕迹。车削台阶的方法与车削外圆基本相同，但在车削时应兼顾外圆直径和台阶长度两个方向的尺寸要求，还必须保证台阶平面与工件轴线的垂直度要求。

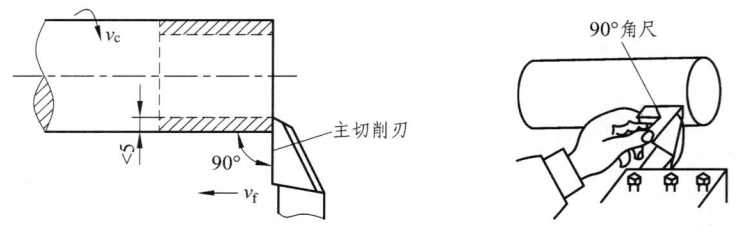

图 5-33　车台阶安装偏刀

台阶的车削实际上是车外圆和车端面的综合，其车削方法与车外圆没有什么显著的区别，主要应注意以下几点：

（1）车削台阶时，需要兼顾外圆的尺寸和台阶长度的要求，准确掌握台阶长度尺寸的关键是必须按图纸找出正确的测量基准（对于多台阶的工件尤为重要），否则将会产生积累误差而造成废品。

（2）相邻两圆柱体直径差值较小的低台阶可以用车刀一次车出。由于台阶面应与工件轴线垂直，所以必须用 90° 偏刀车削，装刀时要使主刀刃与工件轴线垂直。

（3）相邻两圆柱体直径差值较大的高台阶宜用分层切削。粗车时可先用直径小于 90° 的车刀进行车削，再用主偏角为 93°～95° 车刀，用几次走刀来完成。在最后一次走刀时，车刀在纵走刀结束后，用手摇动中拖板手柄，将车刀慢而均匀地退出，把台阶面车一刀，使台阶与工件外圆垂直。

5.5　切槽、切断、车成型面

5.5.1　切　槽

1. 切　槽

在工件表面上车沟槽的方法叫切槽，如图 5-34 所示。槽的形状有外槽、内槽和端面槽。常选用高速钢切槽刀切槽，切槽刀的几何形状和角度，如图 5-35 所示。

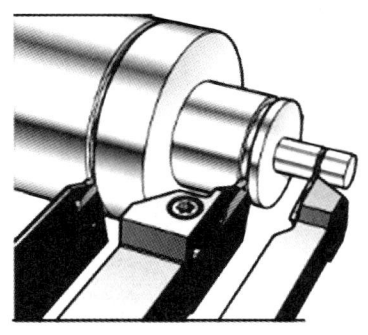
图 5-34 切槽加工

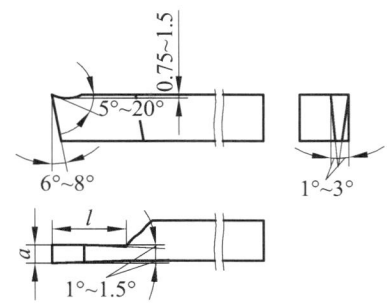
图 5-35 高速钢切槽刀

2. 切槽的方法

车削精度不高的和宽度较窄的矩形沟槽，可以用刀宽等于槽宽的切槽刀，采用直进法一次车出。精度要求较高的，一般分两次车成。

车削较宽的沟槽，可用多次直进法切削，并在槽的两侧留一定的精车余量，然后根据槽深、槽宽精车至尺寸。

车削较小的圆弧形槽，一般用成型车刀车削。较大的圆弧槽，可用双手联动车削，用样板检查修整。

车削较小的梯形槽，一般用成型车刀完成。较大的梯形槽，通常先车直槽，然后用梯形刀直进法或左右切削法完成。

5.5.2 切 断

切断要用切断刀，如图 5-36 所示。切断刀的形状与切槽刀相似，但因刀头窄而长，很容易折断。常用的切断方法有直进法和左右借刀法两种，如图 5-37 所示。直进法常用于切断铸铁等脆性材料，左右借刀法常用于切断钢等塑性材料。

切断时应注意以下几点：

（1）切断一般在卡盘上进行，如图 5-38 所示。工件的切断处应距卡盘近些，避免在顶尖安装的工件上切断。

（2）切断刀刀尖必须与工件中心等高，否则切断处将剩有凸台，且刀头也容易损坏，如图 5-39 所示。

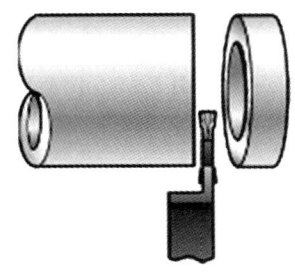

图 5-36 切断方法

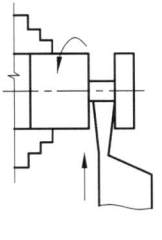
（a）直进法

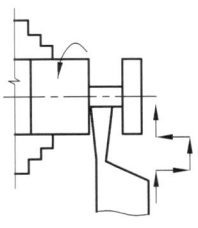
（b）左右进刀法

图 5-37 在卡盘上切断

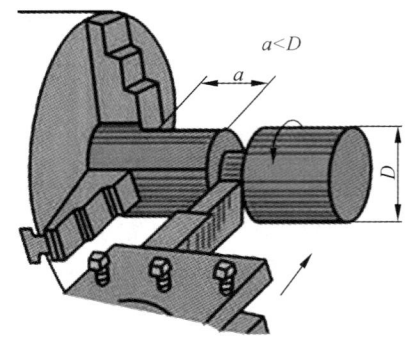
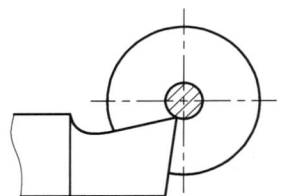
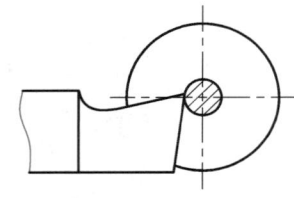

图 5-38 在卡盘上切断图　　　图 5-39 切断刀刀尖必须与工件中心等高

（a）切断刀安装过低，不易切削　　（b）切断刀装过高，刀具后面顶住工件，刀头易被压断

（3）切断刀伸出刀架的长度不宜过长，进给要缓慢均匀。将切断时，必须放慢进给速度，以免刀头折断。

（4）切断钢件时需要加切削液进行冷却润滑，切铸铁时一般不加切削液，必要时可用煤油进行冷却润滑。

5.6　车圆锥面

将工件车削成圆锥表面的方法称为车圆锥。常用车削锥面的方法有宽刀法、转动小刀架法、靠模法、尾座偏移法等几种。

5.6.1　宽刀法

车削较短的圆锥时，可以用宽刃刀直接车出，如图 5-40 所示。其工作原理实质上是属于成型法，所以要求切削刃必须平直，切削刃与主轴轴线的夹角应等于工件圆锥半角 $\alpha/2$。同时要求车床有较好的刚性，否则易引起振动。当工件的圆锥斜面长度大于切削刃长度时，可以用多次接刀方法加工，但接刀处必须平整。

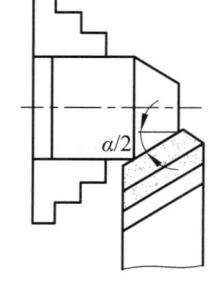

图 5-40　用宽刃刀车削圆锥

特点：宽刀刀刃必须平直，刃倾角为零，主偏角等于工件的圆锥斜角（α）；安装车刀时，必须保持刀尖与工件回转中心等高；加工的圆锥面不能太长，要求"机床-工件-刀具"系统必须具有足够的刚度。此法加工的生产率高，工件表面粗糙度值 Ra 可达 6.3 ~ 1.6 μm。

应用：适用于大批量生产中加工锥度较大，长度较短的内、外圆锥面。

5.6.2　转动小刀架法

当加工锥面不长的工件时，可用转动小刀架法车削。车削时，将小滑板下面的转盘上螺母松开，把转盘转至所需要的圆锥半角 $\alpha/2$ 的刻线上，与基准零线对齐，然后固定转盘上的螺母，如果锥角不是整数，可在锥附近估计一个值，试车后逐步找正，如图 5-41 所示。

5.6.3 尾座偏移法

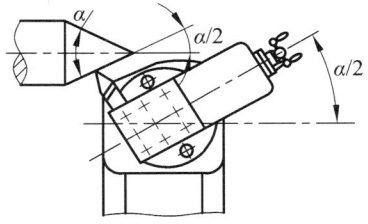

图 5-41 转动小滑板车圆锥

当车削锥度小但锥形部分较长的圆锥面时，可以用偏移尾座的方法，如图 5-42 所示。将尾座上滑板横向偏移一个距离 S，使偏位后两顶尖连线与原来两顶尖中心线相交一个 $\alpha/2$ 角度，尾座的偏向取决于工件大小头在两顶尖间的加工位置。尾座的偏移量与工件的总长有关，如图 5-42 所示，尾座偏移量可用下列公式计算：

$$S = \frac{D-d}{2L}L_0$$

式中，S——尾座偏移量；
L——工件锥体部分长度；
L_0——工件总长度；
D、d——锥体大头直径和锥体小头直径。

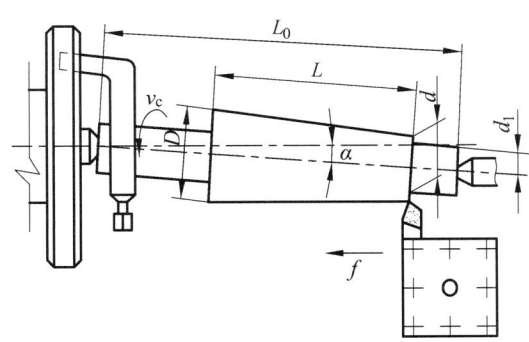

图 5-42 偏移位座法车削圆锥

5.7 孔加工

车床上可以用钻头、镗刀、扩孔钻头、铰刀进行钻孔、镗孔、扩孔和铰孔。下面介绍钻孔和镗孔的方法。

5.7.1 钻 孔

利用钻头将工件钻出孔的方法称为钻孔。钻孔的精度等级较低，一般公差等级为 IT10 以下，表面粗糙度为 $Ra12.5\ \mu m$，多用于粗加工孔。在车床上钻孔如图 5-43 所示，工件装夹在卡盘上，钻头安装在尾架套筒锥孔内。钻孔前先车平端面并车出一个中心孔或先用中心钻钻中心孔作为引导。钻孔时,摇动尾架手轮使钻头缓慢进给,注意经常退出钻头排屑。钻孔进给不能过猛,以免折断钻头。钻钢料时应加切削液。

5.7.2 镗孔

在车床上对工件的孔进行车削的方法叫镗孔(又叫车孔),镗孔可用作粗加工,也可以作精加工。镗孔分为镗通孔和镗不通孔,如图 5-44 所示。镗通孔基本上与车外圆相同,只是进刀和退刀方向相反。粗镗和精镗内孔时也要进行试切和试测,其方法与车外圆相同。镗通孔常用普通镗刀,为减小径向切削分力,以减小刀杆弯曲变形,一般主偏角为 45°~75°,常取 60°~70°。不通孔镗刀主偏角常大于 90°,一般取 95°~100°,刀头处宽度应小于孔的半径。

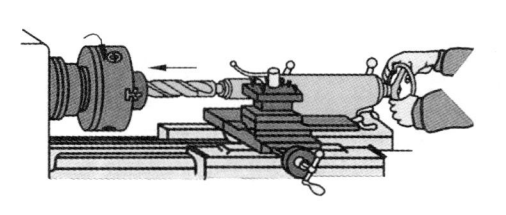

图 5-43 车床上钻孔

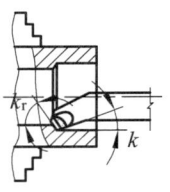

(a)车通孔

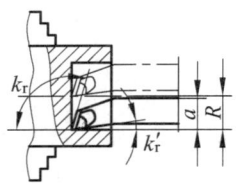

(b)车不通孔

图 5-44 车孔

5.8 车螺纹

螺纹零件广泛应用于机械产品,螺纹零件的功能是联接和传动。例如,车床主轴与卡盘的连接,方刀架上螺钉对刀具的紧固,丝杆与螺母的传动等。螺纹的种类很多,按牙型分有三角螺纹、梯形螺纹、方牙螺纹等。各种螺纹又有右旋、左旋和单线、多线之分,其中以单线、右旋的普通螺纹应用最广。

将工件表面车削成螺纹的方法称为车螺纹。螺纹按牙型分主要有三角螺纹、方牙螺纹、梯形螺纹等,如图 5-45 所示。其中,普通公制三角螺纹应用最广。

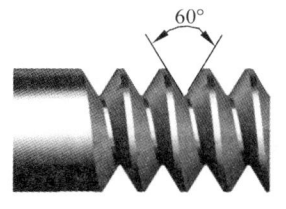

(a)三角螺纹

(b)方牙螺纹

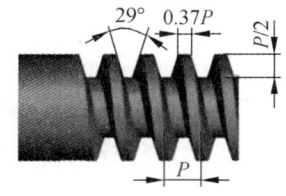

(c)梯形螺纹

图 5-45 三角螺纹、方牙螺纹、梯形螺纹

5.8.1 普通三角螺纹的基本牙型

普通三角螺纹的基本牙型如图 5-46 所示,各基本尺寸的名称如下:

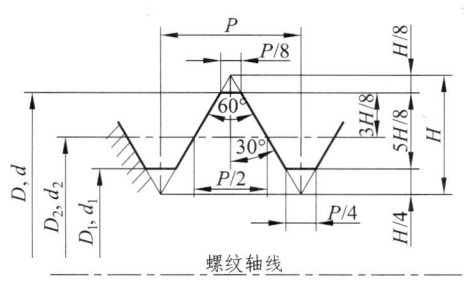

图 5-46 普通三角螺纹基本牙型

D——内螺纹大径（公称直径）； d——外螺纹大径（公称直径）；
D_2——内螺纹中径； d_2——外螺纹中径；
D_1——内螺纹小径； d_1——外螺纹小径；
P——螺距； H——原始三角形高度。

决定螺纹的基本要素有三个：

（1）牙型角 α，螺纹轴向剖面内螺纹两侧面的夹角。公制螺纹 $\alpha = 60°$，英制螺纹 $\alpha = 55°$。

（2）螺距 P，是沿轴线方向上相邻两牙间对应点的距离。

（3）螺纹中径 D_2（d_2），是平螺纹理论高度 H 的一个假想圆柱体的直径。在中径处的螺纹牙厚和槽宽相等。只有内外螺纹中径都一致时，两者才能很好地配合。

5.8.2 车削外螺纹的方法与步骤

1. 准备工作

（1）安装螺纹车刀时，车刀的刀尖角等于螺纹牙型角 $\alpha = 60°$，其前角 $\gamma_0 = 0°$ 才能保证工件螺纹的牙型角，否则牙型角将产生误差。只有粗加工时或螺纹精度要求不高时，其前角可取 $\gamma_0 = 5° \sim 20°$。安装螺纹车刀时刀尖对准工件中心，并用样板对刀，以保证刀尖角的角平分线与工件的轴线相垂直，车出的牙型角才不会偏斜，如图 5-47 所示。

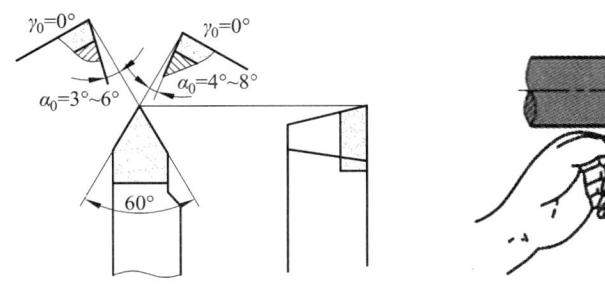

图 5-47 螺纹车刀几何角度与用样板对刀

（2）按螺纹规格车螺纹外圆，并按所需长度刻出螺纹长度终止线。先将螺纹外径车至尺寸，然后用刀尖在工件上的螺纹终止处刻一条微可见线，以它作为车螺纹的退刀标记。

（3）根据工件的螺距 P，查机床上的标牌，然后调整进给箱上手柄位置及配换挂轮箱齿轮的齿数以获得所需要的工件螺距。

（4）确定主轴转速。初学者应将车床主轴转速调到最低速。

2. 车螺纹的方法和步骤

（1）确定车螺纹切削深度的起始位置，将中滑板刻度调到零位，开车，使刀尖轻微接触工件表面，然后迅速将中滑板刻度调至零位，以便于进刀记数，如图5-48（a）、（b）所示。

（2）试切第一条螺旋线并检查螺距。将床鞍摇至离工件端面8~10 mm处，横向进刀0.05 mm左右。开车，合上开合螺母，在工件表面车出一条螺旋线，至螺纹终止线处退出车刀，开反车把车刀退到工件右端；停车，用钢尺检查螺距是否正确。如图5-48（c）所示。

（3）用刻度盘调整背吃刀量，开车切削，如图5-48（d）所示。螺纹的总背吃刀量a_p与螺距的关系按经验公式$a_p \approx 0.65P$，算得吃刀量约0.1 mm。

（4）车刀将至终点时，应做好退刀停车准备，先快速退出车刀，然后开反车退出刀架。如图5-48（e）所示。

（5）再次横向进刀，继续切削至车出正确的牙型，如图5-48（f）所示。

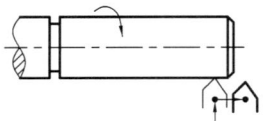

（a）开车，使车刀与工件轻微接触，记下刻度盘读数。向右退出车刀

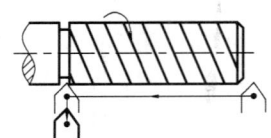

（b）合上对开螺母，在工件表面车出一条螺旋线。横向退出车刀，停车

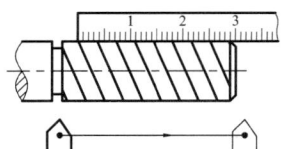

（c）开反车使车刀退到工件右端，停车。用钢尺检查螺距是否正确

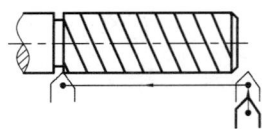

（d）利用刻度盘调整切深。开车切削，车钢料时加机油润滑

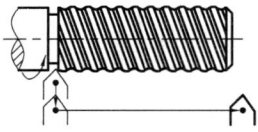

（e）车刀将至行程终了时，应做好退刀停车准备。先快速退出车刀，然后停车。开反车退回刀架

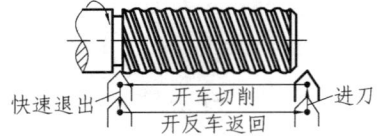

（f）再次横向切入，继续切削。其切削过程如图中路线所示

图5-48 螺纹切削方法与步骤

5.8.3 螺纹车削注意事项

（1）刀尖必须与工件旋转中心等高。

（2）刀尖角的平分线必须与工件轴线垂直。因此，要用对刀样板对刀。

（3）车螺纹时，车刀的移动是靠开合螺母与丝杆的啮合来带动的，一条螺纹槽需经过多次走刀才能完成。当车完一刀再车另一刀时，必须保证车刀总是落在已切出的螺纹槽中，否则就叫"乱扣",致使工件报废。产生"乱扣"的主要原因是,车床丝杆的螺距 $P_{丝}$ 与工件的螺距 $P_{工}$ 不是整数倍而造成的。当 $P_{丝}/P_{工}$ 为整数时,每次走刀之后,可打开"开合螺母",车刀横向退出,纵向摇回刀架,不会发生"乱扣"。

5.9 零件加工质量及检验方法

零件的加工质量包括加工精度和表面质量两个方面的内容。其中,加工精度包括尺寸精度、形状精度和位置精度,表面质量的指标有表面粗糙度、表面加工硬化的程度、残余应力的性质和大小。表面质量的主要指标是表面粗糙度。

5.9.1 加工精度

加工精度是指零件加工后的几何参数(尺寸、几何形状和相互位置)与理想零件几何参数相符合的程度,不符合称为偏离,偏离的程度则为加工误差。加工误差的大小反映了加工精度的高低,精度的高低用公差来表示。加工精度包括以下三方面:

5.9.1.1 尺寸精度

1. 尺寸精度

尺寸精度是限制加工表面与其基准间尺寸误差不超过一定的范围,它是由尺寸公差(简称公差)控制的。公差值的大小就决定了零件的精确程度,公差值小的,精度高,公差值大的,精度低。

2. 尺寸精度的检验

检验尺寸精度一般用游标卡尺、百分尺等测量工具,若测得尺寸在最大极限尺寸与最小极限尺寸之间,零件合格。若测得尺寸大于最大实体尺寸,零件不合格,需进一步加工。若测得尺寸小于最小实体尺寸,零件报废。

5.9.1.2 形状精度

1. 形状精度

形状精度是限制加工表面的宏观几何形状误差,如圆度、圆柱度、平面度、直线度等。形状的精度用形状公差来控制,按照国家标准(GB/T 1182—1996)规定,形状公差有六项,其符号见表5-1。

表 5-1 形状公差符号

项目	直线度	平面度	圆度	圆柱度	线轮廓度	面轮廓度
符号	—	▱	○	⌭	⌒	⌓

2. 形状精度的检验

形状精度的检测工具包括直尺、百分表、轮廓测量仪等。形状精度指标主要包括圆度、圆柱度、平面度、直线度等。

（1）圆度：指工件的横截面接近理论圆的程度，检测的工具为圆度仪。检测圆度时，将被测零件放置在圆度仪上，调整零件的轴线，使其与圆度仪的回转轴线同轴，测量头每转一周，即可显示该测量截面的圆度误差。测量若干个截面，可得出最大误差，即为被测圆柱面的圆度误差。

（2）圆柱度：指任一垂直截面最大尺寸与最小尺寸差为圆柱度。圆柱度误差包含了轴剖面和横剖面两个方面的误差。圆柱度的公差带是两同轴圆柱面间的区域，该两同轴圆柱面间的径向距离即为公差值。圆柱度检测方法与圆度的测量方法基本相同，所不同的测量头在无径向偏移的情况下，要测若干个横截面，以确定圆柱度误差。

（3）平面度：指平面具有的宏观凹凸高度相对理想平面的偏差。公差带是距离为公差值的两平行平面之间的区域。平面度检测方法如图 5-49 所示，将水平仪与被测平面接触，在各个方面检测其中最大缝隙的读数值，即为平面度误差。

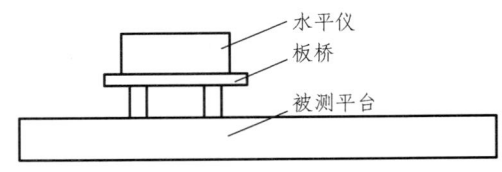

图 5-49 平面度检测

（4）直线度：公差带是在一平面上所给定方向上的距离为公差值的两平行直线之间的区域。直线度检测方法如图 5-50 所示，将刀口形直尺沿给定方向与被测平面接触，并使两者之间的最大缝隙为最小，测得的最大缝隙即为此平面在该素线方向的直线度误差。当缝隙很小时，可根据光隙估计；当缝隙较大时可用塞尺测量。

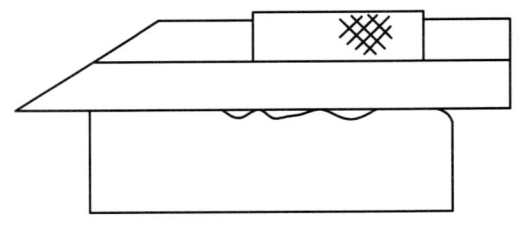

图 5-50 直线度检测

5.9.1.3 位置精度及其检验

1. 位置精度

位置精度是限制加工表面与其基准间的相互位置误差，由于加工技术与手段的制约，零件表面的相互位置存在偏差是不可避免的。按照国家标准（GB/T 1182—1996）规定，相互位置精度用位置公差来控制。位置公差有八项，其符号见表 5-2。

表 5-2　位置公差符号

项目	平行度	垂直度	倾斜度	位置度	同轴度	对称度	圆跳动	全跳动
符号	∥	⊥	∠	⊕	◎	═	↗	↗↗

2. 常用位置精度的检验

位置精度指标主要包括垂直度、平行度、同轴度和圆跳动等，一般用游标卡尺、百分表、直角尺等测量工具来检验。

（1）垂直度：用于评价直线之间、平面之间或直线与平面之间的垂直状态。当以平面为基准时，若被测要素为平面，则其垂直度公差带的距离为垂直度的公差值；被测要素为直线轴时候，垂直度的公差值表示轴与平面所成角度与 90° 所产生偏差的公差百分比。垂直度检测用量角器或垂直度量测仪。

图 5-51 所示为电梯 T 形导轨端面对底部加工面与导向面中心平面的垂直度检测。

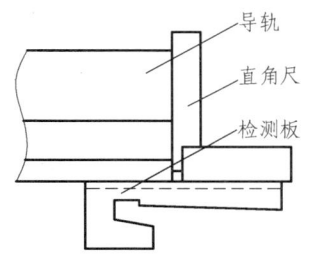 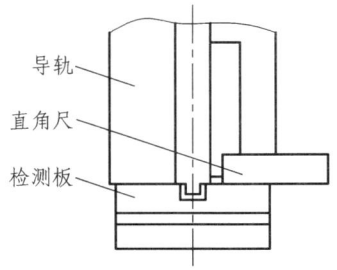

（a）端面对底部加工面垂直度检测　　（b）端面对导向面中心平面的垂直度检测

图 5-51

（2）平行度：用于评价直线之间、平面之间或直线与平面之间的平行状态。平行度公差带是距离为公差值，且平行于基准面（或线）的两平行面（或线）之间的区域。平行度通常用百分表来检测。如图 5-52 所示，将被测零件放置在平板上，移动百分表，在被测表面上按规定测量进行测量，百分表最大与最小读数之差值，即为平行度误差。

（3）同轴度：反映的是被测轴线对基准轴线（理论正确位置）的偏差程度。它的公差带是直径为公差值，且与基准轴线同轴圆柱面内的区域。同轴度通常用百分表或轴度校准仪来测量，如图 5-53 所示，将基准面的轮廓表面的中段放置在两高的刃口状 V 形铁上。先沿轴向截面测量，在径向截面的上下分别放置百分表，测得各对应点的 M_a 与 M_b 差的绝对值，然后转动零件，按上述方法测量若干个轴向截面，取各截面的 M_a 与 M_b 差的绝对值的最大值，这个最大值即可作为该零件的同轴度误差。

（4）圆跳动：是被测零件绕基准轴线回转一周时，由位置固定的指示器在给定方向上测得的最大与最小读数之差。径向圆跳动公差带是在垂直于基准轴线的任一测量平面内半径差为公差值，且圆心在基准轴线上的两个同心圆之间的区域。圆跳动参数通常用百分表来检测。

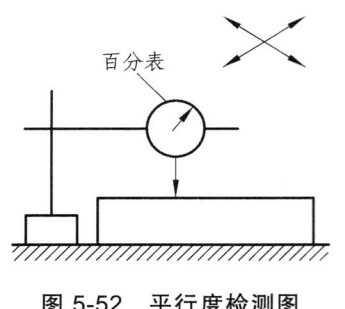

图 5-52 平行度检测图

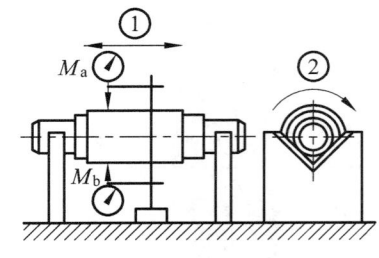

图 5-53 同轴度检测

5.9.2 表面粗糙度

1. 表面粗糙度及其评定参数

表面粗糙度是指加工表面具有的较小间距和微小峰谷不平度。其两波峰或两波谷之间的距离（波距）很小，因此属于微观几何形状误差。表面粗糙度越小，则表面越光滑。表面粗糙度的大小，对机械零件的使用性能有很大的影响。

表面粗糙度的评定参数有：轮廓算术平均偏差 Ra；轮廓最大高度（Rz）。参数值可给出极限值，也可给出取值范围。由于参数 Ra 较能客观地反映表面微观不平度，所以被广泛使用。参数 Rz 在反映表面微观不平程度上不如 Ra，但易于在光学仪器上测量，特别适用于超精加工零件表面粗糙度的评定。

2. 表面粗糙度代号

GB/T 131—1993 规定，表面粗糙度代号是由规定的符号和有关参数组成，表面粗糙度符号的画法和意义如表 5-3 所示。

表 5-3 表面粗糙度的符号和画法

序号	符号	意义
1	∨	基本符号，表示表面可用任何方法获得。当不加注粗糙度参数值或有关说明时，仅适用于简化代号标注
2	∀	表示表面是用去除材料的方法获得，如车、铣、钻、磨
3	∀	表示表面是用不去除材料的方法获得，如铸、锻、冲压、冷轧等
4	∀ ∀ ∀	在上述三个符号的长边上可加一横线，用于标注有关参数或说明
5	∀ ∀ ∀	在上述三个符号的长边上可加一小圆，表示所有表面具有相同的表面粗糙度要求
6	(高3.5, 60°)	当参数值的数字或大写字母的高度为 2.5 mm 时，粗糙度符号的高度取 8 mm，三角形高度取 3.5 mm，三角形是等边三角形。当参数值不是 2.5 mm 时，粗糙度符号和三角形符号的高度也将发生变化

3. 常用表面粗糙度 Ra 的数值与加工方法

常用加工方法所能达到的表面粗糙度 Ra 值如表 5-4 所示。

表 5-4　常用表面粗糙度 Ra 的数值与加工方法

表面特征	表面粗糙度（Ra）数值	加工方法举例
明显可见刀痕	100　50　25	粗车、粗刨、粗铣、钻孔
微见刀痕	12.5　6.3　3.2	精车、精刨、精铣、粗铰、粗磨
看不见加工痕迹，微辨加工方向	1.6　0.8　0.4	精车、精磨、精铰、研磨
暗光泽面	0.2　0.1　0.05	研磨、珩磨、超精磨

思考与练习

1. 切削用量是什么？包括哪些主要参数？
2. 硬质合金刀具包括哪些？主要用途是什么？
3. 画图表示下列刀具的前角、后角、主偏角、副偏角和刃倾角。
　　a. 外圆车刀　　　b. 端面车刀　　　c. 切断刀
4. 怎样使用游标卡尺？使用时应注意事项什么？
5. 试说明百分尺的读数方法和使用注意事项。
6. 车床的车刀安装高度与哪个位置对准？
7. 车床大多都是加工圆的工件，如果有加工方形的工件怎样进行装夹？
8. 车床加工时车刀及工件会发热，如何避免其温度的不断升高？
9. 车床每次要停下来由于转动的惯性需要一段时间才能停下来，有没有什么方法让机床快速停下？
10. 切断加工过程中如果刀具高温或振动过大是什么可能原因导致的？车削螺纹要注意什么？
11. 零件的加工质量包含哪些方面的内容？
12. 形状精度主要有哪些项目？试分别说明各自的检验方法。
13. 位置精度主要有哪些项目？
14. 什么是表面粗糙度？表面粗糙度的评定有哪些？

车削加工
教学视频

第 6 章 铣削与磨削

6.1 铣 削

在铣床上用铣刀对工件进行切削加工的方法称为铣削,铣削是指使用旋转的多刃刀具切削工件,是效率比较高的加工方法。工作时,刀具旋转(作主运动),工件移动(作进给运动),工件也可以固定,但此时旋转的刀具还必须移动(同时完成主运动和进给运动)。

铣削加工可用于平面、沟槽、齿形、钻孔、曲面等加工,图 6-1 所示为铣削加工应用的示例。铣削加工的精度一般可达 IT10~IT7 级,表面粗糙度 Ra 值为 1.6~6.3 μm。

铣削加工基本过程

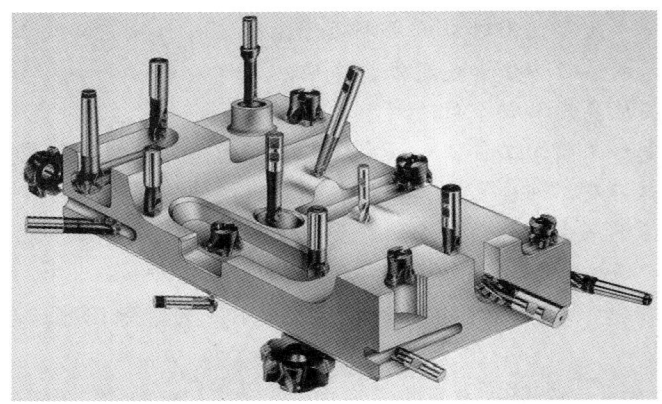

图 6-1 铣削加工应用示例

铣削是以铣刀或工件做进给运动的一种切削加工方法,它的特点是:

(1)采用多刃刀具加工,刀刃轮替切削,刀具冷却效果好,耐用度高。

(2)铣削加工生产效率高、加工范围广,在普通铣床上使用各种不同的铣刀可以完成加工平面(平行面、垂直面、斜面),台阶,沟槽(直角沟槽、V 形槽、T 形槽、燕尾槽等特形槽),特形面等加工任务。加上分度头等铣床附件的配合运用,还可以完成花键轴、螺旋轴、齿式离合器等工件的铣削。

(3)铣削加工具有较高的加工精度,其经济加工精度一般为 IT9~IT7,表面粗糙度 Ra 值一般为 12.5~1.6 μm。精细铣削精度可达 IT5,表面粗糙度 Ra 值可达到 0.20 μm。

正因为铣削加工具有以上特点，它特别适合模具等形状复杂的组合体零件的加工，在模具制造等行业中占有非常重要的地位。随着数控技术的快速发展，铣削加工在机械加工中的作用越来越重要，尤其是在各种特形曲面的加工中，有着其他加工方法无法比拟的优势。目前在五坐标数控铣削加工中心上，甚至可以高效率地连续完成整件艺术品的复制加工。

6.2　立式铣床

立式铣床是一种通用金属切削机床，工作时刀具是立式安装，机床的主轴锥孔可直接或通过附件安装各种圆柱铣刀、成型铣刀、端面铣刀、角度铣刀等刀具，立式铣床用的铣刀相对灵活一些，适用范围较广用于加工各种零部件的平面、斜面、沟槽、孔等，是机械制造、模具、仪器、仪表、汽车、摩托车等行业的理想加工设备。图 6-2 所示为国内常用的立式铣床。立式铣床主轴可在垂直平面内顺、逆时针调整 ±45°，X、Y、Z 三方向手动进给。

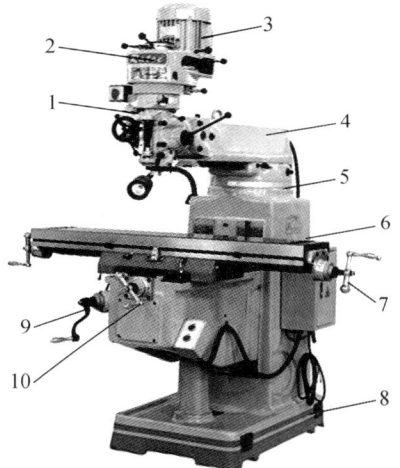

图 6-2　立式铣床

1—主轴；2—主轴变速机构；3—电机；4—横梁；5—立柱；6—工作台；
7—X 进给手柄；8—床身；9—Z 进给手柄；10—Y 进给手柄

6.3　卧式万能铣床

如图 6-3 所示，XW6132 卧式万能铣床的主要组成部分和作用如下：
（1）床身：支承并连接各部件，顶面水平导轨支承横梁，前侧导轨供升降台移动之用。床身内装有主轴和主运动变速系统及润滑系统。
（2）横梁：可在床身顶部导轨前后移动，吊架安装其上，用来支承铣刀杆。
（3）主轴：是空心的，前端有锥孔，用以安装铣刀杆和刀具。
（4）工作台：上面有 T 形槽，可直接安装工件，也可安装附件或夹具。它可沿转台的导轨作纵向移动和进给。

（5）转台：位于工作台和横溜板之间，下面用螺钉与横溜板相连，松开螺钉可使转台带动工作台在水平面内回转一定角度（左右最大可转过45°）。

（6）纵向工作台：由纵向丝杠带动在转台的导轨上作纵向移动，以带动台面上的工件作纵向进给。台面上的T形槽用以安装夹具或工件。

（7）横向工作台：位于升降台上面的水平导轨上，可带动纵向工作台一起做横向进给。

（8）升降台：可沿床身导轨作垂直移动，调整工作台至铣刀的距离。

这种铣床可将横梁移至床身后面，在主轴端部装上立铣头，能进行立铣加工。

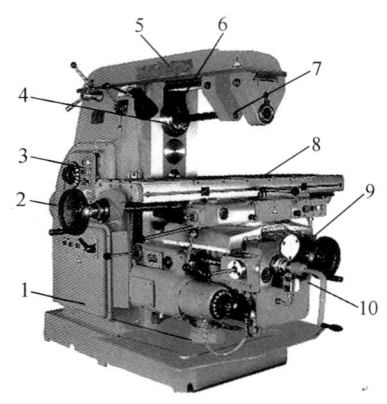

图6-3　X6132型卧式万能升降台铣床

1—床身底座；2—主传动电动机；3—主轴变速机构；4—主轴；5—横梁；6—刀杆；
7—吊架；8—纵向工作台；9—横向工作台；10—升降台

6.4　铣　刀

铣刀是用于铣削加工、具有一个或多个刀齿的旋转刀具。工作时各刀齿依次间歇地切去工件的余量。铣刀主要用于在铣床上加工平面、台阶、沟槽、成型表面和切断工件等。

1. 带柄铣刀

带柄铣刀有直柄和锥柄之分。一般直径小于20 mm的较小铣刀做成直柄，直径较大的铣刀多做成锥柄。这种铣刀多用于立铣加工，如图6-4所示。

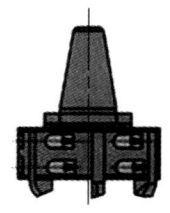   

（a）端铣刀　　　（b）立铣刀　　　（c）键槽铣刀和T形槽铣刀　　　（d）燕尾槽铣刀

图6-4　带柄铣刀

（a）端铣刀：由于其刀齿分布在铣刀的端面和圆柱面上，故多用于立式升降台铣床上加工平面，也可用于卧式升降台铣床上加工平面。

（b）立铣刀：是一种带柄铣刀，有直柄和锥柄两种，适于铣削端面、斜面、沟槽和台阶面等。

（c）键槽铣刀和T形槽铣刀：是专门加工键槽和T形槽的。

（d）燕尾槽铣刀：专门用于铣燕尾槽。

2. 带孔铣刀

如图6-5所示，带孔铣刀适用于卧式铣床加工，能加工各种表面，应用范围较广。

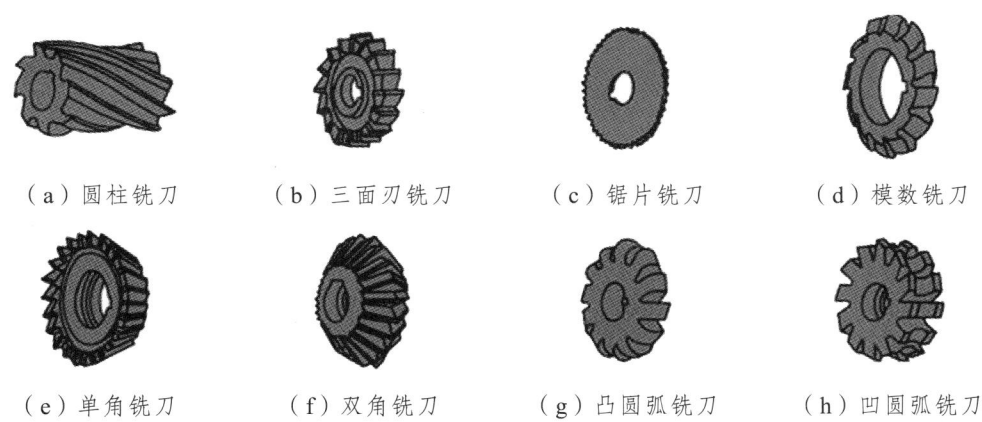

图 6-5 带孔铣刀

（1）圆柱铣刀：由于它仅在圆柱表面上有切削刃，多用于卧式升降台铣床加工平面。

（2）三面刃铣刀和锯片铣刀：三面刃铣刀一般用于卧式升降台铣床加工直角槽，也可以加工台阶面和较窄的侧面等。锯片铣刀主要用于切断工件或铣削窄槽。

（3）模数铣刀：用来加工齿轮等。

6.5 铣削用量

铣削用量由切削速度 v_c、进给量 f、背吃刀量（铣削深度）a_p 和侧吃刀量（铣削宽度）a_e 等要素组成，其铣削用量如图6-6所示。

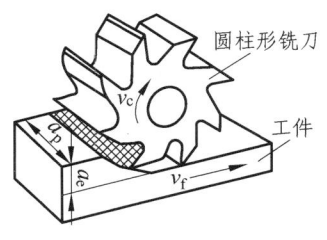

（a）在卧铣上铣平面

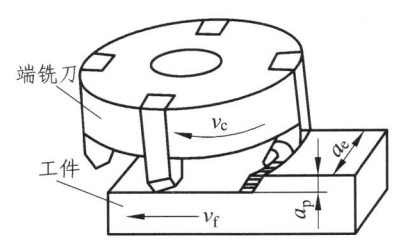

（b）在立铣上铣平面

图 6-6 铣削运动及铣削用量

1. 转速 n

加工时经常要设置机床的转速 n，可由下式计算：

$$n = \frac{1000v_c}{\pi d}$$

式中，v_c——切削速度（m/min）；
　　　d——铣刀直径（mm）；
　　　n——铣刀每分钟转数（r/min）。

由上式可知，如果知道切削速度 v_c，则可以计算转速 n。常用铣刀的铣削速度 v_c 可按表 6-1 选用。

表 6-1　常用铣刀铣削速度 v_c　　　　　　　　　　单位：mm/min

工件材料	铣刀材料					
	碳素钢	高速钢	超高速钢	合金钢	碳化钛	碳化钨
铸铁（软）	10~20	15~20	18~25	28~40		75~100
铸铁（硬）		10~15	10~20	18~28		45~60
可锻铸铁	10~15	20~30	25~40	35~45		75~110
低碳钢	10~14	18~28	20~30		45~70	
中碳钢	10~15	15~25	18~28		40~60	
高碳钢		10~15	12~20		30~45	
合金钢					35~80	
高速钢			15~25		45~70	

2. 进给量 f

铣削时，工件在进给运动方向上相对刀具的移动量即为铣削时的进给量。由于铣刀为多刃刀具，计算时按可由下式计算：

$$f = f_z n$$

式中，f_z——每齿进给量，指铣刀每转过一个刀齿时，工件对铣刀的进给量（即铣刀每转过一个刀齿，工件沿进给方向移动的距离），单位为 mm/z（毫米/每齿）。常用铣刀 f_z 可按表 6-2 选用。

表 6-2　常用铣刀每齿进给量 f_z　　　　　　　　　　单位：mm/z

工件材料	平铣刀	面铣刀	圆柱铣刀	端铣刀	成型铣刀	高速钢镶刃刀	硬质合金镶刃刀
铸　铁	0.2	0.2	0.07	0.05	0.04	0.3	0.1
可锻铸铁	0.2	0.15	0.07	0.05	0.04	0.3	0.09
低碳钢	0.2	0.2	0.07	0.05	0.04	0.3	0.09
中高碳钢	0.15	0.15	0.06	0.04	0.03	0.2	0.08
铸　钢	0.15	0.1	0.07	0.05	0.04	0.2	0.08

3. 背吃刀量 a_p

背吃刀量 a_p 又称铣削深度，为平行于铣刀轴线方向测量的切削层尺寸（切削层是指工件上正被刀刃切削着的那层金属），单位为 mm。因周铣与端铣时相对于工件的方位不同，故铣削深度的标示也有所不同。

4. 侧吃刀量 a_e

侧吃刀量 a_e，又称铣削宽度，是垂直于铣刀轴线方向测量的切削层尺寸，单位为 mm。

铣削用量选择的原则：通常粗加工为了保证必要的刀具耐用度，应优先采用较大的侧吃刀量或背吃刀量，其次是加大进给量，最后才是根据刀具耐用度的要求选择适宜的切削速度。这样选择是因为切削速度对刀具耐用度影响最大，进给量次之，侧吃刀量或背吃刀量影响最小。精加工时为减小工艺系统的弹性变形，必须采用较小的进给量，同时为了抑制积屑瘤的产生。对于硬质合金铣刀应采用较高的切削速度，对高速钢铣刀应采用较低的切削速度，如铣削过程中不产生积屑瘤时，也应采用较大的切削速度。

6.6 铣削典型表面

在铣床上利用各种附件和使用不同的铣刀，可以铣削平面、沟槽、成型面、螺旋槽、钻孔和镗孔等。

6.6.1 铣平面

在铣床上用圆柱铣刀、立铣刀和端铣刀都可进行水平面的加工，用端铣刀和立铣刀可进行垂直平面的加工。

如图 6-7 所示，用端铣刀加工平面，因其刀杆刚性好，同时参加切削刀齿较多，切削较平稳，加上端面刀齿副切削刃有修光作用，所以切削效率高，且刀具耐用，工件表面粗糙度较低。端铣平面是平面加工的最主要方法。而用圆柱铣刀加工平面，则因其在卧式铣床上使用方便，广泛使用于单件小批量的小平面加工。

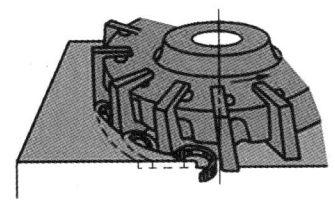   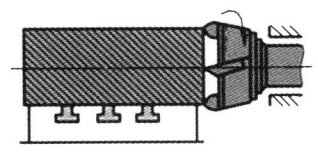

（a）在立铣床上端铣平面　　　　（b）在卧铣床上端铣垂直平面

图 6-7　用端铣刀铣平面

6.6.2 铣斜面

铣斜面常用方法有以下两种：
（1）把工件倾斜安装，铣工件斜面，如图6-8所示。
（2）把铣刀倾斜至加工所需角度，在立式铣床或装有万能立铣头的卧式铣床上，使用端铣刀或立铣刀进行斜面铣削加工，如图6-9所示。

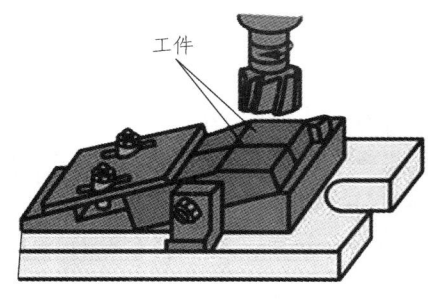

图6-8 倾斜安装工件铣斜面

图6-9 用角度铣刀铣斜面

6.6.3 铣沟槽

在铣床上可进行各种沟槽的铣削加工。

1. 铣键槽

（1）铣敞开式键槽。这种键槽多在卧式铣床上用三面刃铣刀进行加工，如图6-10所示。注意：在铣削键槽前，要做好对刀工作，以保证键槽的对称度。
（2）铣封闭式键槽。在轴上铣封闭式键槽，一般用立式铣刀加工。因键槽铣刀一次轴向进给不能太大，故切削时要逐层铣切，如图6-11所示。

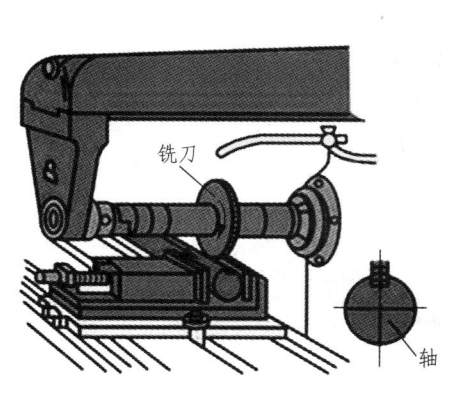

图6-10 铣敞开式键槽

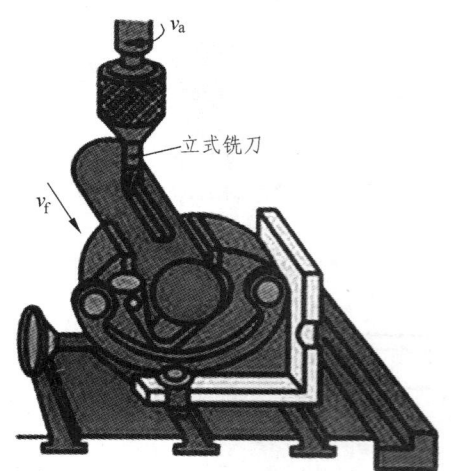

图6-11 铣封闭式对刀方法

2. 铣 T 形槽及燕尾槽

铣 T 形槽应分两步进行，先用立铣刀或三面刃铣刀铣出直槽，然后在立式铣床上用 T 形槽或燕尾槽铣刀最终加工成型，如图 6-12 所示。

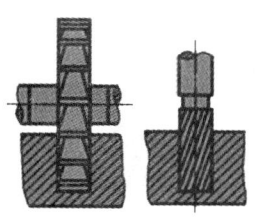
（a）先铣出直槽

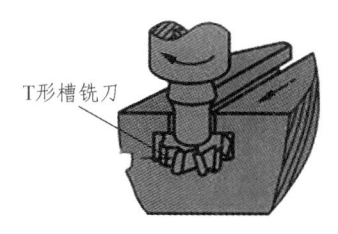
（b）铣 T 形槽

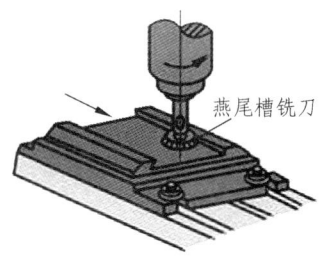
（c）铣燕尾槽

图 6-12 铣 T 形槽及燕尾槽图

6.6.4 铣成型面

铣成型面常在卧式铣床上用与工件成型面形状相吻合的成型铣刀来加工，如图 6-13 所示。

6.6.5 铣螺旋槽

铣削麻花钻和螺旋铣刀上的螺旋沟是在卧式万能铣床上进行。铣刀是专门设计的，工件用分度头安装。为获得正确的槽形，圆盘成型铣刀旋转平面必须与工件螺旋槽切线方向一致，所以须将工作台转过一个工件的螺旋角，如图 6-14 所示。

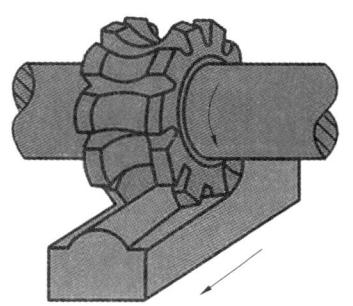

图 6-13 用成型刀铣成型面

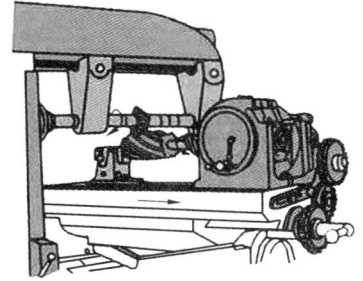

图 6-14 铣螺旋槽

6.7 磨 削

磨削加工，在机械加工隶属于精加工（机械加工分粗加工，精加工，热处理等加工方式），加工量少、精度高。

1. 磨削加工范围

磨削在机械制造行业中应用比较广泛。经热处理淬火的碳素工具钢和渗碳淬火钢零件，在磨削时与磨削方向基本垂直的表面常常出现大量且排列较规则的磨削裂纹。裂纹不但影响零件的外观，而且还会直接影响零件质量。根据工件被加工表面的性质，磨削分为平面磨削、外圆磨削、内圆磨削等几种，如图 6-15 所示。

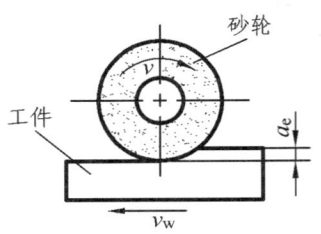

（a）平面磨削加工

（b）平面磨削加工的零件

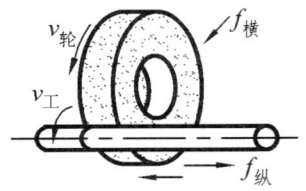

（c）外圆磨削加工

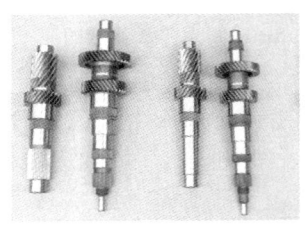

（d）外圆磨削加工的零件

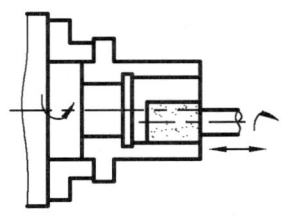

（e）内圆磨削加工

（f）内圆磨削加工的零件

图 6-15 磨 削

2. 磨削加工的工艺特点

与其他切削加工相比，磨削加工有以下特点：

（1）加工精度高，表面粗糙度小。磨削加工属于多刃、微刃切削。磨削时，表面有很多的磨粒进行切削，每个磨粒相当于一个刃口很小但很锋利的切削刃，能切下一层很薄的金属。经磨削加工的工件一般尺寸公差等级可达 IT6～IT5，表面粗糙度 Ra 值一般为 0.8～0.2 μm，精磨后的表面粗糙度 Ra 值更小。

（2）磨削速度大，磨削温度高。磨床的磨削速度很高，是一般切削加工的 10～20 倍，一般 $v_{轮}$ 可达 30～50 m/s；磨削背吃刀量很小，一般 $f_{横}$ 可达 0.01～0.05 mm。由于磨削速度很快，故磨削时温度很高，瞬时温度可达 800～1 000 ℃。剧热会使磨屑在空气中产生氧化作用，砂轮与工件接触区瞬时温度会烧伤工件的表面，使工件的硬度下降，严重时产生微裂纹。因此为了减少摩擦和促进散热，降低磨削温度，冲走磨屑，以及保证质量，在磨削时一般要使用冷却液。

（3）加工范围较广。磨削不但可加工普通碳钢、铸铁等常用黑色金属材料，还能加工一般刀具难以加工的高硬度、高脆性材料，如经过热处理后的淬火钢工件。但磨削不适宜加工硬度很低但塑性很好的有色金属材料，因为磨削这些材料，容易堵塞砂轮，使砂轮失去切削性能。

6.8 砂 轮

砂轮是磨削的主要工具，它是由磨料加黏结剂制成的多孔体。砂轮表面上杂乱地排布着许多细小而极硬的磨料。磨料、黏合剂、气孔是砂轮的三要素，如图6-16所示。磨料有刚玉、碳化硅、金刚玉和立方氮化硼，起切削作用；黏合剂把磨料结合在一起，并辅助磨料同时起切削作用；气孔在磨削时对磨屑起容屑和排屑的作用。

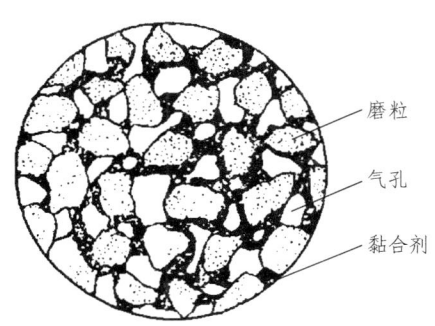

图 6-16　砂轮工作表面

1. 磨 料

磨料一般有以下三种：

（1）刚玉类，主要成分是 Al_2O_3。韧性好，适用于磨削普通钢料和高速钢。

（2）碳化硅类，主要成分是 SiC。其硬度比刚玉好，脆而锋利，导热性好，适用磨削铸铁、青铜等脆性材料及硬质合金。

（3）超硬类，包括金刚石和立方氮化硼两种。金刚石磨粒适合加工硬质合金、石材、陶瓷、玛瑙和光学玻璃等硬脆材料；立方氮化硼的硬度仅次于金刚石，适用于加工各种高温合金，如高钼、高钴钢、不锈钢等。

2. 粒 度

磨粒的大小用粒度表示。粒度号数越大，磨粒越小。粗加工和磨削软料都用粗磨粒，精加工和磨削脆性材料时选用细磨粒，砂轮常用粒度为 30#～100#。

3. 黏合剂

砂轮黏合剂的作用在于把一颗颗分散的磨粒结合在一起，使之成为具有一定形状和强度的砂轮。砂轮常用的黏合剂为陶瓷黏结剂、树脂黏合剂和橡胶黏合剂。

4. 硬 度

硬度指的是砂轮上磨粒在磨削力的作用下，从砂轮表面脱落的难易程度。若磨粒容易脱落，说明砂轮硬度低，反之为硬度高。一般工件材料越硬，磨削时应选硬度低的砂轮，以便使磨钝迅速脱落，露出棱角锐利的新磨粒继续加工。

5. 组 织

组织是表示砂轮结构的松紧程度，指的是磨粒、黏合剂和气孔三者所占体积的比例。砂轮组织分为紧密、中等和疏松三类。砂轮组织松，单位体积内磨粒含量少，磨粒在砂轮工作表面上的排列距离远，磨粒之间的空间大，排屑方便，因而提高了效率。此外，砂轮中的气孔还可以将冷却液或空气带入磨削区域，可以降低磨削区域的温度。减少工件发热变形和"烧伤"。反之，砂轮组织紧密，磨粒之间容屑空间小，排屑比较困难，砂轮容易被堵塞。

6.9 平面磨床

平面磨床常见的有手动平面磨床和自动液压平面磨床，如图6-17、6-18所示。其主要区别是手动平面磨床由人工进行手动操作，而自动液压平面磨床主要使用液压进行驱动、人工辅助操作。

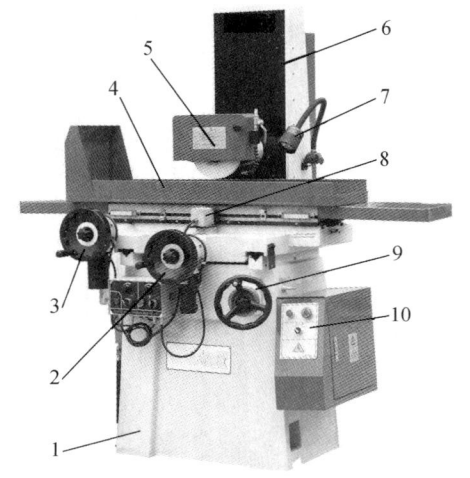

图 6-17 手动平面磨床

1—床身；2—纵向进给手柄；3—横向进给手柄；
4—工作台；5—砂轮；6—立柱；7—照明灯；
8—横向限位；9—升降手柄；10—电箱

图 6-18 自动液压平面磨床

1—床身；2—砂轮进给手柄；3—控制开关；4—照明；
5—立柱；6—纵向进给手柄；7—电机；8—砂轮；
9—工作台；10—横向限位；11—速度调整开关

磨床主要由以下几部分构成。

（1）床身：是磨床的基础支承件，在它的上面装有砂轮架、工作台等部件，使这些部件在工作时保持准确的相对位置。

（2）工作台：用于安装工件进行加工，由于一般的工作台都是平面的，要对工作进行固定还要加装其他夹具，常用的有平口虎钳、磁吸盘等。工作台可以左右或前后进给，运送工件进行磨削加工。

（3）磨削装置：常由电机、电机安装架、砂轮组成，通过电机的高速转动带动砂轮的高速旋转使砂轮进行磨削加工。

（4）进给机构：磨削一般有：横向进给、纵向进给、高度进给。三个进给有手动驱动的（见图6-17中的2、3、9），也有采用液压驱动的（见图6-18中的2、6），通过驱动三个方向的进给，进行对工件多方面多方向的加工。

6.10 万能外圆磨床

万能外圆磨床用于加工圆柱形、圆锥形或其他形状素线展成的外表面和轴肩端面，如图 6-19 所示。

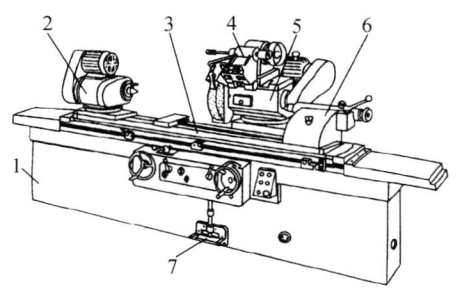

图 6-19 万能外圆磨床
1—床身；2—头架；3—工作台；4—内圆磨头；
5—砂轮架；6—尾架；7—脚踏操纵板

万能外圆磨床主要由以下几部分组成：

（1）床身：用来支承机床各部件。内部装有液压传动系统，上部装有工作台和砂轮架等部件。

（2）头架：安装在上层工作台上，头架内装有主轴，主轴前端可安装卡盘、顶尖、拨盘等附件，用于装夹工件。主轴由单独的电动机经变速机构带动旋转，实现工件的圆周进给运动。

（3）工作台：有两层，下层工作台可沿床身导轨做纵向直线往复运动，上层工作台可相对下层工作台在水平面偏转一定的角度（±8°），以便磨削加工小锥度的圆锥面。

（4）内圆磨头：安装在砂轮架上，其主轴前端可安装内圆砂轮，由单独电机带动旋转，用于磨削内圆表面。内圆磨头可绕其支架旋转，使用时放下，不使用时向上翻起。

（5）砂轮架：砂轮安装在砂轮架主轴上，由单独的电动机通过皮带传动带动砂轮高速旋转，实现切削主运动。砂轮架安装在床身的横向导轨上，可沿导轨做横向进给，还可水平旋转 ±30°，用来磨削较大锥度的圆锥面。

（6）尾架：安装在上层工作台，用于支承工件。

思考与练习

1. 铣削加工的刀具主要有哪几种？
2. 铣削加工的主要切削参数有哪些，都有些什么关系？
3. 铣削加工时，零件要怎样夹持？
4. 简述磨削加工的工艺特点。
5. 磨床主要由哪些部分构成？
6. 万能外圆磨床主要用于加工什么？

第 7 章 钳 工

7.1 概 述

钳工是利用手工工具对各种材料进行切削加工的方法。对钳工的要求是需要灵活地使用各种工具，必要时还能创造特种的工具，熟识各种材料的加工特性和加工工艺。操作主要是在钳工台和虎钳上进行，因而得名钳工。

如图 7-1 所示，台虎钳规格大小用钳口的宽度表示，常用的为 100～150 mm。使用时，用螺钉把它固定在钳工台上。

钳工操作比较灵活，可以完成机械加工中不便或不能加工的工作，在自动化相当成熟的现代化的生产当中，智能化程度还没有完全能代替手工操作，所以在钳工生产中还是起着重要的作用，比如有：锯切、锉削、钻孔、扩孔、铰孔、攻套螺纹、刮削、研磨、划线、装配等。钳工常用的设备有钳工台，台虎钳，钻床，砂轮机等。

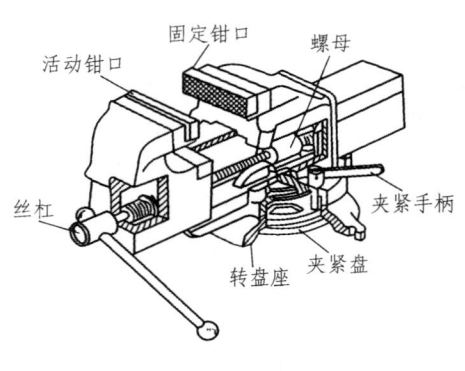

钳 工

图 7-1 台虎钳

7.2 锯 切

锯切是锯切工具旋转或往复运动把工件、半成品切断或把板材加工成所需形状的切削加工方法。钳工是用手锯对工件或材料进行加工。锯切的工作范围包括：分割各种材料或半成品，锯掉工件上多余的部分，在工件上锯槽等。

7.2.1 锯切工具

手锯是锯切所用的工具。手锯由锯弓和锯条组成，锯弓用来夹持和拉紧锯条，如图 7-2 所示。锯弓可分为可调式（见图 7-2）和固定式（见图 7-3）两种。

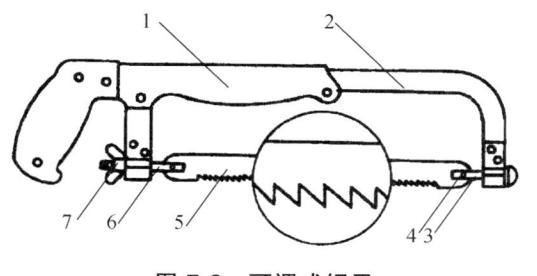

图 7-2 可调式锯弓

图 7-3 固定式锯弓

1—固定部分；2—可调部分；3—固定拉杆；4—削子；
5—锯条；6—活动拉杆；7—蝶形螺母

7.2.2 锯齿与锯路

锯条一般由碳素工具钢经热处理后制成，并经淬火和低温退火处理。锯条按锯齿的齿距不同可分为粗、中、细齿三种。锯条规格用锯条两端安装孔之间的距离表示。常用的锯条约长 300 mm、宽 12 mm、厚 0.8 mm。锯条齿形如图 7-4 所示。为了减少锯缝两侧面对锯条的摩擦阻力，避免锯条被夹住或折断，锯条在制造时，全部锯齿按一定的规律左右错开，排列成一定形状，称为锯路，锯路有交叉形和波浪形，如图 7-5 所示。锯条有了锯路以后，使工件上的缝宽度大于钢条背部的厚度，这样锯削时锯条才不会被夹住，也不会因过热而加快磨损。

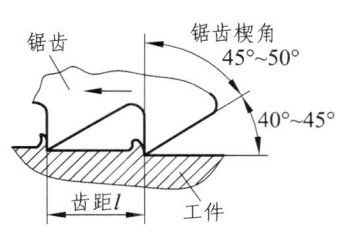

图 7-4 锯齿形状图

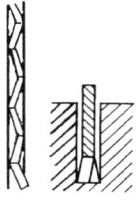

（a）交叉形

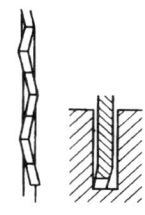

（b）波浪形

图 7-5 锯齿与锯路

7.2.3 锯切操作与方法

1. 锯条安装

锯 切

锯割前选用合适的锯条，使锯条齿尖朝前，装入夹头的销钉上。锯条的松紧程度，用翼形螺母调整。调整时，不可过紧或过松，以免锯条失去应有的弹性，容易崩断锯条；过松，会使锯条扭曲，锯锋歪斜，锯条也容易折断。

2. 工件安装

工件伸出钳口不宜太长，防止锯切时产生振动。锯线应和钳口边缘平行，并夹在台虎钳的左边，以便操作。工件要夹紧，并应防止变形和夹坏已加工表面。

3. 起锯方法

起锯时，锯条与工件表面倾斜角约为 15°，最少要有三个齿同时接触工件。起锯的方式有两种。一种是从工件远离自己的一端起锯，如图 7-6（a）所示，称为远起锯；另一种是从工件靠近操作者身体的一端起锯，如图 7-6（b）所示，称为近起锯。一般情况下采用远起锯较好。起锯时来回推拉距离最短，压力要轻，这样，才能尺寸准确，锯齿容易吃进。近起锯主要用于薄板的锯切。为使起锯的位置准确和平稳，起锯时可用左手大拇指挡住锯条的方法来定位。

4. 锯切速度和往复长度

锯割时右手握锯柄，左手轻扶弓架前端，如图 7-7 所示。

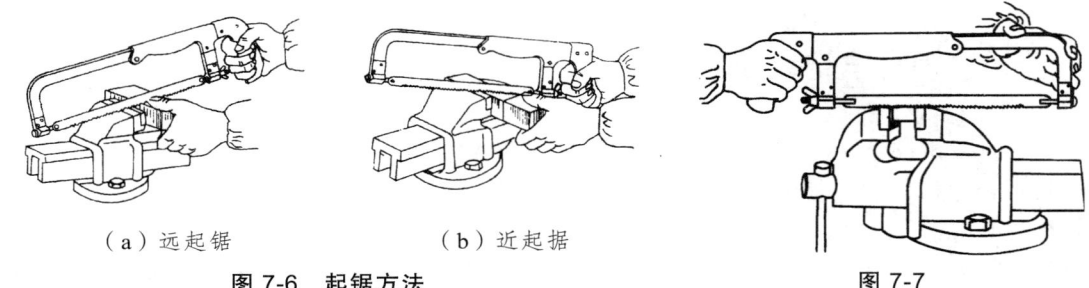

（a）远起锯　　　　（b）近起锯

图 7-6　起锯方法　　　　　　　　　图 7-7

锯弓应做前后直线往复运动，不可做左右摆动，以免锯缝歪斜和折断锯条。前推时要加压，用力要均匀；返回时微微抬起手锯，减少锯齿中部的磨损；锯切时速度以每分钟往返 30～60 次为宜。锯切时要用锯条全长（至少占全长的 2/3）工作，以免局部磨损。锯钢件材料时加机油润滑，快锯断时用力要轻，以免碰伤手臂。前推时加压要均匀，返回时锯条从工件上轻轻滑过。快锯断时用力要轻，以免碰伤手臂和折断锯条。

7.3　锉　削

用锉刀从工件表面锉掉多余的金属，使工件达到图纸上所需要的尺寸、形状和表面粗糙度，这种操作叫做锉削。锉削是钳工最基本的操作。锉削的应用范围很广，可以锉削平面、曲面、外表面、内孔、沟槽和各种形状复杂的表面，也可用于成型样板、模具、型腔以及机器装配时的工件修整等。用锉刀对工件表面进行加工，其精度最高可达 0.005 mm，表面粗糙度 Ra 值最小可达 0.4 μm 左右。

7.3.1　锉刀结构及其种类

锉刀是用碳素工具钢 T12 或 T13 经热处理后，再将工作部分淬火制作而成。锉刀结构如

图 7-8 所示,其规格以工作部分的长度表示,分 100 mm、150 mm、200 mm、250 mm、300 mm、350 mm、400 mm 等 7 种。

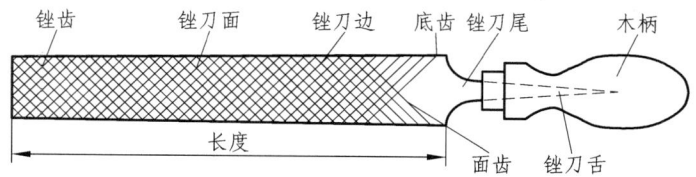

图 7-8　锉刀结构

锉刀的品种很多,可按如下分类:

(1)按用途分有:普通钳工锉,用于一般的锉削加工;木锉,用于锉削木材、皮革等软质材料;整形锉(什锦锉),用于锉削小而精细的金属零件,有许多各种断面形状的锉刀组成一套;刃磨木工锯用锉刀;专用锉刀,如锉修特殊形状的平形和弓形的异形锉(特种锉),有直形和弯形两种。

(2)锉刀按剖面形状分有:扁锉(平锉)、方锉、半圆锉、圆锉、三角锉、菱形锉和刀形锉等。平锉用来锉平面、外圆面和凸弧面;方锉用来锉方孔、长方孔和窄平面;三角锉用来锉内角、三角孔和平面;半圆锉用来锉凹弧面和平面;圆锉用来锉圆孔、半径较小的凹弧面和椭圆面。

(3)锉刀按锉纹形式分有:单纹锉和双纹锉两种。单纹锉的刀齿对轴线倾斜成一个角度,适于加工软质的有色金属;双纹锉刀的主、副锉纹交叉排列,用于加工钢铁和有色金属。它能把宽的锉屑分成许多小段,使锉削比较轻快。

(4)锉刀按每 10 mm 长度内主锉纹条数分有:Ⅰ～Ⅴ号,其中Ⅰ号为粗齿锉,Ⅱ号为中齿锉,Ⅲ号为细齿锉,Ⅳ号和Ⅴ号为油光锉,分别用于粗加工和精加工。金刚石锉刀没有锉纹,只是在锉刀表面电镀一层金刚石粉,用以锉削淬硬金属材料的工件。

7.3.2　锉刀的选用

对于锉刀端面的选择:锉削时,正确选用锉刀,可以提高加工质量,延长刀具使用寿命,节约加工工时。因此,锉削前要对加工工件的技术要求进行分析。

锉刀的断面形状应该要根据被锉削零件的形状来选择,使两者的形状相适应。锉削内圆弧面时,要选择半圆锉或圆锉(小直径的工件);锉削内角表面时,要选择三角锉;锉削内直角表面时,可以选用扁锉或方锉等。选用扁锉锉削内直角表面时,要注意使锉刀没有齿的窄面(光边)靠近内直角的一个面,以免碰伤该直角表面。

锉刀齿的粗细要根据加工工件的余量大小、加工精度、材料性质来选择。粗齿锉刀适用于加工大余量、尺寸精度低、形位公差大、表面粗糙度数值大、材料软的工件;反之应选择细齿锉刀。使用时,要根据工件要求的加工余量、尺寸精度和表面粗糙度的大小来选择。

锉刀尺寸规格应根据被加工工件的尺寸和加工余量来选用。加工尺寸大、余量大时,要选用大尺寸规格的锉刀,反之要选用小尺寸规格的锉刀。

7.3.3 锉削操作

1. 装夹工件

锉削时工件夹持在虎钳的钳口中部，并略高于钳口 5~10 mm。夹持已加工表面时，应在钳口与工件之间加垫铜皮或铝皮等。

2. 锉刀的使用

锉削时应正确掌握锉刀的握法及施力的变化。锉削时人站立的位置应和虎钳成 45°角，左脚在前，右脚在后，身体略微前倾 15°，左腿略弯，右腿站直，姿势自然、放松。在使用大的锉刀时，右手握住锉柄，左手压在锉刀前端，使其保持水平，使用中型锉刀时，因用力较小，可用左手的拇指和食指握住锉刀的前端，以引导锉刀水平移动。锉削时应始终保持锉刀水平移动，因此要特别注意两手的施力变化。开始推进锉刀时，左手压力大，右手压力小，锉刀推到中间位置时，两手的压力大致相等；再继续推进锉刀，左手的压力逐渐减小，右手压力逐渐增大。返回时不加压力，以免磨钝锉齿和损伤已加工表面。锉削的速率一般为 30~50 次/分。

常用的锉削方法有顺向锉、交叉锉、推锉和滚锉。前三种锉法常用于平面锉削，后一种常用于弧面锉削。

粗锉时可用交叉锉法，如图 7-9（a）所示，这样不仅锉得快而且可以利用锉痕来判断加工部分是否锉到所需尺寸。平面基本锉平后，可以改用顺向锉法，让锉刀沿着工件表面横向或纵向移动，得到正直的锉痕，锉削面整齐美观。最后可用细锉刀或光锉刀以推锉法修光，尤其适宜窄长平面或用顺锉法受阻的情况，如图 7-9（b）所示。推锉时两手横握锉刀，沿工件表面平稳地推拉锉刀，可得到平整光洁的表面。锉削平面时，工件的尺寸可用钢尺或游标卡尺测量。工件平面的平直及两平面之间的垂直情况，可用直角尺贴靠，按是否透光来检查。滚锉法用于锉削内外圆弧面和内外倒角。锉削外圆弧面时，锉刀除向前运动外，还要沿工件被加工圆弧摆动；锉削内圆弧面时，锉刀除向前运动外，锉刀本身还要做一定的旋转运动和向左移动。

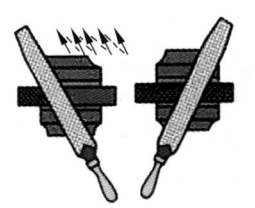

（a）交叉锉法　　　　（b）推锉法

图 7-9　锉削操作

常见的外圆弧面锉削方法有顺锉法和滚锉法，如图 7-10 所示。顺锉法切削效率高，适用于粗加工；滚锉法锉出的圆弧面不会出现有棱角的现象，一般用于圆弧面的精加工阶段。

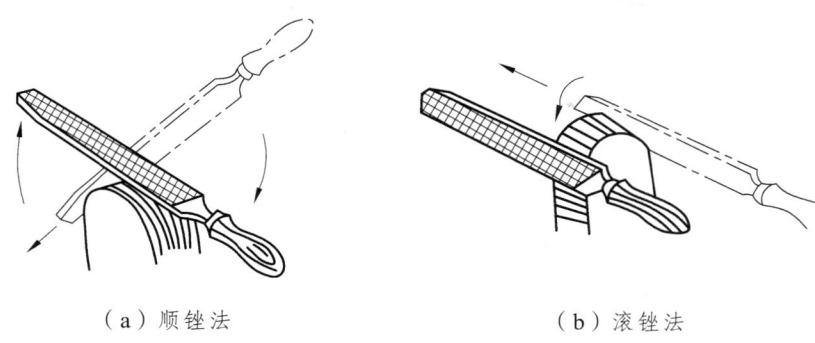

（a）顺锉法　　　　　　　　（b）滚锉法

图 7-10　外圆弧面的锉削方法

7.4　孔加工

对于孔加工可分为钻孔、扩孔、锪孔和铰孔等，加工孔的时候根据不同的尺寸和精度要求来采用不同的加工方法。

7.4.1　钻　孔

用钻头在实体材料上加工孔叫作钻孔。在钻床上钻孔时，一般情况下，钻头应同时完成两个运动：主运动，即钻头绕轴线的旋转运动（切削运动）；辅助运动，即钻头沿着轴线方向对着工件的直线运动（进给运动）。

7.4.2　钻床的种类

1. 台式钻床

台式钻床简称台钻，如图 7-11 所示，是一种小型机床，安放在钳工台上使用，多用于加工直径 ϕ12 mm 以下的小孔。钳工中用得最多。

2. 立式钻床

立式钻床简称立钻，如图 7-12 所示，一般用于中型工件上加工直径 ϕ30 mm 以下的孔，其规格用最大钻孔直径表示。常用的有 ϕ25 mm、ϕ35 mm、ϕ40 mm、ϕ50 mm 等几种。

3. 摇臂钻床

摇臂钻床有一个能绕立柱旋转的摇臂。主轴箱可在摇臂上作横向移动，并可随摇臂沿立柱上下作调整运动，因此，操作时能很方便地调整到需钻削孔的中心，而工件不需移动。摇臂钻床加工范围广，可用来钻削大型工件的各种螺钉孔、螺纹底孔和油孔等。

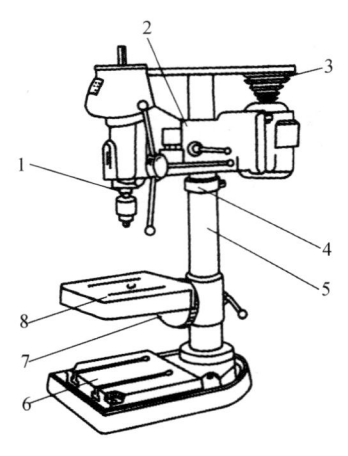
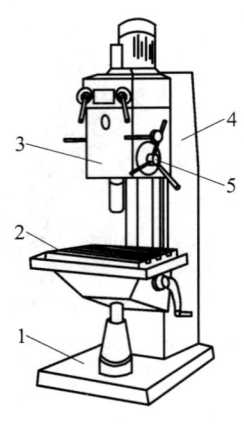

图 7-11 台式钻床

1—主轴；2—头架；3—塔形带轮；4—保险环；5—立柱；
6—底座；7—转盘；8—工作台

图 7-12 立式钻床

1—机座；2—工作台；3—进给箱；
4—立柱；5—进给手柄

7.4.3 钻 头

麻花钻是钻孔的主要工具，用高速钢或碳素工具钢制成，其组成部分如图 7-13 所示。直径小于 12 mm 时，柄部一般做成圆柱形（直柄）；钻头直径大于 12 mm 时，柄部一般做成锥柄。

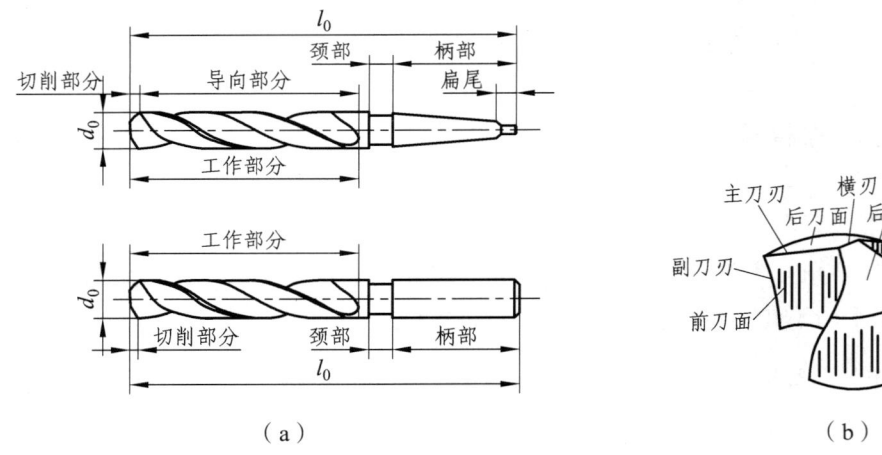

图 7-13 麻花钻

麻花钻有两条对称的螺旋槽，用来形成切削刃，且作输送切削液和排屑之用。前端的切削部分（见图 7-14）有两条对称的主切削刃，两刃之间的夹角 2φ 称作锋角。两个顶面的交线叫作横刃。导向部分上的两条刃带在切削时起导向作用，同时又能减小钻头与工件孔壁的摩擦。

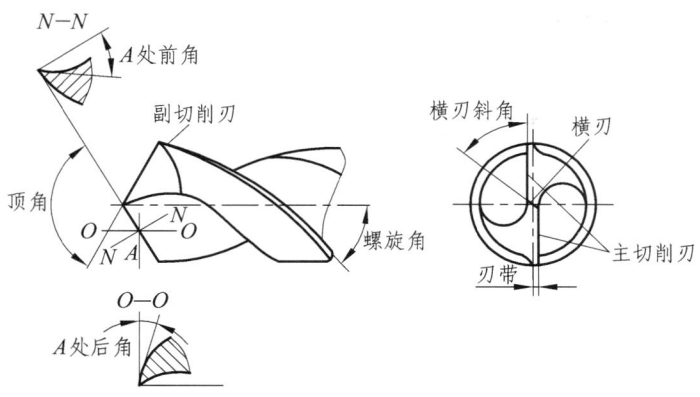

图 7-14　麻花钻的切削部分

7.4.4　钻孔操作

1. 钻头的装夹

钻头的装夹方法，按其柄部的形状不同而异。钻头的装夹要尽可能短，以提高其刚性和强度，从而更有利于其位置精度的保证。锥柄钻头可以直接装入钻床主轴孔内，较小的钻头可用过渡套筒安装，如图 7-15 所示；直柄钻头一般用钻夹头安装，如图 7-16 所示。

钻夹头或过渡套筒的拆卸方法是将楔铁带圆弧的边向上插入钻床主轴侧边的锥形孔内，左手握住钻夹头，右手用锤子敲击楔铁卸下钻夹头。

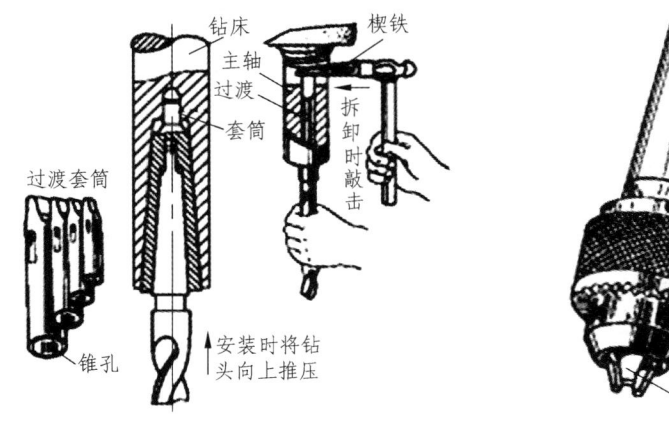

图 7-15　安装锥柄钻头

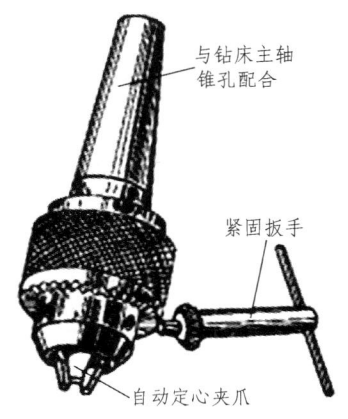

图 7-16　安装直柄钻头

2. 工件的夹持

由于在钻孔过程中，如只采用目测的方法很难保证其位置精度，必须采用游标卡尺等量具进行测量，为了方便测量，在工件安装时要使工件高出机用虎钳钳口一定尺寸。钻孔中的安全事故，大都是由于工件的夹持方法不对造成的。因此，应注意工件的夹持。小件和薄壁零件钻孔，要用手虎钳夹持工件。中等零件，可用平口钳夹紧。大型和其他不适合用虎钳夹紧的工件，可直接用压板螺钉固定在钻床工作台上。在圆轴或套筒上钻孔，须把工件压在 V 形铁上钻孔。在成批和大量生产中，钻孔时广泛应用钻模（见图 7-17）夹具。

3. 按划线钻孔

按划线钻孔时，应先对准样冲眼试钻一浅坑。由于开始钻孔时的位置精度基本上取决于样冲眼的位置，这样就把动态控制孔的位置精度在一定程度上转化为样冲眼位置的冲制精度上来。考虑到打样冲眼在控制孔的位置精度时所起的重要作用，所以如有偏位，可用样冲重新冲孔纠正，也可用錾子錾出几条槽来校正，如图 7-18 所示。钻孔时，进给速度要均匀，将钻通时，进给量要减小。钻韧性材料要加切削液。钻深孔（孔深 L 与直径 d 之比大于 5）时，钻头必须经常退出排屑。

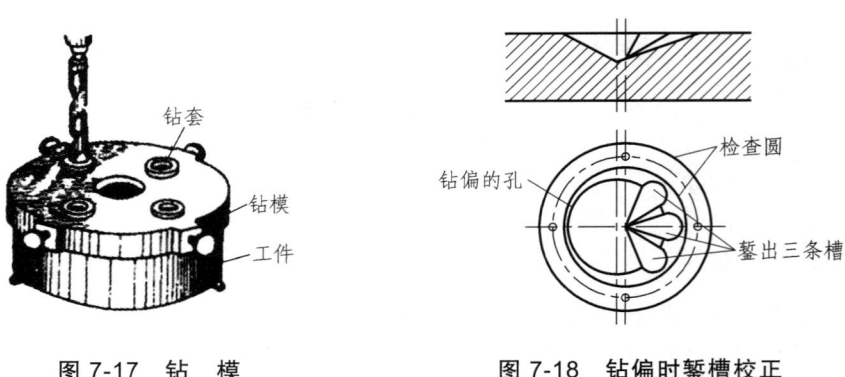

图 7-17　钻　模　　　　　图 7-18　钻偏时錾槽校正

7.4.5　扩　孔

用扩孔钻对铸出、锻出或钻出的孔进行扩大孔径的加工方法称为扩孔。扩孔所用的刀具是扩孔钻，如图 7-19 所示。扩孔应尽量选用短钻头，小的顶角、后角，低速切削。扩孔可作为终加工，也可作为铰孔前的预加工。扩孔尺寸公差等级可达 IT10～IT9，表面粗糙度 Ra 值可达 3.2 μm。扩孔比钻孔质量高，主要是扩孔钻与麻花钻的结构不同。

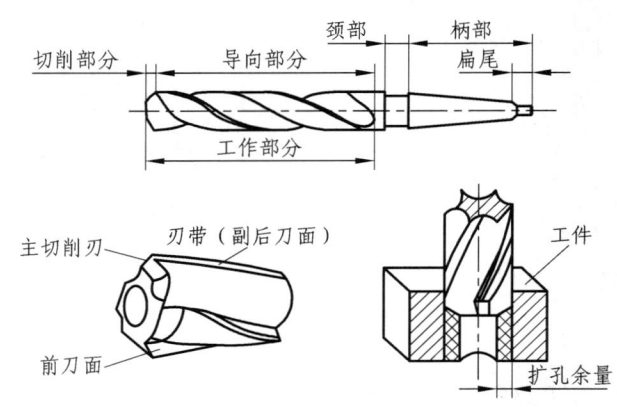

图 7-19　扩孔钻及扩孔

7.4.6　锪　孔

在孔口表面用锪钻加工出一定形状的孔或凸台的平面，称为锪孔。锪孔的目的是保证孔口与孔中心线的垂直度,以便与孔连接的零件位置正确,连接可靠。在工件的连接孔端锪出柱形或锥形埋头孔,用埋头螺钉埋入孔内把有关零件连接起来,使外观整齐,装配位置紧凑。例如,锪圆柱形埋头孔、锪圆锥形埋头孔、锪用于安放垫圈用的凸台平面等,如图 7-20 所示。

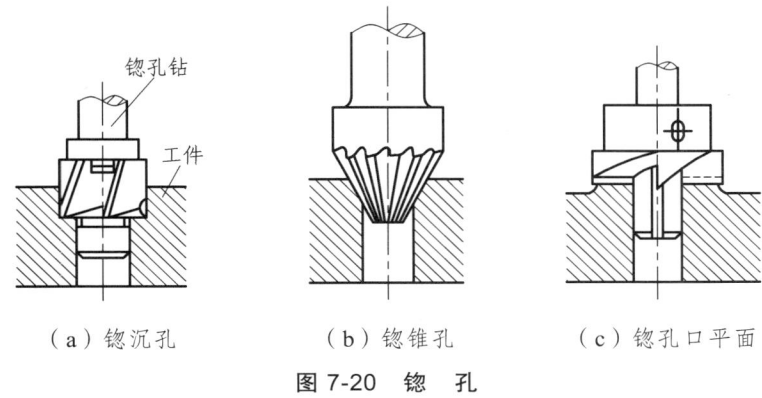

(a) 锪沉孔　　　　(b) 锪锥孔　　　　(c) 锪孔口平面

图 7-20　锪　孔

7.4.7　铰　孔

铰孔是孔的精加工。铰孔是用铰刀从工件壁上切除微量金属层,以提高孔的尺寸精度和表面质量的加工方法。铰孔是应用较普遍的孔的精加工方法之一。铰孔可分粗铰和精铰。精铰的加工余量较小,只有 0.05～0.15 mm,尺寸公差等级可达 IT8～IT7,表面粗糙度 Ra 值可达 0.8 μm。铰孔前工件应经过钻孔、扩孔(或镗孔)等加工。

铰刀有手用铰刀和机用铰刀两种,如图 7-21 所示。手用铰刀的顶角较机用铰刀小,其柄为直柄(机用铰刀为锥柄)。铰刀的工作部分由切削部分和修光部分组成。铰刀是多刃切削刀具,有 6～12 个切削刃和较小顶角,铰孔时导向性好。铰刀刀齿的齿槽很宽,铰刀的横截面

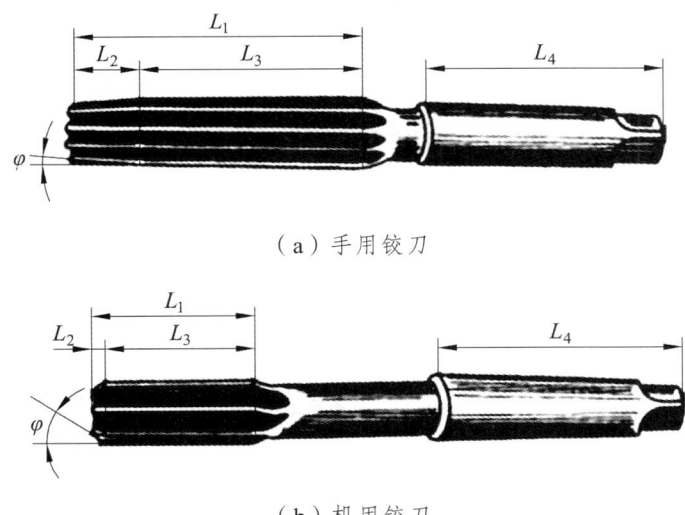

(a) 手用铰刀

(b) 机用铰刀

图 7-21　铰刀

L_1—工作部分;L_2—切削部分;L_3—修光部;L_4—柄部

大，因此刚性好。铰孔时因为余量很小，每个切削刃上的负荷都小于扩孔钻，且切削刃的前角 $\gamma_0 = 0°$，所以铰削过程实际上是修刮过程。特别是手工铰孔时，切削速度很低，不会受到切削热和振动的影响，因此使孔加工的质量较高。

机用铰刀多为锥柄，装在车床或钻床上进行铰孔。铰孔时常用适当的冷却液来降低刀具和工件的温度，防止产生切屑瘤，并减少切屑细末黏附在铰刀和孔壁上，从而提高孔的质量。

手工铰时，两手用力均匀，按顺时针方向转动铰刀并略微用力向下压，铰孔时铰刀不能倒转，否则会卡在孔壁和切削刃之间，而使孔壁划伤或切削刃崩裂。铰孔过程中，如果铰刀转不动，不要硬扳，应小心地抽出铰刀，检查铰刀是否被切屑卡住或遇到硬点。否则会折断铰刀或使刀刃崩裂。孔铰完后，要顺时针方向旋转退出铰刀。

7.5 攻螺纹与套螺纹

7.5.1 攻螺纹

攻螺纹是用丝锥加工内螺纹的操作。攻螺纹只能加工三角形螺纹，属连接螺纹，用于两件或多件结构件的连接。

1. 攻螺纹的工具

丝锥是专门用来加工内螺纹的刀具。丝锥的结构如图 7-22 所示。它由工作部分和柄部两部分构成，工作部分是一段开槽的外螺纹，柄部装入铰杠传递扭矩，便于攻螺纹。丝锥的工作部分包括切削部分和校准部分。

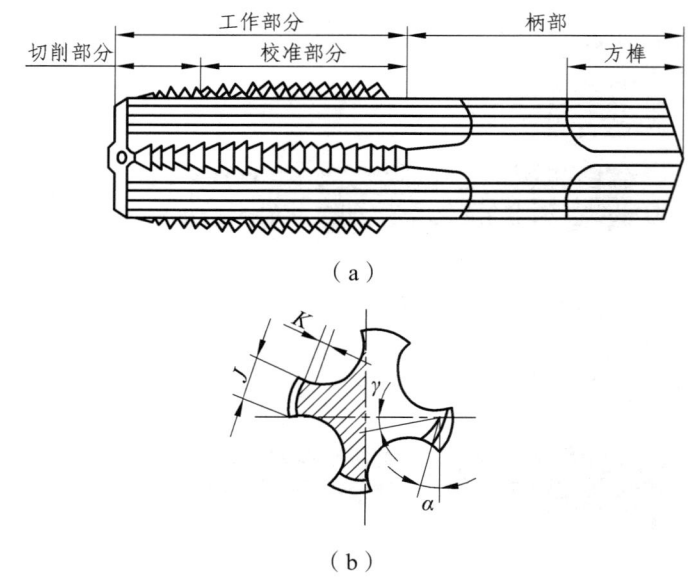

图 7-22 丝锥

手用丝锥一般由两支组成一套，分为头锥和二锥。它们的主要区别在于切削部分锥度不同。头锥较长，锥角较小，约有 6 个不完整的齿，以便切入。二锥短些，锥角大些，不完整的齿约为 2 个。对于 M6 以下的和 M24 以上的丝锥，一般每组有三个。主要是小直径丝锥强度小，容易断；大直径丝锥切削余量大，需要分多次切削。

铰杠是扳转丝锥的工具，如图 7-23 所示。常用的是可调节式，以便夹持各种不同尺寸的丝锥。

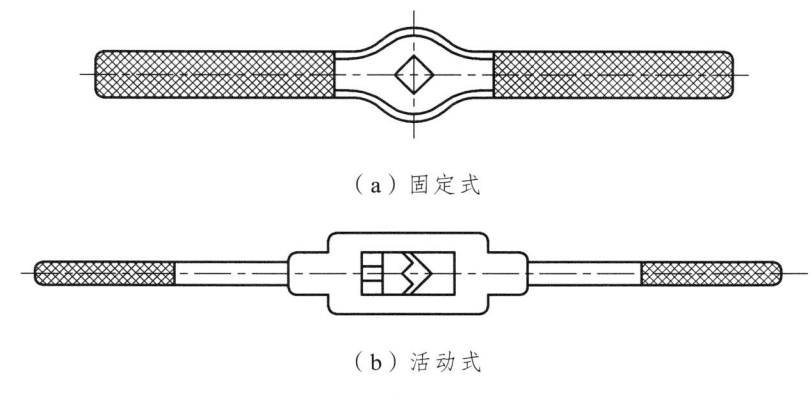

（a）固定式

（b）活动式

图 7-23　铰杠

2. 攻螺纹的操作要点及注意事项

（1）根据工件上螺纹孔的规格，正确选择丝锥，先头锥后二锥，不可颠倒使用。

（2）工件装夹时，要使孔中心垂直于钳口，防止螺纹攻歪。

（3）用头锥攻螺纹时，先旋入 1~2 圈后，要检查丝锥是否与孔端面垂直（可目测或直角尺在互相垂直的两个方向检查）。当切削部分已切入工件后，每转 1~2 圈应反转 1/4 圈，以便切屑断落；同时不能再施加压力（即只转动不加压），以免丝锥崩牙或攻出的螺纹齿较瘦。

（4）攻钢件上的内螺纹，要加机油润滑，可使螺纹光洁、省力和延长丝锥使用寿命；攻铸铁上的内螺纹可不加润滑剂，或者加煤油；攻铝及铝合金、紫铜上的内螺纹，可加乳化液。

（5）不要用嘴直接吹切屑，以防切屑飞入眼内。

7.5.2　套螺纹

套螺纹是用板牙在圆杆上加工外螺纹的操作。

1. 套螺纹工具

套螺纹用的工具是板牙和板牙架。板牙有固定的和开缝的（可调的）两种。板牙由切屑部分、定位部分和排屑孔组成。圆板牙螺孔的两端有 40° 的锥度部分，是板牙的切削部分。定位部分起修光作用。板牙的外圆有一条深槽和四个锥坑，锥坑用于定位和紧固板牙。图 7-24 所示为开缝式板牙，其螺纹孔的大小可作微量的调节。套螺纹用的板牙架如图 7-25 所示。板牙架是用来夹持板牙、传递扭矩的工具。不同外径的板牙应选用不同的板牙架。

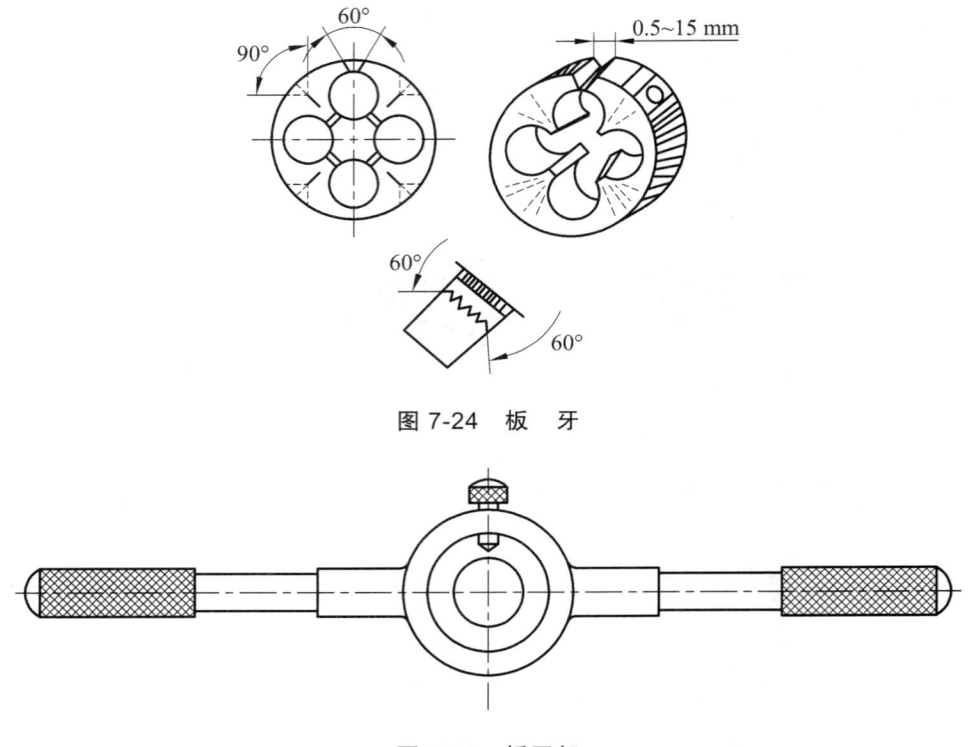

图 7-24 板 牙

图 7-25 板牙架

2. 套螺纹的操作要点和注意事项

（1）每次套螺纹前应将板牙排屑槽内及螺纹内的切屑清除干净。

（2）套螺纹前要检查圆杆直径大小和端部倒角。

（3）套螺纹时切削扭矩很大，易损坏圆杆的已加工面，所以应使用硬木制的V形槽衬垫或用厚铜板作保护片来夹持工件。工件伸出钳口的长度，在不影响螺纹要求长度的前提下，应尽量短。

（4）套螺纹时，板牙端面应与圆杆垂直，操作时用力要均匀。开始转动板牙时，要稍加压力，套入3~4牙后，可只转动而不加压，并经常反转，以便断屑。

（5）在钢制圆杆上套螺纹时要加机油润滑。

7.6　划　线

划线是按图样的尺寸要求，在毛坯或半成品上划出待加工部位的轮廓线的一种操作。

7.6.1　划线工具及其使用

钳工所使用的划线工具包括：基准工具、支承工具、划线工具和量具四类。

1. 基准工具

基准工具通常指划线平板，常用铸铁制成，其上表面经过精加工后平整光洁，是划线的基准平面。

2. 支承工具

常用的有方箱、千斤顶、V形架等。

划线方箱是铸铁制成的空心立方体、各相邻的两个面均互相垂直。方箱用于夹持、支承尺寸较小而加工面较多的工件，利用划针盘或高度游标尺则可划出各边的水平线或平行线，如图7-26（a）所示；翻转方箱则可把工件上互相垂直的线划出来，如图7-26（b）所示。

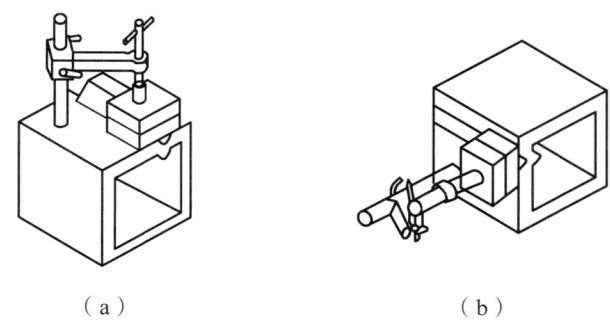

图7-26 方箱上划线

千斤顶的高度可以调节，便于找正，用于支承工件。V形架用来支承圆柱形工件，使工件轴线与划线平板平行。

3. 划线工具

划线工具主要有划针、划规、划针盘等。

划针是在工件表面划线用的工具，常用的划针由工具钢或弹簧钢制成（有的划针在其尖端部位焊有硬质合金），直径$\phi3 \sim \phi6$ mm。划针的形状及用法如图7-27所示。

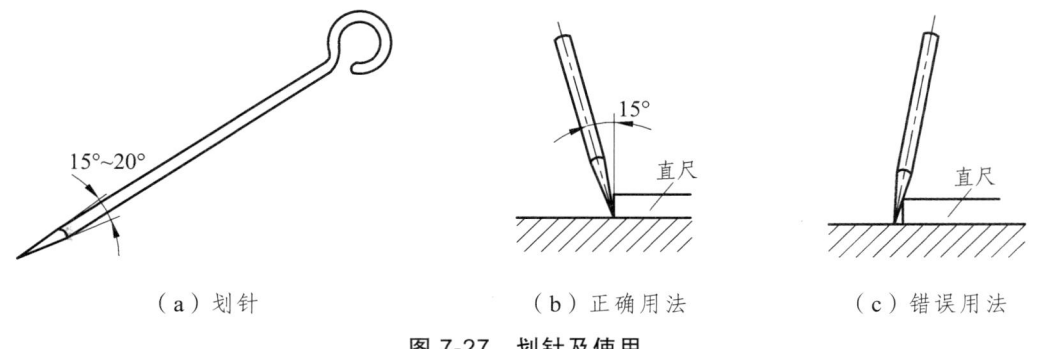

图7-27 划针及使用

划规是划圆或弧线、等分线段及量取尺寸等用的工具。它的用法与制图的圆规相似。划卡或称单脚划规，主要用于确定轴和孔的中心位置，也可用来划平行线，如图7-28所示。

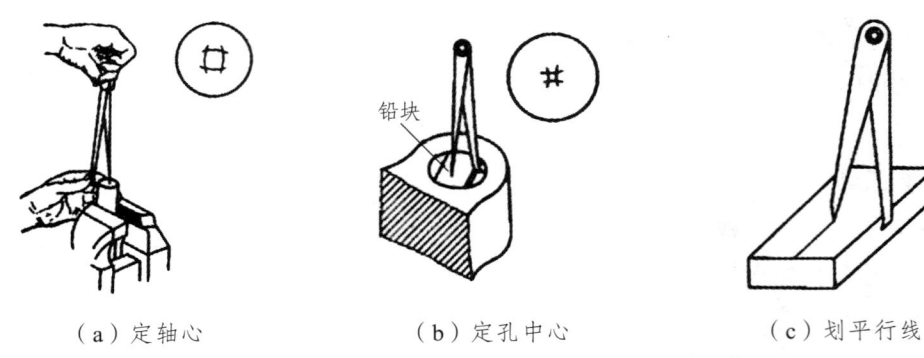

(a) 定轴心　　　　　　(b) 定孔中心　　　　　　(c) 划平行线

图 7-28　用划卡确定孔轴中心和划平行线

划针盘主要用于立体划线和校正工件的位置，由底座、立杆、划针和锁紧装置组成，如图 7-29 所示，调节划针高度，在平板上移动划针盘，即可在工件上划出与平板平行的线来。

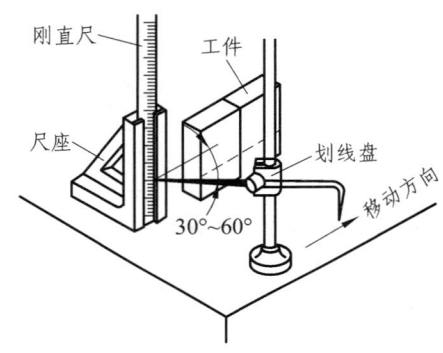

图 7-29　划针盘及其用法

4. 量　具

常用的测量工具有钢直尺、游标高度尺和 90° 角尺等。

7.6.2　划线基准

划线时一般应选用重要的中心线、工件上已加工过的表面、零件图上尺寸标注基准线为划线基准。划线时一般应选用重要的中心线、工件上已加工过的表面、零件图上尺寸标注基准线为划线基准。划线基准通常与设计基准一致。

7.6.3　划线前的准备工作

划线部位清理后应涂色，涂料要涂得均匀而且要薄。为了划出孔的中心，在孔中要装入中心塞块，一般小孔多用木塞块或铅块，大孔用中心顶。按图样和技术要求仔细分析工件特点和划线的要求，确定划线的基准及放置支撑位置，并检查工件的误差和缺陷，确定借料的方案。

7.6.4　划线的基本要求

（1）尺寸正确，允差 ± 0.3 mm。
（2）线条清晰，均匀。
（3）冲眼不得偏离线条，且应分布合理，圆周上不应少于 4 个冲眼，直线处间距可适当大些，曲线处则小些，线条交点必须打冲眼，圆中心处冲眼须打大些。

在划线的工程中，因为划出的线条在加工过程中容易被擦去，故要在划好的线段上用样冲打出小而分布均匀的样冲眼，如图 7-30 所示。在划圆和钻孔前了应在其中心打样冲眼，以便定心。图 7-31 所示为样冲及使用方法。

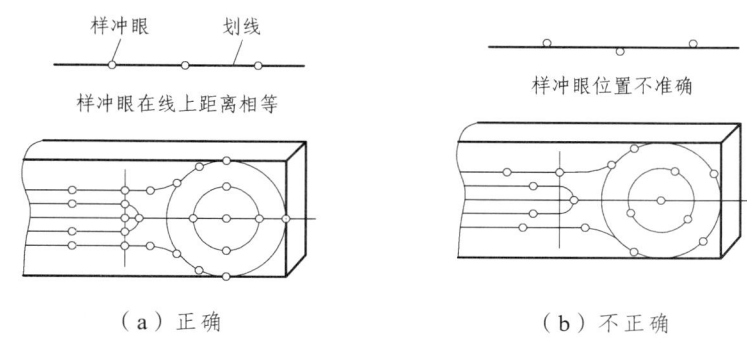

图 7-30　在线段上的样冲眼

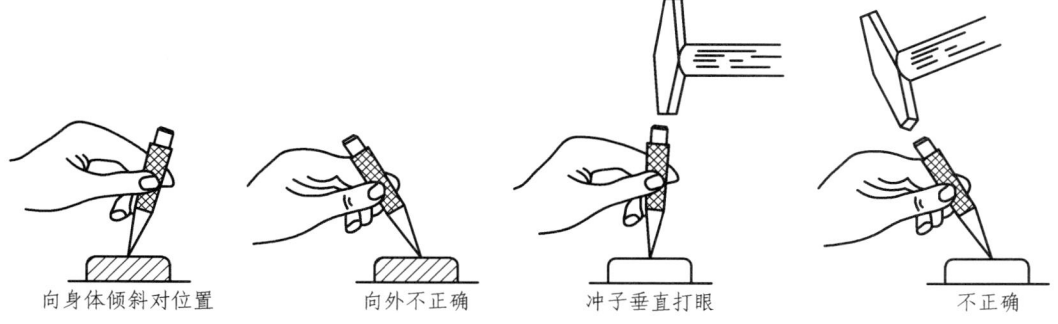

图 7-31　样冲及其使用方法

7.7　装　配

把合格的零件按照规定的技术要求组装成部件或机器的操作过程称为装配。装配是整个制造过程的最后工作环节，直接影响到产品的质量好坏，因此，装配在机械制造过程中占有关键的地位。

7.7.1　装配的组合形式

装配过程一般可分为组件装配、部件装配和总装配。

（1）组件装配：将若干个零件安装在基础件上构成组件的工艺过程。
（2）部件装配：将若干个零件或组件安装在另一个基础件上构成部件的工艺过程。
（3）总装配：将若干个零件、组件及部件安装在一个基础件上构成整个产品的工艺过程。

7.7.2 常见零件的装配

1. 螺纹连接的装配

螺纹连接零件的配合应注意松紧适当，拧紧的顺序要正确，要分 2~3 次逐步拧紧。

零件与螺母的贴合面应平整光洁，否则螺纹容易松动。为提高贴合面质量，可加垫圈。在交变载荷和振动条件下工作的螺纹连接，存在逐渐自动松开的可能性，为防止螺纹连接的松动，可用弹簧垫圈、止退垫圈、开口销和止动螺钉等防松装置。装配时常用的工具有扳手、指针式扭力扳手、一字（或十字）旋具等。

2. 滚动轴承的装配

滚动轴承的内圈与轴颈以及外圈与机体孔之间的配合多为较小的过盈配合，常用锤子或压力机压装，为了使轴承圈受到均匀加压，采用垫套加压。轴承压到轴上时，应通过垫套施力于内圈端面；轴承压到机体孔中时，应施力于外圈端面；若同时压到轴上和机体孔中，则内外圈端面应同时加压。若轴承与轴颈是较大的过盈配合，则最好将轴承吊在 80~90 ℃ 的热油中加热，然后趁热装入。

3. 圆柱齿轮的装配

圆柱齿轮装配的主要技术要求是保证齿轮传递运动的准确性，相啮合的轮齿表面接触良好以及齿侧间隙符合规定等。

为保证传递运动的准确性，保持轮齿的良好接触，以及符合规定的齿侧间隙，齿轮装配时要控制齿圈的径向圆跳动及端面圆跳动在规定的公差范围内。齿面接触的情况可用涂色法检验。在单件小批生产时，可把装有齿轮的轴放在两顶尖之间，用百分表进行检查。齿侧间隙的测量方法可用塞尺，对大模数齿轮则用铅丝，即在两齿间沿齿长方向放置 3~4 根铅丝，齿轮转动时，铅丝被压扁，测量压扁后的铅丝厚度即可知其侧隙。

7.7.3 拆　卸

当机器使用一段时间后，由于运转磨损，常要拆卸修理或更换零件。拆卸应注意如下事项：

（1）机器拆卸工作，应按其结构的不同，预先考虑操作顺序，以免先后倒置，或贪图省事猛拆猛敲，造成零件的损伤或变形。

（2）拆卸的顺序，应与装配的顺序相反。

（3）拆卸时，使用的工具必须保证合格零件不会发生损伤，严禁用手锤直接在零件的工作表面上敲击。

（4）拆卸时，零件的旋松方向必须辨别清楚。

（5）拆下的零部件必须按次序、有规则地放好，并按原来结构套在一起，配合件上做记号，以免混乱。对丝杠、长轴类零件必须将其吊起，防止变形。

思考与练习

1. 钳工的特点是什么？常用的工具有哪些？
2. 钳工要掌握哪些知识和技能？
3. 现代化的机械加工为什么没有把钳工淘汰？
4. 简单介绍一下锯条的选用与原因。
5. 锯削的时候要注意的事项有哪些？
6. 如何能锉出一个平整完好的平面？
7. 钻床一般包括哪些？台式钻床由哪些组件构成？
8. 麻花钻、扩孔钻和铰刀在结构上有何不同？加工质量上有哪些不同？
9. 钻孔、扩孔和铰孔时，所用刀具和操作方法有什么区别？
10. 攻螺纹时的操作要点和注意事项是什么？
11. 钳工操作要注意哪些安全事项？

第 8 章 焊 接

8.1 焊接原理与作用

焊接技术就是高温或高压条件下，使用焊接材料（焊条或焊丝）将两块或两块以上的母材（待焊接的工件）连接成一个整体的操作方法。

8.2 焊接分类

焊接通过对金属加热或加压，或两者并用，使用或不用填充材料，使焊件接头处达到原子间扩散与结合并形成永久性连接。焊接与胶接和金属切削加工、压力加工、铸造、热处理等其他材料加工方法一起构成了现代机器制造业的加工技术。焊接方法的种类很多，主要应用在金属母材上，常用的有电弧焊、氩弧焊、CO_2 保护焊、氧气-乙炔焊、激光焊接、电渣压力焊等多种。塑料等非金属材料也可进行焊接。金属焊接方法有 40 种以上，主要分为熔焊、压焊和钎焊三大类。

1. 熔 焊

熔焊又称熔化焊，在焊接过程中，将连接处局部加热至熔化状态形成熔池，没有施加压力冷却结晶形成焊接接头的工艺方法。熔焊焊接操作简单，对接头处表面质量要求不高，适用范围广，适用于各种常用金属材料的焊接，是现代工业生产中主要的焊接方法。

2. 压 焊

利用摩擦、扩散和加压等方法使焊件表面上的原子相互接近到晶格距离，从而在固态下实现连接的工艺方法。为便于进行焊接，在加压的同时大都伴随着加热。压焊主要适用于塑性较大的金属材料，焊接时，接头处表面质量要求高，夹杂杂物会阻碍原子间的扩散与结合从而影响焊接质量。

3. 钎 焊

利用熔点低于母材熔点的钎料作为填充金属，加热熔入接头间隙并与母材结合一起实现连接的方法。钎焊对接头处表面质量要求很高，由于接头处金属并不熔化，焊接应力和变形都比较小，焊接成型美观。钎焊能够进行同种或者异种金属，甚至非金属的焊接。

金属主要焊接方法分类，如图 8-1 所示。

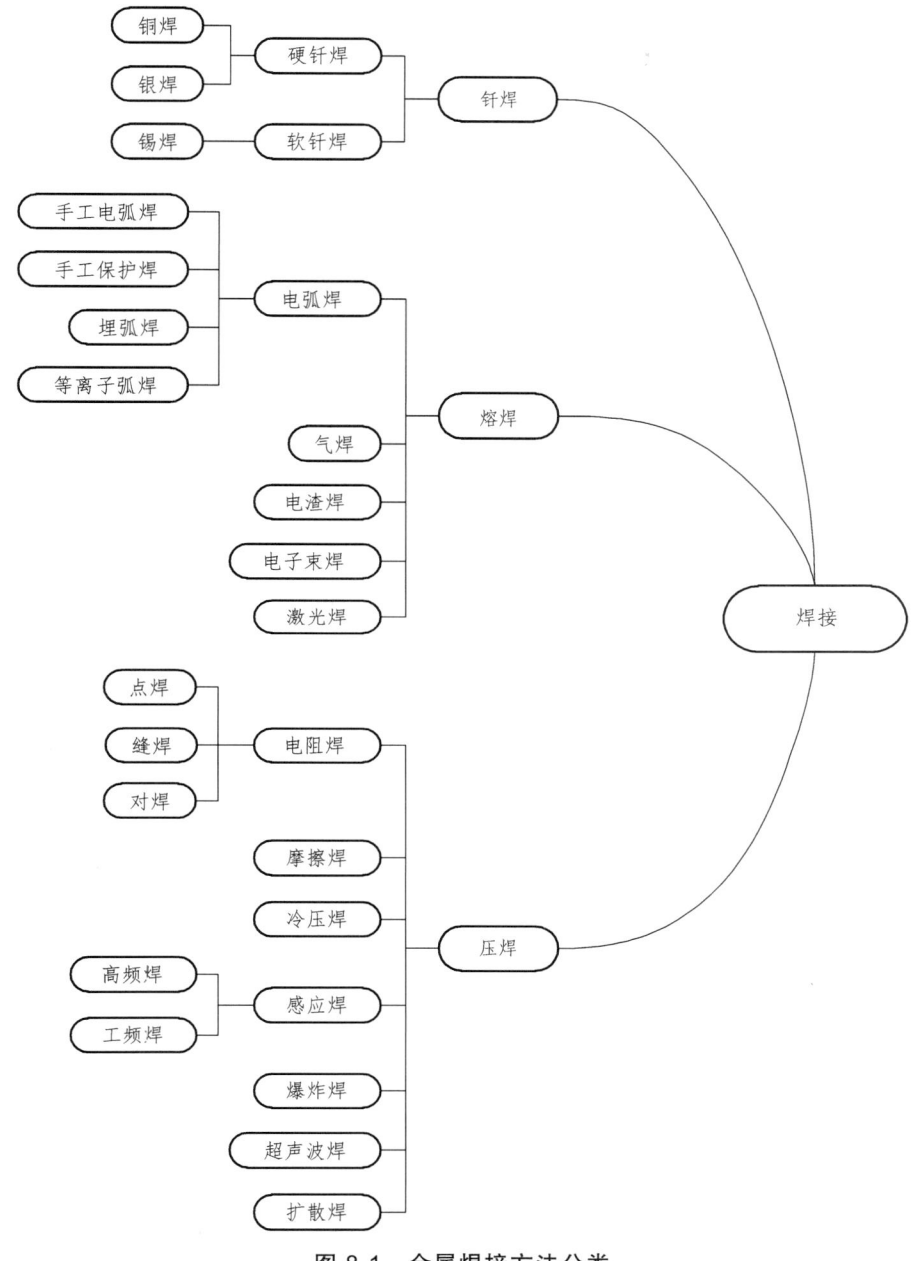

图 8-1　金属焊接方法分类

8.3　焊接的应用

在焊接广泛应用之前，金属结构件主要是靠铆接、胶接、螺纹连接等方法连接，与它们相比，焊接具有以下的一些特点：

（1）连接性能好。焊缝具有良好的力学性能，耐高温、高压、接头密封性好、导电性、耐蚀性和耐磨性等性能优良。适用于制造强度高、刚性好的中空结构（如管道、锅炉、压力容器等）。

（2）省料、省工、成本低。与铆接相对，焊接一般能节省金属材料 10%~20%。

（3）结构重量轻、承载能力强。采用焊接方法制造船舶、车辆、飞机、飞船、火箭等运载工具，可以减轻自重，提高运载能力。

（4）简化制造工艺。可以采用焊接方法制造重型、复杂的机器零部件，简化加工和装配工艺，缩短生产周期，提高生产率，易于实现机械自动化生产。

（5）局部加热会改变焊接接头组织和性能，接头在塑性与韧性方面的力学性能不如轧制的母材金属。焊接会使工件产生残余应力和变形，有可能会影响零部件与焊接结构的形状、尺寸，增加结构工作时的应力，降低承载能力。焊接产生的缺陷，如裂纹、未焊透、未熔合、夹渣、气孔和咬边等，会引起应力集中，降低承载能力，缩短使用寿命，甚至造成脆断。

焊接主要用于制造不同要求及批量生产的金属结构，如锅炉、压力容器、管道、船舶、车辆、桥梁、飞机、火箭、起重机、海洋结构、冶金和石油化工设备等。它也用来制造机器零部件和工具等，例如重型机械的机架、轴、齿轮、锻模、刀具等。此外，焊接还用于零部件的修复焊补等。

8.4 电弧焊

8.4.1 焊接方法与原理

电弧焊

电弧焊是指以电弧作为热源，利用空气放电的物理现象，将电能转换为焊接所需的热能和机械能，从而达到连接金属的目的。主要方法有焊条电弧焊、埋弧焊、气体保护焊等，它是目前应用最广泛、最重要的熔焊方法，适用于各种金属材料、各种厚度、各种结构形状的焊接。

焊条电弧焊是工业生产中应用最广泛的焊接方法，它的原理是利用电弧放电（俗称电弧燃烧）所产生的热量将焊条与工件互相熔化并在冷凝后形成焊缝，从而获得牢固焊接接头。

焊条电弧焊的安全特性：焊条电弧焊焊接设备的空载电压一般为 50~90 V，而人体所能承受的安全电压为 30~45 V，由此可见，手工电弧焊焊接设备，会对人造成一定的安全威胁，施焊时，必须穿戴好劳保用品

焊条电弧焊是目前生产中应用最多、最普遍的一种金属焊接方法。如图 8-2 所示，焊接时电源的一极接工件，另一极与焊条相接，并用焊钳夹持焊条，然后引弧，电弧产生热量将工件接头处和焊条熔化，形成熔池，随着焊条的不停输送，弧长保持稳定，工件和焊条不断熔化，并不断形成新的熔池，原先的熔池不断冷却凝固形成焊缝。焊条的药皮熔化后形成熔渣覆盖在熔池表面，保护熔池金属不被空气氧化，药皮产生的气体起到隔绝空气，保持电弧稳定的作用。

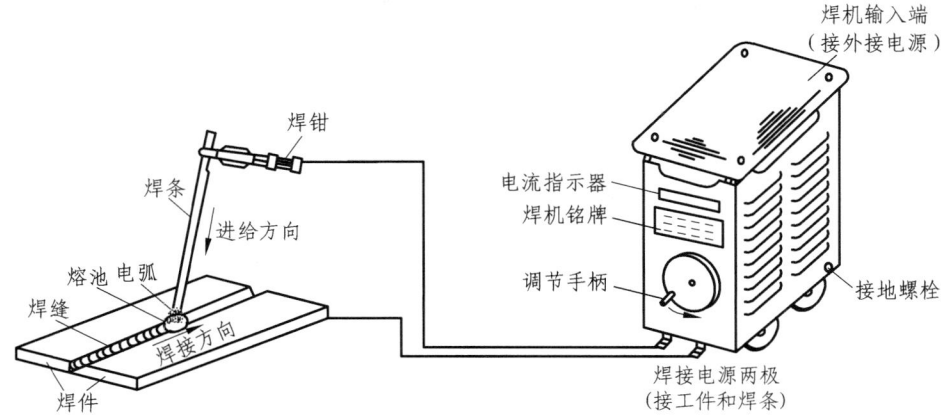

图 8-2　电弧焊焊接过程

8.4.2　电弧焊设备

电弧焊可分为手工电弧焊、半自动（电弧）焊、自动（电弧）焊。自动（电弧）焊通常是指埋弧自动焊在焊接部位覆有起保护作用的焊剂层，由填充金属制成的焊丝插入焊剂层，与焊接金属产生电弧，电弧埋藏在焊剂层下，电弧产生的热量熔化焊丝、焊剂和母材金属形成焊缝，其焊接过程是自动化进行的。最普遍使用的是手工电弧焊。

电弧焊的电源设备，根据电流种类的不同，可分为交流弧焊机和直流弧焊机。

1. 交流弧焊机

交流弧焊机供给焊接电弧的电流是交流电，其实质是一种特殊的降压变压器，因此，也称为弧焊变压器。它把网路电压的交流电变成适宜于弧焊的低压交流电，由主变压器及所需的调节部分和指示装置等组成。交流弧焊机具有结构简单、易造易修、成本低、效率高等优点，但电弧稳定性较差。BX1-330 型弧焊机是目前用得较广的一种交流弧焊机，其外形如图 8-3 所示。

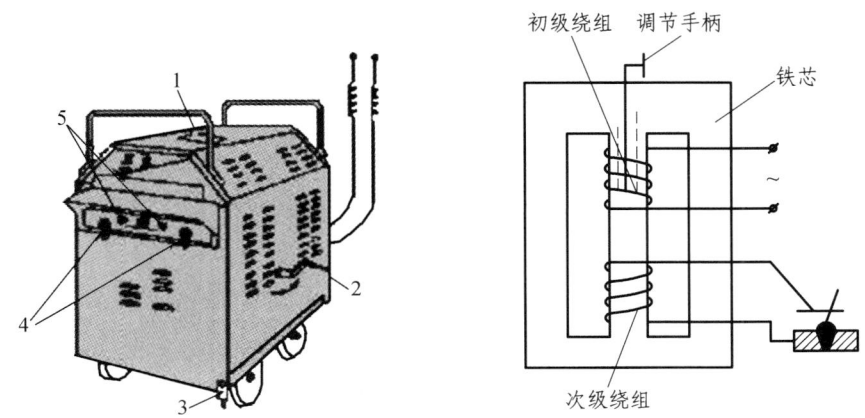

图 8-3　BX1-330 交流弧焊机

1—电流指示盘；2—调节手柄（细调电流）；3—接地螺钉；4—焊接电源两极（接工件和焊条）；
5—线圈抽头（粗调电流）

2. 直流弧焊机

直流弧焊机的输出端有正、负极之分，焊接时电弧两端的极性不变。因此，直流弧焊机的输出端有两种不同的接线方法：正接即焊件接弧焊机的正极，焊条接其负极，如图8-4（a）所示；反接，即焊件接弧焊机的负极，焊条接其正极，如图8-4（b）所示。

直流弧焊机正接适用于使用酸性焊条、焊接较厚或高熔点金属的焊接；反接适用于使用碱性焊条、焊接较薄或低熔点金属的，如较薄钢板、铸铁、高碳钢及有色金属合金等，以免工件被烧穿。

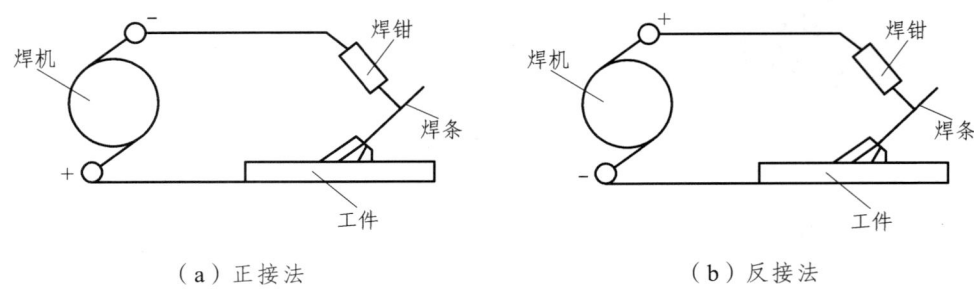

图 8-4　直流弧焊机的不同极性接法

8.4.3　电焊条

焊条由焊芯及药皮两部分构成。焊条是在金属焊芯外将涂料（药皮）均匀、向心地压涂在焊芯上。焊条种类不同，焊芯也不同。焊芯即焊条的金属芯，为了保证焊缝的质量与性能，对焊芯中各金属元素的含量都有严格的规定，特别是对有害杂质（如硫、磷等）的含量，应有严格的限制，优于母材。焊条中被药皮包覆的金属芯称为焊芯。焊芯一般是一根具有一定长度及直径的钢丝。焊接时，焊芯有两个作用：一是传导焊接电流，产生电弧把电能转换成热能；二是焊芯本身熔化作为填充金属与液体母材金属熔合形成焊缝。

1. 电焊条分类、组成和作用

如图 8-5 所示，焊条芯一是作为电极导电，同时它也是形成焊缝金属的主要材料，因此焊条芯的质量直接影响焊缝的性能，其材料都是特制的优质钢。药皮是压涂在焊条芯表面上的涂料层，焊接时形成熔渣及气体，药皮对焊接质量的好坏同样起着重要的作用。

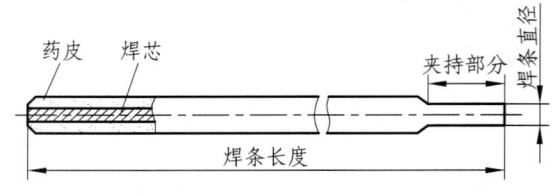

图 8-5　电焊条

2. 电焊条的牌号与保管

常用的酸性焊条牌号有 J422、J502 等，碱性焊条牌号有 J427、J506 等。牌号中的"J"表示结构钢焊条，牌号中三位数字的前两位"42"或"50"表示焊缝金属的抗拉强度等级，分别为 420 MPa 或 500 MPa；最后一位数表示药皮类型和焊接电源种类，1~5 为酸性焊条，使用交流或直流电源均可，6~7 为碱性焊条，只能用直流电源。

电焊条的保管应保存在干燥的地方，避免受潮。特别是碱性焊条，每次使用前都要经烘干处理后才能使用。

8.4.4　焊接接头与坡口

1. 接头形式

在焊接前，应根据焊接部位的形状、尺寸、受力的不同，选择合适的接头类型。焊接接头的基本类型主要有五种，即对接接头、T 形（十字）接头、搭接接头、角接接头和端接接头等，端接接头仅在薄板焊接时采用，如图 8-6 所示。

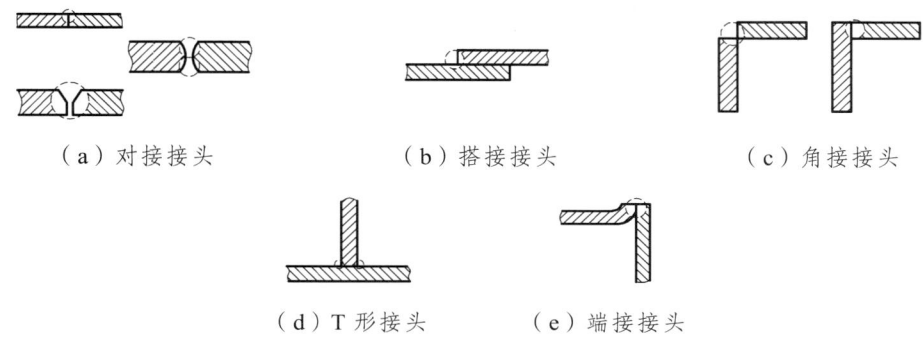

图 8-6　五种接头形式

2. 坡口形式

对接接头是采用最多的一种接头形式，这种接头常见的坡口形式有 I 形坡口、Y 形坡口、双 Y 形坡口、U 形坡口、双 U 形坡口等，如图 8-7 所示。

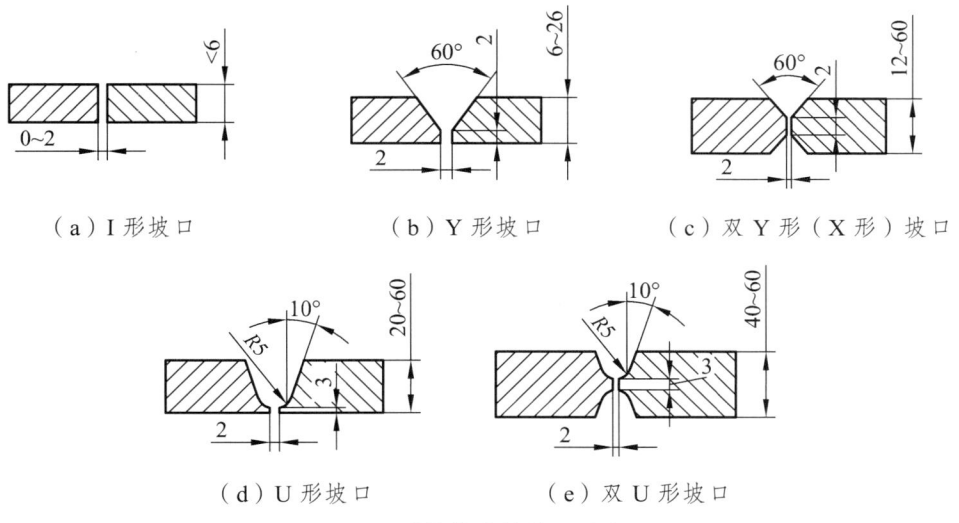

图 8-7　对接接头的坡口形式

8.4.5 焊条电弧焊的工艺参数

1. 焊接工艺参数的选择

焊接工艺参数是为获得质量优良焊接接头而选定的物理量的总称。工艺参数主要有：焊接电流、焊条直径、焊接速度等。工艺参数选择是否合理，对焊接质量和生产率都有很大影响，其中焊接电流的影响最为关键。

（1）焊接电流

焊接电流的大小主要根据焊条直径来确定。焊接电流太小，焊接生产率较低，电弧不稳定，还可能焊不透工件。焊接电流太大，则会引起熔化金属的严重飞溅，甚至烧穿工件。

（2）焊条直径

焊条直径应根据钢板厚度、接头形式、焊接位置等来加以选择。在立焊、横焊和仰焊时，焊条直径不得超过 4 mm，以免熔池过大，使熔化金属和熔渣下流。平板对接时焊条直径的选择可参考表 8-1。

表 8-1　焊条直径与板厚的关系

焊件厚度/mm	< 4	4 ~ 8	9 ~ 12	> 12
焊条直径/mm	≤板厚	ϕ3.2 ~ 4	ϕ4 ~ 5	ϕ5 ~ 6

（3）焊接速度

焊接速度是指单位时间所完成的焊缝长度。它对焊缝质量影响也很大。焊接速度由焊工凭经验掌握，在保证焊透和焊缝质量前提下，应尽量快速施焊。工件越薄，焊速应越高。

2. 焊缝层数

焊缝层数视焊件厚度而定。中、厚板一般都采用多层焊。焊缝层数多些，有利于提高焊缝金属的塑性、韧性，但层数增加，焊件变形倾向亦增加，应综合考虑后确定。对质量要求较高的焊缝，每层厚度最好不大于 4 ~ 5 mm。图 8-8 所示为多层焊的焊缝，其焊接顺序按照图中的序号进行焊接。

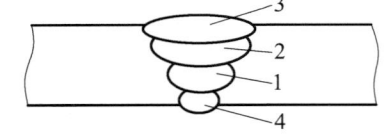

图 8-8　多层焊的焊缝和焊接顺序

3. 焊缝的空间位置

依据焊缝在空间的位置不同，有平焊、立焊、横焊和仰焊四种，如图 8-9 所示。

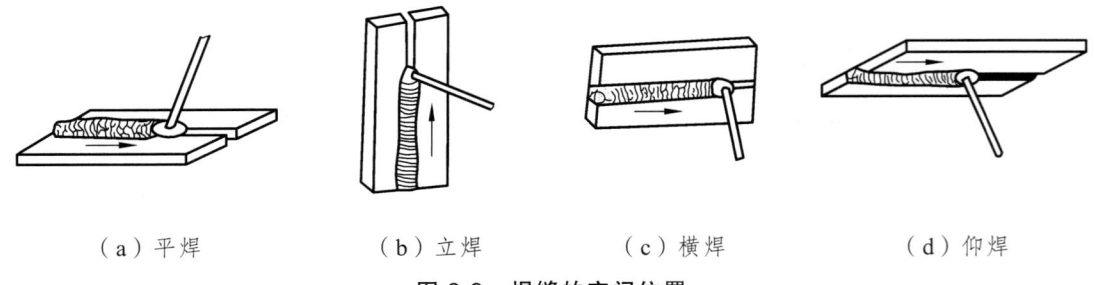

（a）平焊　　（b）立焊　　（c）横焊　　（d）仰焊

图 8-9　焊缝的空间位置

8.4.6 焊条电弧焊的基本操作技术

焊条电弧焊是在面罩下观察和进行操作的。由于视野不清，工作条件较差。因此要保证焊接质量，不仅要求有较为熟练的操作技术，还应注意力高度集中。

焊条、电弧焊的基本操作

1. 引 弧

焊接前，应把工件接头两侧 20 mm 范围内的表面清理干净（消除铁锈、油污、水分），并使焊条芯的端部金属外露，以便进行短路引弧。如图 8-10 所示，引弧方法有敲击法和摩擦法两种，其中摩擦法比较容易掌握，适宜于初学者引弧操作。

引弧时，应先接通电源，把电焊机调至所需的焊接电流。然后把焊条端部与工件接触短路，并立即提至 2~4 mm 距离，就能使电弧引燃。如果焊条提起的距离超过 5 mm，电弧就会立即熄灭。如果焊条与工件接触时间太长，焊条就会粘牢在工件上。这时，可将焊条左右摆动，就能与工件拉开，然后重新进行引弧。

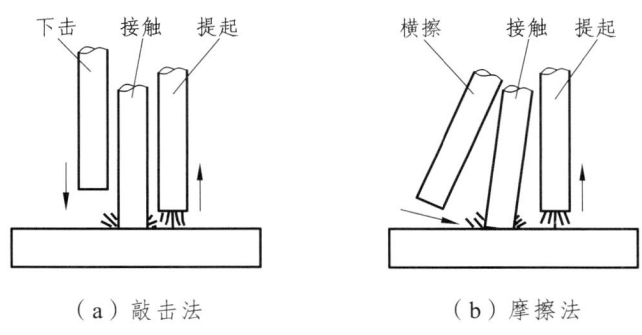

图 8-10 引弧方法

2. 运 条

运条是焊接过程中最重要的环节，它直接影响焊缝的外表成型和内在焊接质量。电弧引燃后，一般情况下焊条有三个基本运动：朝熔池方向逐渐送进、沿焊接方向逐渐移动、横向摆动，如图 8-11（a）所示。

（1）焊条朝熔池方向逐渐送进。这既是为了向熔池添加金属，也是为了在焊条熔化后继续保持一定的电弧长度，因此焊条送进的速度应与焊条熔化的速度相同。否则，会发生断弧或粘在焊件上。

（2）焊条沿焊接方向移动。随着焊条的不断熔化，逐渐形成一条焊道。若焊条移动速度太慢，则焊道会过高、过宽、外形不整齐，焊接薄板时会发生烧穿现象；若焊条的移动速度太快，则焊条与焊件会熔化不均匀，焊道较窄，甚至发生未焊透现象。焊条移动时应与前进方向成 70°~80° 的夹角，以使熔化金属和熔渣推向后方，如图 8-11（b）所示，否则熔渣流向电弧的前方，会造成夹渣等缺陷。

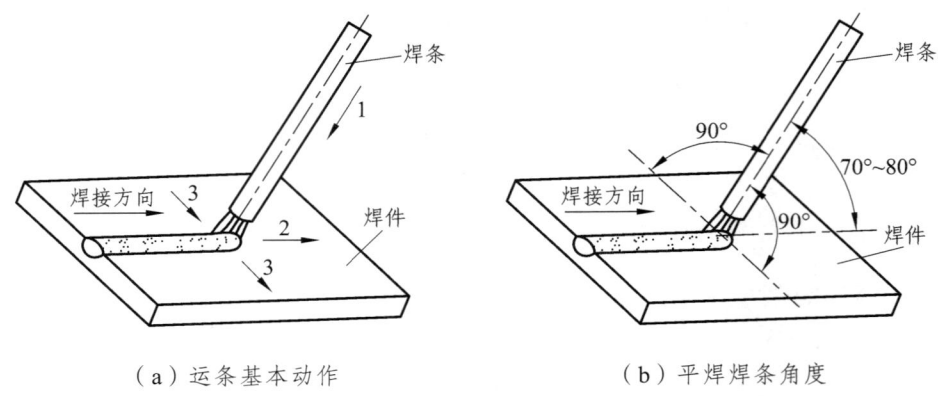

(a) 运条基本动作　　　　　　　（b) 平焊焊条角度

图 8-11　平焊焊条角度和运条基本动作

3. 焊缝收尾

焊缝收尾时，为了不出现尾坑，焊条应停止向前移动，而采用划圈收尾法或反复断弧法自下而上地慢慢拉断电弧，以保证焊缝尾部成型良好。

8.5　气　焊

8.5.1　概　述

气焊是利用可燃气体与助燃气体混合燃烧产生的高温作为热源的一种焊接方法，最常用的为氧乙炔焊，如图 8-12 所示。火焰一方面把工件接头的表层金属熔化，同时把金属焊丝熔入接头的空隙中，形成金属熔池。当焊炬向前移动，熔池金属随即凝固成为焊缝，使工件的两部分牢固地连接成为一体。

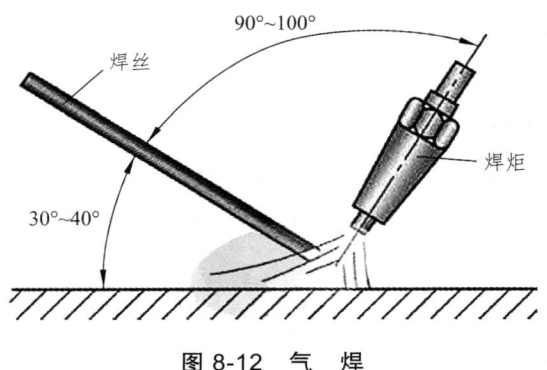

图 8-12　气　焊

在气焊过程中，焊丝与焊件表面之间的夹角一般为 30°～40°，它与焊炬中心线的角度为 90°～100°。

气焊的温度比较低，热量分散，加热较慢，生产率低，焊件变形较严重。但火焰易控制，操作简单、灵活，气焊设备不用电源，且便于某些工件的焊前预热。所以，气焊仍得到较广泛的应用。一般用于厚度在 3mm 以下的低碳钢薄板、管件，铜、铝等有色金属的焊接及铸铁件的焊接等。

气焊的设备如图 8-13 所示。

1. 氧气瓶

氧气瓶是运送和储存高压氧气的容器，其容积为 40 L，最高压力为 15 MPa。

2. 乙炔瓶

乙炔瓶是储存和运送乙炔的容器，国内最常用的乙炔瓶公称容积为 40 L，工作压力为 1.5 MPa。其外形与氧气瓶相似，外表漆成白色，并用红漆写上"乙炔"、"不可近火"等字样。

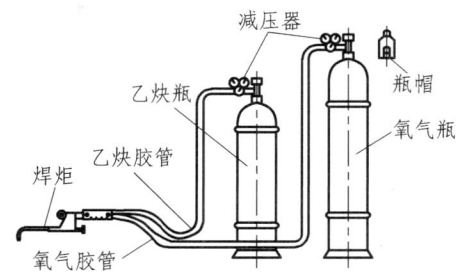

图 8-13 气焊设备及其连接

3. 减压器

减压器是将高压气体降为低压气体的调节装置，不仅能将气瓶内的压力降为气焊所需的工作压力（氧气压力一般为 0.2~0.4 MPa，乙炔压力最高不超过 0.15 MPa），而且能维持输出气体压力不变。

4. 回火保险器

回火保险器的作用是截住回火气流，保证乙炔发生器的安全。当气焊作业正常时，火焰在焊炬的焊嘴外面燃烧，但当气体供应不足、焊嘴阻塞、焊嘴太热或焊嘴离焊件太近时，火焰会沿乙炔管路往回燃烧。这种火焰进入喷嘴内逆向燃烧的现象称为回火。如果回火气流蔓延到乙炔瓶，极易引起爆炸事故。

5. 焊 炬

焊炬又称焊枪，是气焊操作的主要工具。焊炬的作用是将可燃气体和氧气按一定比例均匀地混合，以一定的速度从焊嘴喷出，形成一定能率、一定成分、适合焊接要求和稳定燃烧的火焰。

8.5.2 气焊基本操作要领

1. 点火、调节火焰与灭火

点火时，先微开氧气阀门，再打开乙炔阀门，随后点燃火焰。这时的火焰是碳化焰。然后，逐渐开大氧气阀门，将碳化焰调整成中性焰。同时，按需要把火焰大小也调整合适。灭火时，应先关乙炔阀门，后关氧气阀门。

2. 堆平焊波

气焊时，一般用左手拿焊丝，右手拿焊炬，两手的动作要协调，沿焊缝向左或向右焊接。焊嘴轴线的投影应与焊缝重合，同时要注意掌握好焊嘴与焊件的夹角 α，如图 8-14 所示。焊件越厚，α 越大。在焊接开始时，为了较快地加热焊件和迅速形成熔池，α 应大些。正常焊接时，一般保持 α 在 30°~50° 范围内。当焊接结束时，α 应适当减小，以便更好地填满熔池和避免焊穿。焊炬向前移动的速度应能保证焊件熔化并保持熔池具有一定的大小。焊件熔化形成熔池后，再将焊丝适量地点入熔池内熔化。

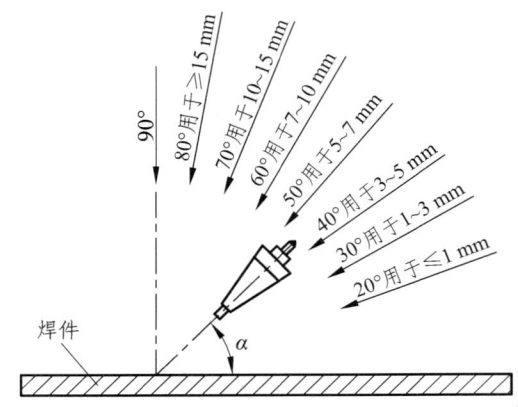

图 8-14 焊嘴与焊件的夹角

3. 气焊优缺点

优点：

（1）对铸铁及某些有色金属的焊接有较好的适应性。

（2）在电力供应不足的地方需要焊接时，气焊可以发挥更大的作用。

缺点：

（1）生产效率较低。

（2）焊接后工件变形和热影响区较大。

（3）较难实现自动化。

8.5.3　手工钨极氩弧焊

手工钨极氩弧焊是指使用钨合金棒作为电极，利用从喷嘴流出的氩气，在电弧焊接的熔池周围，形成连续封闭的气流，以保护钨电极，焊丝和焊接熔池不被氧化的一种手工操作气体保护电弧焊。在氩弧焊应用中，根据所采用的电极类型可分为非熔化极氩弧焊和熔化极氩弧焊两大类。非熔化极氩弧焊又称为钨极氩弧焊，是一种常用的气体保护焊方法。

钨极氩弧焊又称钨极惰性气体保护焊，它是使用纯钨或活化钨电极，以惰性气体氩气作为保护介质的一种焊接方法。钨棒电极只起导电作用不熔化，通电后在钨极和工件间产生电弧。在焊接过程中可以填丝也可以不填丝。填丝时，焊丝应从钨极前方填加。钨极氩弧焊又可分为手工焊和自动焊两种，以手工钨极氩弧焊应用较为广泛。

钨极氩弧焊的优点是：由于焊缝被保护得好，故焊缝金属纯度高、性能好；焊接时加热集中，所以焊件变形小；电弧稳定性好，在小电流（<10 A）时电弧也能稳定地燃烧。并且，焊接过程很容易实现机械化和自动化。

缺点是：氩气较贵，焊前对焊件的清理要求很严格。同时由于钨极的载流能力有限，焊缝熔深浅，只适合于焊接薄板（<6 mm）和超薄板。为了防止钨极的非正常烧损，避免焊缝

产生夹钨的缺陷,不能采用常用的短路引弧法,必须采用特殊的非接触引弧方式。

氩弧焊主要被用来焊接不锈钢与其他合金钢。同时还可以在无焊药的情况下焊接铝、铝合金、镁合金及薄壁制件。

8.5.4 焊接的缺陷分析与质量检验

8.5.4.1 缺陷分析

焊接缺陷的检验方法分破坏性检验和非破坏性检验(也称无损检验)两大类。非破坏性检验方法有外观检查、致密性检验、受压容器整体强度试验、渗透性检验、射线检验、磁力探伤、超声波探伤、全息探伤、中子探伤、液晶探伤、声发射探伤和物理性能测定等。破坏性检验方法有机械性能试验、化学分析和金相试验等。正确选用检验方法,并与生产工序有机地结合起来进行检验,不但能彻底查清缺陷的性质、大小和位置,而且可以找出缺陷的产生原因,从而避免缺陷的再度出现。

焊接过程中有着许多人为不能够控制的因素,焊件出现缺陷是不可能完全避免的,其缺陷产生的原因也是多方面的。表 8-2 所列是焊接常见的缺陷、特征、形成原因及防范措施。

焊接缺陷产生的原因是多方面的,缺陷的存在必然会影响接头的力学性能和密封性、耐腐蚀等性能。在这些缺陷中,裂缝、未焊透和条状夹渣危险最大,尤其是裂缝,GB6417—86规定中为第一类别。对于重要的焊接接头,一旦发现缺陷,必须进行修补,否则会造成严重的后果。对于严重的缺陷,一旦产生,焊接工件只有报废。

表 8-2 焊接常见的缺陷、特征、形成原因及防范措施

缺陷类别	图例示意	缺陷特征	缺陷形成原因	防范措施
裂纹		焊缝及附近区域内部或表面有裂纹。具有尖锐的缺口和大的长宽比特征	焊接材料或工件化学成分不当;焊前清理不当;焊缝金属冷却凝固过快;焊接结构设计不合理;焊接工艺不合理	焊前清理干净;焊条烘干;合理设计焊接结构;选择合适的焊接工艺过程;对焊件适当预热
焊瘤		焊接过程中,熔化金属屑流淌到焊缝之外未熔化的母材上所形成的金属瘤	焊接参数选择不当;坡口清理不干净,电弧热损失在氧化皮上,使母材未熔化	焊条电弧焊是根据不同的焊接位置要选择合适的焊接工艺参数,严格控制熔孔的大小
烧穿		焊接过程中,熔化金属屑自坡口背面流出形成穿孔的缺陷	焊接电流过大;对焊件加热过甚;坡口对接间隙太大;焊接速度慢,电弧停留时间长等	正确选择焊接电流和火焰能率不能太大;掌握合适的焊接速度,不能太慢,运条应均匀,坡口尺寸应合理等
弧坑		一般焊接收尾处形成低于焊缝高度的凹陷坑,一般存在低熔点共晶物、夹杂物、火口裂纹等缺陷	主要是熄弧停留时间过短,薄板焊接时电流过大	焊条电弧焊收弧时焊条应在熔池处稍作停留或环形运条,待熔池金属填满后再引向一侧熄弧

续表

缺陷类别	图例示意	缺陷特征	缺陷形成原因	防范措施
气孔		熔池中的气体未在金属凝固前逸出,残存于焊缝之中所形成的空穴。气孔可分为密集气孔、条虫状气孔和针状气孔等	焊材不干净;焊接线能量过小且熔池冷却速度大,气体难以逸出;焊缝金属脱氧不足增加了氧气孔	清理焊材与工件表面;采用碱性焊条、焊剂,并彻底烘干;采用直流反接并用短电弧施焊。焊前预热,减缓冷却速度
夹渣		焊后有非金属夹杂物残留在焊缝表面及内部	焊接过程中的层间清渣不干净;焊接电流过小;焊接速度太快;焊接过程中操作不当;焊接材料与母材化学成分匹配不当;坡口设计加工不合适等	选择脱渣性好的焊条;认真地清理层间熔渣;合理地选择焊接工艺参数;调整焊条角度和运条方法
咬边		沿着焊件边缘,在母材部分产生的凹陷或沟槽	焊接电流过大;运条速度过小;角焊缝焊接时焊条角度不对或电弧长度不正确	改进操作技术;规范运条方式。焊角焊缝时,用交流焊代替直流焊
未熔合		焊缝金属与母材金属或焊缝金属之间未完全熔化结合一起	层间清渣不彻底;焊接电流过小;电弧指向偏斜;焊条摆幅太小等	适当加大的焊接电流,正确地选择焊接工艺参数,注意坡口及层间部位的清洁
未焊透		母材金属未熔化,焊缝金属没有进入接头根部	焊接电流小,熔深浅;坡口钝边过大;磁偏吹影响;焊条偏芯度太大;层间及焊根清理不良	使用较大焊接电流;焊角焊缝时,用交流代替直流以防止磁偏吹;合理设计坡口并加强清理;用短弧焊等措施

8.5.4.2 焊接的质量检验

1. 检验过程

质量检验贯穿在产品从设计到成品的整个过程中,必须确保质量检验过程中所用检验方法的合理性、检验仪器的可靠性和检验人员的技术水平。焊后的产品要运用各种检验方法检查接头的致密性、物理性能、力学性能、金相组织、化学成分、抗腐蚀性能、外表尺寸和焊接缺陷。焊接缺陷可分为外部缺陷和内部缺陷。外部缺陷包括:余高尺寸不合要求、焊瘤、咬边、弧坑、电弧烧伤、表面气孔、表面裂纹、焊接变形和翘曲等。内部缺陷包括:裂纹、未焊透、未熔合、夹渣和气孔等。焊接缺陷中危害性最大的是裂纹,其次是未焊透、未熔合和夹渣、气孔和组织缺陷等。个别的缺陷是允许存在的,允许存在的缺陷数量、性质依产品的使用条件和质量评定标准确定。如焊缝余高过高,对受静载的产品是允许的,但对受频率较高的循环疲劳载荷的产品则是不允许的,就连正常的余高也要削除。焊接缺陷的出现与坡口加工和装配精度、执行焊接工艺的严格程度以及焊工的技术等因素有关。

焊接过程中焊接出现缺陷是不可能完全避免的，要控制焊接的质量，焊接检验过程是必不可少的，贯穿于焊接生产的始终，包括焊前、焊接生产过程中和焊后成品检验。焊前检验主要包括原材料检验、技术文件检查、焊接设备检查、工件装配质量检查。焊工资格考核、焊接环境检查等。焊接中检验主要是焊接中是否执行了焊接工艺要求，以便发现缺陷问题及时补救，通常以自检为主。焊后成品检验是焊接质量检验的关键，是焊件质量最后的评定。

2. 焊接检验方法

焊接的质量检验主要目的是检查焊接缺陷，其检验应根据产品的技术要求以产品检验技术标准对焊接进行质量检验，产品达标后方可使用，如图8-15所示。对于破坏性检验与非破坏性检验两大类检验方法，非破坏性检验是检验的重点，具体检验方法有：

（1）外观检验

① 用肉眼或低倍数放大镜观察焊缝表面是否有咬边、夹渣、气孔、裂纹等表面缺陷。

② 用焊接检验尺测量焊缝余高、焊瘤、凹陷、错口等。

③ 检验焊件是否变形。

对于大型立式圆柱形储罐焊接外观检验要求，对接焊缝的咬边深度，不得大于0.5 mm；咬边的连续长度，不得大于100 mm；焊缝两侧咬边的总长度，不得超过该焊缝长度的10%；咬边深度的检查，必须将焊缝检验尺与焊道一侧母材靠紧。

（2）致密性检验

① 吹气检验：用压缩空气通入容器或管道内，外部焊缝涂肥皂水检查是否存在鼓泡现象。

② 氨气检验：焊缝一侧通入氨气，另一侧焊缝贴上浸过酚酞酒精、水溶液的试纸，若有渗漏，试纸上呈红色。

③ 煤油检验：在焊缝一侧涂刷白垩粉水，另一侧浸煤油。若有焊接缺陷，煤油会在白垩上留下油渍。

（3）强度检验

① 液压强度试验常用水进行，试验压力为设计压力的1.25~1.50倍。

② 气压强度试验用气体为介质进行强度试验，试验压力为设计压力的1.15~1.20倍。

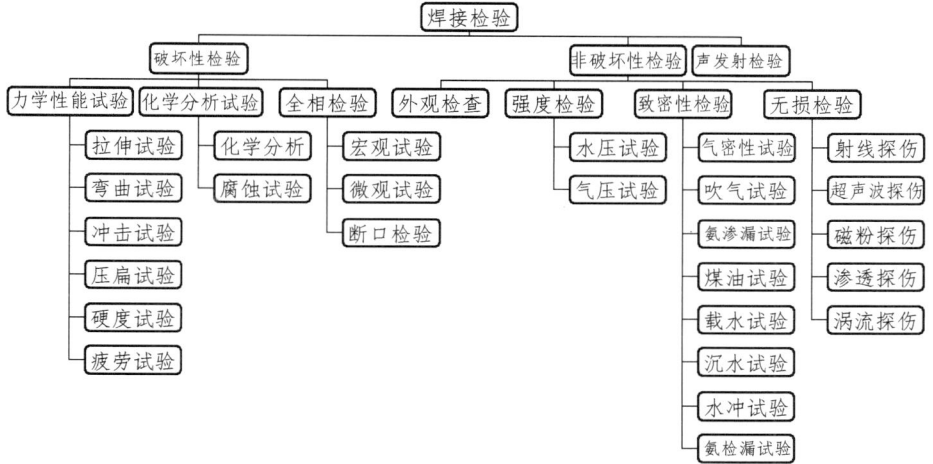

图8-15　焊接质量检验方法

思考与练习

1. 常用的焊接方法有哪些？分别是什么原理？分别阐述其应用。
2. 简述电焊焊条的分类与应用。
3. 简述电弧焊的基本操作过程。
4. 电弧焊的主要设备有哪些？
5. 焊接接头的形式有哪些？焊厚板时开坡口的意义是什么？
6. 手工电弧焊的工艺参数有哪些？其中焊接电流应怎样选择？
7. 气焊的加工原理是什么？
8. 为什么要用减压阀和回火防止装置？
9. 钨极氩弧焊有哪些特点及应用范围？
10. 简述焊接常见的缺陷及防范措施。
11. 焊接常见检验方法有哪些？

第 9 章 数控车削加工

9.1 概 述

9.1.1 数控车削的定义

数控车削是指数字化控制车床加工的工艺方法，在车床主体加入了数控系统和驱动系统，形成了数控车床。数控车床大致可分为经济型数控车、全功能数控车和车铣复合机床，具有自动化、精度高、效率高和通用性好等特点，适用于复杂零件和大批量生产。

数控车床一般分为卧式（水平导轨和倾斜导轨）和立式两大类。配备多工位刀塔或动力刀塔的数控车床也称车削中心或车铣复合，它具有广泛的加工艺性能，可加工外圆、孔件、螺纹、槽、蜗杆等复杂工件，具有直线插补、圆弧插补等各种补偿功能。

9.1.2 数控车床的组成

数控车床一般由车床主体、数控装置和伺服系统三大部分组成，如图 9-1 所示。本章为避免与车工章节重复，只讲数控装置部分。

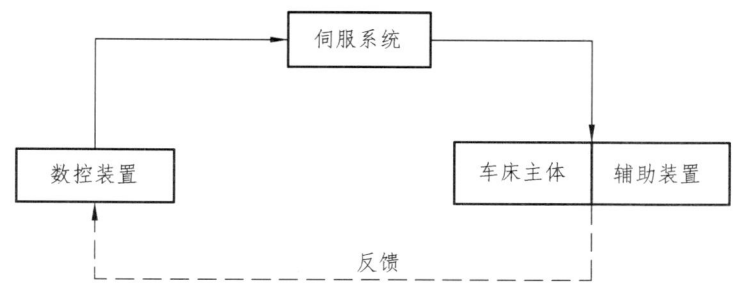

图 9-1 数控车床的基本组成

车床主体：是指车床机械结构部分，包括：主轴、导轨、机械传动机构、自动转动刀架、检测反馈装置和对刀装置等，具体可参考车床结构。

数控装置：其核心是计算机及其软件，主要作用：接收由加工程序送来的各种信息，并经处理和调配后，向驱动机构发出执行命令；在执行过程中，其驱动、检测等机构同时将有关信息反馈给数控装置，以便经处理后发出新的执行命令。

伺服系统：是数控装置指令的执行系统，动力和进给运动主要来源。主要由伺服电机及其控制器组成。

总体来说，数控车床采用数字化的符号和信息对机床的运动和加工过程进行自动控制，它具有如下优点：

（1）具有全封闭防护。

（2）主轴转速较高，工件夹紧可靠。

（3）自动换刀。

（4）主传动与进给传动分离，由数控系统协调。

（5）以两轴联动车削为主，并向多轴、车铣复合加工发展。

9.1.3 数控车床的工作过程

数控车床的工作过程如图 9-2 所示。

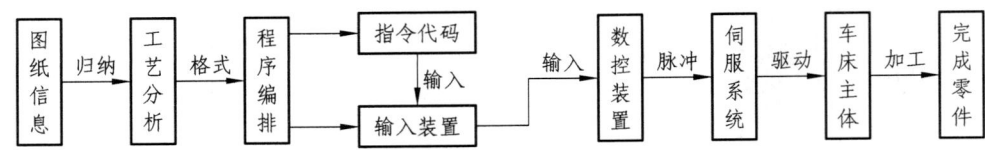

图 9-2 数控车床的工作过程

（1）根据需加工零件的形状、尺寸、材料及技术要求等内容，进行各项准备工作（包括图纸信息归纳、工艺分析、工艺设计、数值计算及程序设计等）。

（2）将上述程序和数据按数控装置所规定的程序格式编制出加工程序。

（3）将加工程序以代码形式输入数控装置，数控装置将代码转变为电信号输出。

（4）数控装置将电信号以脉冲信号形式向伺服系统发出执行的命令。

（5）伺服系统接到执行的信息指令后，立即驱动车床进给机构严格按照指令的要求进行动作，使车床自动完成相应零件的加工。

9.2 数控装置

9.2.1 编程概要

1. 轴定义

车床通常使用 X 轴、Z 轴组成的直角坐标系进行定位和插补运动。X 轴为工件的径向方向（X 轴正向指向车刀位置，通常 X 值表示该点处工件的直径值），Z 轴为工件的轴向方向（右边为 Z 轴正半轴）。

2. 机械原点

机械原点为车床上的固定位置，机械原点常装在 X 轴和 Z 轴的正方向的最大行程处。

3. 编程坐标

编程时系统可用绝对坐标、相对坐标或混合坐标（绝对和相对坐标同时使用）进行编程。绝对坐标中坐标值是以工件原点为基准而得到的，用（X、Z）表示。增量坐标中坐标值是以目标点的前一点为基准而得到的，用（U、W）表示。绝对坐标和增量坐标示例，如图 9-3 所示。

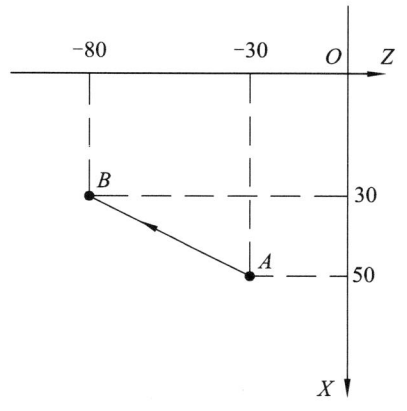

图 9-3　绝对坐标和相对坐标

4. 工件坐标系

系统以工件坐标系作为编程的坐标系，通常将工件旋转中心设置为 $X0.00$ 坐标位置，将中心线上的某一个有利于编程的点设置为 $Z0.00$ 坐标位置。

5. 坐标的单位及范围

系统使用直角坐标系，最小单位为 0.001 mm，编程的最大范围是 ±99999.99。

6. 程序的组成

（1）程序号：程序必需的标识符，由地址符 O 后带 4 位数字组成。

（2）程序体：整个程序的核心，完成数控加工的全部动作，由若干个程序段组成。

（3）程序结束指令：结束整个程序的运行，指令有 M30 或 M02。

7. 程序段的构成

程序段由若干个指令字组成，每个指令字由地址符与数字组成。目前广泛采用地址符可变程序段格式（字地址程序段格式）。另外，指令字在程序段中的顺序没有严格的规定，可以任意顺序地书写。与上段相同的模态指令（包括 G、M、F、S 及尺寸指令等）可以省略。

字地址程序段格式：

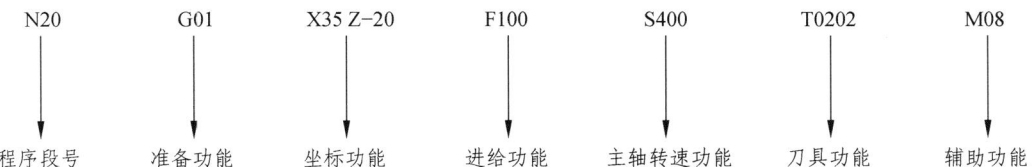

9.2.2 代码（以广州数控系统为例）

1. G 代码（主要功能）

表 9-1 为常用 G 代码、组别及功能，G 代码有非模态与模态两种。非模态 G 代码：仅在被指定的程序段内有效的 G 代码。模态 G 代码：直到同一组的其他 G 代码被指定之前均有效的 G 代码。

表 9-1 常用 G 代码

G 代码	组 别	功 能
G00*	01	快速定位
G01	01	直线插补
G02	01	顺（时针）圆弧插补
G03	01	逆（时针）圆弧插补
G04	00	暂停、准停
G20	02	英制单位选择
G21*	06	公制单位选择
G28	00	自动返回机械零点
G32	01	等螺距螺纹切削
G50	00	设置工件坐标系
G70	00	精加工循环
G71	00	轴向粗车循环
G72	00	径向粗车循环
G73	00	封闭切削循环
G74	00	轴向切槽循环
G75	00	径向切槽循环
G90	01	轴向切削循环
G92	01	螺纹切削循环
G96	02	恒线速切削控制
G98	03	进给速度按每分钟设定
G99	03	进给速度按每转设定

注：（1）带"*"指令为系统上电时的默认设置。
（2）00 组代码为非模态代码，仅在所在的程序行内有效。
（3）其他组别的 G 指令为模态代码，此类指令设定后一直有效，直到被同组 G 代码取代。

现以 G00、G01、G02、G03 指令为例，简单讲解 G 代码在数控编程中的用法。

2. 代码释义

（1）快速定位 G00
代码格式：G00 X(U)__Z(W)__；

代码功能：X 轴、Z 轴同时从起点以各自的快速移动速度移动到终点，如图 9-4 所示。

两轴是以各自独立的速度移动，短轴先到达终点，长轴独立移动剩下的距离，其合成轨迹不一定是直线。

代码说明：G00 为初态 G 代码；

X、U、Z、W 取值范围为 − 99999.999 mm ~ 99999.999 mm；

X(U)、Z(W) 可省略一个或全部，当省略一个时，表示该轴的起点和终点坐标值一致；同时省略表示终点和始点是同一位置。

代码轨迹图：

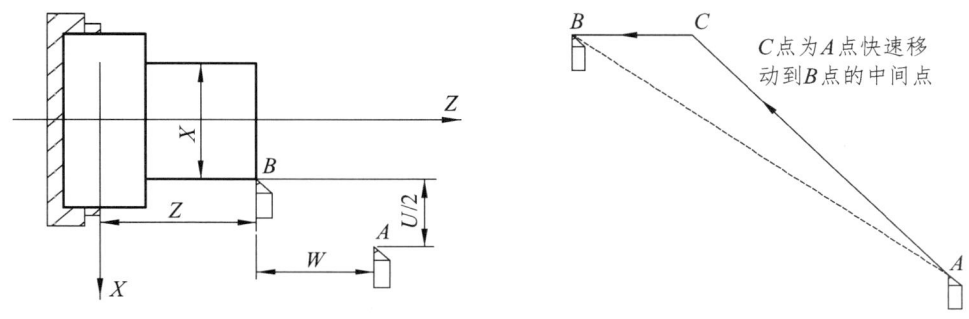

图 9-4　G00 轨迹图

X、Z 轴各自快速移动速度分别由系统数据参数 No.022、No.023 设定，实际的移动速度可通过控制面板的快速倍率键进行修调。

示例： 刀具从 A 点快速移动到 B 点，如图 9-5 所示。

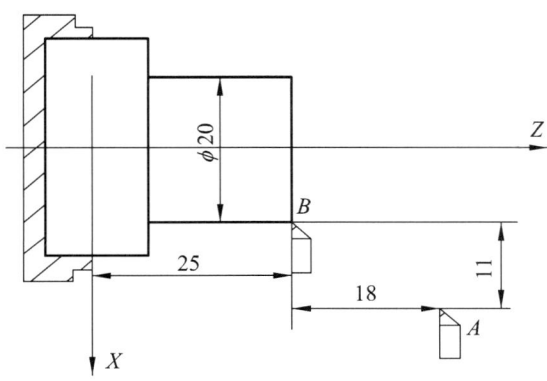

图 9-5　G00 代码轨迹图

程序：

G0 X 20 Z 25；　　　　（绝对坐标编程）

G0 U − 22 W − 18；　　（相对坐标编程）

G0 X 20 W − 18；　　　（混合坐标编程）

G0 U − 22 Z 25；　　　（混合坐标编程）

（2）直线插补 G01

代码格式：G01 X(U)__ Z(W)__ F__；

代码功能：运动轨迹为从起点到终点的一条直线，轨迹如图 9-6 所示。

代码说明：

G01 为模态 G 代码。

X、U、Z、W 取值范围为 –99 999.999 mm ~ 99 999.999 mm；$X(U)$、$Z(W)$ 可省略一个或全部，当省略一个时，表示该轴的起点和终点坐标值一致；同时省略表示终点和始点是同一位置。

F 代码值为 X 轴方向和 Z 轴方向的瞬时速度的向量合成速度，实际的切削速度为进给倍率与 F 代码值的乘积。

F 代码值执行后，此代码值一直保持，直至新的 F 代码值被执行。后述其他 G 代码使用的 F 代码值功能与此相同，不再详述。取值范围见表 9-2。

表 9-2　取值范围

代码功能	G98（mm/min）	G99（mm/r）
取值范围	1~15 000	0.001~500

程序：

G01 X60　Z7 F500；　　（绝对值编程）

G01 U20　W–25；　　　（相对值编程）

G01 X60　W–25；　　　（混合编程）

G01 U20　Z7；　　　　（混合编程）

（3）圆弧插补 G02、G03

代码格式：G02　X(U)__ Z(W)__R(I__K__)

　　　　　G03　X(U)__ Z(W)__R(I__K__)

代码功能：G02 代码运动轨迹为从起点到终点的顺时针（后刀座坐标系）/逆时针（前刀座坐标系）圆弧，轨迹如图 9-7 所示。

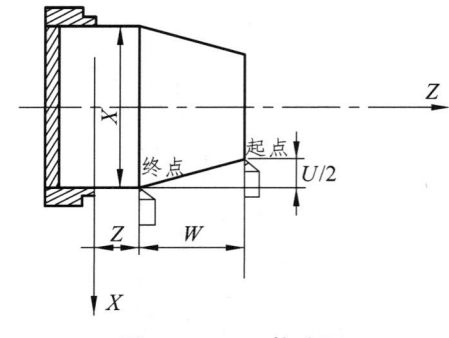

图 9-6　G01 轨迹图

G03 代码运动轨迹为从起点到终点的逆时针（后刀座坐标系）/顺时针（前刀座坐标系）圆弧，轨迹如图 9-8 所示。

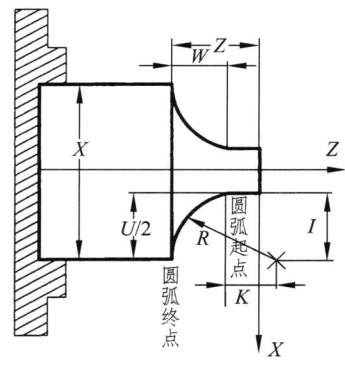

图 9-7　G02 轨迹图

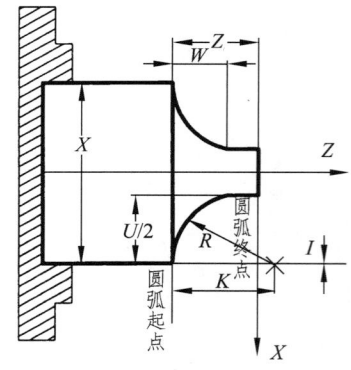

图 9-8　G03 轨迹图

代码说明：G02、G03 为模态 G 代码。

R 为圆弧半径，取值范围为 –99 999.999 mm ~ 99 999.999 mm。

I 为圆心与圆弧起点在 X 方向的差值，用半径表示，取值范围为 –99 999.999 mm ~ 99 999.999 mm；

K 为圆心与圆弧起点在 Z 方向的差值，取值范围为 –99 999.999 mm ~ 99 999.999 mm。

圆弧中心用地址 I、K 指定时，其分别对应于 X，Z 轴，I、K 表示从圆弧起点到圆心的向量分量，是增量值，如图 9-9 所示。

I = 圆心坐标 X – 圆弧起始点的 X 坐标；K = 圆心坐标 Z – 圆弧起始点的 Z 坐标。

I、K 根据方向带有符号，I、K 方向与 X、Z 轴方向相同，取正值；否则，取负值。

圆弧方向：G02/G03 圆弧的方向在前刀座坐标系和后刀座坐标系是相反的，如图 9-10 所示。

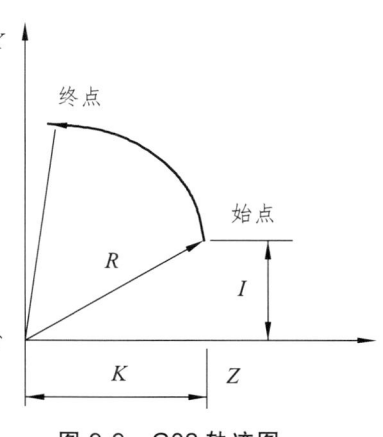

图 9-9　G02 轨迹图

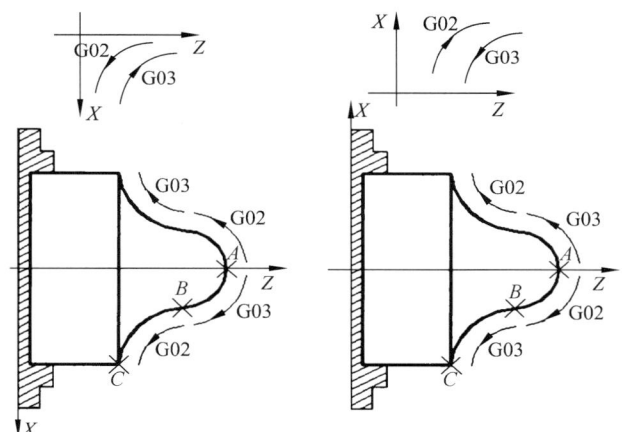

图 9-10　G02/G03 方向

注意事项：

- 当 I = 0 或 K = 0 时，可以省略；但地址 I、K 或 R 必须至少输入一个，否则系统产生报警。
- I、K 和 R 同时输入时，R 有效，I、K 无效。
- R 值必须等于或大于起点到终点距离的一半，如果终点不在用 R 定义的圆弧上，系统会产生报警。
- 地址 X（U）、Z（W）可省略一个或全部；当省略一个时，表示省略的该轴的起点和终点一致；同时省略表示终点和始点是同一位置，若用 I、K 指定圆心时，执行 G02/G03 代码的轨迹为全圆（360°）；用 R 指定时，表示 0°的圆。
- 建议使用 R 编程。当使用 I、K 编程时，为了保证圆弧运动的始点和终点与指定值一致，系统按半径 $R = \sqrt{I^2 + K^2}$ 运动。

● 若使用 I、K 值进行编程，若圆心到的圆弧终点距离不等于 R（$R=\sqrt{I^2+K^2}$），系统会自动调整圆心位置保证圆弧运动的始点和终点与指定值一致，如果圆弧的始点与终点间距离大于 $2R$，系统报警。

● R 指定时，是小于 360° 的圆弧；R 负值时为大于 180° 的圆弧；R 正值时为小于或等于 180° 的圆弧。

示例：如图 9-11 所示，从直径 $\phi45.25$ 切削到 $\phi63.06$，圆弧程序代码如下：

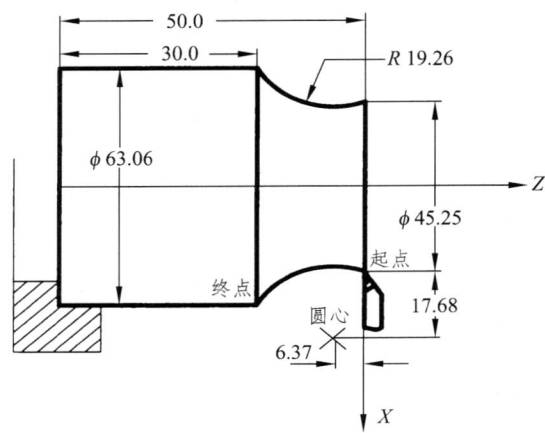

图 9-11　G02 圆弧示例

程序：

G02 *X*63.06 *Z* − 20.0 *R*19.26　F100；或

G02 *U*17.81 *W* − 20.0 *R*19.26　F100；或

G02 *U*17.81 *W* − 20.0 *I*17.68 *K* − 6.37　F100。

示例：G03 代码综合编程实例，如图 9-12 所示。

数控车
球形加工

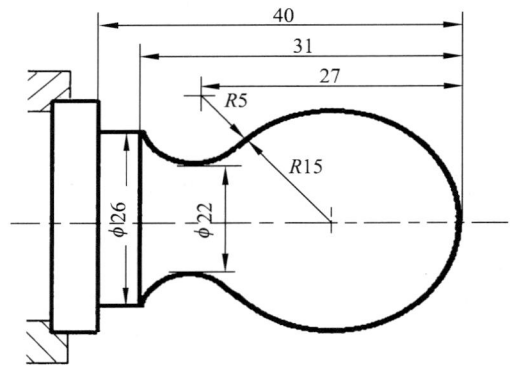

图 9-12　G03 圆弧示例

程序：O0001

N001 G0 *X*40 *Z*5；　　　　（快速定位）

N002 M03 *S*200；　　　　　（主轴开）

N003 G01 X0 Z0 F900;　　　　　（靠近工件）
N009 M30;　　　　　　　　　　（程序结束）

3. M 代码（辅助功能）

表 9-3 为常用的 M 功能。

表 9-3

M 代码	功　能	M 代码	功　能
M3	主轴正转	M0	程序暂停，按"循环启动"继续执行
M4	主轴反转	M2	程序结束，程序返回开始
M5	主轴停止	M30	程序结束，程序返回开始
M8	冷却液开	M98	调用子程序，格式为：M98 0000□□□□
M9	冷却液关	M99	子程序结束返回

4. S 代码（主轴转速选择功能）

S□□□：主轴转速指令，代码后带具体转速，单位为 r/min。通常与辅助代码 M3（正转）和 M4（反转）配合使用。

5. T 代码（刀具选择功能）

T 功能可控制多位自动刀架。

格式：T■■□□，其中前两位数字（■■）为选择机床刀具号，其数值的后两位（□□）用于指定刀具补偿（刀补）的补偿号。

刀具偏置号用于选择与偏置号相对应的刀补。刀补在对刀时通过键盘单元输入。相应的偏置号有两个刀补，一个用于 X 轴，另一个用于 Z 轴。使用多把刀加工时，必须先设置刀补。

6. 编程实例

使用直径 26 mm 铝板或塑料棒，采用循环粗车和循环精车加工方法，加工如图 9-13 所示的零件，其加工工艺和数控程序编写如下：

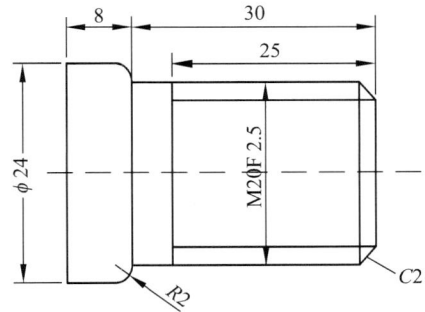

图 9-13　M20 螺栓

程序：
G0 X50 Z150;
T0101;

S400 M3；

G0 X26 Z5；

G71 U1 R0.5 F100；

G71 P10 Q20 U0.2 W0.1；

N10 G0 X0；

G1 Z0；

X16；

X20 Z－2；

Z－30；

G03 X24 Z－32 R2 F100；

N20 G1 Z－38；

G70 P10 Q20 S600 F40；

G0 X50 Z150；

T0202；

S100 M3；

G0 X26 Z5；

G92 X19 Z－25 F2.5 J3 K1；

X18；

X17.5；

X17；

G0 X50 Z150；

T0303；

S400 M3；

G0 X30 Z－38；

G1 X0 F10；

G0 X50 Z150；

T0101；

G0 X26 Z0；

M30；

9.3　操作系统

下面以广州数控 GSK980TDa 为例予以介绍。

9.3.1　面板介绍

（1）GSK980TDa 的操作面板，如图 9-14 所示。

 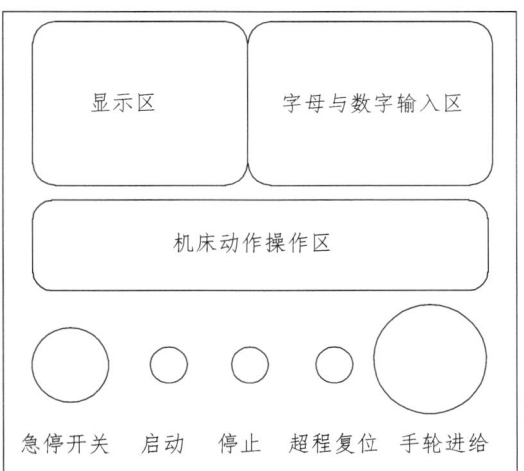

图 9-14　GSK980TDa 的 LCD/MDI 面板

（2）GSK980TDa 面板中常用按键的功能，见表 9-4。

表 9-4　GSK980Tda 面板中常用按键的功能

按　键	名　称	功能说明	功能有效时操作方式
单段	单段开关	程序单段运行/连续运行状态切换，单段有效时，单段运行指示灯亮	自动方式、录入方式
跳段	程序段选跳开关	程序段首标有"/"号的程序段是否跳过状态切换，程序段选跳开关打开时，跳段指示灯亮	自动方式、录入方式
机床锁	机床锁住开关	机床锁住时机床锁住指示灯亮，X、Z 轴输出无效	自动方式、录入方式、编辑方式、机械回零、手轮方式、单步方式、手动方式、程序回零
辅助锁	辅助功能锁住开关	辅助功能锁住时辅助功能锁住指示灯亮，M、S、T 功能输出无效	自动方式、录入方式
空运行	空运行开关	空运行有效时空运行指示灯亮加工程序/MDI 代码段空运行	自动方式、录入方式

续表

按　键	名　称	功能说明	功能有效时操作方式
编辑	编辑方式选择键	进入编辑操作方式	自动方式、录入方式、机械回零、手轮方式、单步方式、手动方式、程序回零
自动	自动方式选择键	进入自动操作方式	录入方式、编辑方式、机械回零、手轮方式、单步方式、手动方式、程序回零
录入	录入方式选择键	进入录入（MDI）操作方式	自动方式、编辑方式、机械回零、手轮方式、单步方式、手动方式、程序回零
机械零点	机械回零方式选择键	进入机械回零操作方式	自动方式、录入方式、编辑方式、手轮方式、单步方式、手动方式、程序回零
手轮	单步/手轮方式选择键	进入单步或手轮操作方式（两种操作方式可根据参数选择其中一个）	自动方式、录入方式、编辑方式、机械回零、手动方式、程序回零
手动	手动方式选择键	进入手动操作方式	自动方式、录入方式、编辑方式、机械回零、手轮方式、单步方式、程序回零
程序零点	程序回零选择键	进入程序回零操作方式	自动方式、录入方式、编辑方式、机械回零、手轮方式、单步方式、手动方式

9.3.2　手动进给

在主菜单中按"手动"按键，进入手动方式。

1. 手动连续进给

（1）按下"手动"按键，这时液晶屏幕右下角显示[手动]。再选择移动轴，则机床沿着选择轴方向移动。

（2）选择相应的进给速率：进给速度百分率范围为 25%～100%，以 25% 递增或递减。

2. 快速进给

按下"快速进给"键时，面板上指示灯亮，关时指示灯灭。选择为开时，手动以快速速度进给。

9.3.3 手轮进给

转动手摇脉冲发生器，可以使机床作微量进给。按下手轮方式键，选择手轮操作方式，这时液晶屏幕右下角显示[手轮]。

（1）手摇脉冲发生器，右转为"＋"方向，左转为"－"方向。

（2）选择手轮运动轴在手轮方式下，按下相应的键，则选择其轴。

（3）选择移动量，按下增量选择键，选择移动增量，每一刻度的移动量分别为 0.001 mm、0.01 mm、0.1 mm。

9.3.4 录入方式（MDI 运转）

从 MDI 界面上输入一个程序段的指令，并可以执行该程序段。

例：$X25\ Z0$ 的输入方法如下：

（1）把方式选择于 MDI 界面（具体步骤为按"程序"键，按"翻页"键后进入该界面）。

（2）键入 $X25$，按"输入"键。$X25$ 输入后被显示出来。

（3）输入 Z0，按"输入"键。Z0 输入后被显示出来。

（4）输入 G0，按"输入"键。G0 输入后被显示出来。

（5）按"循环启动"键。

9.3.5 对　刀

为简化编程，允许在编程时不考虑刀具的实际位置，GSK980TDa 提供了定点对刀、试切对刀及回机械零点对刀三种对刀方法，通过对刀操作来获得刀具偏置数据。

1. 定点对刀

操作步骤如下：

（1）首先，确定 XZ 向的刀补值是否为零，如果不为零，必须把所有刀具号的刀补值清零。

（2）使刀具中的偏置号为 00 如 T0100\T0300，并将其中的刀偏值执行方法：在 T0100 状态下执行一个移动代码或执行机械回零，回到机械零点自动清除刀偏值。

(3)选择任意一把刀(一般是加工中的第一把刀,此刀将作为基准刀)。

(4)将基准刀的刀尖位置定位到某点对刀点,如图 9-15 所示。

(5)在录入操作方式、程序状态页面下用 G50X___Z___代码设定工件坐标系。

(6)使相对坐标(U,W)的坐标值清零,清零方法:按"U"键、"取消"即可。

(7)移动刀具到安全位置后,选择另外一把刀,并移动到对刀点,如图 9-16 所示。

(8)按 [刀补] 键,按 [↑] 键、[↓] 键移动光标选择该刀对应的刀具偏置号。

(9)按地址键 [U],再按 [输入] 键,X 向刀具偏置值被设置到相应的偏置号当中。

(10)按地址键 [W]、再按 [输入] 键,Z 向刀具偏置值被设置到相应的偏置号当中。

(11)重复步骤(7)~(10),可对其他刀具进行对刀。

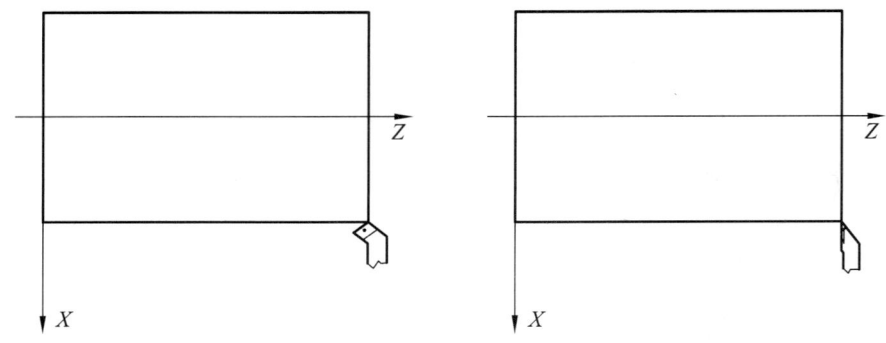

图 9-15 基准刀对刀点　　　　图 9-16 二号刀对刀点

注:在定点对刀时必须先将系统中所有的刀偏清除,在按"U"键和"W"键输入新刀偏值时不能重复,只能输入一次。

另外,上述定点对刀步骤也可通俗描述如下:

(1)开机后进入"刀补",将 1 号刀补清零:将光标放在 01 行,按"X"键、"输入"、"Z"键、"输入",使该行清零。

(2)按"程序"按钮,然后通过"翻页键"进入 MDI 界面。

(3)进入 MDI 界面后,选择"录入"按钮。

(4)输入代码"T0101""输入",按"循环启动"按钮。

(5)输入代码:"G0""输入""X50""输入""Z150""输入,按"循环启动"。

(6)输入"S400""输入""M3""输入",按"循环启动"按钮,机床开始转动。

(7)按"手轮"按钮,然后将刀尖移至工件端面右边,按"手动"按钮,按住"Z 负向"按钮沿着 Z 负向切削工件一段距离。

(8)按"手轮"按钮和"Z 向"按钮,用手轮将刀沿 Z 向移开,主轴停止,然后测量工件车削后的直径,并记录测量直径值。

(9)主轴运行,将刀移至工件端面(刀尖停放点命名为 A 点);进入 MDI 界面,录入以下程序代码:"G50""输入""X 测量直径值""输入""Z0""输入",按"循环启动"。

(10)按"位置"按钮,通过"上下翻页"按键,进入 UW 显示界面(正常显示是 U 测量直径值,W0),然后输入以下代码:"U""取消"。

(11)将刀架移开,然后进入 MDI 界面,录入以下程序代码:"T0202""输入",按"手轮"按钮,将 02 号刀移至工件端面(即刀尖停放在 A 点)。

(12)按"刀补"按钮,通过移动光标,选择 02 行,然后依次输入以下代码:"X""输入""Z""输入""U""输入""W""输入",完成 T0202 对刀。

(13)重复(11)~(12)步骤完成 T0303 和 T0404 对刀。

2. 试切对刀

试切对刀是否有效,取决于 CNC 参数 NO.012 的 BIT 位的设定。

以工作端面建立工件坐标系,如图 9-17 所示,操作步骤如下:

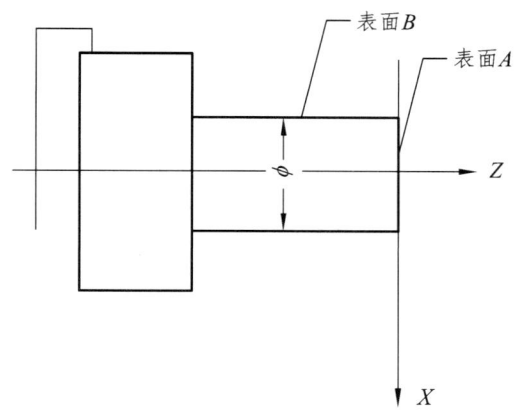

图 9-17 工件坐标系

(1)选择任意一把刀,使刀具沿 A 表面切削。

(2)在 Z 轴不动的情况下沿 X 轴推出刀具,并且停止主轴旋转。

(3)按 刀补 键进入偏置界面,选择刀具偏置界面,按 ↑ 键、↓ 键,移动光标选择该刀具对应的偏置号。

(4)一次键入地址键 Z 、数字键 0 及 输入 键。

(5)使刀具沿 B 表面切削。

(6)在 X 轴不动的情况下,沿 Z 轴退出刀具,并且停止主轴旋转。

(7)测量直径"ϕ"(假定 $\phi=15$),如图 9-18 所示。

(8)按 刀补 键进入偏置界面,选择刀具偏置界面,按 ↑ 键、↓ 键移动光标选择该刀具对应的偏置号。

(9)依次键入地址键 X 、数字键 1 、 5 及 输入 键。

(10)移动刀具至安全换刀位置,换另一把刀。

(11)使刀具沿 A1 表面切削。

(12)在 Z 轴不动的情况下沿 X 轴退出刀具,并且停止主轴旋转。

(13)测量 A1 表面与工件坐标系原点之间的距离"L"(假定 $L'=1$)。

(14)按 刀补 键进入偏置界面,选择刀具偏置界面,按 ↑ 键、↓ 键移动光标选择该刀具对应的偏置号。

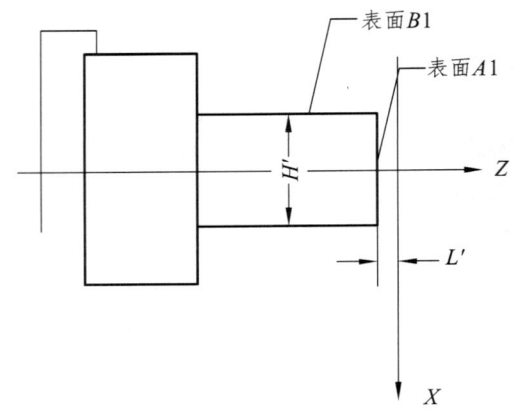

图 9-18 工件坐标系中 "L" 与 "H"

（15）依次按地址键 [Z]、符号键 [-]、数字键 [1] 及 [输入] 键。

（16）使刀具沿 $B1$ 表面切削。

（17）在 X 轴不动的情况下，沿 Z 轴退出刀具，并且停止主轴旋转。

（18）测量距离 "H"（假定 $H' = 1$）。

（19）按 [刀补OFT] 键进入偏置界面，选择刀具偏置页面，按 [↑] 键、[↓] 键移动光标选择该刀具对应的偏置号。

（20）依次键入地址键 [X]、数字键 [1]、[0] 及 [输入] 键。

（21）其他刀具对刀方法重复步骤（10）~（20）。

注：此对刀方法的刀补值有可能很大，因此 CNC 必须设置为以坐标偏移方向执行刀补（CNC 参数 NO.0.003 的 BIT4 设置为 1），并且，第一个程序段用 T 代码执行刀具长度补偿或程序的第一个移动代码程序段，包含执行刀具长度补偿的 T 代码。

9.3.6　程序写入

（1）按 "程序" 键，方式选择为 "编辑" 方式。

（2）用键输入字母 "O" 和程序名，如 "O1"。

（3）按 "删除"，删掉目录里旧的 O1 程序。

（4）用键输入 "O1"。

（5）按 "EOB" 键，建立空的 O1 文本，在文本上键入程序。

9.4　数控车床注意事项

（1）对刀时必须单人操作，其他同学在旁等待和提醒。严禁一人操作控制面板，一人观察刀架的情况。

（2）手动运行机床时，必须一边操作，一边注意刀架移动情况，以免撞坏刀具、卡盘等。

同时注意刀架不要走出行程范围（若刀架走出行程范围时，会出现红色报警信息）。

（3）程序出错或机床性能不稳定时会出现故障，此时会出现报警信息，请在仔细阅读报警信息后，按"复位"键解除报警。

（4）作业结束后，清洁车床并关闭电源。

思考与练习

1. 什么叫数控车床？数控车床适用于哪些类型零件的加工？
2. 请写出 G32、G70 和 G71 完整格式并解释各字符的含义。
3. 请设计出有创新性或实用性的图形或零件，并用数控车床加工出来。
4. 简述程序原点选择的原则。
5. 什么是对刀点？对刀的目的是什么？
6. 简述坐标系设定 G92 选择的一般原则。
7. 使用直径 φ26 mm 塑料棒，采用循环粗车和循环精车加工方法，加工如图 9-19 所示的零件，并写出加工工艺和编写数控程序，要求最后加工出来与 M20 螺母配合。

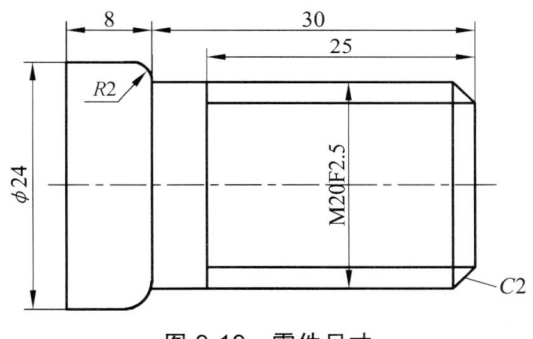

图 9-19 零件尺寸

数控车教学视频

第 10 章　数控铣削加工

10.1　数控铣床概述

数控铣床是在一般铣床的基础上发展起来的自动加工机床，由程序控制，也称 NC（Numerical Control）铣床、电脑锣。由于数控铣床具有高精确度、高复杂度、高效率及高自动化程度等特点，应用非常广。常用的数控铣床有：数控立式铣床（见图 10-1）、数控卧式铣床（见图 10-2）和数控龙门铣床（见图 10-3）等。

如图 10-4 所示，数控铣床主要由底座、床身、工作台、立柱、主轴、操作面板、电气控制系统等组成。操作面板是机床的数控系统，当前使用的主流系统有 FANUC（法那科）、SIEMENS（西门子）、MITSUBISHI（三菱）等进口系统及 KND（北京凯恩地）、HNC（华中）、GSK（广州）等国产数控系统，这些数控系统的编程及操作方法基本相同。

图 10-1　数控立式铣床

图 10-2　数控卧式铣床

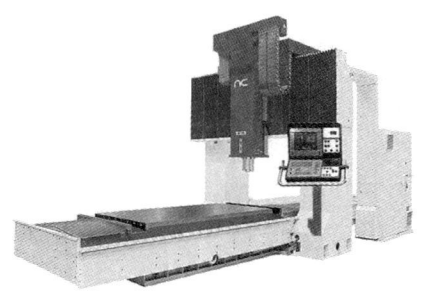

图 10-3　数控龙门铣床

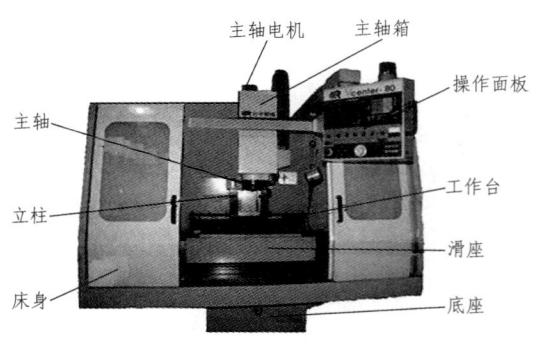

图 10-4　数控铣床的基本组成

数控铣床能够完成基本的铣削、镗削、钻削、攻螺纹及自动工作循环等工作，可加工各种形状复杂的零件，如精密零件（见图10-5）、模具（见图10-6）、产品样品（见图10-7）等。

图10-5　精密零件　　　图10-6　模具　　　图10-7　手机样品

数控铣床具有如下特点：

1. 效率高

（1）数控机床一般带有可自动换刀的刀架、刀库，换刀过程由程序控制自动进行，因此，工序比较集中，可带来巨大的经济效益。

数控铣床加工过程

（2）减少机床占地面积，节约厂房。

（3）减少或没有中间环节（如半成品的中间检测、暂存搬运等），既省时间又省人力。

2. 自动化

（1）数控机床加工时，不需人工控制刀具，自动化程度高。

对操作工人的要求降低。一个普通机床的高级工，不是短时间内可以培养出来的，而一个不需编程的数控工培养时间极短（如数控车工需要一周即可，还会编写简单的加工程序）。并且，数控工在数控机床上加工出的零件比普通工在传统机床上加工的零件精度要高，时间更省。

（2）降低了工人的劳动强度。数控工人在加工过程中，大部分时间被排斥在加工过程之外，非常省力。

（3）产品质量稳定。数控机床的加工自动化，免除了普通机床上工人的疲劳、粗心、预估不足等人为误差，提高了产品的一致性。

（4）加工效率高。数控机床的自动换刀等使加工过程紧凑，提高了劳动生产率。

3. 柔性化高

传统的通用机床，虽然柔性好，但效率低下；而传统的专用机床，虽然效率很高，但对零件的适应性很差，刚性大，柔性差，很难适应市场经济下的激烈竞争带来的产品频繁改型。只要改变程序，就可以在数控机床上加工新的零件，且又能自动化操作，柔性好，效率高，因此数控机床能很好地适应市场的竞争。

4. 精度高

机床能精确加工各种轮廓，而有些轮廓在普通机床上都无法加工。数控机床特别适合以下场合：

（1）不许报废的零件。

（2）新产品研制。
（3）急需件的加工。

10.2 数控铣床基本编程方法

数控铣床编程就是按照数控系统的格式要求，根据事先设计的刀具运动路线，将刀具中心运动轨迹上或零件轮廓上各点的坐标编写成数控加工程序。数控加工所编制的程序，要符合具体的数控系统的格式要求。目前使用的数控系统有很多种，但基本上都符合 ISO 或 EIA 标准，具体格式上稍有区别。

10.2.1 数控系统的代码功能

1. 准备功能（G 代码功能）

准备功能代码是由地址字 G 和后面 1~3 位数字组成，它规定了该程序段指令的功能。G 代码具体见表 10-1。

表 10-1 准备功能 G 代码

G 代码	组 号	含 义	G 代码	组 号	含 义
G00 ★	01	点定位（快速移动）	G60	00	单一方向定位
G01 ★		直线插补	G61	15	准停
G02		顺时针圆弧插补	G64 ★		切削模式
G03		逆时针圆弧插补	G73	09	钻孔循环
G04	00	暂停	G74		反攻螺纹循环
G09		准确停止	G76		精镗
G17 ★	02	XY 平面指定	G80 ★		取消固定循环
G18		ZX 平面指定	G81		钻削固定循环
G19		YZ 平面指定	G82		带停顿钻孔循环
G20	06	英制输入	G83		深孔钻循环
G21	06	公制输入	G84		攻丝循环
G27	00	返回参考点检验	G85		镗孔循环
G28		返回参考点	G86		镗孔循环
G29		从参考点返回	G87		反镗孔循环
G40 ★	07	取消刀具半径补偿	G88		镗孔循环
G41		刀具半径左侧补偿	G89		镗孔循环

续表

G 代码	组 号	含 义	G 代码	组 号	含 义
G42	08	刀具半径右侧补偿	G90 ★	03	绝对值输入
G43		刀具长度正补偿	G91		增量值输入
G44		刀具长度负补偿	G92	00	设定工件坐标系
G49 ★		取消刀具长度补偿	G94 ★	05	进给速度
G54 ★	14	加工坐标系 1	G98 ★		返回起始平面
G55～G59		加工坐标系 2	G99	10	返回参考平面

说明：（1）带★号的 G 代码表示电源通电时，即为该 G 代码的指令状态。

（2）G 代码分为模态代码与非模态代码两种，非模态代码只限定在被指定的程序段中有效。00 组的 G 代码为非模态 G 代码。其余组的 G 代码为模态 G 代码。

（3）不同组的 G 代码在同一个程序段中可以指令多个，但如果在同一个程序段中指令了两个或两个以上同一组的 G 代码时，则只有最后一个 G 代码有效。

常用 G 代码：

（1）G00

指令功能：快速移动到指定位置，如图 10-8 所示。

指令格式：G00 X__ Y__ Z__；

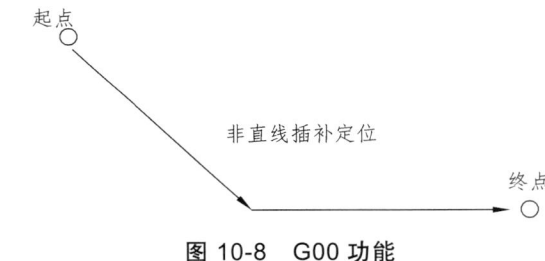

图 10-8　G00 功能

示例 10-1：要快速从 A 点（-40，350，80）移动到 B 点（120，253，30），如图 10-9 所示，则写成：

G00 X120 Y253 Z30

（2）G01

指令功能：直线插补指令，如图 10-8 所示。

指令格式：G01 X__ Y__ Z__ F__；

F 是进给速度，单位是 mm/min。（在数控机床中，刀具不能严格地按照要求加工的曲线运动，只能用折线轨迹逼近所要加工曲线的方法称为插补，为方便理解，也可称为移动）

示例 10-2：在图 10-9 中，以 $F500$ 从 A 点（-40，350，80）移动到 B 点（120，253，30），则写成：

G01 X120 Y253 Z30 F500

（3）G02

指令功能：顺时针圆弧插补，如图 10-10 所示。

指令格式：G02 X__ Y__ I__ J__ F__；或者

G02 X__ Y__ R__ F__；

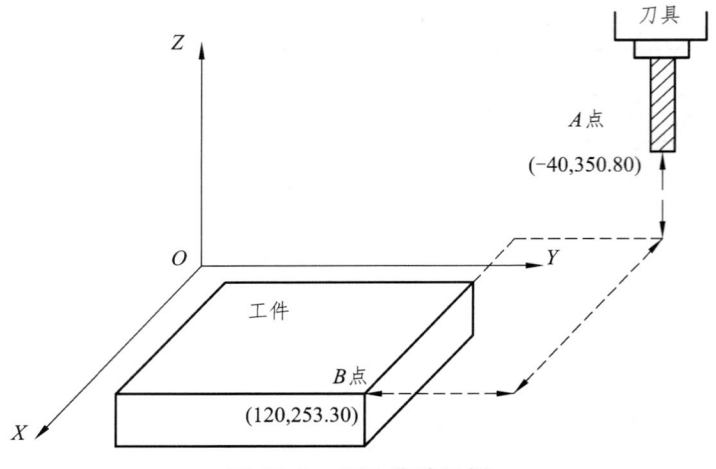

图 10-9　G00 移动示例

X、Y 是圆弧终点位置，指刀具切削圆弧的最后位置。

圆弧中心 I、J、K、R 的含义分别为：

I——从起点到圆心的矢量在 X 方向的分量；

J——从起点到圆心的矢量在 Y 方向的分量；

K——从起点到圆心的矢量在 Z 方向的分量；

R——圆弧半径，圆心角≤180°，R 为正值；圆心角>180°，R 为负值。当圆为整圆时，不能用 R，只能用 I、J、K。

如图 10-11 所示，G02 的两种表达，其格式可表示为：

G02 X40 Y20 I – 10 J – 30；

或　G02 X40 Y20 R31.62；

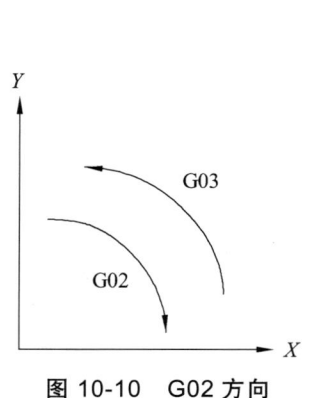

图 10-10　G02 方向

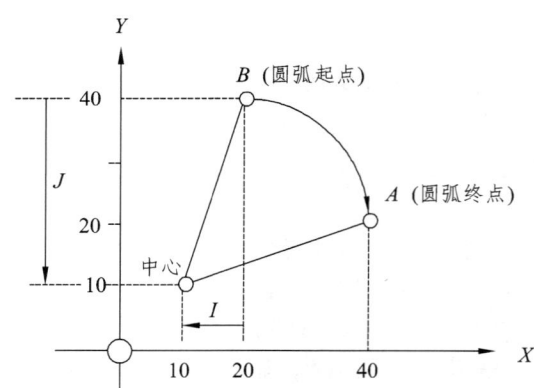

图 10-11　G02 的两种表达

（4）G03

指令功能：逆时针圆弧插补，如图 10-10 所示。

指令格式：G03 X__ Y__ I__ J__ F__；

或　　　　　G03 X__ Y__ R__ F__；

相关参数与 G02 相同。

示例 10-3：如图 10-12 所示，按图示编程。

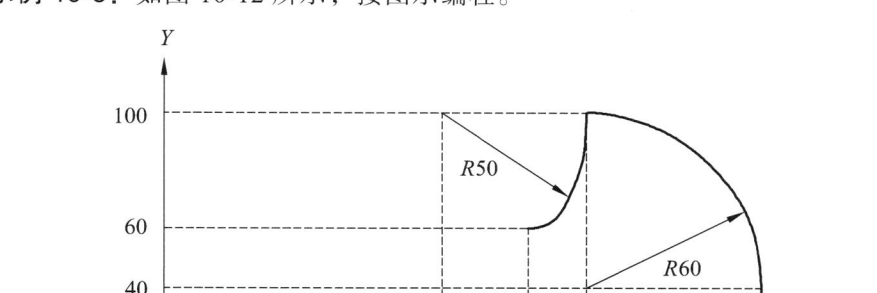

图 10-12 G02 G03 编程

将图中的轨迹分别用绝对值方式和增量值方式编程，程序如下：
① 绝对值方式：
    G92 X200.0 Y40.0 Z0；
    G90 G03 X140.0 Y100.0 I－60.0 F300.0；
    G02 X120.0 Y60.0 I－50.0；
或   G92 X200.0 Y40.0 Z0；
    G90 G03 X140.0 Y100.0 R60.0 F300.0；
    G02 X120.0 Y60.0 R50.0；
② 增量方式：
    G91 G03 X－60.0 Y60.0 I－60.0 F300.0；
    G02 X－20.0 Y－40.0 I－50.0；
或   G91 G03 X－60.0 Y60.0 R60.0 F300.0；
    G02 X－20.0 Y－40.0 R50.0；

圆弧插补的进给速度用 F 指定，为刀具沿着圆弧切线方向的速度

示例 10-4：如图 10-13 所示，进行整圆编程。

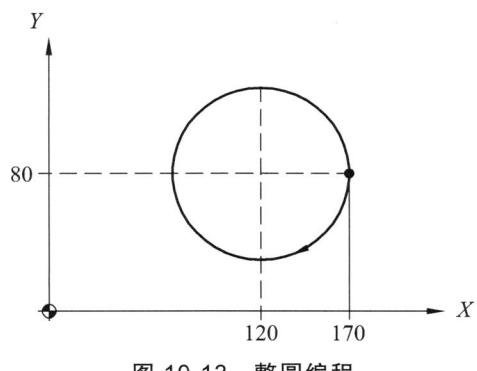

图 10-13 整圆编程

各种编程模式分析如下，其中，点（X170，Y80）为起点。

笛卡儿坐标：
  G90 G17 G02 *X*170 *Y*80 *I*-50 *J*0；
或：
  G90 G17 G02 *I*-50 J0；
采用半径编程的笛卡儿坐标，完整的圆不能编写，因为有无数个答案。
（5）G40、G41、G42
指令功能：刀具半径补偿。
指令格式：G40/G41/G42 D＿＿；
式中，D＿＿——刀具半径补偿号，存有预先由 MDI 方式输入的刀具半径补偿值；
  G41——左刀补指令，表示沿着刀具进给方向看，刀具中心在零件轮廓的左侧；
  G42——右刀补指令，表示沿着刀具进给方向看，刀具中心在零件轮廓的右侧；
  G40——取消半径补偿，具体如图 10-14 所示。

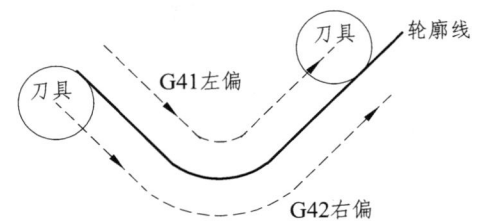

图 10-14　G41 与 G42 的关系

示例 10-5：如图 10-15 所示，按图示进行路径编程。

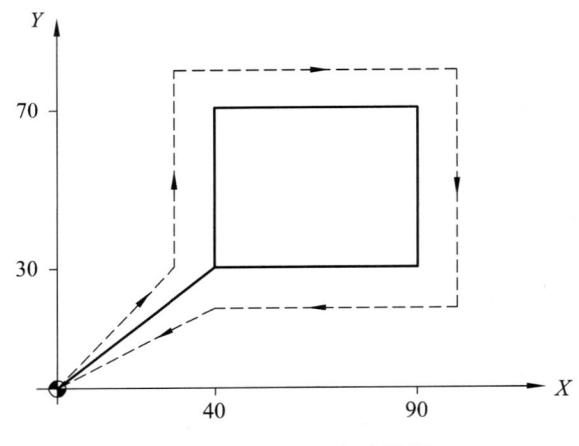

图 10-15　G41 方式编程

编程的路径用实线表示，补偿的路径用虚线表示。刀具半径 10 mm，刀具号 T1，刀具偏置号 D1。

编制的程序如下：
  G92 *X*0 *Y*0 *Z*0；   （把 X0 Y0 作为编程零点）
  G90 G17 *S*1000 T1 D1 M03；（转速 *S*=1000）

G41 G01 X40 Y30 F125;　　　(补偿开始)
Y70;
X90;
Y30;
X40;
G40 G00 X0 Y0;　　　　　　(取消补偿)
M30;

示例 10-6：如图 10-16 进行补偿编程。

编程的路径用实线表示，补偿的路径用虚线表示。刀具半径 10 mm，刀具号 T1，刀具偏置号 D1。

编制的程序如下：

G92 X0 Y0 Z0;　　　　　　　(把 X0、Y0 作为编程零点)
G90 G17 F150 S1000 T1 D1 M03;　(刀具 1，偏置和主轴启动 S1000)
G42 G01 X30 Y30;

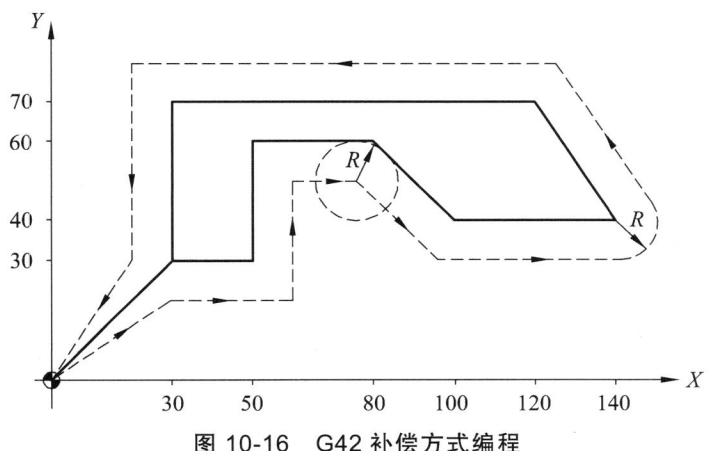

图 10-16　G42 补偿方式编程

X50;
Y60;
X80;
X100 Y40;
X140;
X120 Y70;
X30;
Y30;
G40 G00 X0 Y0;　(取消补偿)
M30;

（6）G54

指令功能：零点偏置设定坐标系。

指令格式：G54;

（7）G90、G91

G90——绝对值编程；

G91——增量值编程。

G90绝对值编程例子，如图10-17所示。

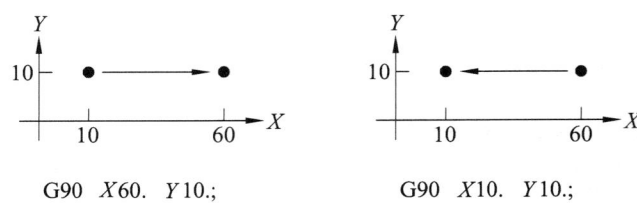

图10-17　G90绝对值编程

G91增量值编程例子，如图10-18所示。

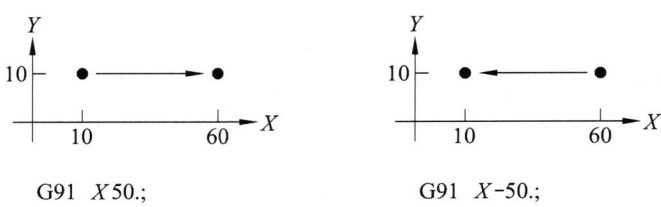

图10-18　G91增量值编程

2. 辅助功能代码（M代码）

辅助功能代码是用地址字M加两位数字表示。主要用于规定机床加工时的工艺性指令，如主轴的启停、切削液的开关等。常用M代码如下：

M02：程序结束；

M03：主轴顺时针方向旋转；

M04：主轴逆时针方向旋转；

M05：主轴停止；

M06：换刀（加工中心有此功能）；

M08：切削液开；

M09：切削液关；

M30：程序结束和返回，光标处于程序开头；

M98：调用子程序；

M99：子程序结束并返回到主程序。

注意：在一个程序段中只能指令一个M代码，如果指令了多个M代码，则最后一个M代码有效，其他M代码均无效。

3. F、S、T、H代码

F——进给功能代码，表示进给速度，用字母F和后面的若干位数字表示，单位为mm/min，如F200表示进给速度为200 mm/min。

S——主轴转速代码，表示主轴旋转速度，用字母 S 和后面的若干位数字表示，单位为 r/min，如 S500 表示主轴转速为 500 r/min。

T——刀具功能代码，表示换刀功能，在多道工序加工时，必须选择合适的刀具。每把刀具都必须分配一个刀号，刀号在程序中指定。刀具功能用字母 T 及后面的两位数字来表示，如 T02 表示第 2 号刀具。

H——刀具补偿功能代码 H，表示刀具补偿号，由字母 H 和后面的两位数字表示，该两位数表示存放刀具补偿量的寄存器地址字，如 H10 表示刀具补偿量用第 10 号。

10.2.2 数控代码的编程

1. 程序段格式

程序段格式是指一个程序段中的字、字符和数据的书写规则。目前常用的是字地址可编程序段格式，它由语句号字、数据字和程序段结束符号组成。每个字的字首是一个英文字母，称为字地址码，字地址码可编程序段格式见表10-2。

表 10-2 程序段的常见格式

N001	G	X	Y	Z	A	B	C	F

字地址码可编程序段格式的特点是：程序段中各自的先后排列顺序并不严格，不需要的字以及与上一程序段相同的继续使用的字可以省略；每一个程序段中可以有多个 G 指令或 G 代码；数据的字可多可少，程序简短、直观，不易出错，因而得到广泛使用。

2. 字与地址

构成程序段的要素是字，字由地址和其后面的几位数字构成（数字前可有 + 、 − 号）。地址为英文字母（A~Z）中的一个，它规定了其字母后面数字的意义，可以使用的地址与其意义见表10-3。

表 10-3 地址与功能

地 址	功能与意义	地 址	功能与意义
O	程序号	S	主轴功能
N	顺序号	T	刀具功能
G	准备功能	M	辅助功能
X、Y、Z	圆弧中心的相对坐标	P、X	暂停时间的指定
R	坐标轴的移动指令	P	子程序号与子程序的重复次数的指定
I、J、K	圆弧半径	P、Q、R、K	固定循环的参数
F	进给功能	H	刀具补偿号的指定

3. 手工编程实例

示例 10-7：如图 10-19 所示，加工保留图形内部，刀具起始点为坐标原点，其终点也是原点，走刀方向为顺时针，进给速度为 $F100$，轮廓深度为 $5\ mm$，代码见表 10-4。

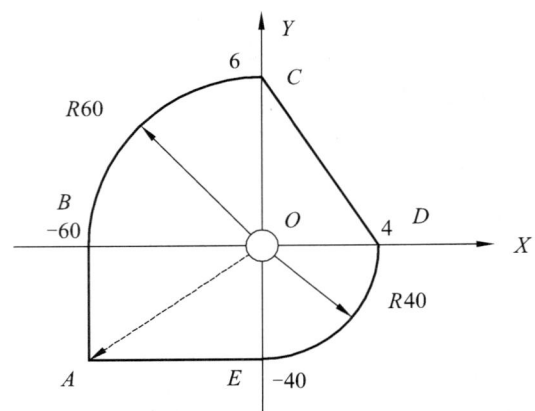

图 10-19　加工示意图

表 10-4　程序表

代　码	说　明
O0001；	程序名
G17 G40 G54 G80 G90；	初始参数定义
S1000 M03；	主轴正转，转速为 1 000
G0 X0 Y0 Z10；	快速移动到 O 点上方 10 mm 处
G41 D01；	左偏置方式
G0 X－60 Y－40；	快速移动到 A 点
G01 Z－5 F100；	以 $F=100$ 速度下切到 －5 mm
Y0；	移动到 B 点
G02 X0 Y60 R60；	圆弧加工 BC
G01 X40 Y0；	直线加工 CD
G02 X0 Y－40 R40；	圆弧加工 DE
G01 X－60 Y－40；	加工 EA
G0 Z100；	提刀
G40 D00；	取消刀补
G0 X0 Y0；	回 O 点
M05；	主轴停止
M30；	结束

10.3 自动编程

数控铣削加工中，由于加工零件复杂，采用自动编程可快速准确地编制数控加工程序。自动编程就是用计算机代替手工编程，目前常用自动编程软件有美国 CNC 公司开发的 Mastercam、美国 Unigraphics Solution 公司开发的 UG、法国达索（Dassault）公司推出的 Catia、美国 PTC（参数技术有限公司）开发的 Pro/E、英国 Delcam 公司开发的 Powermill 等。各软件的主要编程功能相差不太，这里将结合例子介绍使用 Powermill2010 进行自动编程。

Powermill2010 是英国 Delcam 公司开发的专业化高速铣削加工软件，是世界上功能强大、加工策略丰富的数控加工编程软件，同时也是 CAM 软件技术最具代表性的、增长率最快的加工软件。具有加工实体仿真功能，方便用户在加工前了解整个加工过程及加工结果，节省加工时间。

如图 10-20 所示，加工 PP 零件盒，零件尺寸为 160 mm × 120 mm × 24 mm，材料为 PP（聚丙烯），产量很少。该零件为方形零件，有直壁型腔，有孔，产量较少，适合在数控铣床上加工。

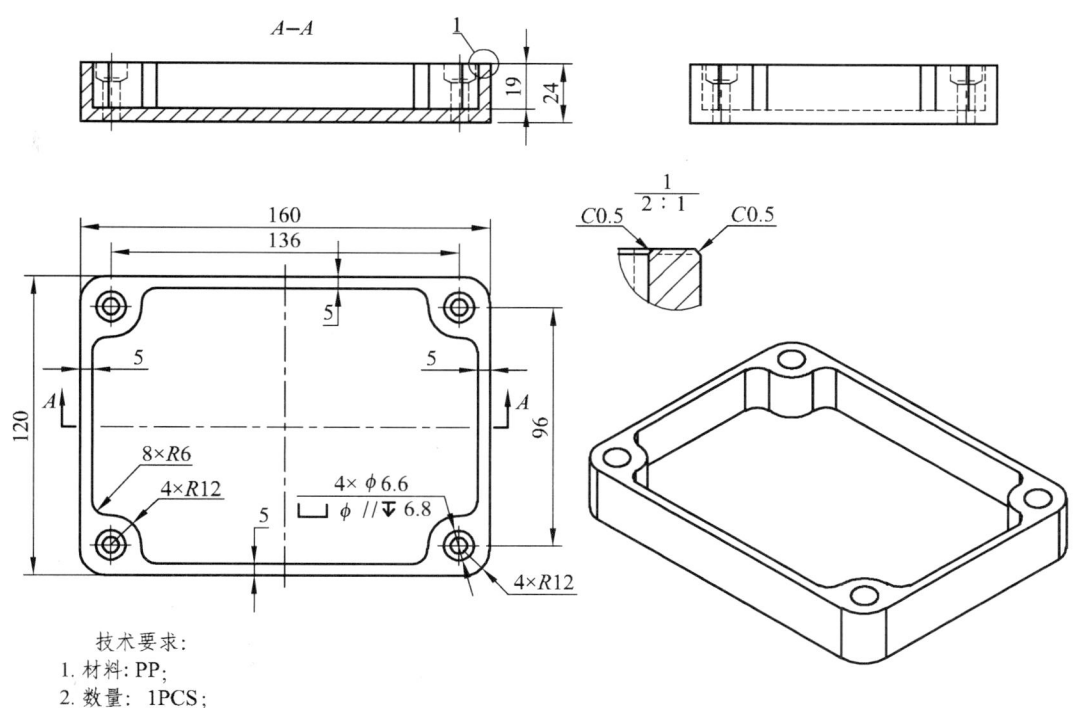

图 10-20 PP 零件盒图纸

首先，进行工艺分析：该零件较为简单，没有众多的精度要求，主要加工内容是外形加工、型腔加工、沉孔加工、倒角加工，按刀具使用顺序进行工艺方案安排：

（1）端铣刀（选用直径 10 mm 端铣刀）：外形、型腔粗与精加工。

（2）钻头（选用直径 11 mm 和 6.6 的钻头）：沉孔加工。

（3）倒角刀（选用直径 10 mm 倒角刀）：倒角加工。

编程图形文件

工艺分析后，主要编程在 PowerMILL2010 上进行操作，具体如下：

第 1 步　模型输入：由于 PowerMILL 没有 CAD 功能，但其中的插件 PS-Exchange 为 PowerMILL 稳定可靠转换数据，能够读入 UG、Pro/ENGINEER、SolidWorks、AuotCAD 等多种格式的数据。如图 10-21 所示，依次点击"文件"—"输入模型"，输入已经准备好的模型，如图 10-22 所示。

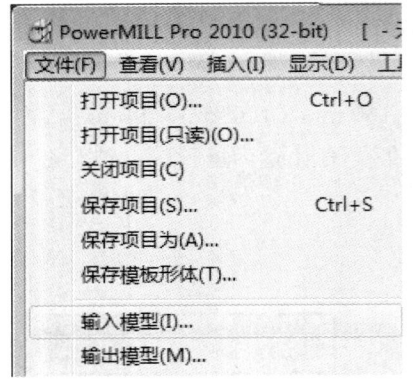

图 10-21　模型输入

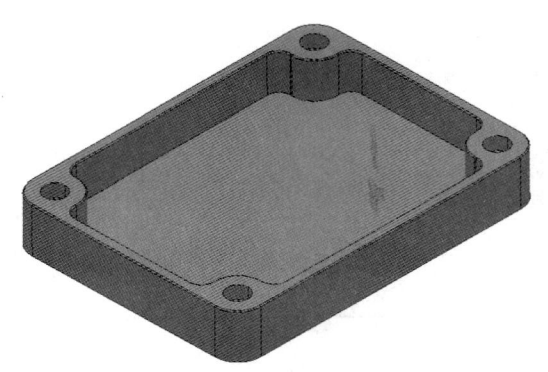

图 10-22　PP 零件盒模型

第 2 步　建立编程坐标系：用鼠标选择模型（单击鼠标左键，拖动进行选择），必须选择整个模型，选择窗要把整个模型覆盖。再依次用右键点击左边的工具条"用户坐标"—"产生并定向用户坐标"—"用户坐标系在选项顶部"，如图 10-23 所示。此时，新坐标系建立，右键点击"激活"，如图 10-24 所示。

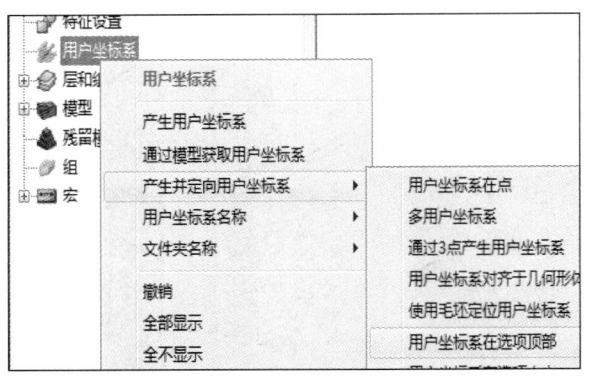

图 10-23　产生坐标系

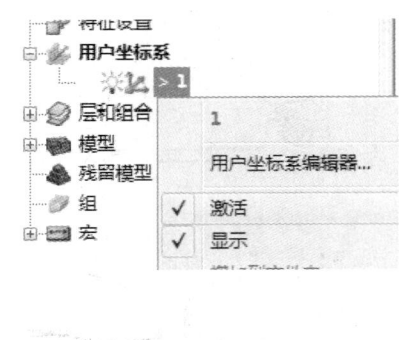

图 10-24　坐标系激活

已激活的坐标系如图 10-25、10-26 所示，坐标系位于零件顶面中心，Z 轴向上，横向 X 轴，纵向 Y 轴。如果要更改坐标轴方向，可以右键点击"用户坐标系"进行修改。

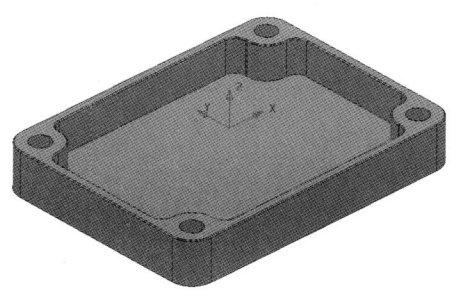

图 10-25　编程坐标系

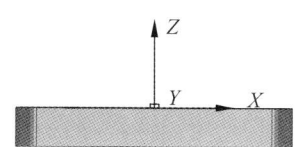

图 10-26　编程坐标系

第 3 步　设置刀具：先设置端铣刀，选点击左侧刀具按钮 刀具，选择"产生刀具"—"端铣刀"，弹出如图 10-27 所示的刀尖对话框，名称 D10T1，直径 10，长度 30，刀具编号 1，槽数 4，再点击"刀柄"— ，生成刀柄参数，如图 10-28 所示，选择顶部直径 10，底部直径 10，长度 30。点击"关闭"，端铣刀设置完成。

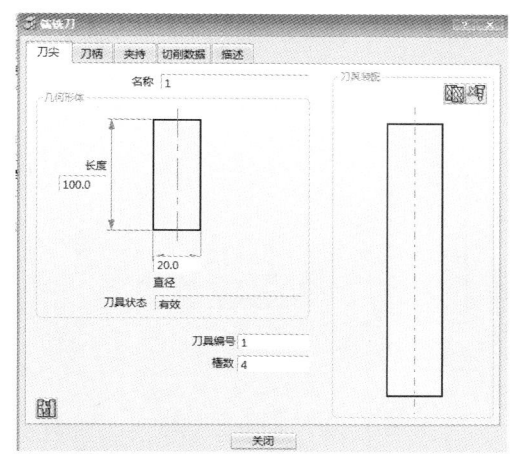

图 10-27　刀尖参数选择

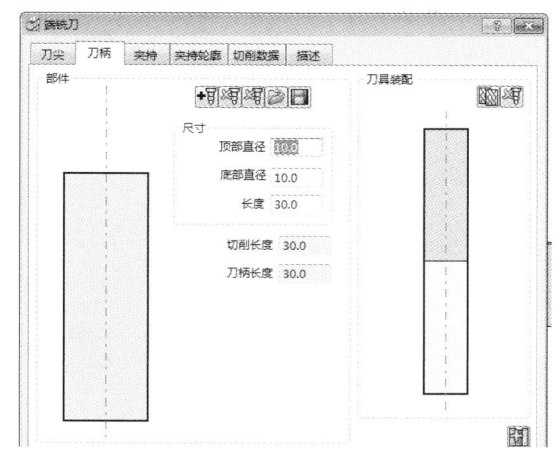

图 10-28　刀柄参数选择

再选择小钻头，选点击左侧刀具按钮 刀具，选择"产生刀具"—"钻头"，弹出如图 10-29 所示的刀尖对话框，名称 Z6.6T2，直径 6.6，长度 40，刀具编号 2，槽数 2，再点击"刀柄"— ，生成刀柄参数，如图 10-30 所示，选择顶部直径 6.6，底部直径 6.6，长度 40。点击关闭，钻头设置完成。

产生大钻头：方法与小钻头一样，名称 Z11T3，直径 11，长度 55，刀具编号 3，槽数 2，再点击"刀柄"— ，生成刀柄参数，选择顶部直径 11，底部直径 11，长度 55，点击"关闭"完成设置。

最后选择倒角刀，由于软件没有产生倒角刀的功能，可以从自定义产生，点击"产生刀具"—"自定义"，弹出如图 10-31 所示的刀尖设置窗口，名称 DJ10T4，点击增加直线跨图标 ，开始坐标为（0，0），结束点坐标为（5.0，5.0），点击"更新跨"，刀具编号 4，槽数 2，再点击 刀柄 弹出如图 10-32 所示的参数，点击 ，产生刀柄参数，选择顶部直径 10，底部直径 10，长度 20，点击"关闭"完成设置。

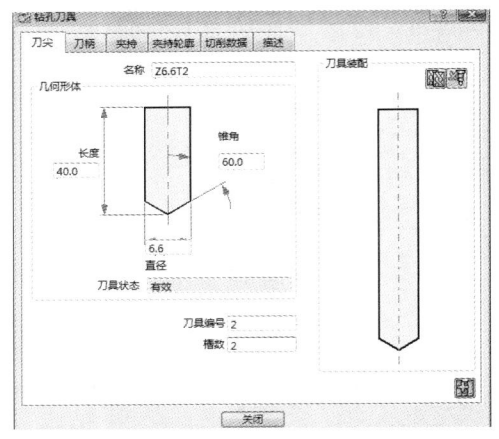

图 10-29 刀尖参数选择

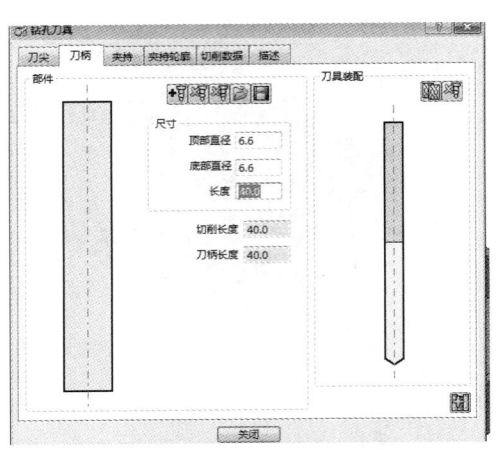

图 10-30 刀柄参数选择

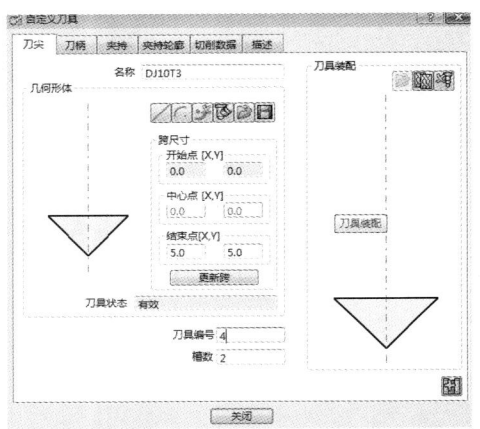

图 10-31 刀尖参数设置

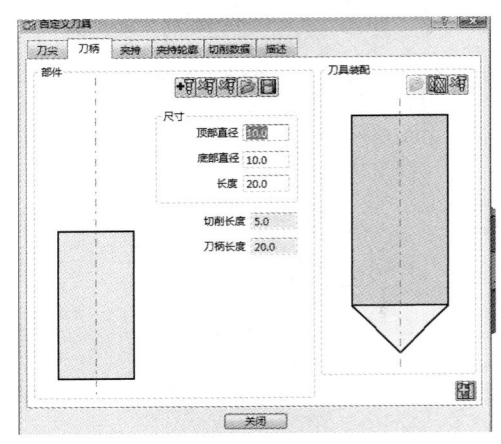

图 10-32 刀柄参数设置

此时，可以从左侧工具栏看到，刀具有 4 个，如图 10-33 所示，需要用哪一把刀，右键激活即可使用。

第 4 步　毛坯设置：在主工具栏里单击毛坯按钮，弹出如图 10-34 所示的对话框，设置 Z 最小为 -25，最大为 0.5，并点击进行锁定，再在扩展里输入 2.5，并按 计算 进行计算，其余参数如图 10-34 所示，自动变化，点击"接受"完成设置。此时产生的毛坯如图 10-35、图 10-36 所示。

第 5 步　进给率设定：点击，进行进给率设定，表面速度为"100"，进给/齿为"0.15"，如图 10-37 所示，点击"接受"完成设置。

第 6 步　快进高度设定：点击主工具条中按钮，在弹出的如图 10-38 所示的对话框里，点击 按安全高度重设，所有参数会自动设定，再点击"按受"完成设置。

第 7 步　切入切出设置：点击主工具条，弹出如图 10-39 所示的对话框，下切距离改为"1"，再点"切入"，弹出切入对话框，在"第一选择"右侧选择"斜向"，点出"斜向设置"，弹出如图 10-40 所示的对话框，在"第一选择"中，把最大左斜角改为 5，再把斜向高度改为 0.5，点击"接受"完成设置。

第 10 章 数控铣削加工

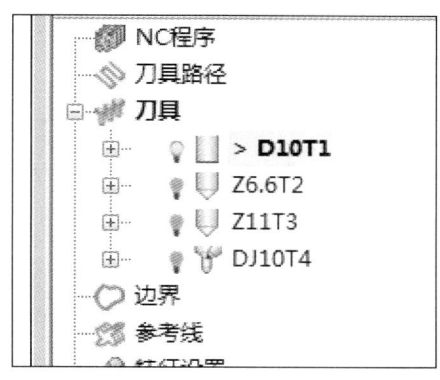

图 10-33 刀具显示

图 10-34 毛坯设置参数

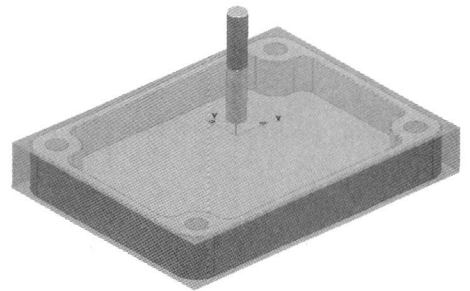

图 10-35 毛坯与零件

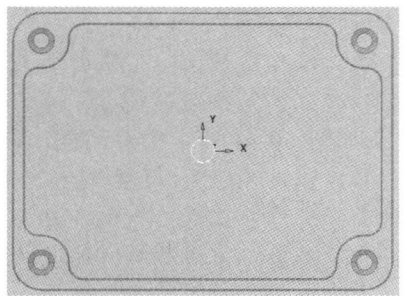

图 10-36 毛坯与零件

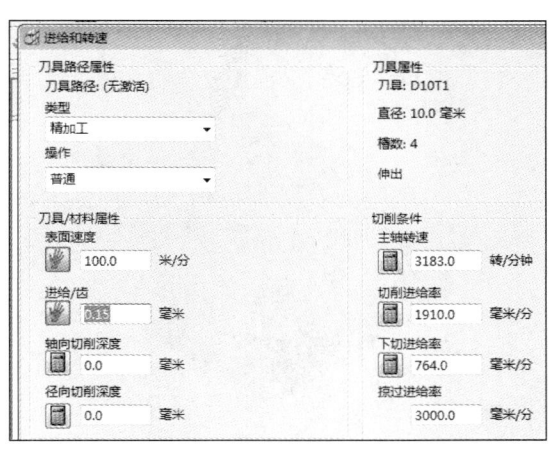

图 10-37 进给率设置

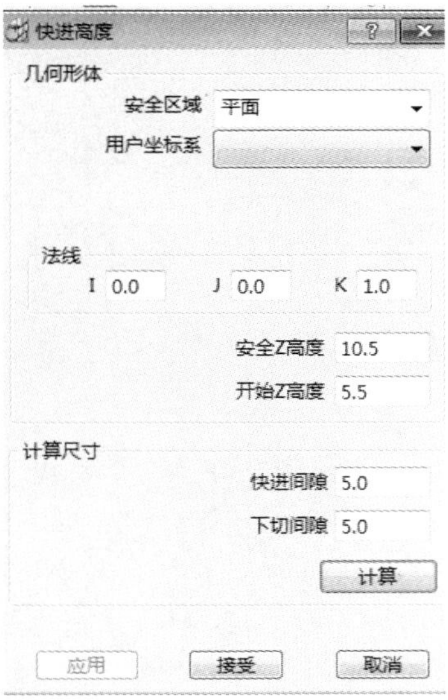

图 10-38 快进高度设置

- 147 -

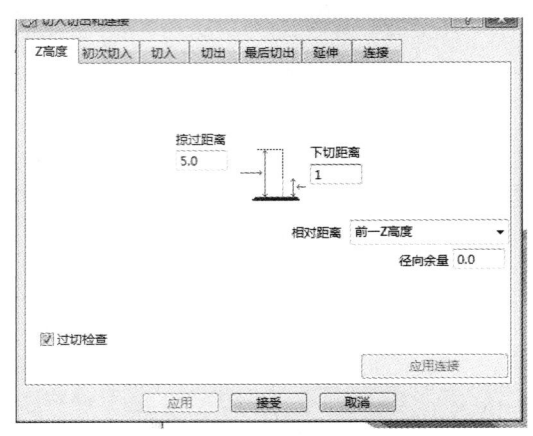

图 10-39 切入切出设置　　　　　图 10-40 斜向设置

下面进行刀路的产生：

第 1 步　模型区域清除（粗加工）：点击主工具条加工策略按钮 ，依次点击"三维区域清除"—"模型区域清除"，点击"接受"，弹出如图 10-41 所示的对话框，分别设置参数，右上角选择"偏置模型"，公差"0.1"，余量"0.6"，行距"3"，下切步距"10"，其余参数为软件默认，设置完毕，点击"应用"，此时软件进行刀路生成计算，等刀路生成完毕，点击"取消"，完成本操作，粗加工刀具路径（简称刀路）如图 10-42 所示。点击  图标进行碰撞检查。

PowerMill 编程基本设定

PowerMill 编程模型区域清除（粗加工）

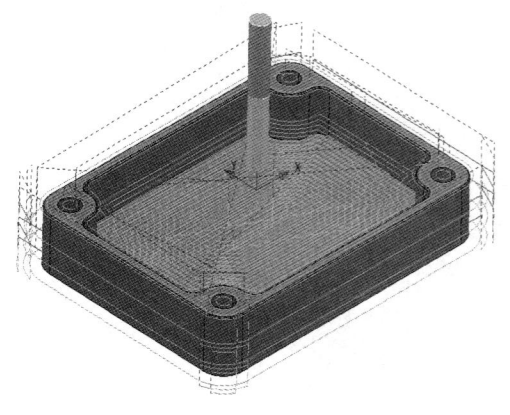

图 10-41 设置偏置加工参数　　　　　图 10-42 粗加工刀路

第 2 步　平行坦面精加工：由于前面加工已完成粗加工，接下来需进行精加工，精加工分两部进行加工:平坦面精加工和侧面精加工。点击主工具条加工策略按钮,依次点击"精加工"—"平行平坦面精加工",点击"接受"弹出如图 10-43 所示的窗口,相关参数为:刀具"D10T1",公差"0.01",切削方向"任意",余量"0.3"和"0",行距"5"。点击"计算"—"取消",完成本操作,半精加工刀路如图 10-44 所示。点击 图标进行碰撞检查。

PowerMill 编程平面精加工(平行平坦面精加工)

图 10-43 平坦面加工

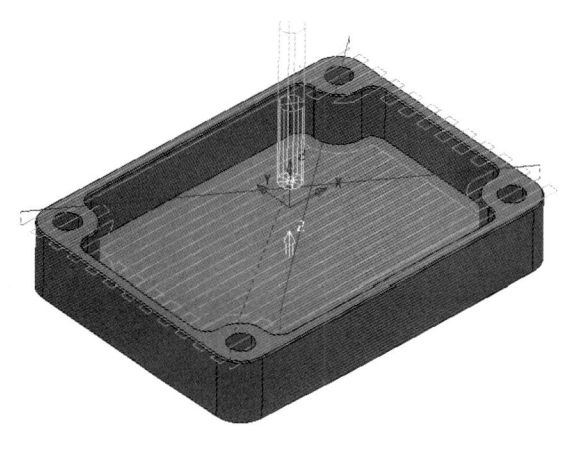

图 10-44 平坦面加工刀路

第 3 步 模型轮廓精加工:点击主工具条加工策略按钮,依次点击"三维区域清除"—"模型轮廓",点击"接受",弹出如图 10-45 对话框,分别设置如下参数:刀具"D10T1",公差"0.01",切削方向"逆铣",余量"0",行距"10"。点击"计算"—"取消",完成本操作,加工刀路如图 10-46 所示。点击 图标进行碰撞检查。

PowerMill 编程侧面精加工(模型轮廓精加工)

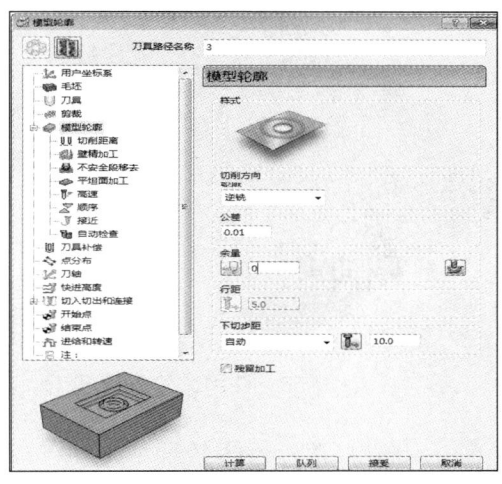

图 10-45 模型轮廓加工参数设置

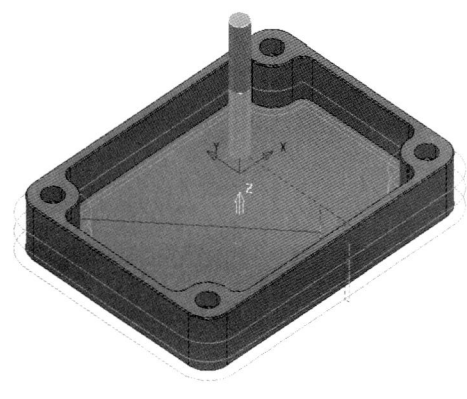

图 10-46 精加工刀路

第 4 步 直径 φ6.6 钻孔加工：零件总计有 4 个沉头孔要加工，先要识别这些孔。先窗选整个模型，再点击左侧"特征设置"—"识别模型中的孔"，弹出如图 10-47 所示的窗口，参数选择"混合孔"，点击"应用"—"关闭"，孔产生完成。接下来进行孔加工编程，点击左侧"刀具"，激活"Z6.6T2"。点击主工具条加工策略按钮 ，依次点击"钻孔"—"钻孔"，点击"接受"，弹出如图 10-48 所示的对话框，分别设置如下参数：循环类型"间断切削"，操作"用户定义"，间隙"3"，啄孔深度"2"，深度"30"，公差"0.1"，余量"0"。进给与转速如图 10-49 所示进行参数设置，点击"计算"—"取消"，完成本操作，加工刀路如图 10-50 所示。点击 图标进行碰撞检查。

PowerMill 编程钻孔加工（钻孔）

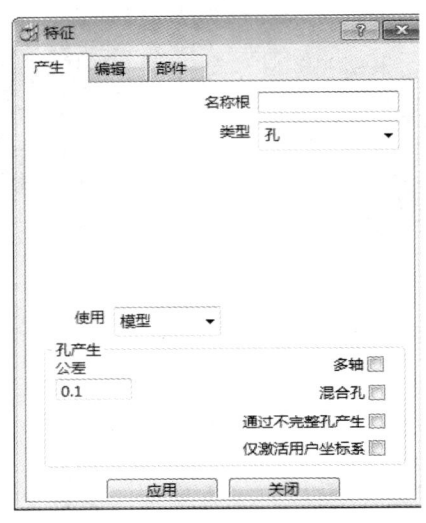

图 10-47 孔特征产生设置

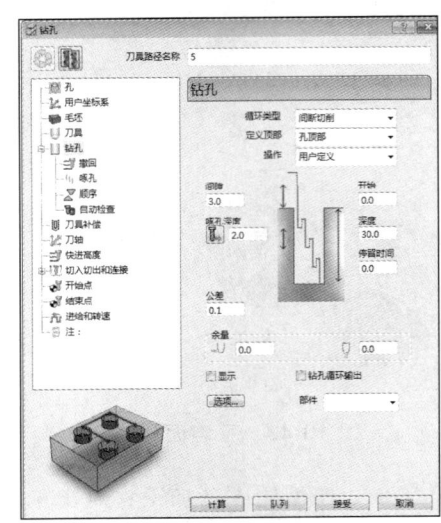

图 10-48 孔加工参数

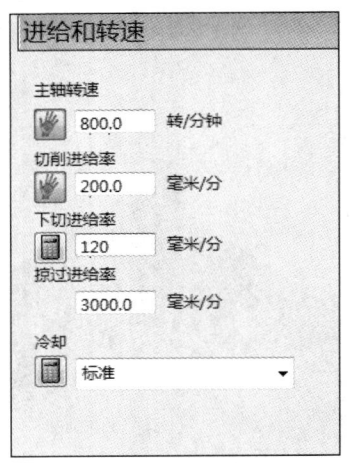

图 10-49 孔加工进给与转速设置

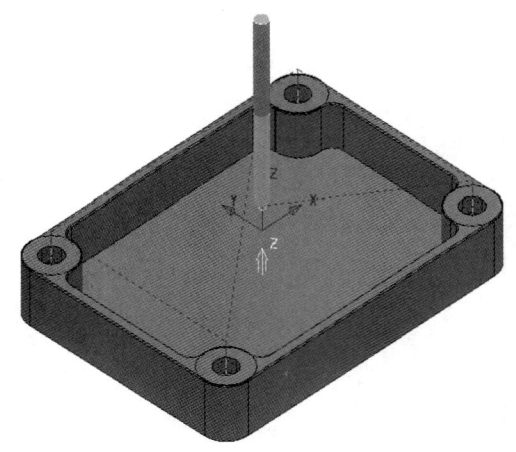

图 10-50 孔加工刀路

第 5 步 参考线精加工（倒角加工）：点击左侧"刀具"，激活"DJ10T3"。用鼠标选择模型顶面，如图 10-51 所示。点击左侧工具"参考线"—"产生参考线"，再打开"参考线

左的 ➕ 号，右击 按钮—"插入"—"模型"，右击 按钮—"编辑"—"二维偏置（圆角）"，在弹出的窗口输入"2.5"，按确定，产生的参考线如图 10-52 所示。

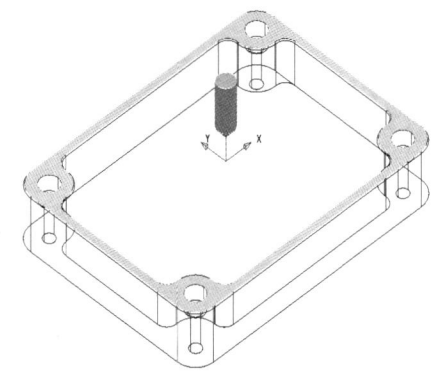

图 10-51 顶面选择

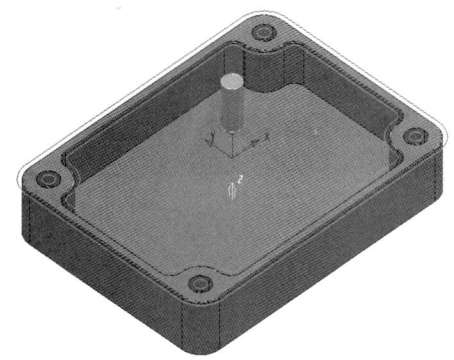

图 10-52 参考线

点击主工具条加工策略按钮，依次点击"精加工"—"参考线精加工"，点击"接受"，弹出如图 10-53 所示的对话框，分别设置如下参数：循环类型"间断切削"，操作"用户定义"，公差"0.1"，余量"0"，进给速度"1200"，转速"3180"，点击"计算"—"取消"，完成本操作，加工刀路如图 10-54 所示。点击 图标进行碰撞检查。

PowerMill 编程
倒角（参考线
精加工）

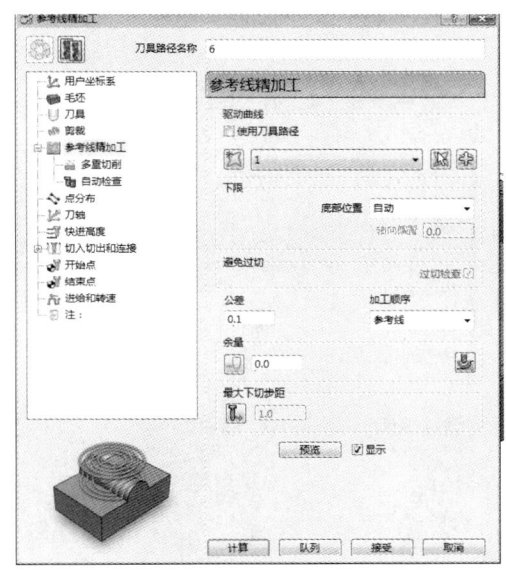

图 10-53 参考线精加工参数

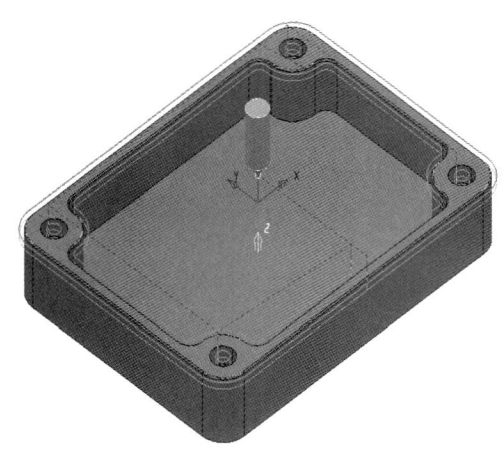

图 10-54 参考线精加工刀路

第 6 步　仿真加工：点击左上方仿真按钮，点击 光泽阴影图像，点击 可以选择要仿真的那个刀具路径，点击 ▷ 进行仿真，点击 ⏸ 暂停。经过仿真，刀具路径的效果如图 10-55 所示。

PowerMill 编程
仿真及后处理

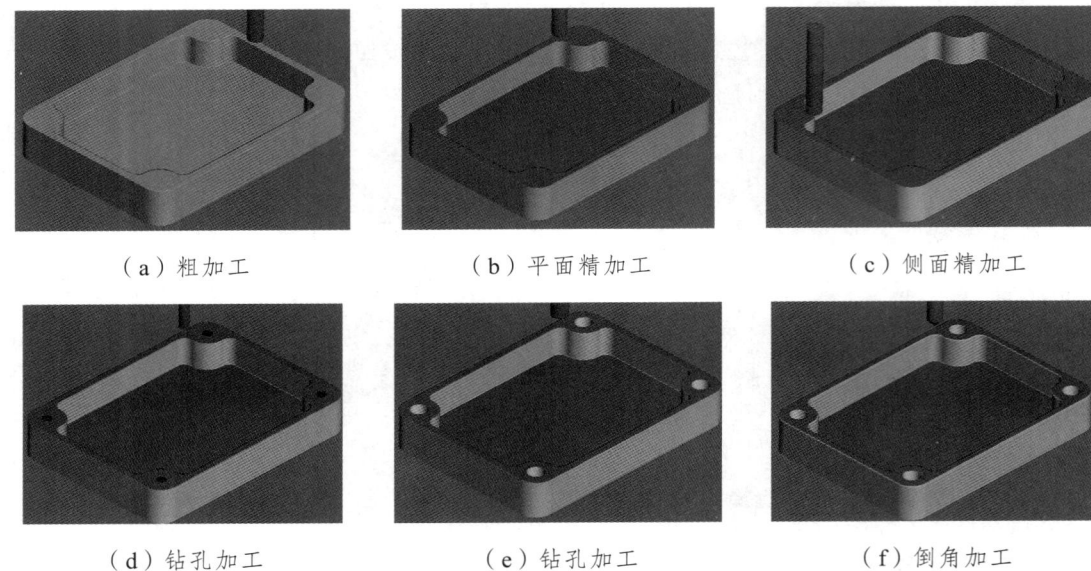

(a) 粗加工　　　　　　(b) 平面精加工　　　　　(c) 侧面精加工

(d) 钻孔加工　　　　　(e) 钻孔加工　　　　　　(f) 倒角加工

图 10-55　仿真加工效果图

第 7 步　生成 NC 程序：点击左侧工具条"NC 程序"，右键下拉菜单里选择"产生 NC 程序"，在弹出的对话框里，更改程序名称，点击"接受"完成。再按键盘【Ctrl】键，选择六个刀具路径，如图 10-56 所示，把三个刀路添加到 NC 程序中，最后点右击 NC 程序下的"123456"—"写入"，此时会自动生成 NC 代码，如图 10-57 所示。

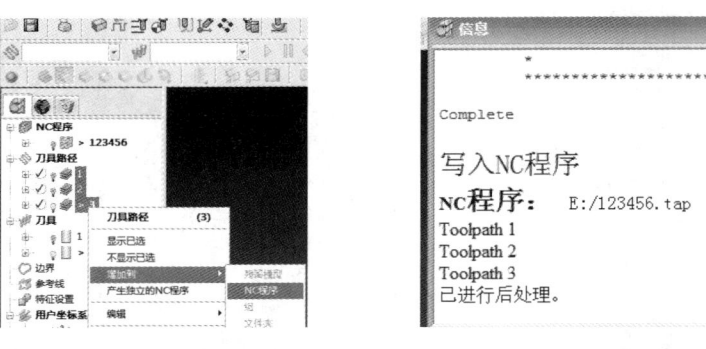

图 10-56　产生 NC 程序　　　　图 10-57　写入 NC 程序

思考与练习

1. 数控铣床与普通铣床有哪些主要区别？
2. 数控代码 G0 与 G01 有什么差别？
3. 数控铣床的主要加工对象有哪些？
4. 数控铣削的刀具半径补偿一般在什么情况下使用？

第 11 章　数控电火花加工

电火花加工是脉冲电源产生的一种自激放电，利用电能转化成热能进行加工的方法。在加工过程中，使工具电极和工件之间不断产生脉冲性的放电火花，靠放电时局部、瞬时产生的高温把金属蚀除下来。因加工过程中不断地有火花产生，故称电火花加工，亦称电加工或电蚀加工。

常用的数控电火花加工设备有电火花线切割机、电火花成型机（简称电火花机）和电火花穿孔机。

11.1　电火花线切割加工

11.1.1　电火花线切割加工的基本原理

电火花线切割加工（Wire Cut Electrical Discharge Machining，WEDM）简称"线切割"，是电火花加工的一个分支，它是利用移动的细金属丝（钼丝或铜丝）作为工具电极，在金属丝与工件间通以脉冲电流，利用脉冲放电的电腐蚀作用对工件进行切割加工。由于后来使用数控技术来控制工件和金属丝的切割运动，因此常称为数控线切割加工。图 11-1 所示为用线切割加工出来的产品。

图 11-1　线切割产品

电火花线切割加工的加工原理如图 11-2 所示，是利用连续移动的丝电极（接负极）与工件（接正极）在工作液中的脉冲放电来蚀除金属。因放电高温不仅使工件该处金属熔化、气化，也使工件与电极丝间的工作液气化。气化的金属和工作液蒸气瞬间迅速热膨胀，并具有爆炸特性。靠这种热膨胀和局部微爆炸，抛出熔化和气化了的金属材料而实现对工件的电蚀切割加工。走丝方式有以下两种：

（1）高速走丝，速度为 9~10 m/s，采用钼丝作电极丝，可循环反复使用。
（2）低速走丝，速度小于 10 m/min，电极丝采用铜丝，只使用一次。

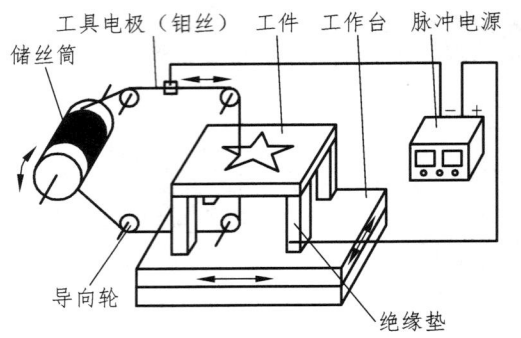

电火花线切割
加工模拟

图 11-2　电火花线切割机床的加工原理图

11.1.2　电火花线切割机床的分类

电火花线切割机床是电火花加工机床的一种，根据走丝速度和加工精度不同，分快走丝和慢走丝两种。

快走丝：0.08~0.22 mm 的钼丝作电极，可往复循环使用，走丝速度为 8~10 m/s，加工精度为 ±0.01 mm，表面粗糙度 $Ra1.6$~6.3 μm，工作液为乳化液。图 11-3 所示为快走丝线切割机床。

慢走丝：走丝速度为 3~12 m/min，电极丝广泛使用铜丝，单向移动，电极丝只使用一次，不重复使用。能自动穿电极丝和主动卸除加工废料，可实现无人操作。加工精度可达到 ±0.001 mm，表面粗糙度为 $Ra0.1$~0.2 μm，价格比快走丝高，工作液为去离子水。图 11-4 所示为慢走丝线切割机床。

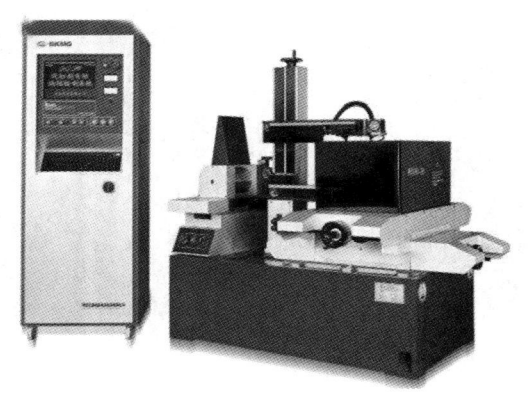
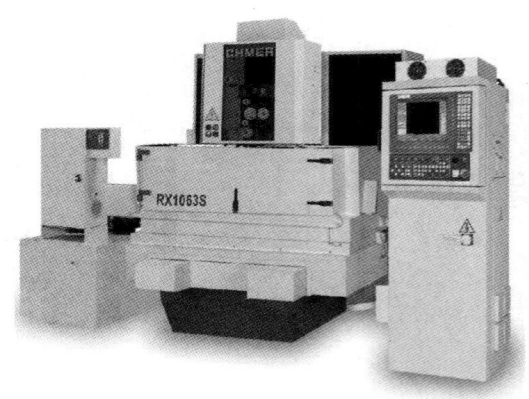

图 11-3　快走丝线切割　　　　　　　图 11-4　慢走丝线切割

数控电火花线切割加工机床的型号标记方法，如图 11-5 所示。

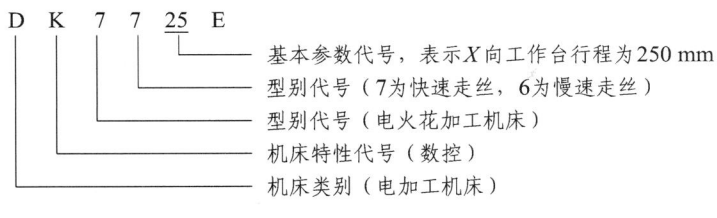

图 11-5 标记方法

11.1.3 电火花线切割机床的基本组成

线切割机床基本组成是由脉冲电源、机床本体、控制系统和工作液循环系统四大部分组成。

1. 脉冲电源

脉冲电源通常又叫高频电源，是数控电火花线切割机床的主要组成部分，是影响线切割加工工艺指标的主要因素之一。线切割脉冲电源是由脉冲发生器、推动级、功放及直流电源四部分组成。

2. 机床本体

机床本体由床身、坐标工作台、走丝机构组成。

（1）床身：一般为铸件，是坐标工作台、走丝机构的固定基础。床身内部安置脉冲电源和工作液箱。考虑电源会发热和工作液泵有振动，有些机床将脉冲电源和工作液箱移出床身另行安放。

（2）坐标工作台：安置在床面上，包括上层工作台面、中层中拖板、下层底座，还有减速齿轮和丝杠螺母等构件。两个步进电动机经过齿轮减速，带动丝杠螺母，从而驱动工作台在 XY 平面上移动。控制器每发出一个进给脉冲信号，工作台就移动 1 μm，则称该机床的脉冲当量为 1 μm/脉冲。

（3）走丝机构：主要由储丝筒组合件、上下拖板、齿轮副、丝杠副、换向装置和绝缘件等部分组成。

高速走丝机构主要用来带动电极丝按一定的线速度移动，并将电极丝整齐地排绕在储丝筒上。

慢走丝机构及电极丝多为成卷的黄铜丝或镀锌黄铜丝，工作时单向运行，经放电加工后不再使用，电极丝的张力可调节。

上导轮和工作台分别由四个步进电机驱动，由计算机同时控制。图 11-6 所示为线切割机床主机示意图。

3. 控制系统

控制系统按程序自动控制电极丝和工件之间的相对运动轨迹和进给速度，完成对工件的加工。同时，根据放电间隙大小和放电状态，使进给速度和工件的蚀除速度相平衡，维持正常的稳定加工。

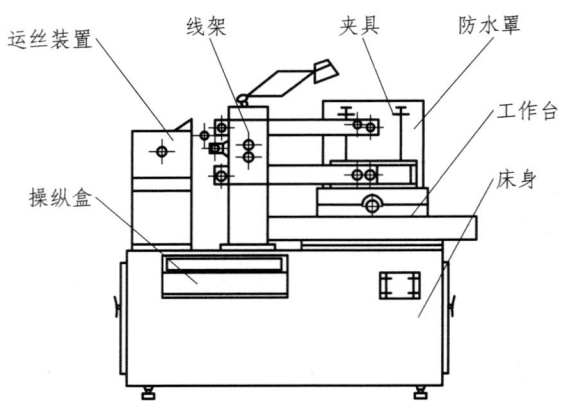

图 11-6　电火花线切割机床主机组成部件

4. 工作液循环系统

快走丝用的工作液是乳化液，慢走丝用的工作液是去离子水。去离子水是通过离子交换树脂净化器将水中的离子去除，并通过电阻率控制装置，控制去离子水的电阻率。

工作液系统用以在电火花线切割加工过程中，供给有一定绝缘性质的工作液，以冷却电极丝和工件，排除电蚀产物等，这样才能保证火花放电持续进行。

11.1.4　线切割加工的特点及应用

1. 线切割加工的主要特点

（1）加工中不存在显著的机械切屑力，无论工件硬度和刚度如何，只要是导电或半导电的材料都能进行加工。但无法加工非金属导电材料。

（2）可以加工小孔和复杂形状零件，但无法加工盲孔。

（3）电极丝损耗小，加工精度高。

（4）加工时产生的切缝窄，金属蚀除量少，有利于材料的再利用。

（5）工件材料过厚时，工作液较难进入和充满放电间隙，会对加工精度和表面粗糙度造成影响。

（6）加工过程中可能会在工件表面出现裂纹、变形等问题，加工之前应适当热处理和粗加工，消除材料性能和毛坯形状的缺陷，提高加工精度。

（7）通过数控编程技术对工件进行加工，可对加工参数进行调整，易于实现自动加工。

2. 线切割机床加工的应用

线切割加工具有广泛的用途，主要表现在以下几个方面：

（1）广泛应用于加工各种冲模。

（2）可以加工微细异形孔、窄缝和复杂形状的工件。

（3）加工样板和成型刀具。

（4）加工粉末冶金模、镶拼型腔模、拉丝模、波纹板成型模。

（5）加工硬质材料、切割薄片、切割贵重金属材料。

（6）加工凸轮，特殊的齿轮。

（7）适合于小批量、多品种零件的加工，减少模具制作费用，缩短生产周期。

11.1.5 电火花线切割加工前的准备工作

线切割加工前的准备工作包括工艺准备以及工件的装夹和位置校正。

11.1.5.1 工艺准备

工艺准备主要包括电极丝准备、工件准备和工作液配制。

1. 电极丝准备

（1）电极丝应具有良好的导电性和抗电蚀性，抗拉强度高、材质均匀。常用电极丝有钼丝、钨丝、黄铜丝和包芯丝等。钨丝抗拉强度高，直径在 0.03~0.1 mm 范围内，常用于各种窄缝的精加工，但价格昂贵。黄铜丝适合于慢速加工，加工表面粗糙度和平直度较好，蚀屑附着少，但抗拉强度差、损耗大，直径在 0.1~0.3 mm 范围内，一般用于慢速单向走丝加工。钼丝抗拉强度高，适于快速走丝加工，所以我国快速走丝机床大都选用钼丝作电极丝，直径在 0.08~0.2 mm 范围内。

（2）电极丝直径的选择。电极丝直径 d 应根据工件加工的切缝宽窄、工件厚度及拐角尺寸大小等来选择。电极丝直径 d 与拐角半径 R 的关系为 $d \leq 2(R-d)$。

（3）电极丝的安装。图 11-7 为穿丝示意图，图 11-8 为机床走丝系统图。上丝前，先把电机的运丝速度调到最慢，目的是保证上丝过程中电极丝有均匀的张力，避免电极丝重叠。转动储丝筒 10，使储丝筒 10 上电极丝的左端与张紧轮 7 对齐。将电极丝从上丝盘 6 上取下线头，绕过张紧轮 7，并通过储丝筒 10 外圆左端钉紧固电极端头。左边行程挡杆盖住左边丝筒换向接近开关，右边行程挡杆移至最右端。

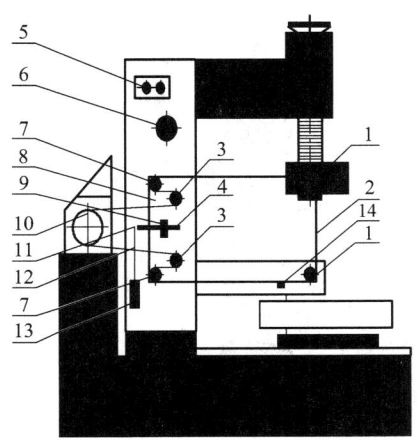

图 11-7 穿丝示意图

1—主导轮；2—电极丝；3—辅助导轮；4—直线导轨；5—工作液旋钮；6—上丝盘；
7—张紧轮；8—移动板；9—导轨滑块；10—储丝筒；11—定滑轮；
12—绳索；13—重锤；14—导电块

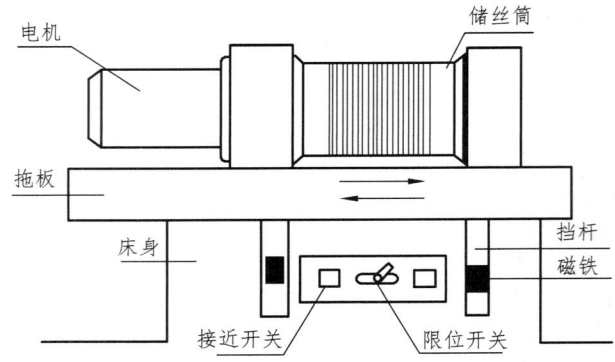

图 11-8 机床走丝系统图

启动运丝电机，使电极均匀地绕满线筒的外圆表面。上满后，从上丝盘 6 上把电极丝剪断，取下丝头进行穿丝。将电极丝从丝架各导轮（3、7、1）及导电块 14 穿过后，把丝头固定在丝筒外圆右端紧固螺钉处，右边行程挡杆盖住右边丝筒换向接近开关。丝装好后用紧丝轮拉紧。当操作熟练后，可用手拿布压住丝盘后，开机上丝，丝的张力靠人工压紧丝轮的松紧调节。穿丝中要注意控制左右行程挡杆，使储丝筒左右往返换向时，储丝筒左右两端留有 3～5 mm 的余量，如图 11-9 所示。

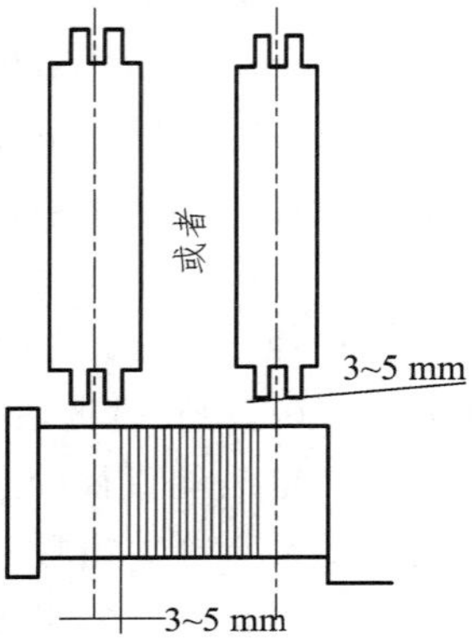

图 11-9 储丝筒左右换向余量

2. 工件准备

工件准备主要是工件材料的选择和处理、工件加工基准的选择、穿丝孔的确定以及切割路线的确定。

3. 工作液的选择

线切割加工中，工作液是脉冲放电的介质，对加工工艺指标的影响很大，对切割速度、表面粗糙度和加工精度也有影响。应根据线切割机床的类型和加工对象，选择工作液的种类、浓度及导电率等。

11.1.5.2 工件的装夹和位置校正

1. 对工件装夹的基本要求

（1）待装夹的工件其基准部位应清洁无毛刺，符合图样要求。对经淬火的工件在穿丝孔或凹模类工件的台阶处，要清除淬火时的渣物及氧化膜表面，否则会影响其与电极丝间的正常放电，其至卡断电极丝。

（2）装夹工件时，必须保证工件的切割部位位于机床工作台纵向、横向进给的允许范围之内，避免超出极限。同时应考虑切割时电极丝运动空间。要注意不得使工件夹具在加工时与丝架相碰。

（3）装夹位置应有利于工件的找正。

（4）夹具对固定工件的作用力应均匀，不得使工件变形或翘起，以免影响加工精度。

（5）细小、精密、薄壁的工件应先固定在不易变形的辅助小夹具上才能进行装夹，否则无法加工。工件很好地安装在机床工作台后,在进行夹紧前,应先进行工件的平行度校正,即将工件的水平方向调整到指定角度。

2. 工件的装夹方式

装夹工件时,必须保证工件的切割部位位于机床工作台纵向、横向进给的允许范围之内,避免超出极限。同时应考虑切割时电极丝运动空间。夹具应尽可能选择通用(或标准)件,所选夹具应便于装夹,便于协调工件和机床的尺寸关系。在加工大型模具时,要特别注意工件的定位方式,尤其在加工快结束时,工件的变形、重力的作用会使电极丝被夹紧,影响加工。工件的装夹方式包括悬臂支撑方式、两端支撑方式、桥式支撑方式、板式支撑方式和复式支撑方式,如图11-10所示。

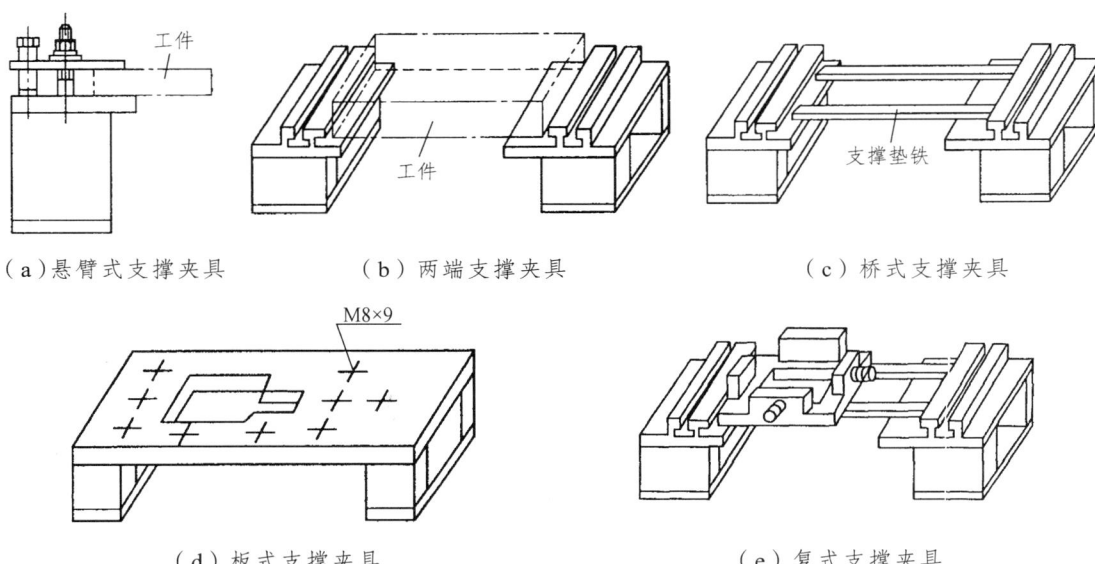

图11-10 工件的装夹方式

3. 工件的找正

工件的找正包括拉表法和划线法,如图11-11所示。

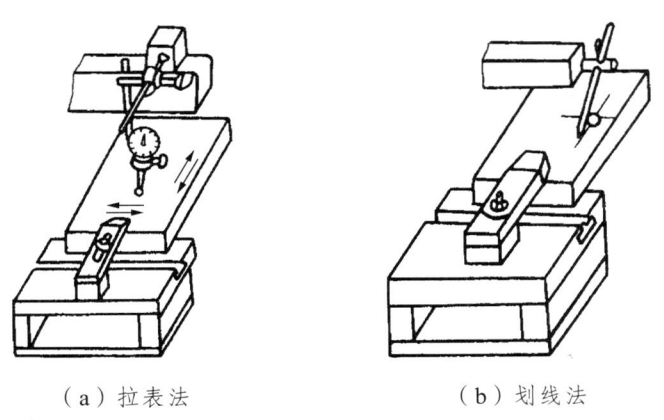

图11-11 工件的找正方式

（1）拉表法

利用磁力表架将百分表固定在丝架或其他固定位置上，百分表头与工件基面接触，往复移动床鞍，按百分表指示数值调整工件。校正应在三个方向上进行。

（2）划线法

工件待切割图形与定位基准相互位置要求不高时，可采用划线法。固定在丝架上的一个带有顶丝的零件将划针固定，划针尖指向工件图形的基准线或基准面，移动纵（或横）向床鞍，据目测调整工件进行找正。该方法也可以在粗糙度较差的基面校正时使用。

4. 电极丝位置的调整

线切割加工之前，应将电极丝调整到切割的起始坐标位置上，其调整方法有以下几种，如图 11-12 所示。

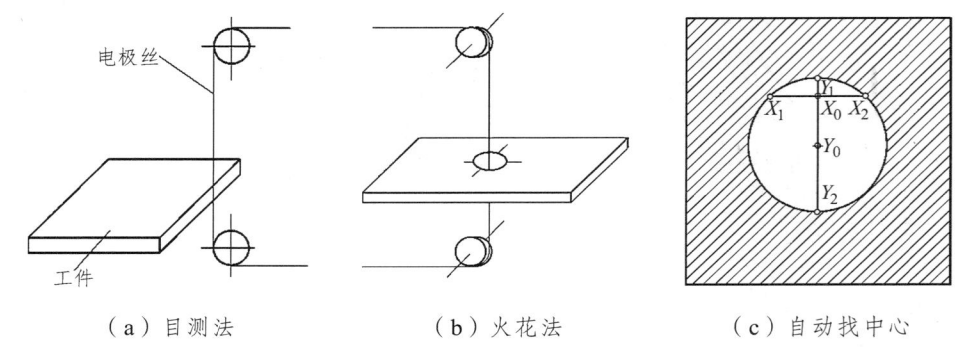

（a）目测法　　　　　（b）火花法　　　　　（c）自动找中心

图 11-12　电极丝位置调整方式

（1）目测法

对于加工要求较低的工件，在确定电极丝与工件基准间的相对位置时，可以直接利用目测或借助 2～8 倍的放大镜来进行观察。例如，可利用穿丝处划出的十字基准线，分别沿划线方向观察电极丝与基准线的相对位置，根据两者的偏离情况移动工作台，当电极丝中心分别与纵横方向基准线重合时，工作台纵、横方向上的读数就确定了电极丝中心的位置。

（2）火花法

调整位置时，移动工作台使工件的基准面逐渐靠近电极丝，在出现火花的瞬时，记下工作台的相应坐标值，再根据放电间隙推算电极丝中心的坐标。此法简单易行，但往往因电极丝靠近基准面时产生的放电间隙，与正常切割条件下的放电间隙不完全相同而产生误差。

（3）自动找中心

所谓自动找中心，就是让电极丝在工件孔的中心自动定位。此法是根据线电极与工件的短路信号，来确定电极丝的中心位置。

11.1.6　电火花线切割编程

目前生产的线切割加工机床都有计算机自动编程功能，即可以将线切割加工的轨迹图形自动生成机床能够识别的程序。

线切割程序与其他数控机床的程序相比，有如下特点：

（1）线切割程序普遍较短，很容易读懂。

（2）国内线切割程序常用格式有3B（个别扩充为4B或5B）格式和ISO格式。其中慢走丝机床普遍采用ISO格式，快走丝机床大部分采用3B格式。

以下通过3B代码的形式简述线切割的编程方法。

11.1.6.1 线切割3B代码程序格式

线切割加工轨迹图形是由直线和圆弧组成的，它们的3B程序指令格式如表11-1所示。

表11-1 3B程序指令格式

B	X	B	Y	B	J	G	Z
分隔符	X坐标值	分隔符	Y坐标值	分隔符	计数长度	计数方向	加工指令

注：B为分隔符，它的作用是将X、Y、J数码区分开来；X、Y直线的终点或圆弧起点的坐标值；J为加工线段的计数长度；G为加工线段计数方向；Z为加工指令。

11.1.6.2 直线的3B代码编程

1. x、y值的确定

（1）以直线的起点为原点，建立正常的直角坐标系。x、y表示直线终点的坐标绝对值，单位为μm。

（2）在直线3B代码中，x、y值主要是确定该直线的斜率，所以可将直线终点坐标的绝对值除以它们的最大公约数作为x、y的值，以简化数值。

（3）若直线与X或Y轴重合，为区别一般直线，x、y均可写作0，且在B后可不写。

2. G的确定

G用来确定加工时的计数方向，分G_x和G_y。直线编程的计数方向的选取方法是：以要加工直线的起点为原点，建立直角坐标系，取该直线终点坐标绝对值大的坐标轴为计数方向。具体确定方法为：若终点坐标为(x_e, y_e)，令$x=|x_e|$，$y=|y_e|$，若$y<x$，则$G=G_x$〔见图11-13（a）〕；若$y>x$，则$G=G_y$〔见图11-13（b）〕；若$y=x$，则在一、三象限取$G=G_y$，在二、四象限取$G=G_x$。由上可见，计数方向的确定以45°线为界，取与终点处走向较平行的轴作为计数方向，具体可参见图11-13（c）。

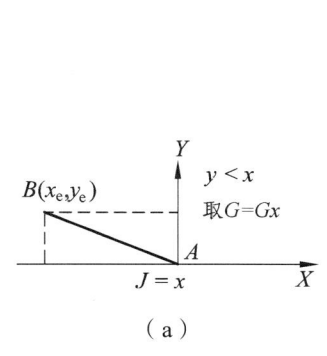

(a)

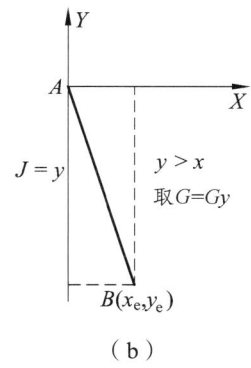

(b)

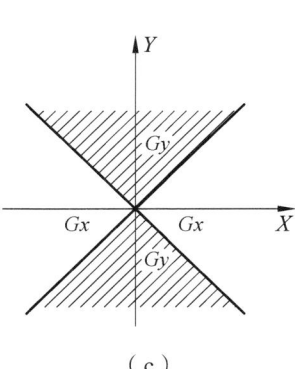

(c)

图11-13 G的确定

3. J 的确定

J 为计数长度，以 μm 为单位。以前编程应写满六位数，不足六位前面补零，现在的机床基本上可以不用补零。

J 的取值方法为：由计数方向 G 确定投影方向，若 $G = G_x$，则将直线向 X 轴投影得到长度的绝对值即为 J 的值；若 $G = G_y$，则将直线向 Y 轴投影得到长度的绝对值即为 J 的值。

4. Z 的确定

加工指令 Z 按照直线走向和终点的坐标不同可分为 L1、L2、L3、L4，其中与 +X 轴重合的直线算作 L1，与 -X 轴重合的直线算作 L3，与 +Y 轴重合的直线算作 L2，与 -Y 轴重合的直线算作 L4，如图 11-14 所示。

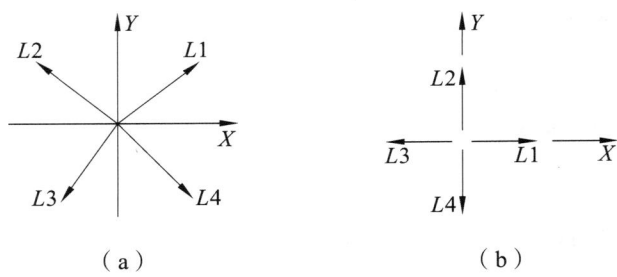

图 11-14　Z 的确定

11.1.6.3　圆弧的 3B 代码编程

1. x、y 值的确定

以圆弧的圆心为原点，建立正常的直角坐标系，x、y 表示圆弧起点坐标的绝对值，单位为 μm。

如图 11-15（a）所示，$x = 30\,000$，$y = 40\,000$；图 11-15（b）中，$x = 40\,000$，$y = 30\,000$。

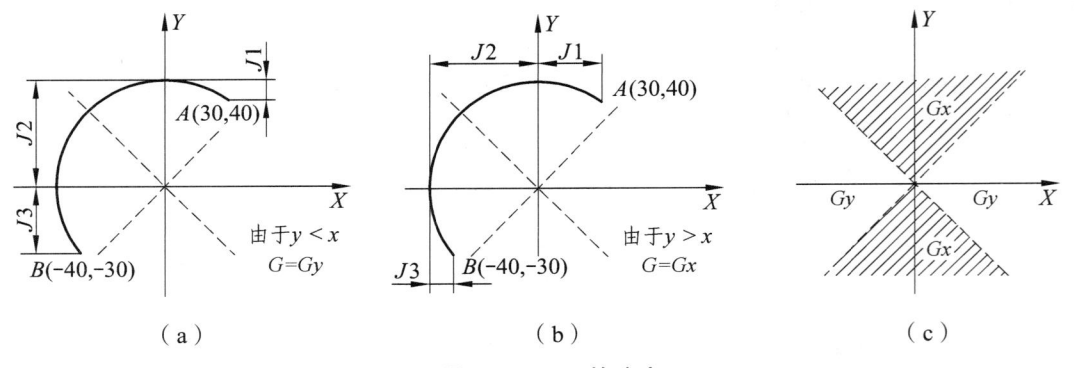

图 11-15　G 的确定

2. G 的确定

G 用来确定加工时的计数方向，分 G_x 和 G_y。圆弧编程计数方向的选取方法是：以某圆心为原点建立直角坐标系，取终点坐标绝对值小的轴为计数方向。具体确定方法为：若圆弧

终点坐标为(x_e, y_e)，令$x=|x_e|$，$y=|y_e|$，若$y<x$，则$G=G_y$［见图11-15（a）］；若$y>x$，则$G=G_x$［见图11-15（b）］；若$y=x$，则G_x、G_y均可。

由上可知，圆弧计数方向由圆弧终点的坐标绝对值大小决定，其确定方法与直线刚好相反，即取与圆弧终点处走向较平行的轴作为计数方向，具体可参见图11-15（c）。

3. J 的确定

圆弧编程中J的取值方法为：由计数方向G确定投影方向，若$G=G_x$，则将圆弧向X轴投影；若$G=G_y$，则将圆弧向Y轴投影。J值为各个象限圆弧投影长度绝对值的和。J1、J2、J3大小分别如图11-15（a）、（b）所示，$J=|J1|+|J2|+|J3|$。

4. Z 的确定

加工指令Z按照第一步进入的象限可分为R1、R2、R3、R4；按切割的走向可分为顺圆S和逆圆N，于是共有8种指令：SR1、SR2、SR3、SR4、NR1、NR2、NR3、NR4，如图11-16所示。

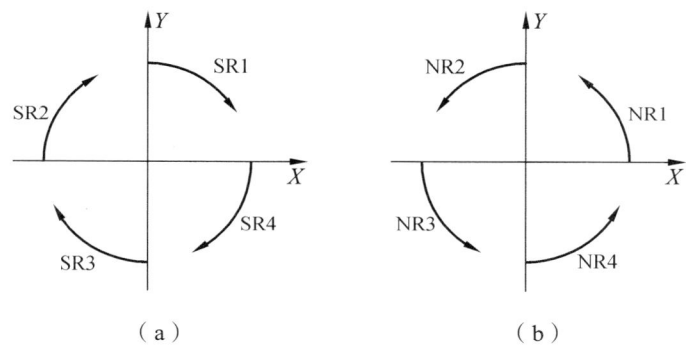

图11-16 Z的确定

11.1.6.4 手工3B代码编程实例

【例题】 请写出图11-17所示轨迹的3B程序。

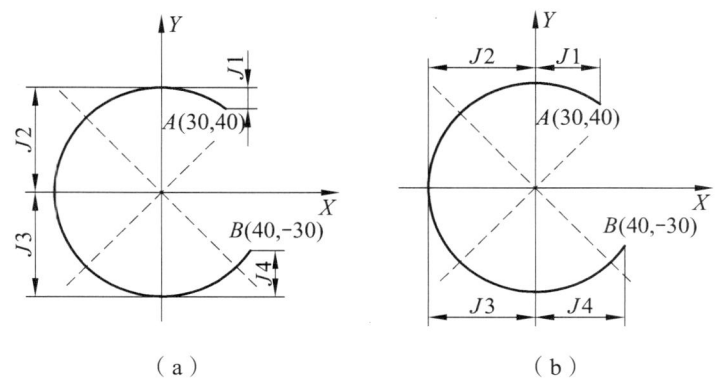

图11-17 加工轨迹

解：对图 11-17（a），起点为 A，终点为 B，

$$J = J1 + J2 + J3 + J4 = 10\,000 + 50\,000 + 50\,000 + 20\,000 = 130\,000$$

故其 3B 程序为：

    B30 000 B40 000 B130 000 GY NR1

对图 11-17（b），起点为 B，终点为 A，

$$J = J1 + J2 + J3 + J4 = 40\,000 + 50\,000 + 50\,000 + 30\,000 = 170\,000$$

故其 3B 程序为：

    40 000 B30 000 B170 000 GX SR4

11.1.7 电火花线切割的操作（以宝玛 DK7740 为例）

1. 手工编程实例

在一块 1 mm 厚的不锈钢板上加工一个边长为 40 mm 的正方形，刀具起始点为坐标原点，其终点也是原点，走刀方向为逆时针。

2. 机床的操作

下面通过上述机床为例，简要介绍电火花线切割的操作方法。

（1）开　机

首先检查机床状态是否正常，然后拉起控制面板上的急停按钮，顺时针旋转机床的主电源旋钮，按下机床控制柜主电源键和电脑主机电源键，等待机器进入操作系统。

（2）对　刀

把要加工的不锈钢板固定在机床导轨上，可采用两根导轨夹紧工件的方法将工件固定。然后通过控制机床 X 轴和 Y 轴的进给手柄，使钼丝逐渐靠近工件。对刀原则是钼丝刚好接触工件即可，不能超程让钼丝受力弯曲。同时也可以采用加工界面中的"对边"功能自动对刀。

（3）全绘编程

在电脑桌面打开"线切割 HL 编程软件"，进入软件后，点击 全绘编程 ，进入绘图界面，如图 11-18 所示，点击 清　屏 按钮，把上次绘图的残留轨迹清除，然后点击 绘直线 按钮开始绘图。图案生成前必须先定义起点，点击 取轨迹新起点 ，用键盘输入加工起点，一般定义为坐标原点。如图 11-19 所示，输入完后按【Enter】键。

起点定义完毕后，根据加工要求，输入终点坐标。点击 直线：　终点 ，走刀方向为逆时针，输入第一个坐标终点（40，0）按【Enter】键，输入第二个坐标终点（40，40）按【Enter】键，输入第三个坐标终点（0，40）按【Enter】键，最后输入第四个坐标终点（0，0）按【Enter】键回到坐标原点。所有坐标点定义完毕后，图案自动生成，这时在键盘上按【Esc】键退出绘图界面，用鼠标点击 退出....回车 ，全绘编程完成。

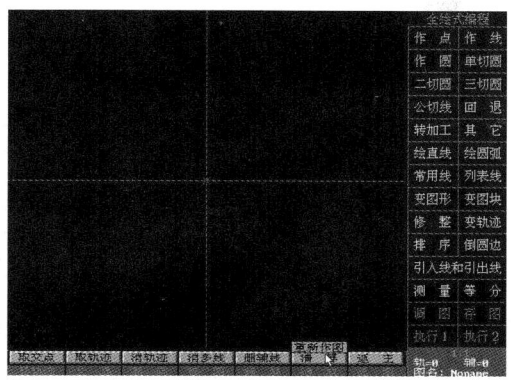
图 11-18 绘图界面

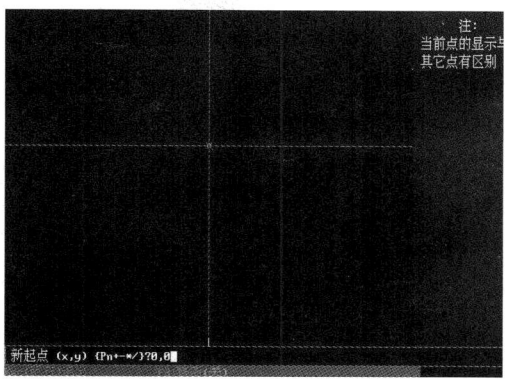
图 11-19 定义新起点

（4）生成加工代码

点击 执行 进入刀具补偿界面，在 间隙补偿值(mm)(单边,一般)=0,也可<0> f= 后面输入"0.1"，按【Enter】键。点击 8 后 置 进行后处理，这时可以选择生成 G 代码或者 3B 代码。以生成 G 代码为例，先点击 (1) 生成平面G代码加工单... ，然后点击 (3) G代码加工单存盘(平面) 对程序进行命名和保存，输入存盘的文件名[.2NC]如"123"后，连续用键盘按 3 次【Enter】键。

（5）加　工

在软件主界面上，点击 加　工 ，开始选择加工程序，点击 读盘 ，根据所生成的代码形式选择程序。点击 读G代码程序 ，在程序目录下导出所生成的文件。检查加工轮廓和代码是否正确，根据工件的材料类型和厚度，变频参数设置为"3"等级。然后在机床控制柜的操控面板上打开"运丝启停""水泵启停""高频启停"这 3 个加工参数，如图 11-20 所示。若以上 3 个参数满足，状态指示灯常。最后在软件上点击 切割 ，线切割进行自动加工。加工过程中要注意观察放电情况，机床工作液尽量沿着钼丝往下流动，保证切屑被冲走和钼丝能完全冷却。

图 11-20 加工时提供的参数

（6）关　机

工件加工完毕后，要保证工件完全离开钼丝后才能卸下，清理机床，然后再关掉机床控制柜上的电脑，最后逆时针旋转机床的主电源旋钮，完成关机。

11.1.8　CAXA 线切割软件编程的方法

CAXA 线切割是一个面向线切割机床数控编程的软件系统，在我国线切割加工领域有广泛的应用。它可以为各种线切割机床提供快速、高效率、高品质的数控编程代码,极大地简化数控编程人员的工作。下面以国内较为通用的北航海尔软件公司推出的"CAXA 线切割 V2/xp"软件为例,介绍 CAXA 软件自动编程的方法与技巧。

1. 图形绘制

可利用 CAXA 软件的 CAD 功能很方便地绘出加工零件图。为准确定位穿丝点位置,方便作引入线,凸模类零件建议利用平移命令把图形的起始切割点移到(0,0)点,凹模类零件把图形的穿丝点位置移到(0,0)点。

同时 CAXA 软件具有与其他软件兼容功能,可以通过菜单中"文件—数据接口—文件读入"来调入其他软件中绘制的图形。如图 11-21 所示,在 AutoCAD 软件中绘制二维图形,通过"文件—数据接口—DWG/DXF 文件读入"可导入在 AutoCAD 软件中绘制的任何图形,直接利用 CAXA 软件的自动编程功能即可,这解决了不会用 CAXA 软件作图的问题。图 11-22 即为所调入的图形。

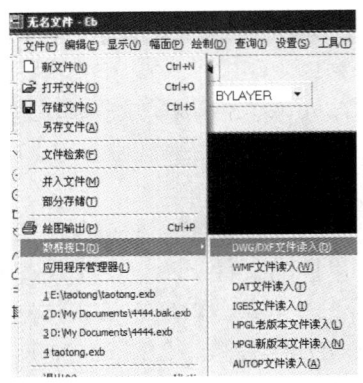

图 11-21　CAXA 软件导入 DWG/DXF 文件步骤　　图 11-22　CAXA 软件导入的 DXF 文件

2. 生成加工轨迹

轨迹生成是在已经构造好轮廓的基础上,结合线切割加工工艺,给出确定的加工方法和加工条件,由计算机自动计算出加工轨迹的过程。点击"线切割"菜单下的"轨迹生成"项,在弹出的对话框中,如图 11-23、图 11-24 所示,设置各项加工参数。

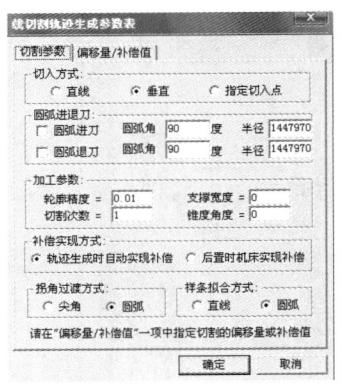
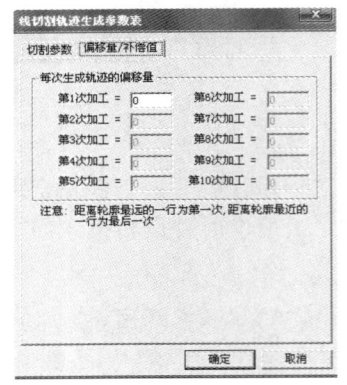

图 11-23　切割参数设置　　图 11-24　偏移量/补偿值设置

当系统切割参数和偏移量设置完毕，确定后，系统提示"选择轮廓"，选择导入图形中的其中一条引入线，被选取的切入线变为虚线，并沿轮廓方向出现一对正反向箭头，如图 11-25 所示，注意轨迹选择时最先选择的线段即为起始切割段。系统提示"选取链拾取方向"，选择指向往上的箭头后，整个所需加工的图形会成虚线，最后单击鼠标右键确认。接着系统提示"输入穿丝点位置"，根据现在所选择切入线，选择线段的下末端作为穿丝点，另外一条线段作为切出线，也是选择线段的下末端作为穿丝点。选择完毕后，整个图形线条颜色变成绿色。

3. 生成程序代码

点击"线切割"菜单下的"生成 3B 加工代码"，系统弹出"生成 3B 加工代码"对话框，要求用户输入文件名，选择存盘路径，单击"保存"按钮。CAXA 系统下方提示"拾取加工轨迹"，然后选绿色的加工轨迹，右键单击"结束轨迹拾取"，系统自动生成 3B 程序，并在本窗口中显示程序内容，如图 11-26 所示。生成好的 3B 程序代码传输到机床上即可加工。

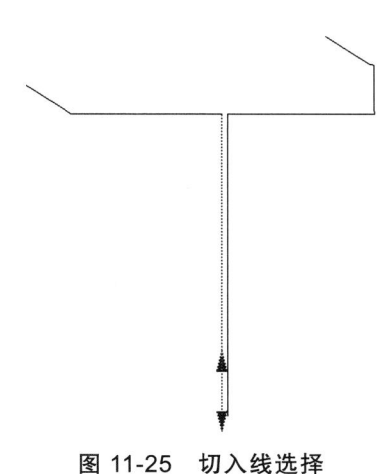

图 11-25 切入线选择

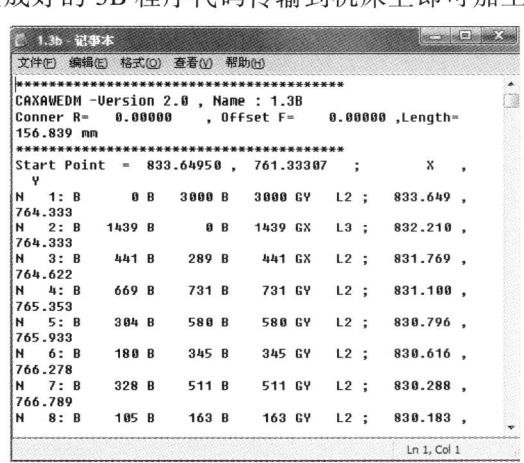

图 11-26 生成出的 3B 程序代码

11.2 电火花成型加工

11.2.1 电火花成型加工的基本原理

电火花加工（Electrical Discharge Machining，EDM），其加工是在液体介质中进行的，机床的自动进给调节装置使工件和工具电极之间保持适当的放电间隙，当工具电极和工件之间施加很强的脉冲电压（达到间隙中介质的击穿电压）时，会击穿介质绝缘强度最低处，如图 11-27 所示。由于放电区域很小，放电时间极短，所以，能量高度集中，使放电区的温度瞬时高达 10 000～12 000 ℃，工件表面和工具电极表面的金属局部熔化、甚至气化蒸发。局部熔化和气化的金属在爆炸力的作用下抛入工作液中，并被冷却为金属小颗粒，然后被工作液迅速冲离工作区，从而使工件表面形成一个微小的凹坑。一次放电后，介质的绝缘强度恢复等待下一次放电。如此反复使工件表面不断被蚀除，并在工件上复制出工具电极的形状，从而达到成型加工的目的。

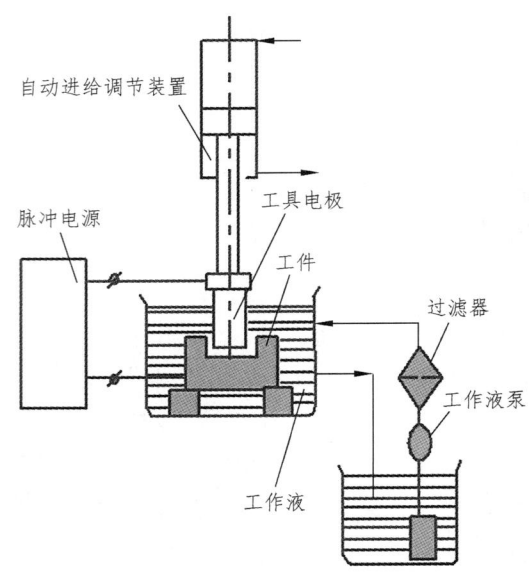

图 11-27 电火花成型加工原理

11.2.2 电火花成型加工机床的组成

电火花成型加工机床主要由控制柜、机床主机及工作液循环过滤系统三大部分组成。其中控制柜包含了脉冲电源及控制系统，机床主机又包括床身、立柱、主轴、X 轴和 Y 轴步进电机等几部分，如图 11-28 所示。

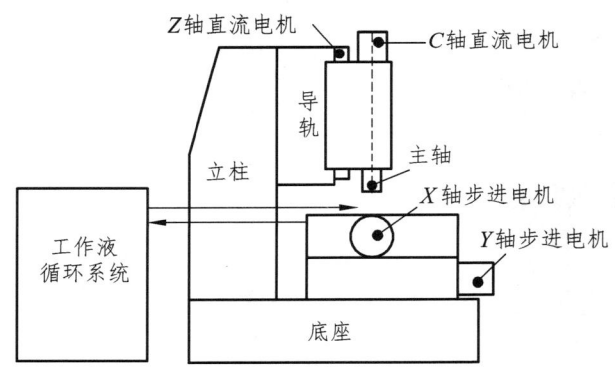

图 11-28 电火花成型加工机床组成部分

1. 控制柜

控制柜是完成控制、加工操作的部分，是机床的中枢神经系统。

控制柜中的脉冲电源，其作用是将工频交流电转变成频率较高的直流脉冲电流，以供给工具电极与工件之间的间隙在电火花加工时所需要的能量。工作时，脉冲电源产生的脉冲电流加在放电间隙上。在充满工作液的工具电极与工件之间的间隙中加以脉冲电压，电流后，在其间产生很强的磁场，在此区域，介质被电离形成通道，产生火花放电，使金属熔融蒸发。

伺服系统产生伺服状态信息，由计算机发出伺服指令，驱动伺服电机进行高速高精度定位操作。

手控盒集中了点动、停止、暂停、解除、油泵启停等加工操作过程中使用频率高的按键，更加便于操作。

2. 机床主机

机床主机主要包括：床身、立柱、工作台及主轴头几部分。主轴头是电火花成型机床中关键的部件，是自动调节系统中的执行机构，主轴头主要由进给系统、导向防扭机构、电极装夹及其调节环节组成。目前普遍采用铂金电极、直流伺服电极、交流伺服电机作为进给驱动的主轴头。

3. 工作液循环、过滤系统

工作液循环过滤系统包括工作液（煤油）箱、电动机、泵、过滤装置、工作液槽、油杯、管道、阀门、测量仪表等。图11-29所示为工作液循环系统油路图，它既能实现冲油，又能实现抽油。其主要作用如下：

（1）形成电火花击穿放电通道，在放电结束后迅速恢复间隙的绝缘状态。

（2）对放电通道起到压缩作用，使放电能量集中，强化加工过程。

（3）在加工过程中，对电极和工件表面起到冷却和散热作用，确保放电间隙的热量平衡。

（4）及时冲走放电加工时产生的废物，保持工具电极及工件间的清洁、恒定的间隙。在工作液循环系统中，为了使其正常工作，一定要安装必要的调节和过滤装置，以便对工作液进行过滤和净化。常用的工作液主要是煤油和变压器油的混合物。

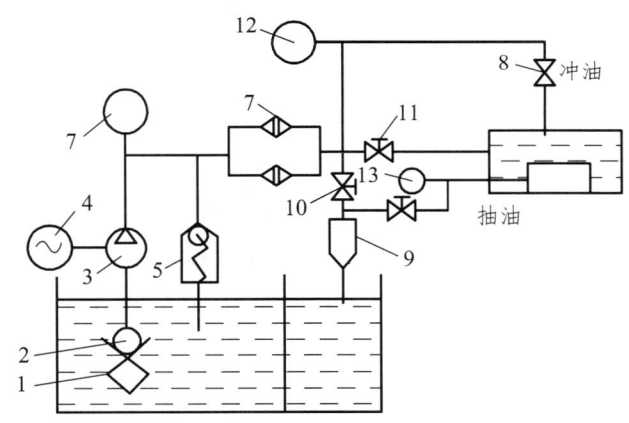

图 11-29 工作液循环系统油路图

1—粗过滤器；2—单向阀；3—油泵；4—电极；5—安全阀；6—压力表；7—精过滤器；
8—压力调节阀；9—射流抽吸管；10—冲油选择阀；11—快速进油控制阀；
12—冲油压力表；13—抽油压力表

11.2.3 电火花成型加工的特点

电火花加工的特点主要包括：

（1）能加工任何导电材料。电火花加工中材料去除是靠放电时的电热作用实现的，材料的可加工性主要取决于材料的导电性及热学特性。

（2）适合加工低刚度工件及微细加工。由于可以将工具电极的形状复制到工件上，因此特别适合复杂表面工件的加工。

（3）电火花加工的表面由无数小坑和硬凸边组成，其硬度比机械加工表面硬度高，且有利于保护润滑油，在相同表面粗糙度下其表面润滑性和耐磨性也比机械加工表面好，特别适用于模具制造。

11.2.4　电火花成型机床的操作

1. 准备阶段

在操作之前，首先有个准备阶段，包括看懂被加工件的图纸和各项工艺要求，对电极进行加工、装夹与校正，同时对工件进行预处理和装夹。

利用各种电极材料可以加工满足不同需要的电极。许多电极要求比较复杂的曲面，因此大多数的电极利用数控机床加工。电极加工应注意：电极的手柄应该和水平面垂直；电极底部四周应该铣出四平行边以便对刀；如果电极加工对象需要光滑表面应多次放电加工，因此需做粗加工电极和精加工电极。图11-30所示为典型的铜电极和石墨电极。

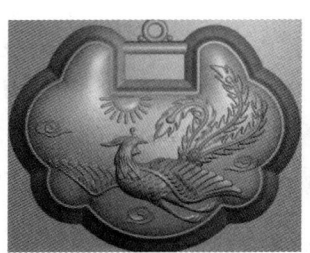

（a）铜电极

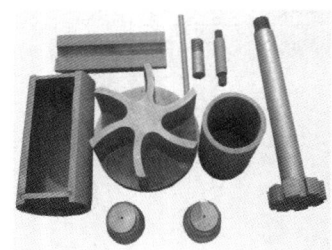
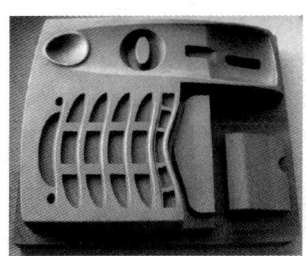

（b）石墨电极

图 11-30　电火花加工用电极

电极在安装时，一般使用通用夹具或专用夹具直接将电极装夹在机床主轴的下端。装夹方法有以下几种：

小型的整体式电极多数采用通用夹具直接装夹在机床主轴下端，可采用标准套筒或钻夹头装夹，如图11-31、图11-32所示，对于尺寸较大的电极，常将电极通过螺纹连接直接连在夹具上，如图11-33所示。

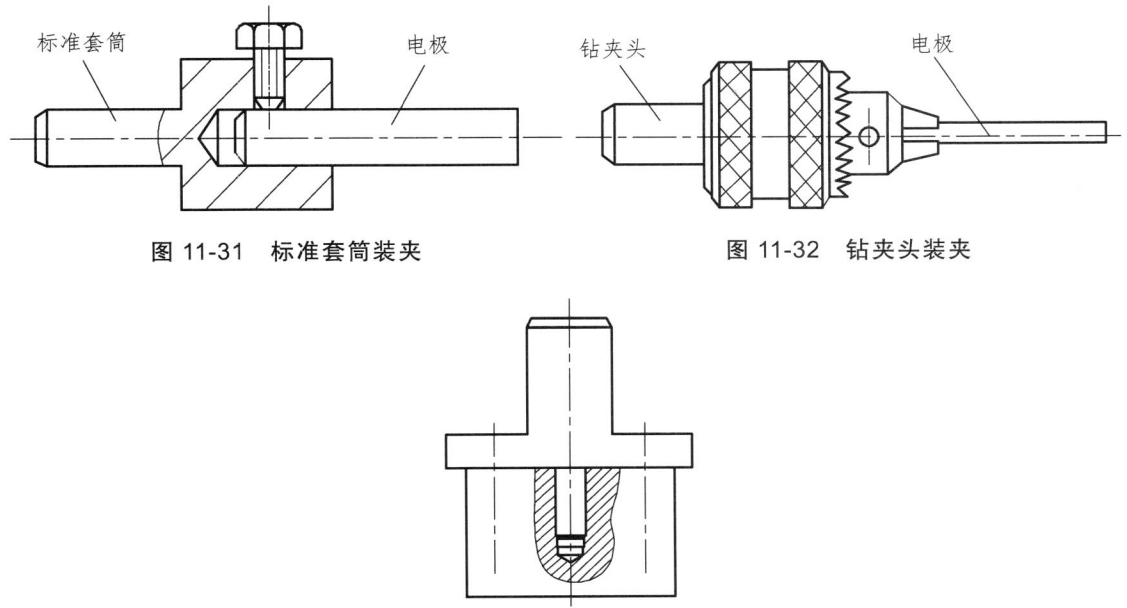

图 11-31　标准套筒装夹　　　　　　　　图 11-32　钻夹头装夹

图 11-33　螺纹连接式装夹

电极装夹好后，必须进行校正才能加工，即不仅要调节电极与工件基准面垂直，而且需在水平面内调节、转动一个角度，使工具电极的截面形状与将要加工的工件型孔或型腔一致。电极与工件基准面垂直常用球面铰链来实现，工具电极的截面形状与外形定位靠主轴与工具电极安装面相对转动机构来调节，垂直度与水平转角调节正确后，都应用螺钉夹紧，如图11-34所示。

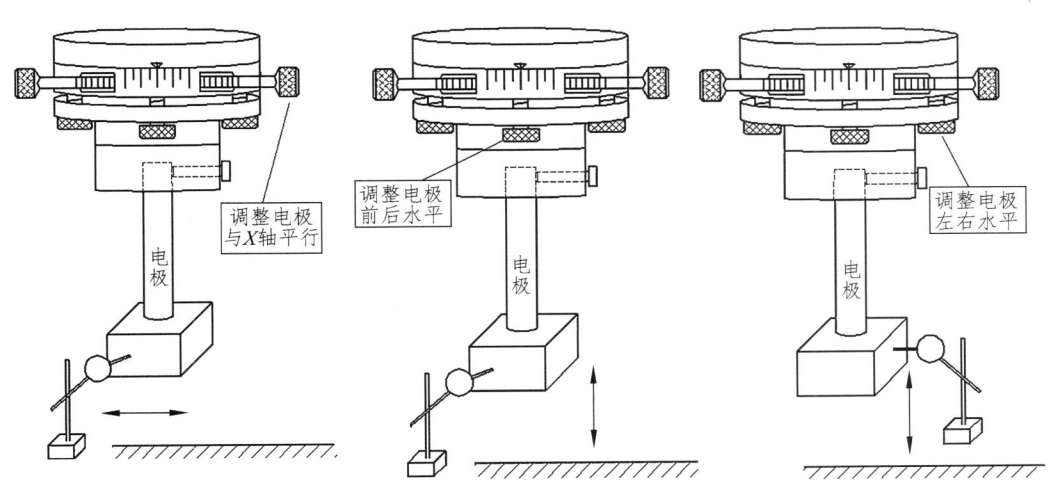

图 11-34　调整电极头螺钉校正电极

竖直和水平转角调节装置的夹头电极装夹到主轴上后，必须进行校正。常用的校正方法有：

（1）根据电极的侧基准面，采用千分表找正电极的垂直度，如图11-35所示。

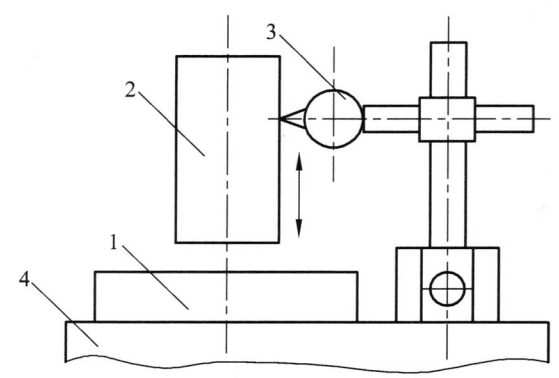

图 11-35　用千分表校正电极垂直度

1—凹模；2—电极；3—千分表；4—工作台

（2）电极上无侧面基准时，将电极上端面作辅助基准来找正电极的垂直度。

工件的准备主要考虑工件的预加工和热处理工序，具体如下：

（1）工件的预留加工余量。预加工要注意余量适合，一般情况下，余量单边留0.3～1.5 mm，尽量做到余量均匀，否则会影响型腔表面粗糙度和电极不均匀的损耗，破坏型腔的仿形精度。余量的大小，应以能补偿电火花加工的定位找正误差及机械加工误差为宜，如图11-36所示。

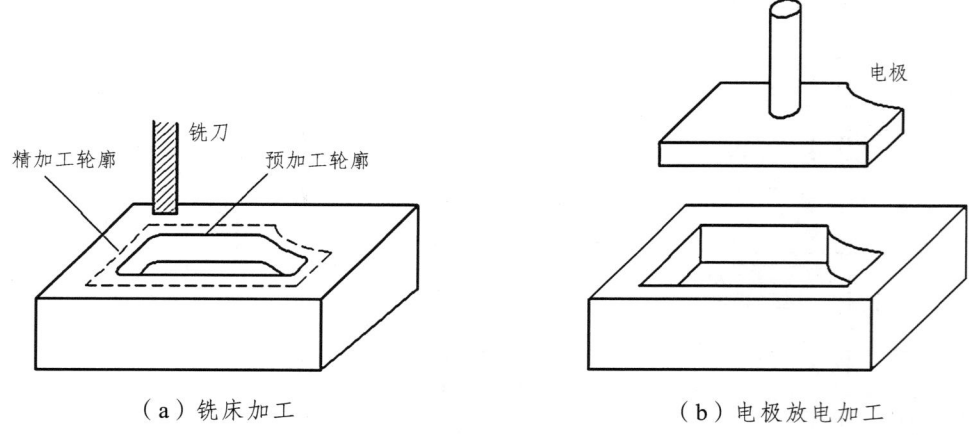

（a）铣床加工　　　　　　　　　（b）电极放电加工

图 11-36　工件预留加工余量

（2）工件的热处理。工件在预加工后（预孔、螺孔、销孔均加工出来），即可转入热处理进行淬火，这样可以避免热处理变形对型腔加工后的影响。在生产中，可根据型腔模具的要求、工件材料热处理变形情况等具体条件，恰当地安排热处理的工序。

如图11-37所示，在工件的装夹定位方式中，对于非磁性材料或底面不平整的工件，可采用螺栓加垫块固定；对于磁性材料且底面较为平整的工件，可采用永磁吸盘固定。

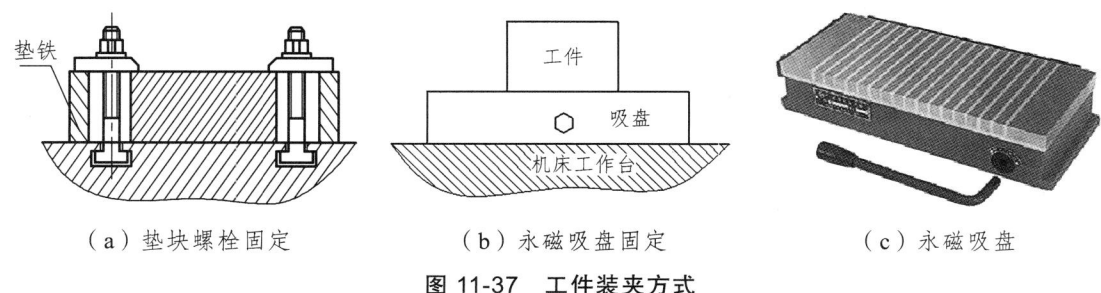

图 11-37　工件装夹方式

2. 确认参数

根据加工型孔的厚度、尺寸公差和表面粗糙度的要求，确定脉冲规准，按粗、中、精关系，选择电压、电流、脉宽、间隔，确保稳定加工。图 11-38 所示为电火花 ZNC 软件操作界面，加工前需确认如下参数：

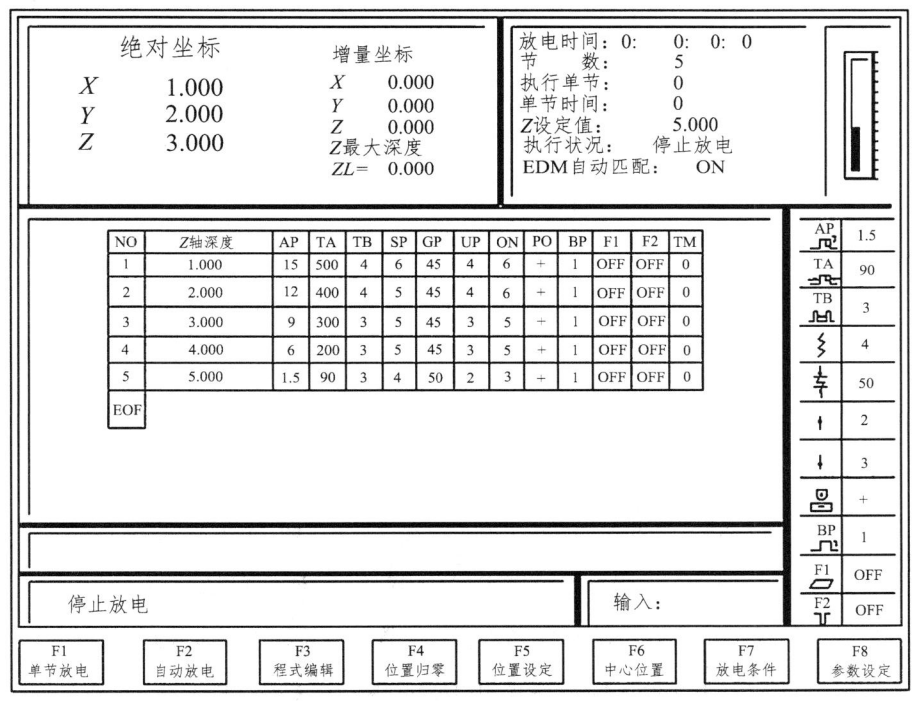

图 11-38　电火花 ZNC 软件操作界面

（1）高压电流（BP）：高压脉冲的主要作用是形成先导击穿，有利于加工稳定和提高加工效率。一般加工时高压电流选为 0~2，在加工大面积或深孔时可适当加大高压电流，以利于防积碳。高压电流加大时，电极损耗会稍有增加。

（2）低压电流（AP）：在脉间和脉宽一定时，低压电流增大。加工速度提高，电极损耗增大。低压电流的选择应根据电极放电面积而确定，若电流密度过大，则容易产生拉弧烧伤，因此一般选择低压电流使得通过电极加工表面每平方厘米面积的电流不超过 6 A。

（3）脉宽（PA）：一般来说，在峰值电流一定的条件下，脉宽越大，光洁度越差，但电极损耗越小，所以一般粗加工时选 150~600，精加工时逐渐减小。

（4）脉间（PB）：脉间增大时，电极损耗会增大，但有利于排渣。本机设有 EDM 自动匹配功能，一般情况下脉间有自动匹配而定，若发现积碳严重时可将自动匹配后的脉间再加大一挡。例如自动匹配后的脉间为 3，就可改为 4。

（5）伺服敏感度（SP）：机头上升、下降时间一般由 EDM 自动匹配而定，在积碳严重时，可以减少下降时间或加大上升时间来解决。

（6）间隙电压（GP）：粗加工时选取较低值，以利于提高加工效率；精加工时选取选取较高值，以利于排渣，一般情况下由 EDM 自动匹配即可。

（7）跳跃放电时间（DN）：设定工具电极跳跃下降放电时间的参数是 DN。参数要设定得使放电状态稳定。DN 值过大时，放电重复次数多，电蚀切屑量多，排屑状况恶化，二次放电和电弧放电的危险性就增大。

（8）跳跃上升时间（UP）：在电火花成型加工过程中，为了排除电蚀废屑，工具电极要进行往复跳跃运动（抬刀）。这样加工的稳定得到保证。设定跳跃上升时间的参数是 UP。UP 值增大，排屑状况改善，加工稳定，生产效率降低。

（9）工具电极极性（PO）：铜电极对钢，或钢电极对钢，选"＋"极性；铜电极对铜，或石墨电极对铜，或石墨电极对硬质合金，选"－"极性；铜电极对硬质合金，选"＋"或"－"极性都可以；石墨电极对钢，加工半径为 15 μm 以下的孔，选"－"极性；加工半径为 15 μm 以上的孔，选"＋"极性。

3. 工作液槽充油

一切准备好后，可给工作液槽充油（工作液）。油面高低可根据加工的面积及粗、中、精规准确定，一般高出工件表面 20～100 mm。并调好冲油或抽油的压力大小，如果冲油压力过大，将造成液压头受反作用力过大，且会增加电极损耗；抽油力过大容易引起油杯内空洞，引起放炮现象，抽力过小则排屑条件不好，加工不稳定。

适宜的排屑是保证加工稳定顺利进行的关键。一般排屑常采用在电极或工件上进行冲油（喷流）、抽油（吸流），电机与工件间侧冲油，以及利用抬刀过程进行挤压排屑等方式进行。对排屑不良的情况，如在盲孔和在电极或工件上没有冲油孔的型腔加工中，应采用定时抬刀或自适应抬刀以利于排屑。若要求表面粗糙度越小，则每分钟抬刀次数也应越多。

型腔模加工大多采用上冲油形式，冲油压力一般为 49 kPa。冲油压力过大，电极损耗大，过小则排屑条件不好。型腔加工的深度控制与冲模不一样，主要是按被加工型腔的尺寸要求来定。

11.2.5 电火花成型机的操作（以宝玛 EDM-2000 为例）

1. 控制面板

不同的品牌电火花成型机有不同的控制系统，其操作面板的形式也不相同，但其各种开关、功能及操作方法略有相同。图 11-39 所示为宝玛 EDM-2000 型号的控制面板。

2. 机床的操作

以下通过上述机床为例子，简要介绍电火花成型机的操作方法。加工样例采用图 11-40 所示的小汽车铜电极，该电极尺寸为 15L×6W×5H，单位为 mm，安装好铜电极和工件后，需要加工的深度为 5 mm。

（1）开　机

首先检查机床状态是否正常，然后拉起控制面板上的急停按钮，顺时针旋转机床的主电源旋钮，等待机器进入操作系统。

（2）对　刀

通过控制机床 X 轴和 Y 轴的进给手柄，使铜电极位于工件的上方，再通过手持遥控面板（见图 11-41）上的"Z+"，使铜电极的下表面靠近工件的上表面。当铜电极将要贴近工件时，逆时针旋转调节 Z 轴的向下进给倍率，使铜电极缓慢跟工件上表面接触。当听到警报声后，碰边指示灯亮，这时按一下"Z−"，随即消除警报，对刀过程完毕。

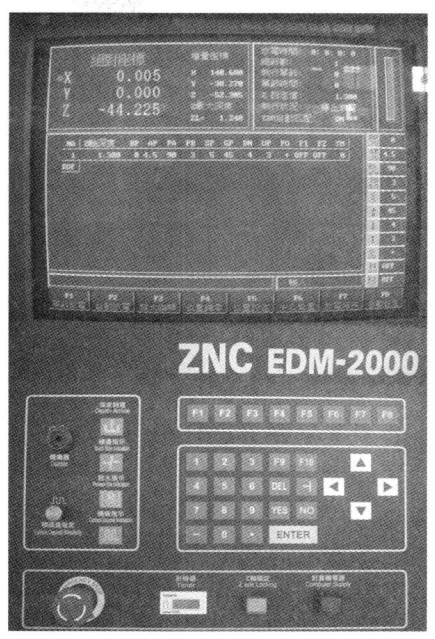

图 11-39　宝玛 EDM-2000 控制面板

图 11-40　汽车铜电极

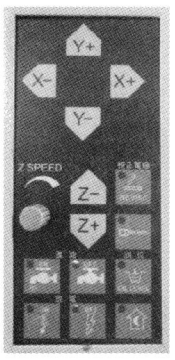

图 11-41　手持遥控面板

（3）绝对坐标清零

机器控制面板上的"F4 位置归零"按钮，显示光标移动到绝对坐标中的 X 轴，屏幕提示"X 轴是否归零 Y/N"，按"YES"，X 轴绝对坐标变成零。然后按控制面板上的"▽"，分别将光标移动到绝对坐标中的 Y 轴和 Z 轴，同样按"YES"，将 Y 轴和 Z 轴的绝对坐标归零。

（4）设定加工深度

按"F3 程式编辑"，进入参数设定菜单，按"F1 插入"，添加 6 段放电参数，加工深度分别为 4.0、4.5、4.7、4.8、4.95、5.0，每输入完一个加工深度后按【Enter】键，然后通过"F3 条件减少"和"F4 条件增加"，分别设置这 6 段程序中的 AP（峰值电流）和 PA（脉宽），其他参数自动匹配。设定原则为前端粗加工，后段精加工，AP 和 PA 数值逐渐减少。图 11-42 所示为电火花成型机加工放电参数设定。

NO	Z轴深度	BP	AP	PA	PB	SP	GP	DN	UP	PO	F1	F2	TM
1	4.000	0	6	150	3	5	45	3	2	+	OFF	OFF	0
2	4.500	0	4.5	120	3	5	45	3	2	+	OFF	OFF	0
3	4.700	0	4.5	90	3	5	45	3	2	+	OFF	OFF	0
4	4.800	0	3	60	3	5	50	2	2	+	OFF	OFF	0
5	4.950	0	3	30	2	5	50	2	2	+	OFF	OFF	0
6	5.000	0	1.5	15	2	5	50	2	2	+	OFF	OFF	0
EOF													

图 11-42　电火花成型机加工放电参数设定

（5）加　工

参数设定好后，按“F8 跳出”，回到主界面，然后按“F2 自动放电”，再通过手提遥控面板，把“进油 ON”打开，由于该铜电极尺寸较小，不需要采用工作液浸泡的方法，可直接采用冲油的形式，因此，这时需要人工选择“油位”，让其工作灯亮，最后按“放电 ON”，机器开始放电加工零件。

（6）关　机

工件加工完毕后，机器控制面板上“深度到达”指示灯会亮，同时会有警报声，这时按一下手提遥控面板上的“Z－”，声音消除后，卸下工件，清理机床，然后逆时针旋转机床的主电源旋钮关机。

11.3　电火花穿孔机加工

11.3.1　电火花穿孔机加工的基本原理

电火花穿孔机是利用电火花加工原理，加工尺寸小于 5 mm 的孔的电火花加工机床。用于加工中小型冲模，其加工特点是不受金属材料硬度的限制，可先将模板淬火后用本机加工所需要的孔型，以保证加工质量和提高使用寿命。工具电极材料采用钢、铸铁、铜均可。

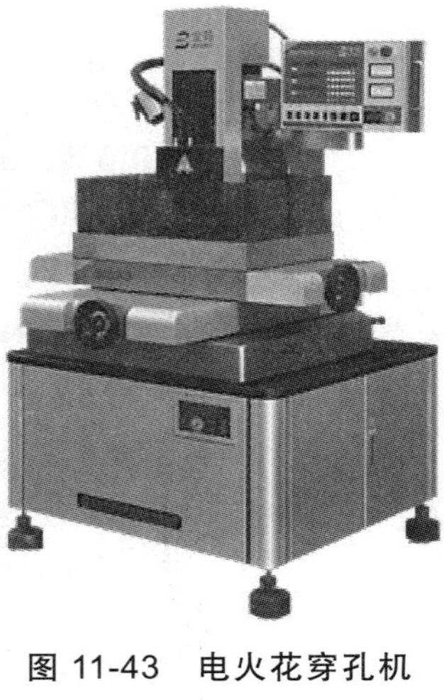

图 11-43　电火花穿孔机

穿孔机根据应用的介质不同大致分为两种，一种是液体穿孔机，如图 11-43 所示，由于液体加工时要通过铜棒小孔，可能堵塞铜棒小孔，所以最小可加工 0.15 mm 的细孔，深度也只能加工 350 mm。另外一种是气体穿孔机，采用气体作为经过铜棒小孔的介质，所以不易被堵塞，可加工更精密的小孔。

穿孔机的工作原理是利用连续移动的细金属管状（称为电极丝）作电极，与电火花线切割机床、成型机不同的是，它电脉冲的电极是空心铜棒，如图 11-44 所示。对工件进行脉冲火花放电蚀除金属、切割成型。管状电极加工时电极作回转和轴向进给运动，管电极中通入 1～5 MPa 的高压工作液，如图 11-45 所示。由于高压工作液能迅速将电极产物排除，且能强化火花放电的蚀除作用，此加工方法的最大特点是加工速度高，一般小孔加工速度可达 60 mm/min 左右，比普通钻孔速度还要快。最适合加工 0.3～3 mm 的小孔且深径比可超过 100，最小可加工 0.015 mm 的小孔，也可加工带有锥度的小孔，被广泛使用在精密模具加工中，一般被当作电火花线切割机床的配套设备，用于电火花线切割加工的穿丝孔、化纤喷丝头、喷丝板的喷丝孔、滤板、筛板的群孔、发动机叶片、缸体的散热孔、液压、气动阀体的油路、气路孔等，同时可用于加工超硬钢材、硬质合金、铜、铝及任何可导电性物质的细孔。

图 11-44　空心铜棒

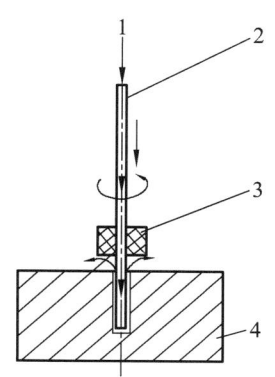

图 11-45　电火花小孔放电机加工原理示意图
1—高压工作液；2—管电极；3—导向器；4—工件

11.3.2　电火花穿孔机加工的特点

（1）电火花穿孔机床脉冲放电的能量密度高，可加工特殊材料和复杂形状的工件。加工时不受材料硬度和热处理状况影响。

（2）脉冲放电持续时间极短，放电时产生的热量传导扩散范围小，材料受热影响范围小。

（3）加工时，工具电极与工件材料不接触，两者之间宏观作用力极小。

（4）加工工艺简单，机床操作方便，降低了工人劳动强度。

11.3.3　小孔放电机的操作（以宝玛 BMD703 为例）

1. 控制面板

宝玛 BMD703 小孔放电机的控制面板如图 13-28 所示。

2. 机床的操作

以宝玛 BMD703 小孔放电机例，简要介绍小孔放电机的操作。

加工采用 ϕ1.0 mm 的空心铜棒，在 20L×10W×10H（单位 mm）的铝材上加工深度为 6.5 mm 深的小孔。

（1）开　机

首先检查机床状态是否正常，然后拉起控制面板上的急停按钮，启动绿色电源键，等待机器进入操作系统。

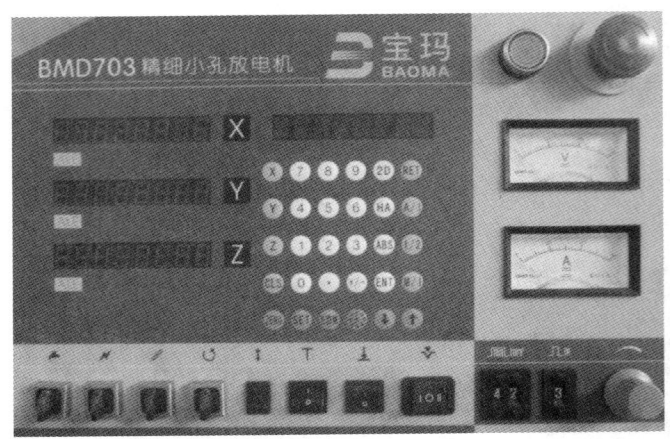

图 11-46　宝玛 BMD703 精细小孔放电机控制面板

（2）对　刀

由于加工的铝材尺寸较小，不能直接把工件放在导轨上，避免空心铜棒在加工时旋转引起位置偏移，因此需要用夹具将工件固定。通过控制机床 X 轴和 Y 轴的进给手柄，使空心铜棒位于工件的上方，然后在机床立柱上按白色按钮调节 Z 轴使放电电极逐渐靠近工件上表面。当电极将要贴近工件时，点动白色按钮，两者接触后停止按动，对刀过程完毕。

（3）绝对坐标清零

每次加工前，必须要设定加工起点，一般设定为坐标原点，即分别将 X、Y、Z 三个坐标轴清零。在机床控制面板上，按蓝色"X"按钮，再按"CLS"，把 X 轴清零；按蓝色"Y"按钮，再按"CLS"，把 Y 轴清零；按蓝色"Z"按钮，再按"CLS"，把 Z 轴清零。

（4）加　工

加工前先设定要加工的深度，按照上述加工要求，深度设定为 6.5mm。在机床控制面板上，按"EDM"，屏幕进入深度设定界面，输入"6.5"后"ENT"确定。然后，依次从左到右打开三个加工参数，分别为"冷却水打开""脉冲放电""Z 轴旋转"，如图 11-47 所示顺时针旋转开关。三个指示灯都亮时，在控制面板上按橙色"↓"按钮，即可开始加工。

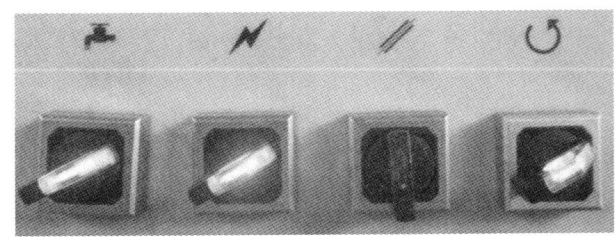

图 11-47　小孔放电机三个加工参数

（5）关　机

工件加工完毕后，空心铜棒会自动提高 10 mm 的安全高度，将以上三个加工参数按钮从右到左逆时针旋转，然后将工件从夹具中取出，清理机床，最后将控制面板上的急停开关按下使机床关机。

思考与练习

1. 简述数控电火花成型加工的基本原理。
2. 简述电火花成型加工机床的分类方法。
3. 电火花成型机床由哪几部分组成？
4. 简述数控线切割机床的加工原理。
5. 电火花线切割加工主要应用于哪些领域？
6. 电火花线切割加工机床由哪几部分组成？

第 12 章 激光加工

12.1 激光及其加工系统

与普通光源相比,激光具有高亮度、高方向性、高单色性和高相干性等优异特性。激光的优异性能来源于其受激辐射的本质特征。

激光加工主要利用激光与材料相互作用的热效应。在加工过程中,激光通过光学系统的变换,可以对被加工对象实现不同能量密度的辐射,使材料升温而产生固态相变、熔化或汽化等现象,实现各种加工。激光加工与传统的机械加工相比,加工速度快,热影响区小、变形小,尤其适合高熔点、高硬度、脆性材料和复合材料的加工,能对零部件局部进行精确处理,与电子技术和精密机械相结合,易于实现自动化加工。

激光如果通过透镜将其聚焦成直径为几十微米到几微米的极小光斑,使能获得极高的能量密度($10^8 \sim 10^{10}$ W/cm^2)。当激光照射在工件表面时,光能被工件吸收并迅速转化为热能,光斑区的温度可达 10 000 ℃ 以上,使材料熔化甚至气化,以达到加热和去除材料的目的,这就是激光加工。激光加工系统一般由激光发生器、导光系统和加工机床构成,激光加工原理如图 12-1 所示。

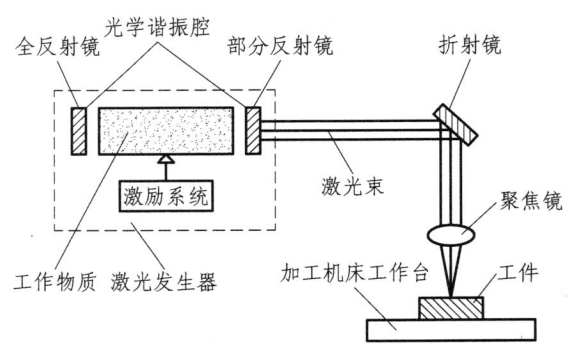

图 12-1 激光加工原理示意图

激光器主要由工作物质、激励系统、光学谐振腔三部分构成,是产生激光的实际装置,它使工作物质激活,产生受激放大作用,并使受激辐射维持,在腔内形成持续的振荡,最初由自发辐射产生的微弱光经过选择性受激放大,沿光轴的光得到优先强化,部分振荡光能耦合输出便成为激光。目前激光器种类繁多,适用于工业加工的激光器主要有 CO_2 激光器、YAG（掺铷钇铝石榴石）激光器和半导体激光器等。

12.2 激光加工应用

12.2.1 激光打孔

激光打孔是利用激光经过光学系统的整理、聚焦和传输,在焦点处获得直径为几十至几微米的细小光斑,使材料在焦点处瞬间产生高温而汽化,金属蒸气猛烈喷出而形成孔洞。激光打孔所需的激光功率密度为 $10^7 \sim 10^9$ W/cm^2,可对所有的金属材料和非金属材料进行打孔加工。激光打孔生产效率极高,是电火花加工效率的 12~15 倍,且能加工微细孔及异形孔。

激光打孔特别适用于各种硬质、脆性、难熔材料的加工。如在高熔点金属钼板上打微米级的孔、硬质合上打几十微米的小孔;宝石上加工几百微米的深孔及加工金刚石拉丝模、化学纤维的喷丝头等。这一类加工任务,用常规机械加工方法很难甚至根本不可能进行加工,而激光打孔却比较容易实现。

12.2.2 激光切割

在激光打孔的基础上,令打孔光束与材料产生相对移动,使孔洞连续形成切缝,称为激光切割。激光切割可切割各种材料,不受材料的硬度影响。切割金属时,深宽比可达 20∶1 左右;对非金属可达 100∶1 以上。精度高,工件基本没有变形,且速度快。如切割丙烯板材的效率为机械切割法的 7 倍,切割钛合金板材的效率比氧-乙炔切割方法的效率提高 30 倍,而热影响区仅为氧-乙炔切割的 1/10,成本可降低 70%~90%。

激光切割可实现高难度、复杂形状的自动化加工,且与计算机结合,可整张板排料,节省材料,特别适应多品种小批量生产的要求。

12.2.3 激光焊接

激光焊接是将高强度的激光束辐射至待焊工件结合处,使该处材料熔化而形成焊缝。是一种高质量的精密焊接方式,所需的功率密度为 $10^5 \sim 10^8$ W/cm^2。

激光焊接与其他焊接相比,具有焊缝强度高、深宽比大、变形小、无污染等优点,可焊接难熔材料如钛合金、石英等,并能对异种材料施焊。焊接后一般不需后续加工,生产效率高,易于实现自动化生产。

激光焊接主要用于仪表、仪器、电器、半导体工业精密微型焊接,例如:激光焊接集成电路引线、钟表游丝、显像管电子枪等。也广泛用于机械、汽车、航空等工业的大件焊接,如金刚石锯片、轿车车厢、汽车同步齿轮等部件的焊接。

激光加工中还包括了激光热处理、激光钻孔、激光微调等。

12.3 激光加工操作步骤及实例解析

12.3.1 激光雕刻

1. 图像处理

图片格式为 JPG、GIF、PNG、PSD 的图片需要处理成 BMP 格式，才能在机器上进行雕刻、切割。各种格式可应用美图秀秀、Photoshop 等软件处理。

用 Photoshop 来处理图片是雕刻中最常用的软件，较简单的图片直接灰度化就能进行加工了。

步骤如下：

第 1 步　文件—打开。

第 2 步　图像—模式—灰度，如图 12-2 所示。

图 12-2　步骤图

较复杂的图片就要进行更多的处理了，常用的图片处理方法如下：

第 1 步　文件—打开。

第 2 步　图像灰度化，图像—调整—亮度\对比度，如图 12-3 所示。

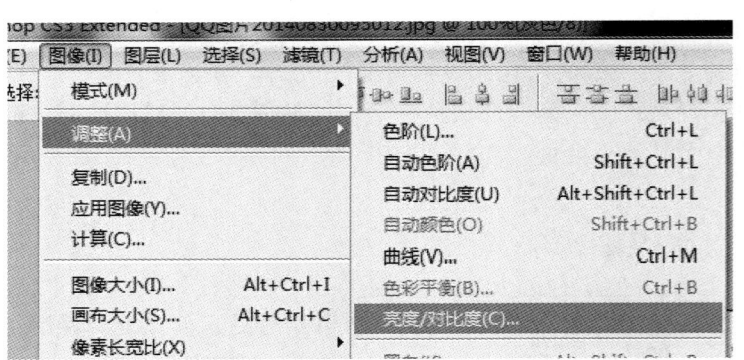

图 12-3　步骤图

直接用 Photoshop 进行雕刻，能把要雕刻的图片清楚地加工出来，一般用来加工照片或较精细的图片。但加工完成后把成品从材料上切割下来是 Photoshop 加工的一个缺陷，图片不能一次性的加工完成，后序的加工还要利用 CorelDrawX4 软件来完成切割。要在不同的软件用找出同一位置是切断的关键。操作步骤如下：

第 1 步　文件—打印，找出图片的大小和相对位置，如图 12-4 所示。

图 12-4　步骤图

第 2 步　确定图片的大小和相对位置，如图 12-5 所示。

  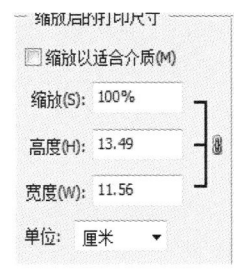

图 12-5　步骤图

第 3 步　打开 CorelDrawX4，选择"ILS-3NM"，设置加工界面大小为

第 4 步　单击画矩形的图标 ，在界面里画一个矩形，鼠标右键单击调色板上的色块，边框变成要进行切割加工的颜色即可。

第 5 步　在界面 中用键盘输入相同的数据即可。

第 6 步　单击文件—打印，设置好机器参数，文件输出到机器，操作机器进行加工。

2. CorelDrawX4 软件处理图像及打印

导入图片，步骤如下：

第 1 步　左上角文件—导入（或者复制粘贴）。

第 2 步　点击图片，单击左上角纸张大小，选择"ILS-3NM"修改参数，设置图片的大小。

第 3 步　单击图片，点击工具栏的"位图—转换为位图—颜色—黑白（1 位）"，设置成单色位图。

第 4 步　单击画矩形的图标 ▭，在图片周围画一个矩形，鼠标右键单击调色板上的色块，边框设置为要加工的颜色就可以。

第 5 步　单击文件—打印，设置好机器参数，文件输出到机器，操作机器进行加工。

3. 实例解析

第 1 步　打开 CorelDrawX4 软件，选择新建。

第 2 步　单击 ，在下拉菜单中选择"ILS-3NM" ，导入图片。

第 3 步　点击图片，设置大小，如图 12-6 所示，大小设置成宽与设备加工界面相同大小。

图 12-6　设置图片大小

第 4 步　单击图片—位图—转换位图—颜色—黑白（1 位），再点击"确定"按钮即可。

第 5 步　单击左面的"矩形工具" ▭，在图片周围画一个矩形，右键单击调色板上的红色，如图 12-7 所示。

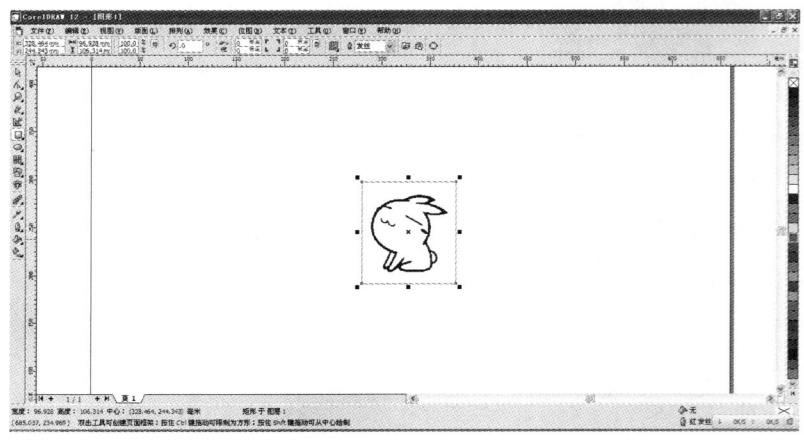

图 12-7　制图片外框

第 6 步　点击图片，单击左面的"椭圆工具"，在左上角画一个圆，在左上角将大小设置为宽 4 mm，高 4 mm，单击圆，右键单击调色板上的绿色，如图 12-8 所示。

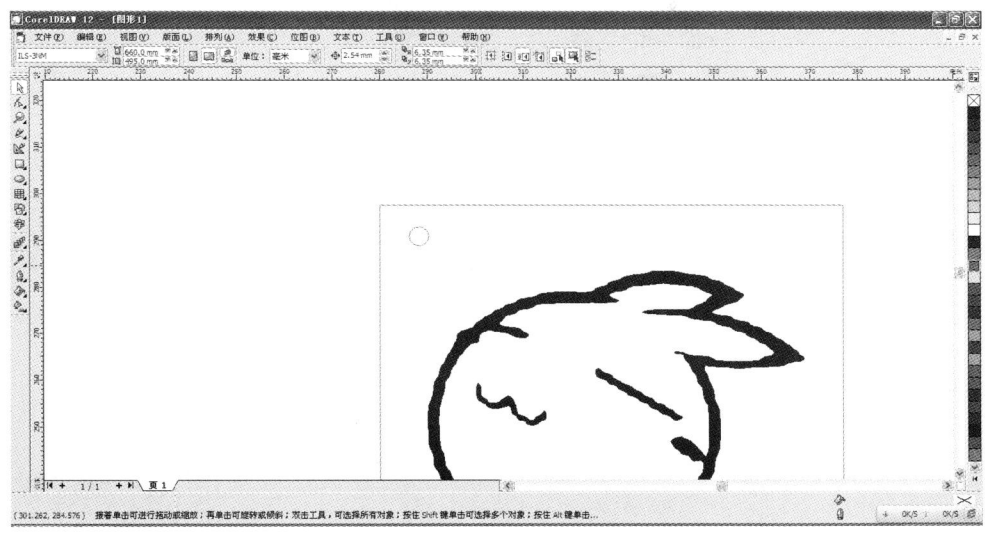

图 12-8　绘制图片内部图形

第 7 步　点击文件—打印—属性。弹出如图 12-9 所示的加工参数设置界面，将雷射设定中黑色图标功率设为 72%，速度设为 91%；红色图标功率设为 91%，速度设为 1%；绿色图标功率设为 91%，速度设为 1%。

图 12-9　加工参数设置

第 8 步　模式设定。在切割雕刻选项里，切割框打勾，选择红色、绿色；雕刻框打勾，选择黑色。最后依次点击确定—应用—打印即可，如图 12-10 所示。

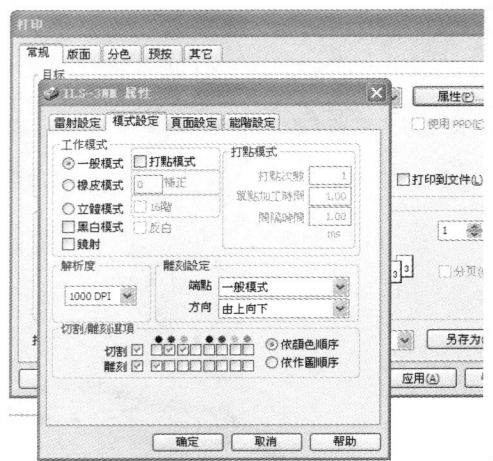

图 12-10　加工模式设置

12.3.2　激光切割

与激光雕刻不同，激光切割是在图文的外轮廓线上进行的。

激光切割技术广泛应用于金属和非金属材料的加工中，可大大减少加工时间，降低加工成本，提高工件质量。激光切割是应用激光聚焦后产生的高功率密度能量来实现的。与传统的板材加工方法相比，激光切割具有较高的切割质量、较高的切割速度、较高的柔性（可随意切割任意形状）、广泛的材料适应性等优点。

12.3.3　激光熔化切割

在激光熔化切割中，工件被局部熔化后借助气流把熔化的材料喷射出去。因为材料的转移只发生在其液态情况下，所以该过程被称作激光熔化切割。

激光光束配上高纯惰性切割气体促使熔化的材料离开割缝，而气体本身不参与切割。激光熔化切割具有以下特点：

（1）激光熔化切割可以得到比气化切割更高的切割速度。气化所需的能量通常高于把材料熔化所需的能量。在激光熔化切割中，激光光束只被部分吸收。

（2）最大切割速度随着激光功率的增加而增加，随着板材厚度的增加和材料熔化温度的增加而呈反比例地减小。在激光功率一定的情况下，限制因数就是割缝处的气压和材料的热传导率。

（3）激光熔化切割对于铁制材料和钛金属可以得到无氧化切口。

（4）对于钢材料来说，产生熔化但不到气化的激光功率密度为 $10^4 \sim 10^5 \ W/cm^2$。

12.3.4　激光火焰切割

与激光熔化切割不同，激光火焰切割使用氧气来作为切割气体，借助氧气和加热后的金属之间的相互作用,产生化学反应使材料进一步加热。对于相同厚度的结构钢,采用激光火焰切割得到的切割速率比激光熔化切割要高。

但是,激光火焰切割和激光熔化切割相比存在切口质量差,会生成更宽的割缝、较高的粗糙度、增大热影响区和较差的边缘质量。在激光功率一定的情况下,限制因数就是氧气的供应和材料的热传导率。

12.3.5 激光气化切割

在激光气化切割过程中,材料在割缝处发生气化,此情况下需要非常高的激光功率。

为了防止材料蒸气冷凝到割缝壁上,材料的厚度不可超过激光光束直径太多。激光气化切割适合于必须避免有熔化材料排除的情况下,例如铁基合金的切割。不能用于那些没有熔化状态且不太可能让材料蒸气再凝结的材料,如木材和某些陶瓷。

激光气化切割具有以下特点:
(1)在激光气化切割中,最优光束聚焦取决于材料厚度和光束质量。
(2)激光功率和气化热对最优焦点位置只有一定的影响。
(3)所需的激光功率密度要大于 10^8 W/cm^2,并且取决于材料、切割深度和光束焦点位置。
(4)在板材厚度一定的情况下,假设有足够的激光功率,最大切割速度受到气体射流速度的限制。

12.3.6 激光切割实例解析

激光切割通常在木材、亚克力、纸张等材料上进行穿透切割,也可在多种材料表面进行打标操作。下面用大象笔盒进行实例解析。

第 1 步　分析模型构成。用 AutoCAD 等软件绘制各零部件,并把图像转换成 DXF 格式,如图 12-11 示。

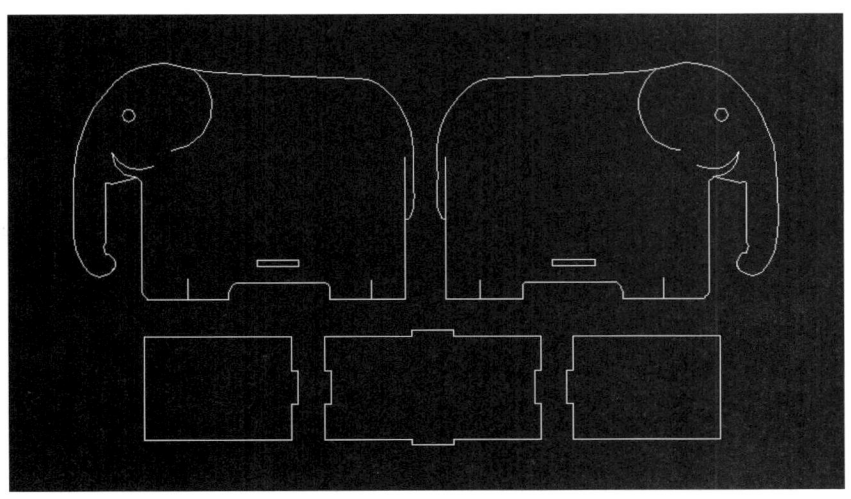

图 12-11　绘制平面图形

第 2 步 将 DXF 文件导入电脑，设置好切割参数并进行加工。在激光机里切割出各个零部件，如图 12-12 示。注意：模型尺寸是否适当，与槽口尺寸配合是否正确。

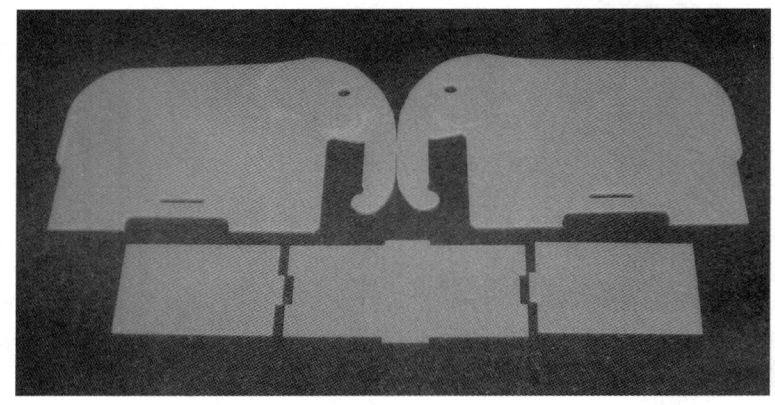

图 12-12 激光切割零件

第 3 步 组装模型。除了固有的装配关系，组装模型时，可用胶水给予辅助装配，如图 12-13 示。

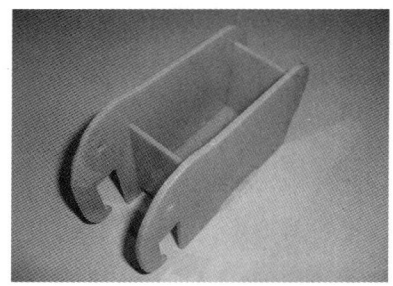

图 12-13 组装模型

第 4 步 通过不同颜色材料的拼贴和装配可加工完成多样化的作品，如图 12-14 示。

图 12-14 光切割作品展示

12.3.7 激光内雕机及实例解析

1. 激光内雕机

在水晶礼品的柜台前，经常看到一些内部雕刻有一些图案的玻璃、水晶工艺品。欣赏这些璀璨夺目、晶莹剔透的水晶制品时，很多人心里会问，这些图案是怎么雕刻进去的呢？其实，通常见到的工艺品大多不是真正的水晶，而是人造水晶（也称水晶玻璃），如图 12-15 所示。"激光"则是对人造水晶进行"内雕"最有用的工具。内雕机发展到现在衍生出了白色激光内雕、单色着色激光内雕、多色着色激光内雕等技术。

激光之所以能在透明物体内产生损伤点，主要是利用材料对高强度激光的非线性"异常吸收"现象。

传统的白色激光内雕的原理主要是利用纳秒脉冲激光器（通常是铭铝石榴石激光的基频、倍频或 3 倍频），把激光聚焦在玻璃内部，通过扫描实现三维（3D）内雕。要实现激光雕刻，在玻璃中激光聚焦点的激光能量密度必须大于使玻璃破坏的临界值，称为损伤阈值。而激光在该处的能量密度与它在该点光斑的大小有关。对于同一束激光来说，光斑越小所产生的能量密度越大。通过聚焦，可以使激光的能量密度在到达要加工区之前低于玻璃的破坏阈值，而在希望加

图 12-15　水晶内雕作品

工的区域则超过这一临界值。脉冲激光的能量可以在瞬间使玻璃受热炸裂，从而产生微米至毫米数量级的微裂纹，由于微裂纹对光的散射而呈白色。通过已经设定好的计算机程序控制，在玻璃内部雕刻出特定的形状，玻璃的其余部分则保持原样。

激光内雕机是一种集激光技术、机械设计技术、计算机技术、电子技术、三维控制技术、传动技术为一体的高科技设备，其系统组成如图 12-16 示。

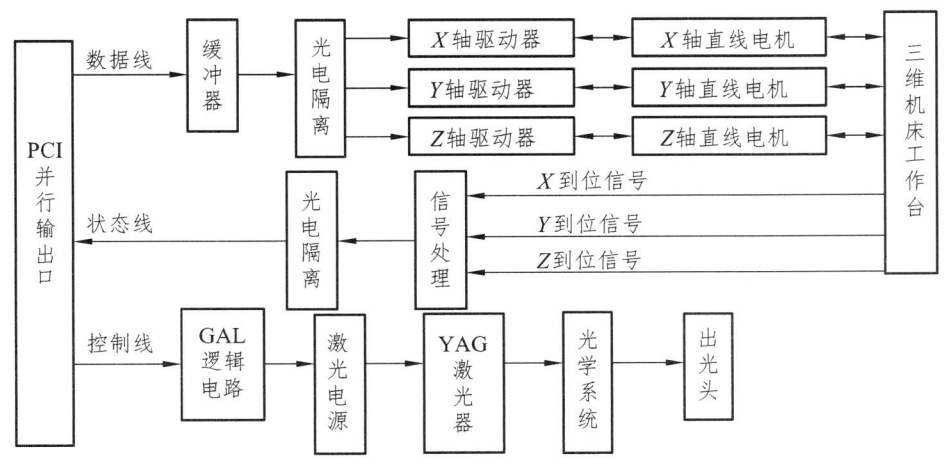

图 12-16　激光内雕机系统组成

2. 实例解析

下面以 CRYSZOVE B2 绿激光内雕机为例进行实例分析。

CRYSLOVE B2 绿激光内雕机主要用于 3D 图形和 2D 图片的水晶内部雕刻。机器采用先进的半导体泵浦激光器，振镜扫描方式，具有雕刻速度快，稳定性好，图形雕刻精细等特点。CRYSLOVE B2 设计紧凑小巧、美观大方，用电省能耗小，环保无污染，如图 12-17 所示。

图 12-17　CRYSLOVE B2 绿激光内雕机

（1）CRYSLOVE 绿激光内雕机组成。

雕刻机主机：激光器，激光器电源，工作台和配套电路。

控制系统：电脑或者笔记本（USB）控制。

（2）主要技术参数。

激光波长：532 nm；

冷却方式：风冷；

雕刻范围：120 mm × 120 mm × 80 mm；

激光最高频率：2 500 Hz（2 500 点/秒）；

分辨率：500 dpi；

整机最大耗电功率：600 W；

主机尺寸：750 mm × 480 mm × 635 mm；

整机重量：95 kg。

（3）应用范围和材料。

水晶工艺品礼品加工；个性化水晶礼品加工（搭配 3D 数码相机）；亚克力、玻璃和透明材料的加工。

（4）案例解析。

放置物料的平台一般用黑色胶纸铺满整个加工界面，是为了防止光的折射。

第 1 步　打开 Mgraver.exe 。加工前，在工作界面中画一个矩形框，形状大小根据水晶材料的大小而定。本案例用的材料为 50 mm × 50 mm × 80 mm 的标准水晶材料，在界面中画一个长为 80 mm、宽为 50 mm 的矩形框，画好后生成点云格式，点击界面上方的雕刻

。在弹出的对话里修改参数　　　　对话框中，将物料高度改为 1，去掉内部填充前的

"√"　　　　其余参数不变。点击右方的雕刻，即在黑胶纸上留下一道矩形框的痕迹。放置

物料在矩形框上，用磁石固定。(有些内雕机的工作台面上安装了夹具，以上部分可以省略)。

第 2 步　导入需雕刻的图片。直接点击界面上方的导入图标或用菜单上的文件—导入。导入图片后的样效果，如图 12-18 所示。

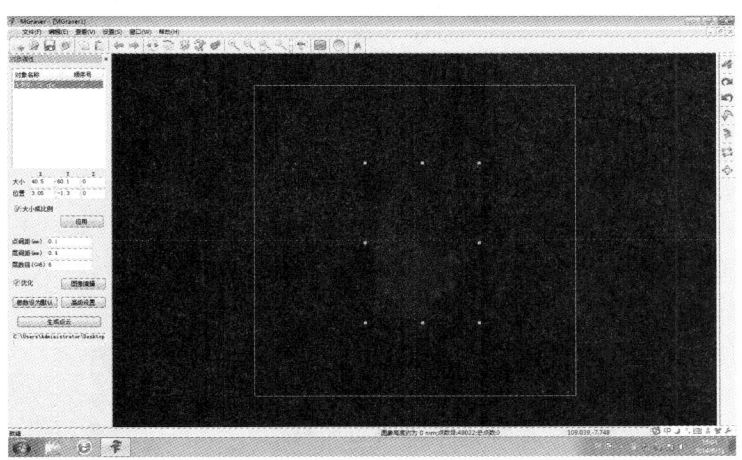

图 12-18　导入图片效果图

第 3 步　生成点云格式，。生成点云格式后图片会由之前的蓝色变成白色，如图 12-19 所示。

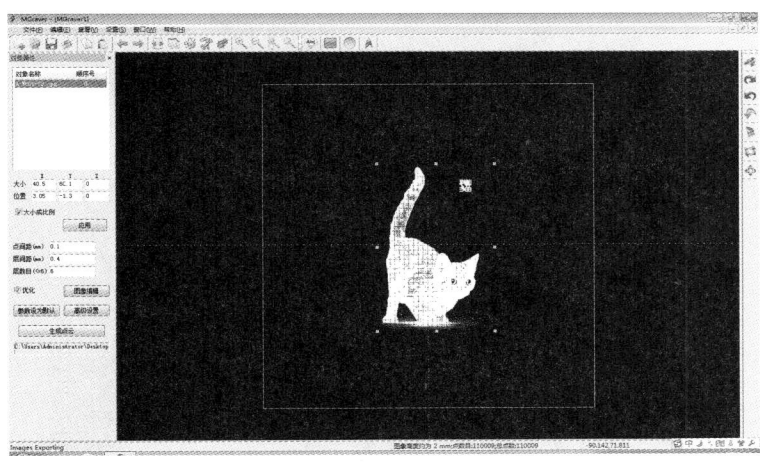

图 12-19　生成点云格式的图片

第 4 步　点击右方居中以确定图片的位置在正中心位置。居中后图片的"X""Y" "Z"位置为"0"，图上的大小为导入图片的大小，视材料的大小而定。

第 5 步　点击上方的雕刻，在弹出的界面中，将物料高度修改为 50，点击工作台回零。等到工作台回零后点击右方的，即可完成图案的加工。

3. 雕刻过程中出现的问题及解决方案

雕刻中会经常遇到球面体、矩形体和圆柱体形状等图形，有些特殊形状需用特殊的模具来完成雕刻。在雕刻中出现的问题及其解决方案如下：

（1）打裂水晶块的现象。

主要原因：打标电流过大，生成点云的密度过大或两个平行面的面积过大且间距过小，打标点过于集中。

解决方案：减小雕刻电流，电流范围为 17.4～19.6 A。在点云形成时增大点间距，如由 0.2 mm 增大到 0.3 mm，可明显降低水晶块被打裂的破损率；增大有效矢量步长值。

（2）雕刻后图形侧面不够清晰。

主要原因：激光在水晶块内烧蚀的斑痕在三维上不是点，而在 XY 平面上是点，在 YZ、XZ 平面上是很小的线段，从而导致图形侧面的清晰度稍差。

（3）雕刻后的图案的右侧比同平面的图形偏高，如图 12-20 所示。

图 12-20　图案右侧偏高

主要原因：Z 轴的移动与激光在 XY 平面扫描雕刻不同步，或振镜扫描器的反射镜超出平面扫描范围。

解决方案：对整机运动控制部分和位置进行调整。

（4）雕刻后图案侧面出现一条密度不均的细线，如图 12-21 所示。

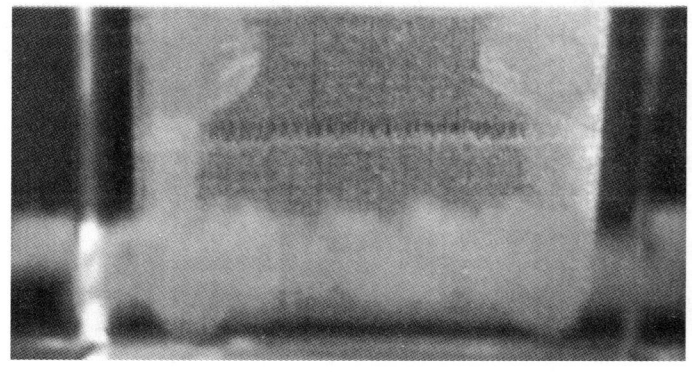

图 12-21　平面密度不均的细线

主要原因：Z 轴的移动与激光在 XY 平面扫描雕刻不同步。

解决方案：增大形成点云时的层间距可得到改善，对整机运动控制部分和位置进行调整。

（5）雕刻前图案是正的，雕出后图案是反的。

主要原因：XY轴方向设置不正确。

解决方案：在雕刻软件的"校正设置"中选择"用户自定义坐标系方式"选择合适的坐标系。

（6）编辑时球体图形出现缺失现象。

主要原因：DXF格式只支持64 000个面，有些图形的面数超过64 000个面，在导出时会被计算机自动忽略。

解决方案：在3D MAX的修改器中进行优化，减少面数。

（7）雕刻出的图形出现部分缺失现象。

主要原因：水晶块表面有污垢，手印等阻挡了激光。

解决方案：雕刻中保持水晶块表面的整治。

思考与练习

1. 简述激光加工及其系统组成。
2. 简述激光加工的应用。
3. 请结合实际生活，想想激光加工还有其他什么应用？

第 13 章 3D 打印技术

13.1 3D 打印的基本知识

13.1.1 3D 打印技术概述

3D 打印（3D Printing），是快速成型技术中的一种。快速成型技术也称快速原型制造（Rapid Prototyping Manufacturing，RPM）技术、增量制造技术或者增材制造技术（Additive Manufacturing，AM）。快速成型技术是一种以数字模型文件为基础，以材料逐层累加的方式制造实体零件的高新制造技术，它不再需要传统的刀具、夹具和机床等就可以打造出任意形状的产品。这种根据零件或物体的三维模型数据，通过成型设备以材料累积的方式制成实物模型的技术，被认为是近 20 年来制造领域的一个重大成果，它集多种技术于一身，如图 13-1 所示。

快速成型技术可以自动、直接、快速、精确地将设计思想变为具有一定功能的原型或直接制造出零件，从而为零件原型制作、新设计思想和校验等方面提供了一种高效、低成本的实现手段。

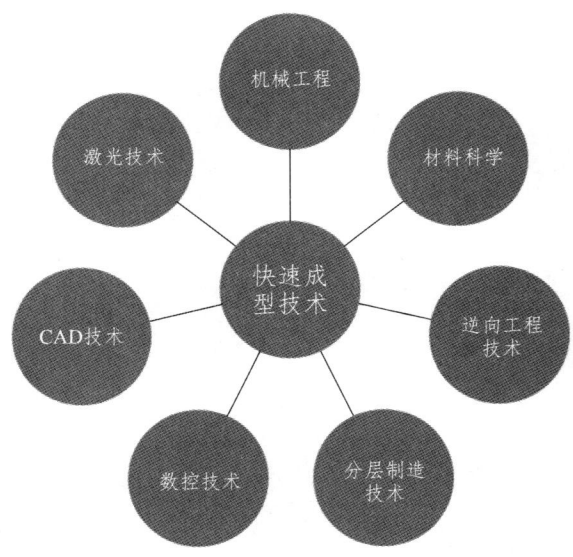

图 13-1 快速成型技术集成

因所使用的成型材料、成型原理和系统特点不同,构成了不同种类的快速成型系统。但这些快速成型系统的基本原理都是:分层制造,逐层叠加。快速成型系统就像一台"立体打印机",因此得名 3D 打印机。

13.1.2　3D 打印的原理

3D 打印是根据零件的形状,每次制作一个具有一定微小厚度和特定形状的截面,然后再把它们逐层粘接起来,最终得到所需的零件。整个制造过程可以形容为一个"叠加"的过程。当然,这个过程是在计算机的控制下,由 3D 打印机系统自动完成的。

日常生活中使用的普通打印机可打印电脑设计的平面物品,3D 打印机与普通打印机的工作原理基本相同,只是打印材料不同。普通打印机的打印材料是墨水和纸张,而 3D 打印机内装有金属、陶瓷、塑料等作为"打印材料"。打印机与电脑连接后,通过电脑控制把"打印材料"一层层叠加起来,最终把电脑上的模型变成实物。通俗地说,3D 打印机是可以"打印"出真实的 3D 物体的一种设备,比如打印一个机器人、打印玩具车,打印各种模型,甚至是食物等等。之所以通俗地称其为"打印机"是参照了普通打印机的技术原理,因为分层加工的过程与喷墨打印十分相似,这项打印技术称为 3D 立体打印技术。

3D 打印的具体过程是通过计算机软件创建一个三维模型,通常是 STL 和 CAD 文件,再将模型数字化信息传给打印机,打印机对这个三维模型完成一系列的数字切片,进行分层,并将这些切片的信息传送到 3D 打印机上,然后将连续的薄型层面叠加起来,逐层打印,直到成型,如图 13-2 所示。

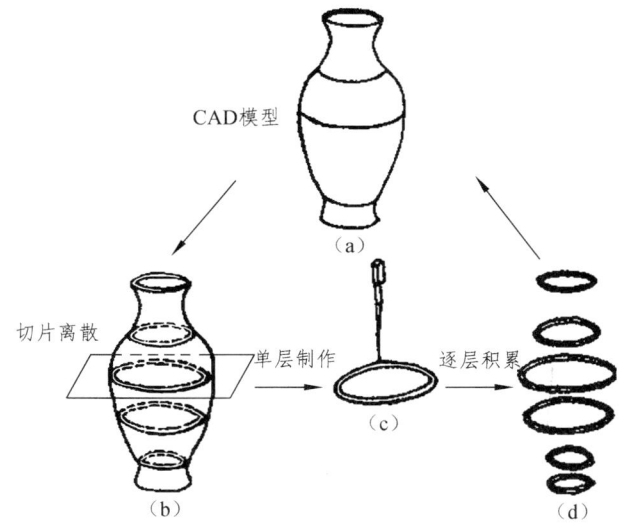

图 13-2　快速成型制作过程

13.1.3　3D 打印技术的特点与优势

3D 打印通常是采用数字技术材料打印机来实现的,它是一种以数字三维 CAD 模型设计文件为基础，运用高能束源或其他方式，将液体、熔融体、粉末、丝、片、板、块等特殊材料进行逐层堆积粘接，叠加成型，直接构造出物体的技术。常在模具制造、工业设计领域被用于制造模型，后逐渐用于一些产品的直接制造。3D打印技术在珠宝、鞋类、工业设计、建筑、工程施工、汽车、航空航天、牙科和医疗产业、教育以及其他领域都有所应用。

1. 技术特点

（1）数字制造：由零件数字模型直接驱动材料的堆积过程，可快速、高效和精确地再现三维模型。

（2）降维制造（分层制造）：在三维空间中进行二维加工、三维叠加，加工柔性极高、可加工极为复杂的零件。

（3）堆积制造：零件所有部分都通过材料的受控堆积成型，可对各个位置的材料微结构进行控制。

（4）直接制造：材料的制备过程可与零件的成型过程一体化，可解决难加工材料的成型问题。

（5）快速制造：省去铸锭、开坯、锻造、初加工等传统工艺，快速获得近净成型的零件。

2. 技术优势

（1）制造复杂物品不增加成本。就传统制造而言，物体形状越复杂，制造成本越高。对3D打印机而言，制造形状复杂的物品成本不增加，制造一个华丽且形状复杂的物品并不比打印一个简单的方块消耗更多的时间、技能或成本。制造复杂物品而不增加成本将打破传统的定价模式，并改变我们计算制造成本的方式。

（2）产品多样化不增加成本。一台3D打印机可以打印许多形状，它可以像工匠一样每次都做出不同形状的物品。传统的制造设备功能较少，做出的形状种类有限。3D打印省去了培训机械师或购置新设备的成本，一台3D打印机只需要不同的数字设计蓝图和一批新的原材料。

（3）无需组装。3D打印能使部件一体化成型。传统的大规模生产建立在组装线基础上，在现代工厂，机器生产出相同的零部件，然后由机器人或工人（甚至跨洲）组装。产品组成部件越多，组装耗费的时间和成本就越多。3D打印机通过分层制造可以同时打印一扇门及上面的配套铰链，不需要组装。省略组装就缩短了供应链，节省在劳动力和运输方面的花费。供应链越短，污染也越少。

（4）零时间交付。3D打印机可以按需打印。即时生产减少了企业的实物库存，企业可以根据客户订单使用3D打印机制造出特别的或定制的产品满足客户个性化需求。如果人们所需的物品按需就近生产，零时间交付式生产能最大限度地减少长途运输的成本。

（5）设计空间无限。传统制造技术和工匠制造的产品形状有限，制造形状的能力受制于所使用的工具。例如，传统的木制车床只能制造圆形物品，轧机只能加工用铣刀组装的部件，制模机仅能制造模铸形状。3D打印机可以突破这些局限，开辟巨大的设计空间，甚至可以制作目前可能只存在于自然界的形状。

（6）零技能制造。传统工匠需要当几年学徒才能掌握所需要的技能。批量生产和计算机控制的制造机器降低了对技能的要求，然而传统的制造机器仍然需要熟练的专业人员进行机器调整和校准。3D打印机从设计文件里获得各种指示,相较于做同样复杂的物品,3D打印机所需要的操作技能比注塑机少。非技能制造开辟了新的商业模式,并能在远程环境或极端情况下为人们提供新的生产方式。

(7)不占空间、便携制造。就单位生产空间而言,与传统制造机器相比,3D打印机的制造能力更强。例如,注塑机只能制造比自身小很多的物品,与此相反,3D打印机可以制造和打印与其一样大的物品。3D打印机调试好后,打印设备可以自由移动,打印机可以制造比自身还要大的物品。较高的单位空间生产能力使得3D打印机比较适合家用或办公使用,因为它们所需的物理空间小。

(8)减少废弃副产品。与传统的金属制造技术相比,3D打印机制造金属时产生较少的副产品。传统金属加工的浪费量惊人,大量的金属原材料被丢弃在工厂车间里。3D打印制造的浪费量较少。随着打印材料的进步,"净成型"制造可能成为更环保的加工方式。

(9)材料无限组合。对当今的制造机器而言,将不同原材料结合成单一产品是件难事,因为传统的制造机器在切割或模具成型过程中不能轻易地将多种原材料融合在一起。随着更多材料3D打印技术的发展,我们有能力将不同原材料融合在一起。以前无法混合的原料混合后将形成新的材料,这些材料色调种类繁多,具有独特的属性或功能。

(10)精确的实体复制。数字音乐文件可以被无休止地复制,音频质量并不会下降。未来,3D打印将数字精度扩展到实体世界。扫描技术和3D打印技术将共同提高实体世界和数字世界之间形态转换的分辨率,可以通过扫描、编辑和复制实体对象,创建精确的副本或优化原件。

13.1.4 3D打印技术分类

根据不同的成型原理,3D打印技术可以分为很多种类,如表13-1所示。

表 13-1 3D 打印技术分类

成型原理	技术名称
高分子聚合反应	激光立体印刷术(Stereo Lithography Apparatus,SLA)
	高分子打印技术(Polymer Printing,PP)
	高分子喷射技术(Polymer Jetting,PJ)
	数字化光照加工技术(Digital Lighting Processing,DLP)
烧结和熔化	选择性激光烧结技术(Selective Laser Sintering,SLS)
	选择性激光熔化技术(Selective Laser Melting,SLM)
	电子束熔化技术(Electron Beam Melting,EBM)
熔融沉积	熔融沉积造型技术(Fused Deposition Modeling,FDM)
层压制造	层压制造技术(Layer Laminate Manufacturing,LLM)
叠层实体制造	叠层实体制造技术(Laminated Object Manufacturing,LOM)

每种制造技术的具体原理都不太一样,但主要的制造思想是根据电脑数据制造出一层物体,然后逐层叠加,直至制造出整个立体的物品。

最常见的几种快速成型技术在零件精度、表面质量和生产效率等方面的比较，如表13-2所示。

表13-2 几种快速成型工艺方法的比较

指标	激光立体印刷技术	叠层实体制造技术	选择性激光熔化技术	熔融沉积造型技术
成型速度	较快	快	较慢	较慢
原型精度	高	较高	较低	较低
制造成本	较高	低	较低	较低
复杂程度	复杂	简单	复杂	中等
零件大小	中小件	中大件	中小件	中小件
常用材料	热固性光敏树脂等	纸、金属箔、塑料薄膜等	石蜡、塑料、金属、陶瓷等粉末	石蜡、尼龙、ABS、低熔点金属等

13.2 光固化快速成型技术

13.2.1 技术概述

光固化成型技术又称激光立体印刷术（Stereo Lithography Apparatus，SLA），是最早发展起来的快速成型技术，也是研究最深入、技术最成熟、应用最广泛的快速成型技术之一，也被称为立体光刻、立体印刷或光造型等。该工艺加工精度可达毫米级，多用于制作模型。

13.2.2 技术原理

光固化成型技术（SLA），主要使用光敏树脂作为材料，通过紫外光或者其他光源在液态光敏树脂表面进行扫描，每次生成一定厚度的薄层，从底部逐层生成物体。

光固化成型工艺的成型原理如图13-3示。液槽中盛满液态的光敏树脂，激光器发出的紫

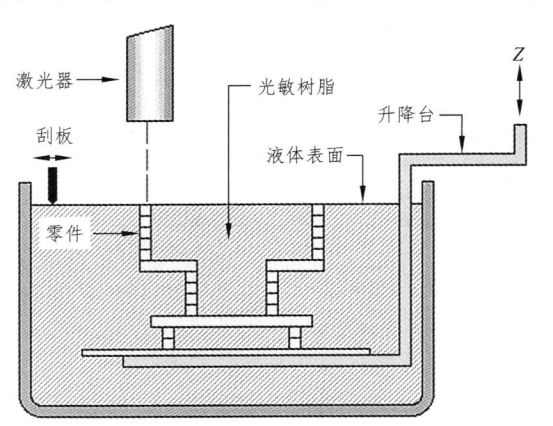

SLA成型原理

图13-3 光固化快速成型工艺原理图

外激光束在控制系统的控制下按零件的各分层截面信息在光敏树脂表面进行逐点扫描，使被扫描区域的树脂薄层产生光聚合反应而固化，形成零件的一个薄层。一层固化完毕后，工作台下移一个层厚的距离，以使在原先固化好的树脂表面再敷上一层新的液态树脂，刮板将黏度较大的树脂液面刮平，然后进行下一层的扫描加工，新固化的一层牢固地粘接在前一层上，如此重复直至整个零件制造完毕，得到一个三维实体原型。

因为树脂材料的高黏性，在每层固化之后，液面很难在短时间内迅速流平，这将会影响实体的精度。采用刮板刮切后，所需数量的树脂便会被十分均匀地涂覆在上一叠层上，这样经过激光固化后可以得到较好的精度，使产品表面更加光滑和平整。

13.2.3　技术特点

13.2.3.1　优　点

1. 尺寸精度高

光固化成型技术优势在于成型速度快、原型精度高，非常适合制作精度要求高、结构复杂的原型。光固化快速成型技术应该是 3D 打印技术中精度最高，成型表面也最光滑的，原型的尺寸精度可以达到 ±0.1 mm。

2. 成型过程自动化程度高

SLA 系统非常稳定，加工开始后，成型过程可以完全自动化，直至原型制作完成。

3. 优良的表面质量

虽然在每层固化时侧面及曲面可能出现台阶，但各表面仍可得到玻璃状的效果。

4. 可成型结构复杂、精度高的模型

可以制作结构十分复杂的模型、尺寸比较精细的模型，也可以直接制作面向熔模精密铸造的具有中空结构的消失型，制作的原型可以一定程度地替代塑料件。

13.2.3.2　缺　点

光固化快速成型技术尽管有其他快速成型不可替代的优势，但也有不足之处：

（1）光敏树脂原料有一定毒性，操作人员使用时需要注意防护。

（2）光固化成型的原型在外观方面非常好，但是强度方面尚不能与真正的制成品相比，一般主要用于原型设计验证方面，然后通过一系列后续处理工序将快速原型转化为工业级产品。

（3）光固化快速成型技术的设备成本、维护成本和材料成本都远远高于熔融沉积造型技术，因此，基于光固化技术的3D打印机主要应用在专业领域。

13.2.4　成型工艺及应用

13.2.4.1　成型工艺

光固化快速原型的制作一般可以分为前处理、原型制作和后处理三个阶段。

1. 前处理

前处理阶段主要是对原型的 CAD 模型进行数据转换、摆放方位确定、施加支撑和切片分层，实际上就是为原型的制作准备数据。下面以某一小扳手的制作来介绍光固化原型制作的前处理过程。

（1）CAD 三维造型

三维实体造型是 CAD 模型的最好展示，也是快速原型制作必需的原始数据源。没有 CAD 三维数字模型，就无法驱动模型的快速原型制作。CAD 模型的三维造型可以在 UG、Pro/E、Solidworks 等大型 CAD 软件以及许多小型的 CAD 软件上实现，图 13-4（a）所示为小扳手在 UG NX 2.0 上的三维造型。

（2）数据转换

数据转换是对产品 CAD 模型的近似处理，主要是生成 STL 格式的数据文件。STL 数据处理实际上就是采用若干小三角形片来逼近模型的外表面，如图 13-4（b）所示。这一阶段需要注意的是 STL 文件生成的精度控制。目前，通用的 CAD 三维设计软件系统都有 STL 数据的输出。

（3）确定摆放方位

摆放方位的处理是十分重要的，不但影响制作时间和效率，更影响后续支撑的施加以及原型的表面质量等，因此，摆放方位的确定需要综合考虑上述各种因素。一般情况下，从缩短原型制作时间和提高制作效率来看，应该选择尺寸最小的方向作为叠层方向。但是，有时为了提高原型制作质量以及提高某些关键尺寸和形状的精度，需要将最大的尺寸方向作为叠层方向摆放。有时为了减少支撑量，以节省材料及方便后处理，也经常采用倾斜摆放。确定摆放方位以及后续的施加支撑和切片处理等都是在分层软件系统上实现。对于上述的小扳手，由于其尺寸较小，为了保证轴部外径尺寸以及轴部内孔尺寸的精度，选择直立摆放，如图 13-4（c）所示。同时考虑到尽可能减小支撑的批次，大端朝下摆放。

（4）施加支撑

摆放方位确定后，便可以进行支撑的施加了。施加支撑是光固化快速原型制作前处理阶段的重要工作。对于结构复杂的数据模型，支撑的施加是费时而精细的。支撑施加的好坏直接影响着原型制作的成功与否及制作的质量。支撑施加可以手工进行，也可以软件自动实现。软件自动实现的支撑施加一般都要经过人工的核查，进行必要的修改和删减。为了便于在后续处理中支撑的去除及获得优良的表面质量，目前，比较先进的支撑类型为点支撑，即在支撑与需要支撑的模型面是点接触，图 13-4（d）所示的支撑结构即为点支撑。

（a）CAD 三维原始模型

（b）CAD 模型的 STL 数据模型

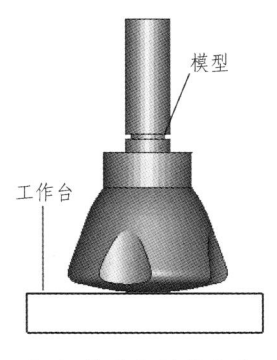
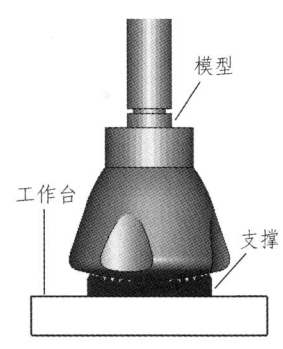

（c）模型的摆放方位　　　　　　（d）模型施加支撑

图 13-4　光固化快速原型前处理

2. 原型制作

光固化成型过程是在专用的光固化快速成型设备系统上进行的。在原型制作前，需要提前启动光固化快速成型设备系统，使得树脂材料的温度达到预设的合理温度，激光器点燃后也需要一定的稳定时间。设备运转正常后，启动原型制作控制软件，读入前处理生成的层片数据文件。

在模型制作之前，要注意调整工作台网板的零位与树脂液面的位置关系，以确保支撑与工作台网板的稳固连接。当一切准备就绪后，就可以启动叠层制作了。整个叠层的光固化过程都是在软件系统的控制下自动完成的，所有叠层制作完毕后，系统自动停止。

3. 后处理

在快速成型系统中原型叠层制作完毕后，需要进行剥离等后续处理工作，以便去除废料和支撑结构等。对于采用光固化成型方法成型的原型，还需要进行后固化处理等，再经打光、电镀、喷漆或着色处理即得到要求的产品。

13.2.4.2　应用范围

1. 可以对样品形状及尺寸设计进行直观分析

在新产品设计阶段，虽然可以借助设计图纸和计算模拟对产品进行评价，但不直观，特别是形状复杂的产品，往往因难于想象其真实形貌而不能做出正确、及时的判断。采用光固化成型技术可以快速制造样品，供设计者和用户直观测量，并可迅速反复修改和制造，可大大缩短新产品的设计周期，使设计符合预期的形状和尺寸要求。

2. 用光固化成型技术制件进行产品性能测试与分析

例如，在塑料制品加工企业，由于光固化成型技术制件有较好的机械性能，可用于制品的部分性能测试与分析。

光固化技术的优点在于能够打印精细化的零件，并且表面质量优异，因此该技术是珠宝首饰、熔模铸造、牙科和医疗应用的理想选择，材料的改进还可以用于制作注塑模具。局限性是打印尺寸有限以及打印强度不够。

13.3 叠层实体快速成型技术

13.3.1 技术概述

叠层实体制造技术（Laminated Object Manufacturing，LOM）是几种最成熟的快速成型制造技术之一。这种制造方法和设备自 1991 年问世以来，得到迅速发展。由于叠层实体制造技术多使用纸材，成本低廉，制件精度高，而且制造出来的木质原型具有外在的美感性和一些特殊的品质，因此受到了较为广泛的关注，在产品概念设计可视化、造型设计评估、装配检验、熔模铸造型芯、砂型铸造木模、快速制模母模以及直接制模等方面得到了迅速应用。

13.3.2 技术原理

叠层实体制造系统由计算机、材料存储及送进机构、热粘压机构、激光切割系统、可升降工作台、数控系统和机架等组成。首先在工作台上制作基底，工作台下降，送料滚筒送进一个步距的纸材，工作台回升，热压滚筒滚压背面涂有热熔胶的纸材，将当前叠层与原来制作好的叠层或基底粘贴在一起，切片软件根据模型当前层面的轮廓控制激光器进行层面切割，逐层制作，当全部叠层制作完毕后，再将多余废料去除。

在叠层实体快速成型机上，截面轮廓被切割和叠合后所成的制品如图 13-5 所示。其中，所需的工件被废料小方格包围，剔除这些小方格之后，便可得到三维工件。

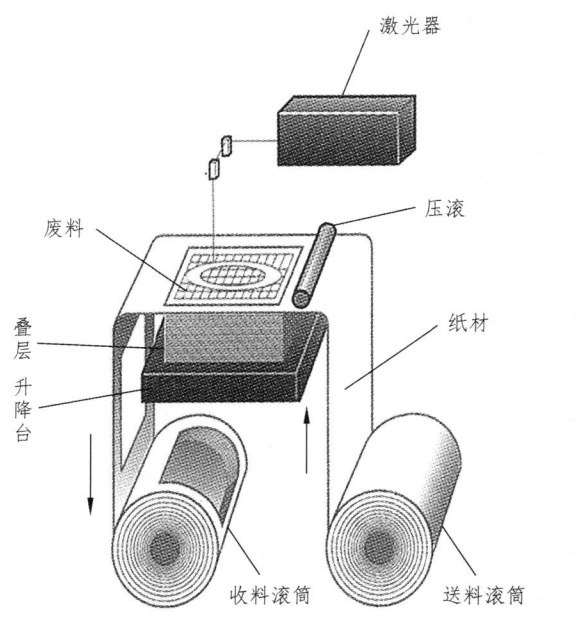

图 13-5 叠层实体制造技术原理

13.3.3　技术特点

叠层实体制造技术的特点是制造的原型精度高，分层实体制造中激光束只需按照分层信息提供的截面轮廓，而不用扫描整个截面，且无需设计和制作支撑，所以制作效率高、速度快、成本低。结构制件能承受高达 200 ℃的温度，有较高的硬度和较好的机械性能，可进行各种切削加工。缺点是由于材料质地原因，加工的原型抗拉性能和弹性不高，易吸湿膨胀，需进行表面防潮处理。

13.3.4　成型工艺与应用

13.3.4.1　成型工艺

叠层实体制造技术是被广泛应用的一种快速成型工艺，其成型的工艺过程可分为：前处理、叠层和后处理三个阶段。

1. 前处理

将零件模型的 STL 文件导入对应的切层软件中进行切层处理，与其他快速成型的前处理原理相似。

2. 叠层加工过程

（1）设置工艺参数：激光切割速度、加热温度及压力、激光能量、切碎网格尺寸。
（2）制作基底。
（3）原型制作。

3. 后处理

从叠层实体制造快速成型机上去除埋在叠层块中的原型，需要进行剥离，以便去除废料，有的还需要进行修补、打磨、抛光和表面强化处理等，这些工序统称为后处理。

（1）余料去除：将成型过程中产生的废料、支撑结构与工件分离。
（2）后置处理：为了使原型表面状况或机械强度等方面完全满足最终需要，保证其尺寸稳定性及精度等方面的要求，需对其进行后置处理。通常所采用的后置处理工艺是修补、打磨、抛光和表面涂覆等。

13.3.4.2　应用领域

在几种成熟的快速成型制造技术中，叠层实体制造技术由于多使用纸材，成本低廉，制品精度高，一个零件的模型加工可在几小时或几天内完成，大大节省了时间，效果也成倍提高，而且制造出来的木质原型具有外在的美感性和一些特殊的品质，因而在产品概念设计可视化、造型设计评估、装配检验、熔模铸造型芯、砂型铸造木模等产品宣传阶段有着广泛的应用前景。

13.4 选择性激光烧结快速成型技术

13.4.1 技术概述

选择性激光烧结技术（Selective Laser Sintering，SLS）又称为选区激光烧结技术，是利用粉末状材料（主要有塑料粉、蜡粉、金属粉、表面附有粘接剂的覆膜陶瓷粉、覆膜金属粉及覆膜砂等）在激光照射下烧结的原理，在计算机控制下按照界面轮廓信息进行有选择的烧结，层层堆积成型。

13.4.2 技术原理

选择性激光烧结的加工过程是采用铺粉辊将一层粉末材料平铺在已成型零件的上表面，并加热至恰好低于该粉末烧结点的某一温度，控制系统控制激光束按照该层的截面轮廓在粉层上扫描，使粉末的温度升至熔化点，进行烧结并与下面已成型的部分实现粘接。当一层截面烧结完后，工作台下降一个层的厚度，铺料辊又在上面铺上一层均匀密实的粉末，进行新一层截面的烧结，如此反复，直至完成整个模型。在成型过程中，未经烧结的粉末对模型的空腔和悬臂部分起着支撑作用，不必像头固化成型技术和熔融沉积造型技术那样另行生成支撑工艺结构。

当实体构建完成并在原型部分充分冷却后，粉末块会上升到初始的位置，将其拿出并放置到后处理工作台上，用刷子小心刷去表面粉末露出加工件部分，其余残留的粉末可用压缩空气除去。

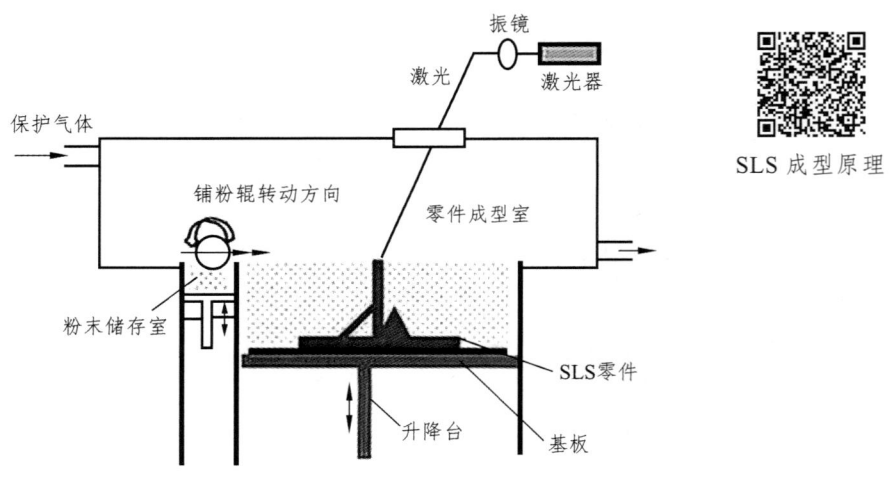

图 13-6 选择性激光烧结技术原理

选择性激光烧结技术的原理与光固化成型技术十分相似，主要区别在于所使用的材料及其性状不同。光固化成型技术所用的材料是液态的紫外光敏可凝固树脂，而选择性激光烧结技术则使用粉状的材料。

13.4.3 技术特点

1. 优　点

（1）成型材料多样性，价格低廉。

这是选择性激光烧结技术最显著的特点。理论上凡经激光加热后能在粉末间形成原子连接的材料都可作为选择性激光烧结技术的成型材料。目前已商业化的材料主要有塑料粉、蜡粉、覆膜金属粉、表面涂有粘接剂的陶瓷粉、覆膜沙等。

（2）对制件形状几乎没有要求。

由于下层的粉末自然成为上层的支撑，故选择性激光烧结技术具有自支撑性，可制造任意复杂的形体，这是许多快速成型技术所不具备的。成型不受传统机械加工中刀具无法到达某些型面的限制。

选择性激光烧结技术成型方法选材范围广泛，尼龙、石蜡、ABS、金属和陶瓷粉末等都可以作为原料。SLS不需要支撑结构，因而在成型设备和系统软件中，也无需考虑支撑系统。

总之，选择性激光烧结技术成型方法有着制造工艺简单、柔性度高、材料选择范围广、材料价格便宜、成本低、材料利用率高、成型速度快等特点。

2. 缺　点

（1）烧结过程中挥发出异味，成型过程产生有毒气体及粉尘，污染环境。

（2）由于采用高功率激光才能将金属粉末烧结，设备成本高昂。

（3）制件内部疏松、多孔、表面粗糙度较大、机械性能不高。

（4）制件质量很大程度上受粉末的影响，提升不易。

（5）可制造零件的最大尺寸受到限制。

（6）成型过程消耗能量大，后处理工序复杂，有时需要比较复杂的辅助工艺。特别是生成陶瓷、金属制件的后处理较难。

13.4.4　成型工艺与应用

13.4.1.1　成型工艺

选择性激光烧结技术常用的材料有石蜡、高分子粉末材料、金属、陶瓷粉末和它们的复合粉末材料。材料不同，其具体的烧结工艺也有所不同。

1. 高分子粉末材料烧结工艺

高分子粉末材料激光烧结快速成型制造工艺过程同样分为前处理、粉层烧结叠加以及后处理过程三个阶段。

下面以某一铸件的激光烧结原型在HRPS-IVB设备上的制作为例，介绍具体的工艺过程。

(1) 前处理

前处理阶段主要完成模型的三维 CAD 造型，并经数据转换后输入到粉末激光烧结快速原型系统中。图 13-7 所示为某个铸件的 CAD 模型。

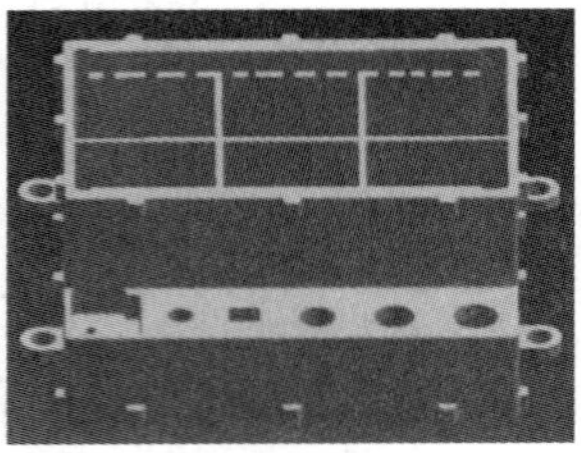

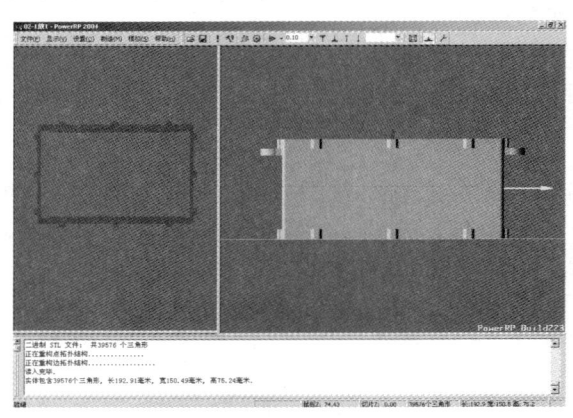

图 13-7　某铸件的 CAD 模型

(2) 粉层激光烧结叠加

首先对成型空间进行预热。对于 PS 高分子材料，一般需要预热到 100 ℃ 左右。在预热阶段，根据原型结构的特点进行制作方位的确定，当摆放方位确定后，将状态设置为加工状态，如图 13-8 所示。

图 13-8　原型方位确定后的加工状态

然后设定建造工艺参数，如层厚、激光扫描速度和扫描方式、激光功率、烧结间距等。当成型区域的温度达到预定值时，即可启动制作。

在制作过程中，为确保制件烧结质量，减少翘曲变形，应根据截面变化相应的调整粉料预热的温度。

所有叠层自动烧结叠加完毕后，需要将原型在成型缸中缓慢冷却至 40℃以下，取出原型并进行后处理。

(3) 后处理

激光烧结后的 PS 原型件，强度很弱，需要根据使用要求进行渗蜡或渗树脂等进行补强处理。因本例原型用于熔模铸造，所以进行渗蜡处理，渗蜡后的该铸件原型如图 13-9 所示。

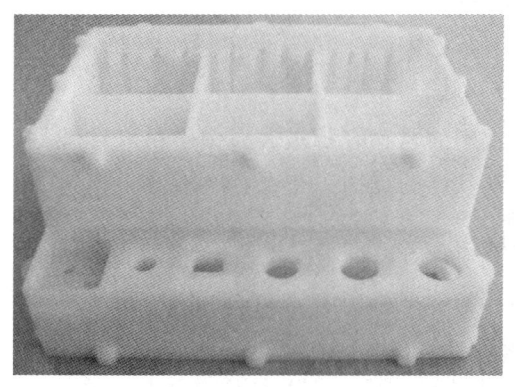

图 13-9　经过渗蜡处理的 SLS 原型

2. 金属零件直接烧结工艺

金属零件直接烧结工艺采用的材料是纯粹的金属粉末，是采用 SLS 工艺中的激光能源对金属粉末直接烧结，使金属粉末熔化实现叠层的堆积。工艺流程如图 13-10 所示。

金属零件直接烧结成型过程明显缩短，烧结时无需复杂的后处理阶段。但必须有较大功率的激光器，以保证直接烧结过程中金属粉末的直接熔化。因而，直接烧结中激光参数的选择，被烧结金属粉末材料的熔凝过程及控制是烧结成型工艺中的关键。

3. 陶瓷粉末烧结工艺

陶瓷粉末材料的选择性激光烧结工艺需要在粉末中加入粘接剂。目前所用的纯陶瓷粉末原料主要有 Al_2O_3 和 SiC，而粘接剂有无机粘接剂、有机粘接剂和金属粘接剂等三种。

当材料是陶瓷粉末时，可以直接烧结铸造用的壳形来生产各类铸件，甚至是复杂的金属零件。

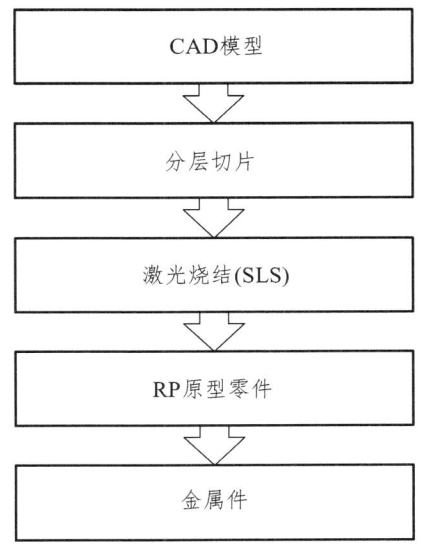

图 13-10 SLS 工艺金属零件制造工艺流程

陶瓷粉末烧结制件的精度由激光烧结时的精度和后续处理时的精度共同决定。在激光烧结过程中，粉末烧结收缩率、烧结时间、光强、扫描点间距和扫描线行间距对陶瓷制件坯体的精度都有很大的影响。另外，光斑的大小和粉末粒径直接影响陶瓷制件的精度和表面粗糙度。后续处理（焙烧）时产生的收缩和变形也会影响陶瓷制件的精度。

13.4.4.2 应用领域

选择性激光烧结成型（SLS）方法有着制造工艺简单、柔性度高、材料选择范围广、材料价格便宜、成本低、材料利用率高、成型速度快等特点，针对上述特点 SLS 法主要应用于铸造业，并且可以用来直接快速制作模具。

（1）快速原型制造：SLS 工艺可快速制造所设计零件的原形，并对产品及时进行评价、修正以提高设计质量；可使客户获得直观的零件模型；能制造教学、试验用复杂模型。

（2）新型材料的制备及研发：利用 SLS 工艺可以开发一些新型的颗粒以增强复合材料和硬质合金。

（3）快速模具和工具制造：SLS 制造的零件可直接作为模具使用，如熔模铸造、砂型铸造、注塑模型、高精度形状复杂的金属模型等；也可以将成型件经后处理后作为功能零件使用。

（4）在医学上的应用：SLS 工艺烧结的零件由于具有很高的孔隙率，可用于人工骨的制造。根据国外对于用 SLS 技术制备的人工骨进行的临床研究表明，人工骨的生物相容性良好。

13.5 熔融沉积快速成型技术

13.5.1 技术概述

熔融沉积快速成型技术（Fused Deposition Modeling，FDM）又叫熔丝沉积技术，是继光固化快速成型和叠层实体快速成型技术后的另一种应用比较广泛的快速成型技术。它是将丝状热熔性材料加热融化，通过带有一个微细喷嘴的喷头挤喷出来。热熔材料融化后从喷嘴喷出，沉积在制作面板或者前一层已固化的材料上，温度低于固化温度后开始固化，通过材料的层层堆积形成最终成品。

13.5.2 技术原理

熔融沉积制造是将零件的三维CAD实体模型，按照一定的厚度进行分层切片处理，生成二维的截面信息，然后根据每一层的截面信息，利用不同的方法生成截面的形状。这一过程反复进行，各截面层层叠加，最终形成三维实体。

分层的厚度可以相等，也可以不等。分层越薄，生成的零件精度越高，采用不等厚度分层的目的在于加快成型速度。熔融沉积技术不依靠激光来作为成型能源，它是将丝状的热熔性材料加热熔化，通过带有一个微细喷嘴的喷头挤喷出来，如果热熔性材料的温度始终稍高于固化温度，而成型部分的温度稍低于固化温度，就能保证热熔性材料挤喷出喷嘴后，随即与前一层面熔结在一起。

喷头在计算机的控制下，根据产品零件的截面轮廓信息，作 X-Y 平面运动。热塑性丝材由供丝机构送至喷头，然后被挤压出来，有选择性地涂覆在工作台上，快速冷却后形成一层薄片轮廓。一层截面成型完成后工作台下降一定高度，再进行下一层的涂覆，好像一层层的"画出"截面轮廓，如此循环，最终形成三维零件。

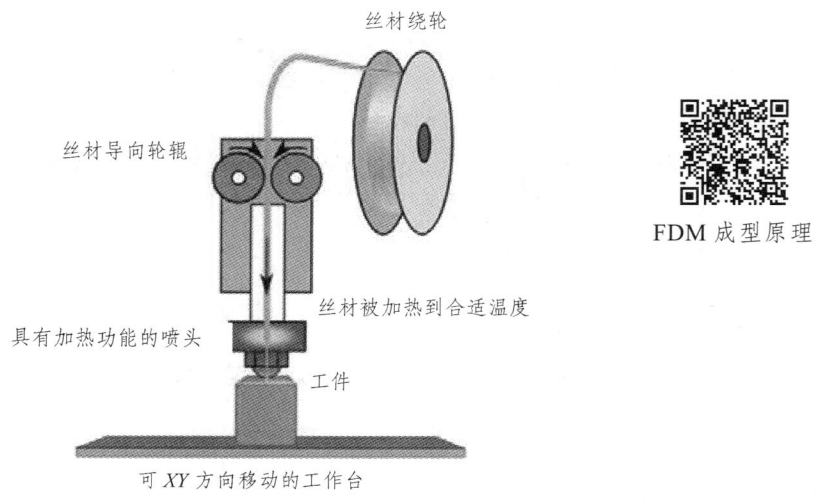

图 13-11 熔融沉积快速成型技术原理

将实心丝材原材料缠绕在供料辊上，由电机驱动辊子旋转，辊子和丝材之间的摩擦力使丝材向喷头的出口送进。在供料辊与喷头之间有一导向套，导向套采用低摩擦材料制成，以便丝材能顺利、准确地由供料辊送到喷头的内腔。喷头的前端有电阻丝式加热器，在其作用下，丝材被加热熔融，然后通过出口涂覆至工作台上，并在冷却后形成制件当前的截面轮廓。

13.5.3 技术特点

在3D打印技术中，FDM快速成型机的机械结构最简单，设计也最容易，制造成本、维护成本和材料成本也最低，因此也是在家用的桌面级3D打印机中使用得最多的技术。FDM技术的桌面级3D打印机主要以ABS和PLA为材料，ABS强度较高，但是有毒性，制作时异味很重，必须拥有良好通风环境，此外热收缩性较大，影响成品精度。PLA是一种生物可分解塑料，无毒性，环保，制作时几乎无味，成品形变也较小，所以国外主流桌面级3D打印机均以转为使用PLA作为材料。

熔融沉积快速成型技术的优势在于制造简单，成本低廉。但是桌面级的FDM打印机，由于出料结构简单，难以精确控制出料形态与成型效果，同时温度对于FDM成型效果影响非常大，而桌面级FDM 3D打印机通常都缺乏恒温设备。因此基于FDM的桌面级3D打印机的成品精度通常为0.3～0.2 mm，少数高端机型能够支持0.1 mm层厚，但是受温度影响非常大，成品效果依然不够稳定。此外，大部分FDM机型制作的产品边缘都有分层沉积产生的"台阶效应"，较难达到所见即所得的3D打印效果，所以在精度要求较高的快速成型领域较少采用熔融沉积快速成型技术。

13.5.4 成型工艺与应用

13.5.4.1 成型工艺

和其他几种快速成型工艺过程类似，熔融沉积快速成型的工艺过程也可以分为前处理、成型及后处理三个阶段。

1. 前处理

（1）CAD数字建模，如图13-12所示。
（2）载入模型，即导入STL文件（Aurora的使用），如图13-13所示。
（3）STL文件校验与修复，如图13-14所示。
校验与修复的目的是保证无裂缝、空洞，无悬面、重叠面和交叉面。
（4）确定摆放方位，如图13-15所示。
针对多个模型，更好地布局以便成型；针对单个模型，提高成型质量及效率。为了保证无裂缝、空洞，无悬面、重叠等不良现象需从以下几个方面入手：
表面质量：上表面好于下表面，水平面好于垂直面，垂直面好于斜面；
零件强度：水平方向强于垂直方向。
成型时间：越高时间越长。
支撑材料：减小支撑面积，降低支撑高度。

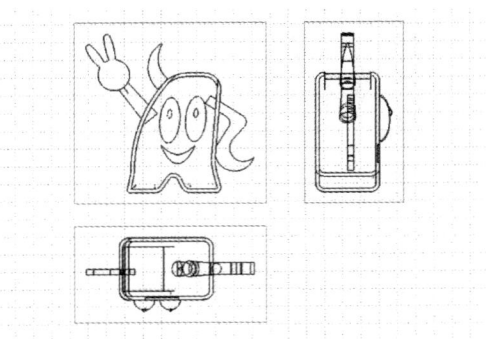

（a）二维图纸　　　　　　　　　　（b）三维造型

图 13-12　海宝笔筒二维图纸与三维造型

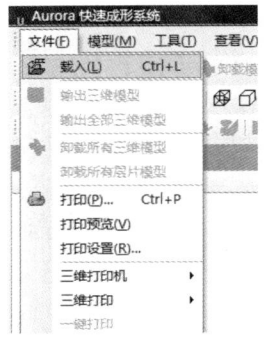
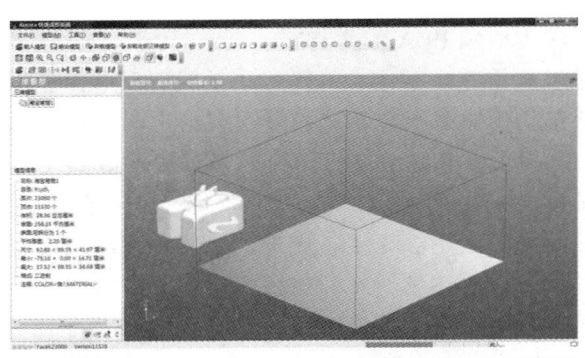

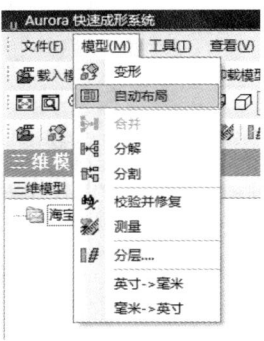
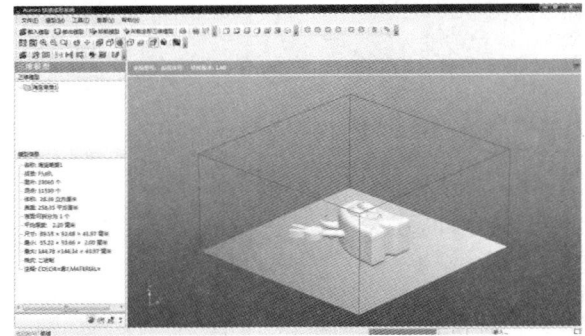

图 13-13　载入模型

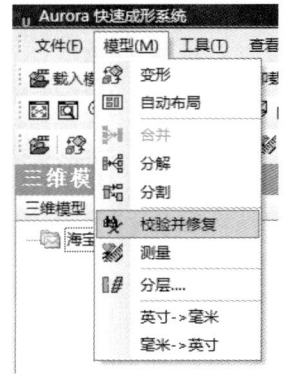
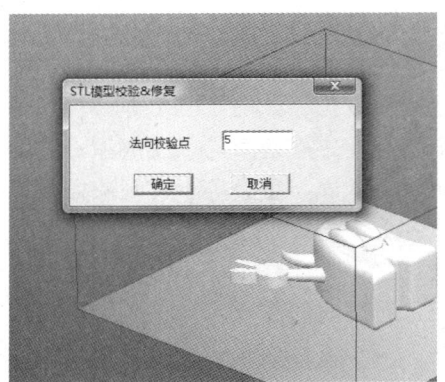

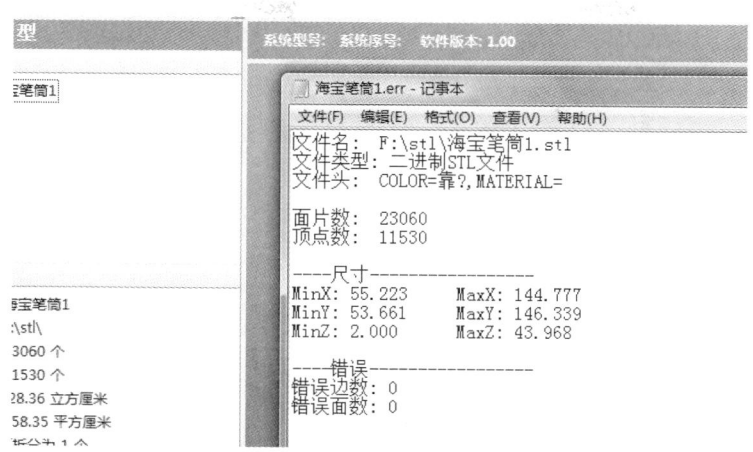

图 13-14　STL 文件校验与修复

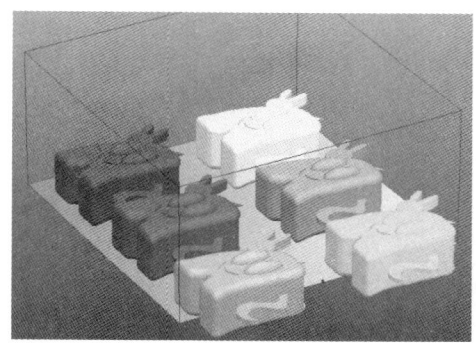 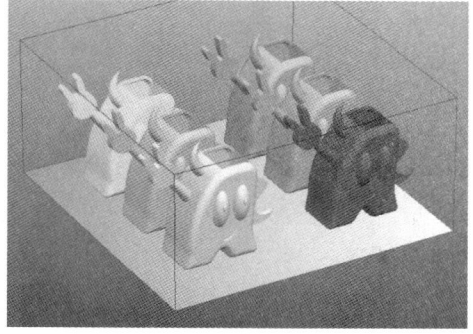

图 13-15　确定摆放方位

针对此例中的笔筒，综合考虑表面质量、零件强度、支撑材料及成型时间等诸多因素后可知，图 13-16 中方案②才是最佳摆放方位。

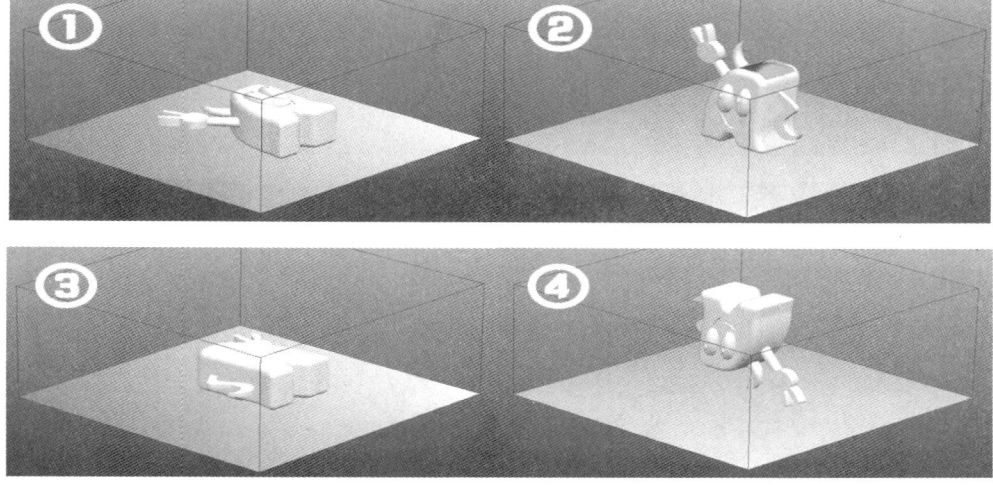

图 13-16　最佳的方位

（5）确定分层参数，如图 13-17 所示。

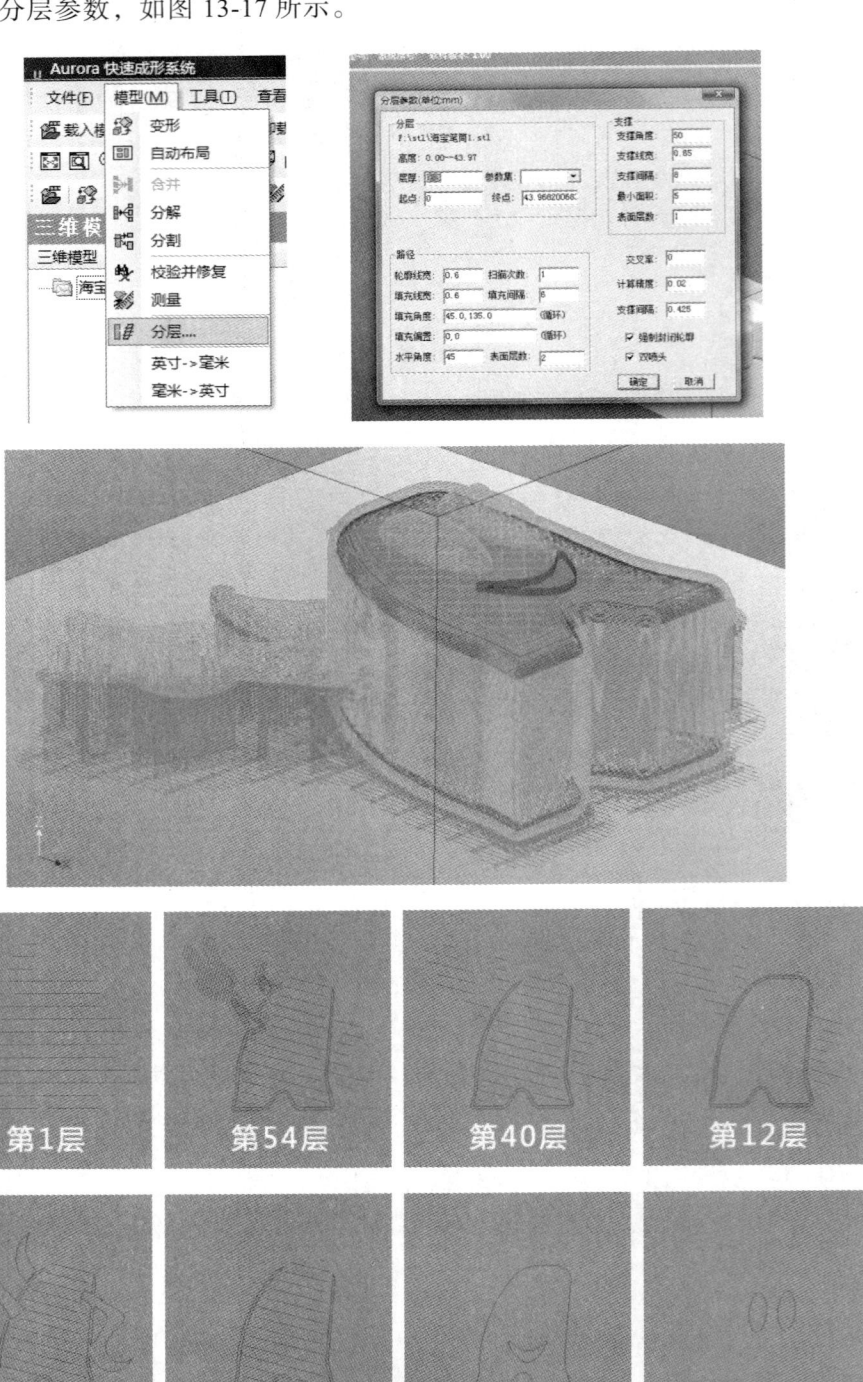

图 13-17　确定分层数

（6）存储分层文件，如图 13-18 所示。

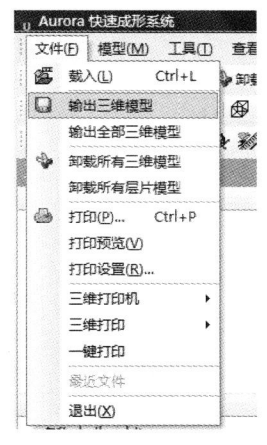 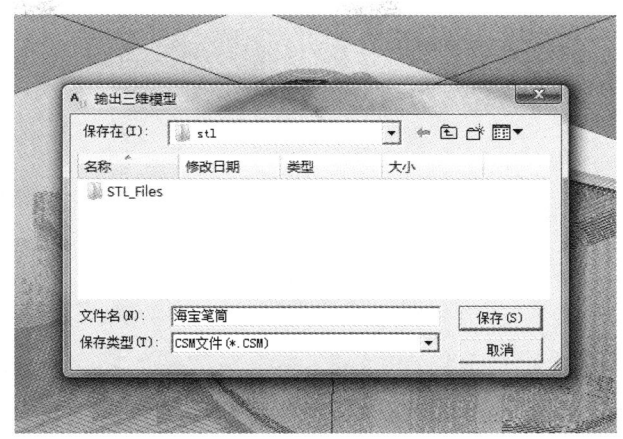

图 13-18 存储分层文件

2. 成 型

成型操作流程如下：

（1）打开快速成型机，连接设备。

（2）检查工作台上是否有未取下的零件或障碍物。

（3）系统初始化：X、Y、Z 轴归零。

（4）成型室预热：按下温控、散热按钮。

（5）调试：检查运动系统及吐丝是否正常。

（6）对高：将喷头调至与工作台间距 0.3 mm 处。

（7）打印模型：注意开始时观察支撑粘接情况。

（8）成型结束，取出模型，清理成型室。

3. 后处理

后处理主要是去支撑和表面打磨处理，FDM 所用的材料为 ABS 工程塑料，制作的原型虽然具有很好的强度，但由于台阶效应，表面粗糙度较大，加之由于丝状堆积带来的基体材质的"各向异性"，导致原型几乎不能直接进行打磨、抛光等表面处理。因此，最好先对 FDM 原型的基体进行增强处理，再对原型的表面进行涂覆及抛光。处理步骤如下：

（1）对 FDM 原型进行增强处理。在三维 CAD 数据的直接驱动下，FDM 工艺制作的原型常常由于支撑与原型面存在接触面，去除支撑材料后，导致原型表面丝材松散，甚至脱离基体，使得后续的表面处理难以有一个坚强的基底。所以在进行表面处理前，可涂覆一层增强剂，对于这些缺陷加以修复。

（2）对原型的表面进行涂覆。对增强处理后的原型进行表面涂覆，其主要目的是填充原型表面的台阶及微细丝材间隙。

（3）对原型的表面进行粗抛。待 FDM 原型表面涂覆完全固化后，先后用 600 目和 1000 目的水磨砂纸打磨原型表面，直至其表面无明显划痕。

（4）表面喷涂。将粗抛好的原型放在烘箱内去除水分后，用二甲苯稀释后的硝基底漆喷涂原型表面。

图 13-19 后处理

13.5.4.2 应用领域

FDM 快速成型机采用降维制造原理,将原本很复杂的三维模型根据一定的层厚分解为多个二维图形,然后采用叠层办法还原制造出三维实体样件。由于整个过程不需要模具,所以大量应用于汽车、机械、航空航天、家电、通信、电子、建筑、医学、玩具等产品的设计开发过程,如产品外观评估、方案选择、装配检查、功能测试、用户看样订货、塑料件开模前校验设计以及少量产品制造等。用传统方法需几个星期、几个月才能制造的复杂产品原型,用 FDM 成型法无需任何刀具和模具,瞬间便可完成。

FDM 已经广泛地应用于制造行业,它降低了产品的生产成本,缩短了生产周期,大大地提高了生产效率,给企业带来了较大的经济效益。

思考与练习

1. 简述快速成型的制作过程。
2. 3D 打印技术有些什么特点?
3. 光固化成型的原理是什么?
4. 光固化成型技术、叠层实体制造技术,选择性激光熔化技术和熔融沉积造型技术各有什么特点?

第14章 工业机器人装配与实训

14.1 机器人概述

14.1.1 机器人的起源与发展

现代机器人的应用源自第二次世界大战期间的美国，当时为了解决在核工业生产中对放射性危险物质的处理，美国阿尔贡国家实验室（Argonne National Laboratory）开发出了一款能够替代人手操作的遥控机械手（Teleoperator），接着于1947年又开发出一款能够采用伺服控制的主-从机械手（Maste-Slave Manipulator），成为工业机器人应用的雏形。

1958年，美国著名的机器人专家约瑟夫·恩盖尔伯格（Joseph F·Engelberger）联合乔治·德沃尔（George Devol）成立了Unimation公司，并基于德沃尔的专利，于1959年研制出世界上第一台真正意义上的工业机器人Unimate，开启了机器人应用的新纪元。鉴于，约瑟夫·恩盖尔伯格对于工业机器人发展应用所做出的贡献，他也被人们称为"机器人之父"。

机器人最初起源于美国，普及应用则是发生在日本和欧洲。1968年起，美国Unimation公司先后将机器人的制造技术转让给日本和英国，机器人开始在日本和欧洲得到迅猛发展，迄今为止，美国、日本、德国、韩国相继发展成为全球机器人市场的"四大家族"，形成了以ABB Robotics（瑞典）、安川电机YASKAWA（日本）、发那科FANUC公司（日本）、KUKA库卡（德国）等一批在国际上有影响力的龙头机器人企业，其部分产品如图14-1～14-4所示。

机器人的发展大致经历了三代进化过程，第一代机器人是"示教再现型"，简单个体机器人，目前在工业机器人领域应用仍然广泛；第二代机器人是具有感知功能的群体"劳动机器人"，第三代机器人是当前工业机器人产业发展方向的"智能机器人"。

我国工业机器人产业先后经历了20世纪70年代的萌芽期、80年代的成长期、90年代的转型期，21世纪后进入到以第二代机器人为基础、以第三代机器人为方向的飞越期。一是政策环境利好，《机器人产业"十三五"发展规划》和"中国制造2025"是我国工业机器人产业发展的强力助推剂，各地陆续出台相关扶持政策，营造了工业机器人产业发展的良好环境。二是市场需求增长，根据国际机器人联合会（IFR）统计数据，2013年中国市场占全球机器人市场的1/5，2014年上升到1/4，连续两年是全球最大的机器人消费国，是国际工业机器人主要目标市场，2020年我国工业机器人年销量将达到15万台，2025年将达24万台（IFR预测），我国工业机器人需求呈稳定增长趋势。三是应用领域扩大，2014年我国工业机器人市场共销售5.5万台，涉及诸多制造业领域，已广泛应用于国民经济25个行业大类、52个行业中类需求年增长超过 25%。四是产业集聚初具规模，我国工业机器人产业在珠三角、长三角、中西部和环渤海地区纷纷部署建设产业园，重庆、深圳、上海、武汉、天津等地区都将工业机器人产业作为当地重点发展项目，2014 年我国国产机器人厂家已超过 800 家，工业机器人产业园已经激增至近 40 个（IFR 统计），到"十三五"末，我国机器人产业集群产值有望突破千亿元。

图 14-1　ABB IRB 1100 型工业机器人

图 14-2　YASKAWA MS 165 型工业机器人

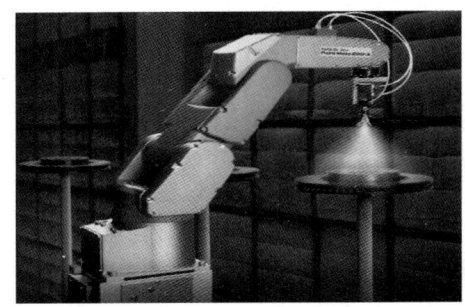

图 14-3　FANUC Paint Mate 200iA 型工业机器人

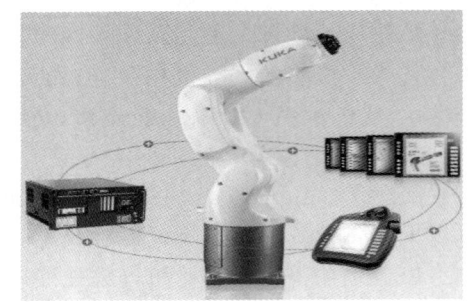

图 14-4　KUKA 工业机器人

14.1.2　机器人的分类与用途

机器人的分类方法很多，由于人们观察问题的角度有所不同，直到今天，还没有形成一种公认的统一的分类方法，各机器人制造公司对于所生产的产品一般也是按照自己公司的产品命名方式进行编号。一般而言，按照机器人的用途及应用场景来进行分类，大众更能理解和接受。例如：日本将机器人分为工业机器人和智能机器人两类，我国则分为工业机器人和特种机器人两类。参照国际机器人联合会（IFR）的相关定义，根据机器人的应用环境，可将机器人分为工业机器人和服务机器人两类，前者用于环境已知的工业领域，后者用于环境未知的服务领域，如图 14-5 所示。

工业机器人主要应用在以下 3 个方面：

1. 恶劣、危险的工作场合

工业机器人可以完成有害于健康并危及生命或不安全因素很大而不宜于人类作业的危险领域，如前面提到的在美国最早研发出来的机器手 Teleoperator，即是用于核工业生产过程中放射性危险物质的处理。

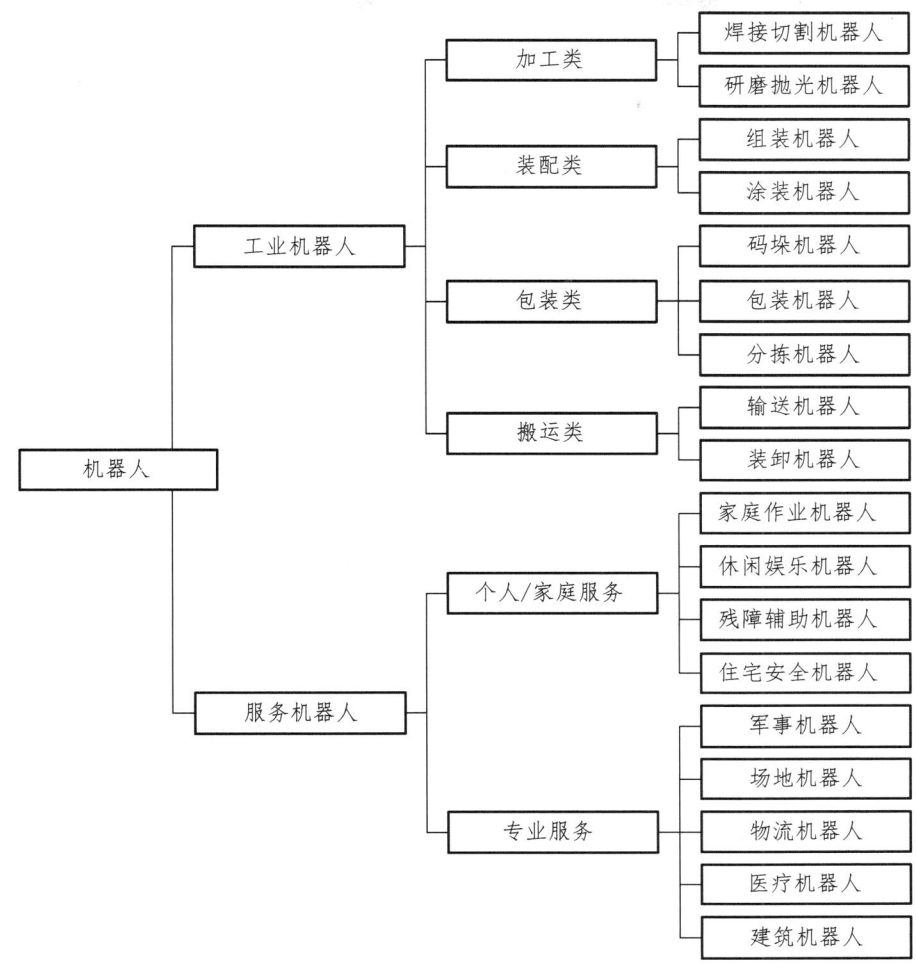

图 14-5 机器人的分类

2. 特殊场合的作业

对于某些人类无法作业的工作领域，只能依靠机器人才能完成作业。如航天飞机上用来回收卫星的操作臂，在狭小的容器内（人和设备是无法进入的）进行检查、维护和修理作业，具有七个自由度的机械臂机器人比人类具有更多的作业潜能。

3. 自动化生产领域

早期工业机器人在生产上主要用于机床上下料、点焊和喷漆作业。随着柔性自动化的出现，机器人扮演了更重要的角色，如焊接机器人、搬运机器人、检测机器人、装配机器人、喷漆和喷涂机器人以及其他诸如密封和粘接、清砂和抛光、熔模铸造和压铸、锻造等应用的机器人。

综上所述，工业机器人的应用给人类带来了许多好处，如减少劳动力费用，提高生产效率，改进产品质量，增加制造过程的柔性，减少材料浪费，控制和加快库存的周转，降低生产成本，消除危险等等。

14.2 工业机器人主要零部件装配

工业机器人主要由机械本体(机械手)、驱动系统以及控制系统等部分组成,是能够自动执行工作,可重复编程,靠自身动力和控制能力实现设计功能的机电一体化装置,如图14-6所示。本体即机座和执行机构,由臂部、腕部和手部组成,部分机器人还有行走机构。大多数工业机器人有3~6个运动自由度,中腕部通常有1~3个运动自由度;驱动系统是使执行机构产生相应动作的部分,包括动力装置和传动机构;控制系统是对驱动系统和执行机构进行控制,使其按照输入的程序指令执行。

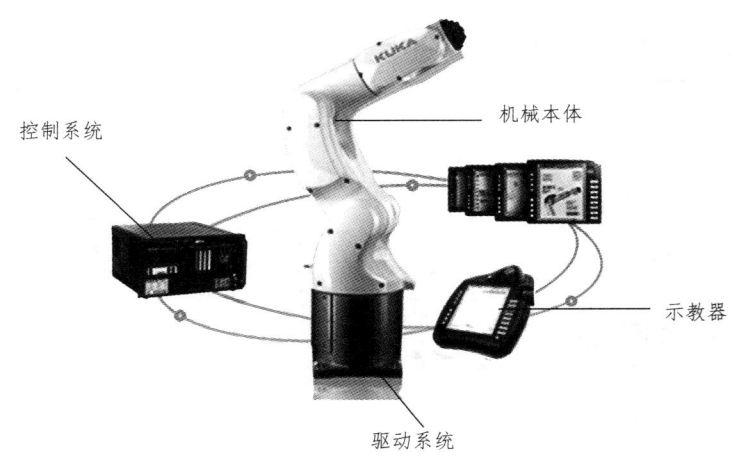

图14-6 工业机器人系统组成

在工业机器人的机械部件中,减速器(RV减速器、谐波减速器)、CRB轴承、同步皮带、滚珠丝杠等是直接决定机器人运动速度、定位精度、承载能力等关键技术的核心部件。这些部件的结构复杂、加工制造难道较大,是工业机器人装配、机械维护、修理的主要零部件。工业机器人除了本体装配,因功能需要还会涉及许多功能部件的装配,使得工业机器人能满足生产和工作的需求。因此,在工业机器人总装配之前,有必要学习和了解相关典型零件部件的装配知识,掌握这些功能性部件的结构和用途,熟悉装配连接时的注意事项,以使后期的工业机器人装配能够顺利完成。

14.2.1 CRB轴承与同步皮带

14.2.1.1 CRB轴承及安装要求

1. 结构与特点

轴和轴承是机械中的重要零件之一,起到传递运动和动力的功能,是工业机器人机械传动系统中常用的基础零件。传统的轴承分为滚动轴承和滑动轴承,而在工业机器人当中常用到的是被称为CRB轴承的交叉滚子轴承(Cross Roller Bearing),这是一种滚珠成90°交叉排列、内圈或者外圈分割的特殊结构轴承,比一般轴承体积小,且其精度高、刚性好、可同时承受径向和双向轴向载荷,在安装和调整方面较简单方便,是工业机器人中使用最广泛的基础传动部件。图 14-7 所示为 CRB 轴承与传统轴承结构原理比较图。

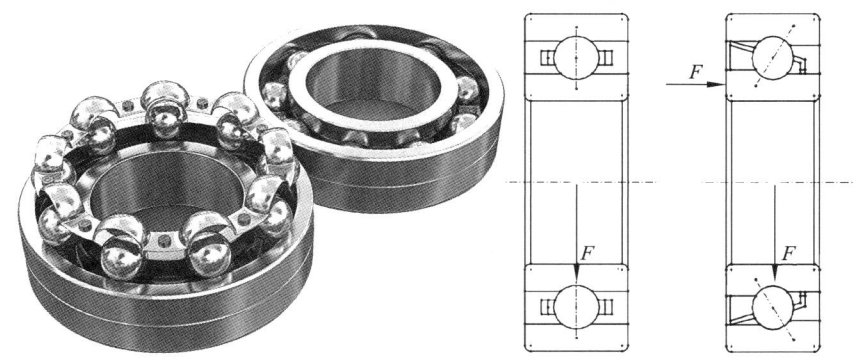

(a)球轴承

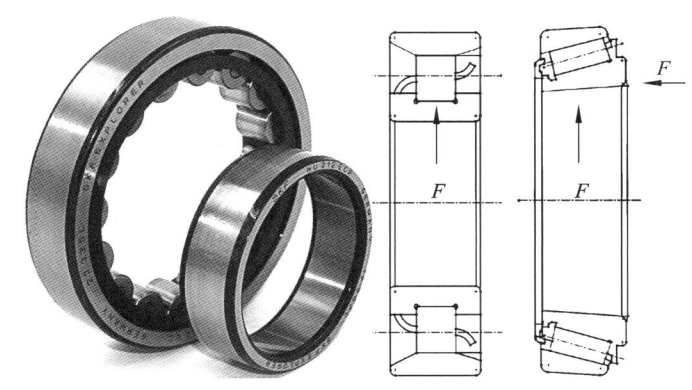

(b)滚子轴承

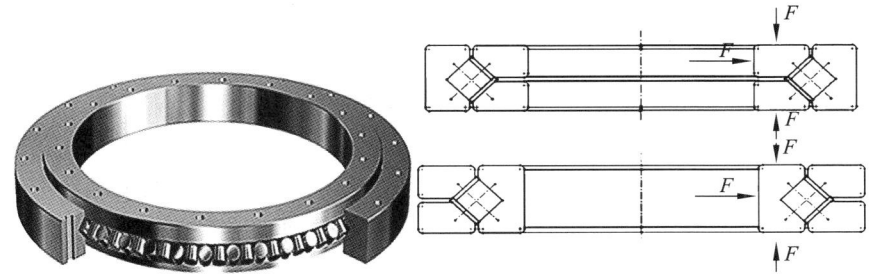

(c)交叉滚子轴承

图 14-7 轴承原理结构图

2. CRB 轴承的安装要求

CRB 轴承的安装要求如图 14-8 所示。

根据不同的结构设计需要,CRB 轴承可采用压圈(或锁紧螺母)固定、端面螺钉固定等安装方式;轴承的间隙可通过固定分割内圈(或外圈)的调整垫或压圈进行调整。

CRB 轴承可以采用油润滑或脂润滑。脂润滑不需要供油管路和润滑系统，无漏油问题，一次加注可使用 1 000 h 以上，加上工业机器人的结构简单，在做运动速度与定位精度的要求并不高，因此，为了简化结构、降低成本，多使用脂润滑。结构设计时，可针对 CRB 轴承的不同结构和安装形式，在分割外圈（或内圈）的固定件上，加工图 14-8（d）或图 14-8（e）所示的润滑脂充填孔。

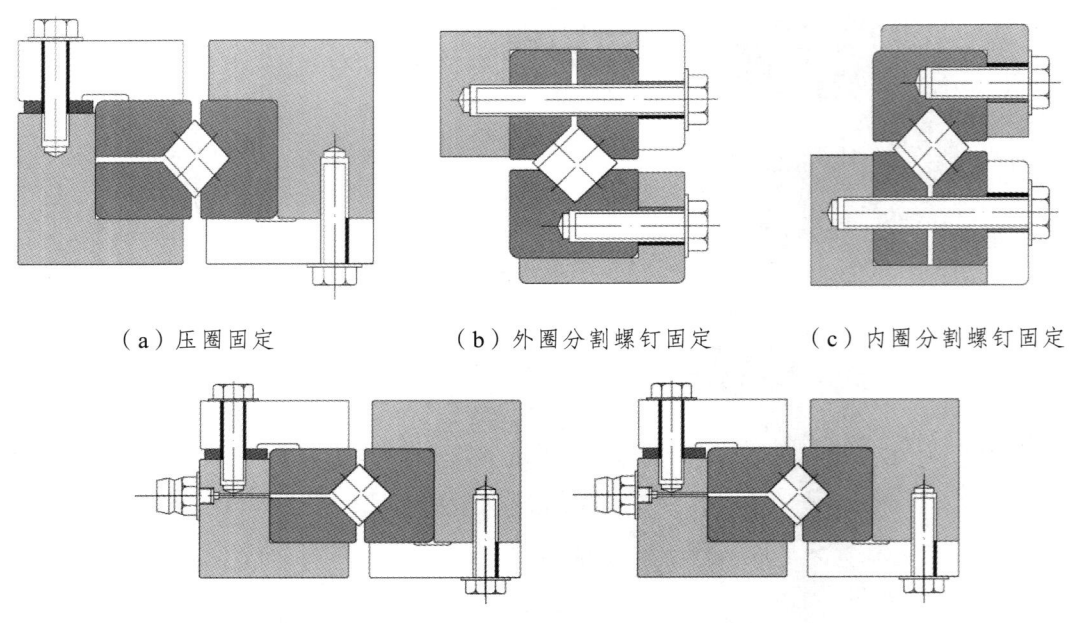

（a）压圈固定　　　　（b）外圈分割螺钉固定　　　　（c）内圈分割螺钉固定

（d）内圈旋转润滑固定　　　　（e）外圈旋转润滑固定

图 14-8　CRB 轴承安装要求

作为一般固定，CRB 轴承的安装需要注意以下几点：

（1）CRB 轴承属于小型薄壁零件，安装时要充分考虑轴承座及压圈、固定螺钉的刚性，以保证内外圈均等受力，以防止轴承变形而影响性能。

（2）为了防止产生预压，CRB 轴承安装应避免过硬的配合，在工业机器人的关节及旋转部位，一般建议采用 H7/g5 配合。

（3）安装轴承时，应对轴承座、压圈或其他安装零件进行清洗、去毛刺等处理；安装时应防止轴承倾斜、保证接触面配合良好。

（4）为了保证轴承的安装精度和稳定性，CRB 轴承对固定螺钉的规格和数量有具体的要求，安装时必须根据轴承的出厂规定，并按照如图 14-9 所示的顺序，安装全部固定螺钉。

CRB 轴承安装螺钉必须固定可靠，当轴承座、压圈使用常用的中硬度钢材时，不同固定螺钉的拧紧扭矩推荐值不同，具体数值可参照表 14-1。

表 14-1　固定螺钉的拧紧扭矩参考表

螺钉规格	M3	M4	M5	M6	M8	M10	M12	M14	M16	M20
拧紧扭矩/(N·m)	2	4.5	9	15.3	37	74	128	205	319	493

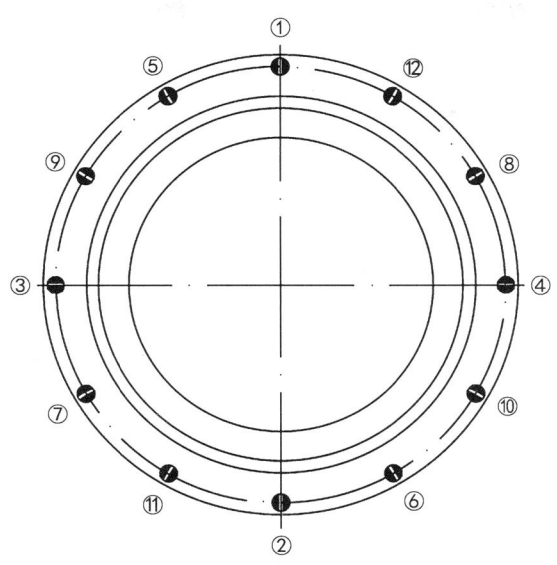

图 14-9 安装螺钉顺序

14.2.1.2 同步皮带及安装要求

1. 基本特点

如图 14-10 所示,同步带是以钢丝绳或玻璃纤维为强力层,外覆以聚氨酯或氯丁橡胶的环形带,带的内周制成齿状,使其与齿形带轮啮合。同步带传动时,传动比准确无转差,平稳,吸振性好,对轴作用力小,结构紧凑。耐油与耐磨性好,抗老化性能好,可在 -20~80 ℃ 温度范围内使用,允许的线速度可达到 80 m/s,传递功率可达到 300 kW,传动速比可达 1∶10 以上。也可用于同步低速传动,可满足大多数工业机器人的传动要求。

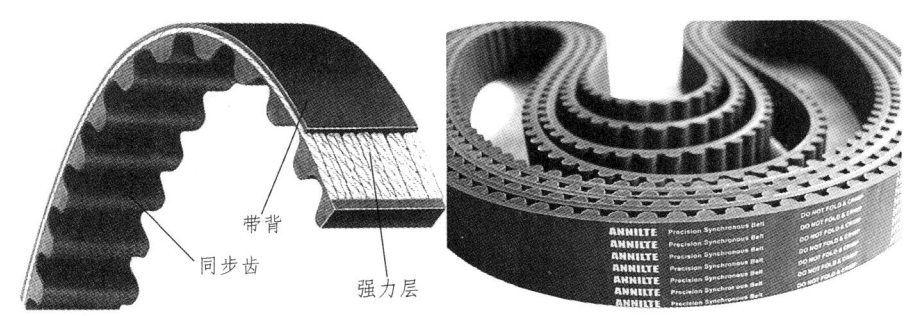

图 14-10 同步带及其构成

同步带传动由一条内周表面设有等间距齿的环形皮带和具有相应齿的带轮组成。运行时,带齿与带轮的齿槽相啮合传递运动和动力,它是综合了皮带传动、链传动和齿轮传动各自优点的新型带传动。采用同步带传动系统时,不像齿轮传动那样对电机和传动轴的安装位置有较高精度要求,驱动电机的安装比较灵活且调整也方便。

图 14-11　同步带传动系统组成

2. 安装要求

总体而言，同步带传动系统的安装调整较为方便，传动部件安装时需要注意如下几点：

（1）安装同步带时，如果两带轮的中心距可以移动，必须先将带轮的中心距缩短，装好同步带后，再使中心距复位。如同步带传动系统有张紧轮时，先把张紧轮放松，然后装上同步带，再装上张紧轮。

（2）同步带安装时，不要用力过猛，也不可用螺丝刀等工具硬撬同步带，防止同步带中的抗拉层产生外观觉察不到的折断现象。设计带轮时，最好选用两轴能互相移近的结构，若结构上不允许时，则最好把同步带与带轮一起装到相应的轴上。

（3）控制适当的初张紧力。

（4）同步带传动中，两带轮轴线的平行度要求比较高，否则同步带在工作时会产生跑偏，甚至跳出带轮。轴线不平行还将引起压力不均匀，使带齿过早被磨损。

（5）支撑带轮的机架，必须有足够的刚度，否则带轮在密码锁运转时就会造成两轴线的不平行。

14.2.2　谐波减速器

14.2.2.1　谐波减速器结构和原理

谐波减速器是谐波齿轮传动装置的简称，是一种靠波发生器装配上柔性轴承使柔性齿轮产生可控弹性变形，并与刚性齿轮相啮合来传递运动和动力的齿轮传动。主要由波发生器、柔性齿轮（柔轮）、柔性轴承、刚性齿轮（刚轮）四个基本构件组成，如图 14-12 所示。

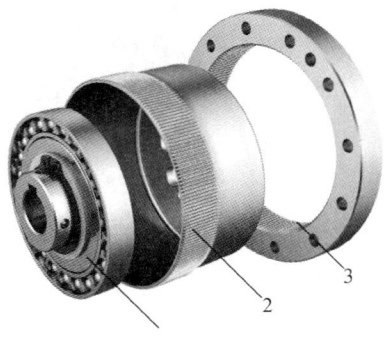

图 14-12　谐波减速器的基本结构

1—谐波发生器；2—柔轮；3—刚轮

柔轮的外径略小于刚轮的内径，通常柔轮比刚轮少2个齿。波发生器的椭圆形形状决定了柔轮和刚轮的齿接触点分布在介于椭圆中心的两个对立面。波发生器转动的过程中，柔轮和刚轮齿接触部分开始啮合。当波发生器沿如图14-13所示方向连续转动时，柔轮的变形不断改变，使柔轮与刚轮的啮合状态也不断改变，沿着啮入、啮合、啮出、脱开、再啮入，依次循环，周而复始地进行，从而实现柔轮相对刚轮沿波发生器相反方向作缓慢运动。波发生器每顺时针旋转180°，柔轮就相当于刚轮逆时针旋转1个齿数差；而当椭圆长轴绕柔轮回转一周后，柔轮的基准齿将逆时针偏离刚轮0°位置2个齿数差，原理图如图14-13所示。

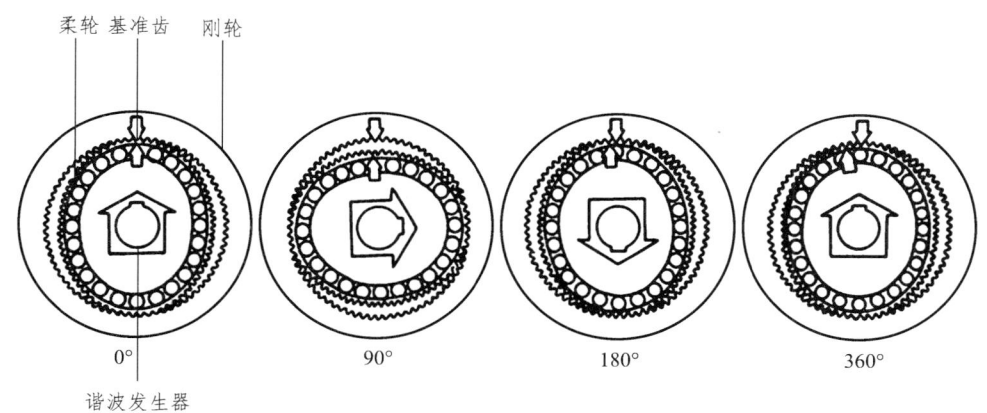

图 14-13 谐波减速器工作原理

由谐波齿轮传动的结构和原理可见，它与其他传动装置相比，主要有以下特点：

（1）承载能力强、传动精度高。

在一般条件下，同时啮合的齿数越多，其承载能力和传动精度越强。但需要说明的是，虽然相比于其他减速器，谐波减速器的传动精度要高很多，但目前它也只能达到角分级（$1' \approx 2.9 \times 10^{-4}$ rad），与数控机床回转轴所要求的角秒级（$1'' \approx 4.85 \times 10^{-6}$ rad）定位精度相比，仍存在较大差距，这也是目前工业机器人的定位精度比较低的原因之一。

（2）传动比大、传动效率高。

谐波齿轮传动所推荐的传动比一般在50~160，也可以选择30~320，而普通齿轮传动的推荐传动比为8~10。正常的传动效率为0.65~0.96，与减速比、负载及使用温度等有关。

（3）结构简单、体积小、重量轻，使用寿命长。

谐波齿轮传动装置只有3个基本部件，与传动比相同的普通齿轮传动相比较，其零件数可减少50%左右，体积、重量大约只有1/3。另外，在传动过程中，运动无冲击，因此，轮齿的磨损比较轻，使用寿命可达7 000~10 000 h。

（4）传动平稳，无冲击，噪声小。

由于谐波减速器特殊的齿轮设计，柔轮和刚轮啮合、退出过程可以连续渐进、渐出，啮合时的齿面滑移速度小，且无突变，因此传动平稳，啮合无冲击，运行噪声小。

（5）安装调整方便。

谐波减速器装置只有刚轮、柔轮、谐波发生器三个基本的部件，三者为同轴安装，且可以按部件提供，用户可根据自己的需要，自行选择变速方式和安装方式。

14.2.2.2 谐波减速器装配及注意事项

1. 装配技术要求

（1）减速器与支座或与系统装置连接，均不低于T10基轴制的配合连接要求。同一种机型的减速器，零部件均能通用互换。

（2）装配前用精度为 0.02 mm 的游标卡尺，按图纸要求测量接口尺寸。

（3）保持作业环境清洁，装配过程中不得有任何异物进入减速器内部，以免使用时造成减速器损坏。

（4）当配套的传动装置采用联轴器连接时，同轴度不得超过联轴器允许的范围。

（5）当使用V带轮进行传动时，V带安装不能过紧以免损坏轴承。

（6）当使用链轮进行传动时，链轮安装不能过松，否则在启动时会产生冲击。

（7）柔轮与刚轮啮合为180°对称，若装配不对称则会引起振动，损坏柔轮。

（8）装配后需先低速（100 r/min）运行，以确定装配连接良好。如有异常振动或响声，及时关闭电源，以防止因安装不正确造成减速器损坏。

2. 装配注意事项

（1）在减速器输入轴、输出轴上安装联轴器、齿轮、链轮、带轮等传动件时，不允许直接用铁锤敲击（可用木槌、橡胶锤、铜棒、铅块等轻轻打入），建议利用轴端螺栓通过压板压入。

（2）减速器安装使用时，必须注入润滑油（润滑脂除外），油位高度以油标显示部位为准。在正常情况下润滑油可采用20#机油。

（3）涂抹密封胶时，不要涂抹到齿轮的啮合部位、波发生器的内置轴承和轴上，以防封胶进入啮合轮齿或轴承中，这样容易损坏谐波减速器。

（4）在正常工作情况下，减速器第一次工作 500 h 后则更换新的润滑油，以后可在工作 3 000 ~ 4 000 h 更换一次。若工作在高温，多尘，有害气体及潮湿的恶劣条件下，则要适当缩短润滑油更换周期。

3. 装配流程

谐波减速器的装配流程见表 14-2。

表 14-2　谐波减速器的装配流程

序号	装配内容	装配图示	装配要求	所用工具
1	装配前检查各部分是否齐全	略	（1）各安装平面不能歪斜； （2）各啮合部位不能有异物； （3）螺栓孔位置不能有隆起、毛边或异物啮入	干净抹布

续表

序号	装配内容	装配图示	装配要求	所用工具
2	在刚轮的轮齿上涂抹润滑油防锈	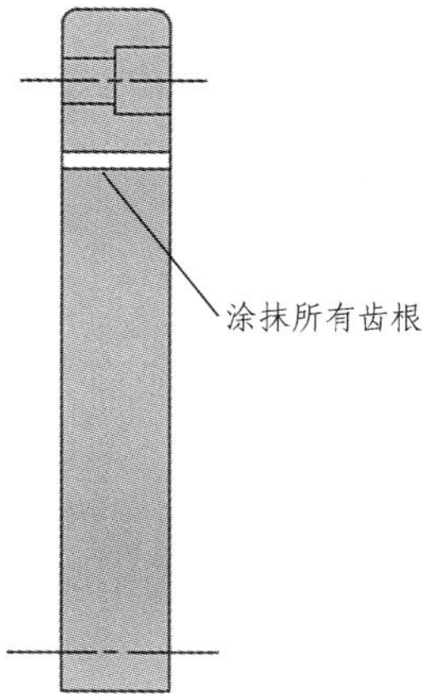 涂抹所有齿根	涂抹要均匀充分、不能掺入异物	润滑油
3	在柔轮的轮齿和相应部位涂上润滑油防锈	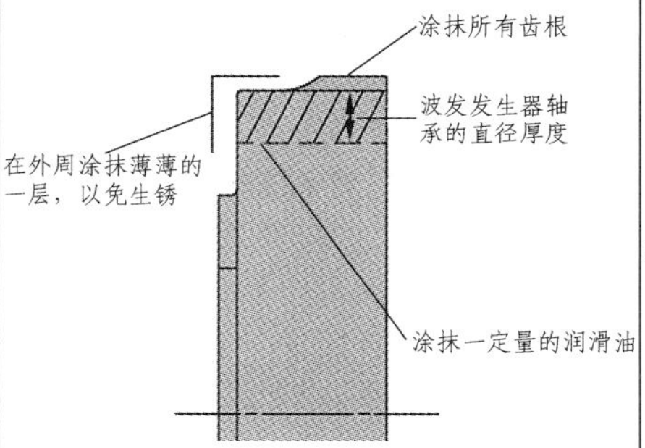 涂抹所有齿根；波发生器轴承的直径厚度；在外周涂抹薄薄的一层，以免生锈；涂抹一定量的润滑油	涂抹要均匀充分、不能掺入异物	润滑油
4	在波发生器涂上润滑油防锈	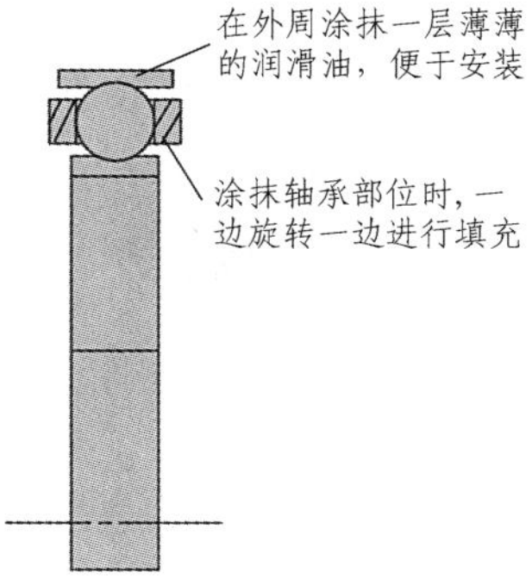 在外周涂抹一层薄薄的润滑油，便于安装；涂抹轴承部位时，一边旋转一边进行填充	涂抹要均匀充分、不能掺入异物	润滑油
5	先将刚轮和柔轮组合在一起	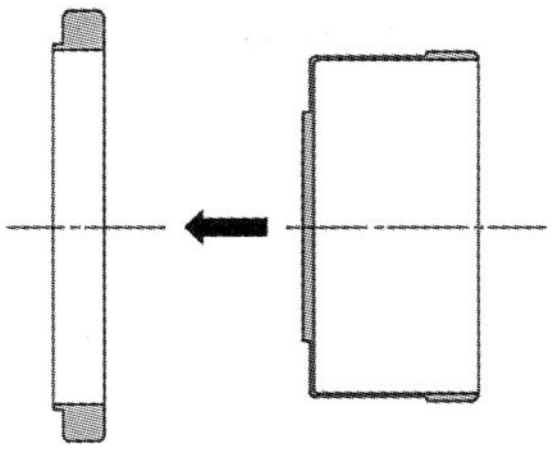	不能用力按压，要轻轻放入，避免柔轮轮齿变形或齿面磨损	橡胶锤或者铜棒

- 225 -

续表

序号	装配内容	装配图示	装配要求	所用工具
6	再将波发生器装入柔轮轮齿内侧		不能用力敲击波发生器轴承部位,防止轴承磨损损坏	橡胶锤或者铜棒
7	检验	略	按技术要求,灵活转动无阻滞	略

14.2.3　RV 减速器

14.2.3.1　RV 减速器结构和原理

如图 14-14 所示,RV 减速器是另一种工业机器人常用的精密核心减速器零件,常用作转矩大的机器人腿部、腰部和肘部三个关节。一些负载大的工业机器人基本上一二三轴都会使用 RV 减速器。相比谐波减速器,RV 减速器具有更高的疲劳强度、刚度和寿命,不像谐波传动那样随着使用时间增加,运动精度会显著降低,其缺点是重量重,外形尺寸较大。

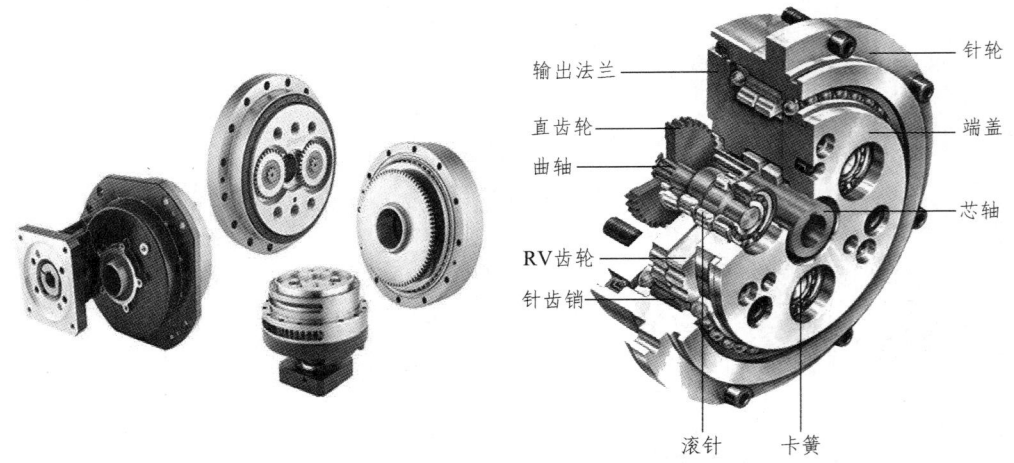

图 14-14　RV 减速器外观及结构图

RV 减速器的结构比谐波减速器复杂得多,其内部通常有 2 级减速机构。RV 减速器传动链比较长,减速器间隙较大,因此传动精度通常不及谐波减速器高。此外,其生产制造成本也相对较高,维护和修理较困难,一般用在大型搬运和装配机器人上。

RV 减速器的变速原理如图 14-15 所示。

（1）第 1 减速——正齿轮减速机构

输入轴的旋转从输入齿轮传递到直齿轮,按齿数比进行减速,称为第 1 减速部。

（2）第2减速部——差动齿轮减速机构

直齿轮与曲柄轴相连接，变为第2减速部的输入。在曲柄轴的偏心部分，通过滚动轴承安装RV齿轮。另外，在外壳内侧仅比RV齿轮数多一个的针齿，以同等的齿距排列。

如果固定外壳转动直齿轮，则RV齿轮由于曲柄轴的偏心运动也进行偏心运动。此时如果曲柄轴转动一周，则RV齿轮就会沿与曲柄轴相反的方向转动一个齿。这个转动被输出到第2减速部的轴。将轴固定时，外壳侧成为输出侧。

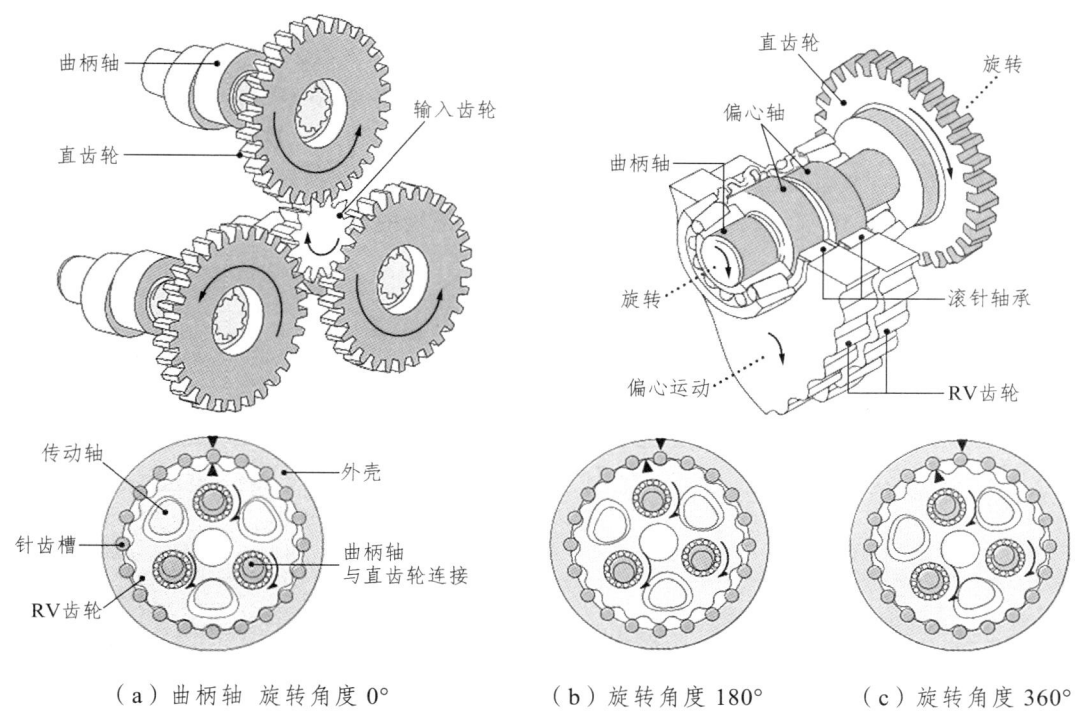

（a）曲柄轴 旋转角度0°　　（b）旋转角度180°　　（c）旋转角度360°

图14-15　RV减速器变速原理

通过RV减速器的结构和原理可见，它与其他传动装置相比，主要有以下特点：
（1）传动比范围大。
（2）扭转刚度大，输出机构即为两端支承的行星架，用行星架左端的刚性大圆盘输出。大圆盘与工作机构用螺栓连接，其扭转刚度远大于一般摆线针轮行星减速器的输出机构。在额定转矩下，弹性回差小。
（3）只要设计合理，制造装配精度保证，就可获得高精度和小间隙回差。
（4）传动效率高。
（5）传递同样转矩与功率时的体积小（或者说单位体积的承载能力大），RV减速器由于第一级用了三个行星轮，特别是第二级的摆线针轮为硬齿面多齿啮合，这就决定了它可以用小的体积传递大的转矩。此外，在结构设计上，传动机构置于行星架的支承主轴承内，使轴向尺寸大大缩小，这些因素使传动总体积大为减小。

但是，RV减速器结构复杂，传动间隙较大，定位精度等一般不及谐波减速器，且由于其结构复杂，故用户一般不能在现场自行安装，在某些场合使用不及谐波减速器方便。

14.2.3.1 RV减速器装配及注意事项

1. 装配技术要求

（1）安装时不能对减速器输出部件、箱体施加压力，连接时要满足器械与减速器之间同轴度与垂直度的相应要求。

（2）减速器初始运行至 400 h 时应更换新的润滑油，其后的换油周期约为 4 000 h。

（3）减速器箱体内应保留足够的润滑油量，并定期检查油质。

2. 装配注意事项

（1）向减速器内添加润滑油时，应使润滑油占全部体积的 10% 左右，并保证润滑充分。

（2）注意保持减速器外观清洁，及时清除灰尘、污物以利于散热。

（3）装配时，严禁用强力敲打 RV 减速器，以免损坏 RV 减速器。

涂抹密封胶时，量不能太多，以免密封胶流入减速器内部；量也不能太少，否则会造成密封不良。

3. 装配流程

RV 减速器的装配流程见表 14-3。

表 14-3 RV 减速器的装配流程表

序号	装配内容	装配图示	装配要求	所用工具
1	装配前检查各部分是否齐全、添加润滑油	略	无毛边、异物、润滑充分	干净抹布、润滑油
2	在 RV 减速器输入轴侧安装面上均匀涂抹密封胶	均匀涂抹密封胶	涂抹要均匀充分	密封胶
3	将 RV 减速器装到机体孔座内	略	安装平面要贴紧，不要留有空隙	略
4	给连接螺栓涂上螺栓防松胶，然后预紧，防松后拧紧螺栓	略	不要一次性拧紧螺栓、按对角线顺序依次拧紧	加长内六角扳手
5	检验	略	按技术要求	略

14.2.4 伺服电机

14.2.4.1 伺服电机及应用

伺服电机是指在伺服系统中控制机械元件运转的电动机，它是一种补助马达间接变速装置，如图 14-16 所示。伺服电机可以将电压信号转化为转矩和转速来驱动控制对象，电机转子转速受输入信号控制,不仅反应速度快,而且可使控制的速度和位置精度非常准确,一般应用在数控机床、工业机器人等自动化程度较高的设备中。在工业机器人当中,伺服电机主要用于驱动机器人关节运动,执行预设的某些抓取动作。

图 14-16　伺服电机外观

14.2.4.2　伺服电机装配技术要求及注意事项

1. 装配技术要求

(1)电动机的旋转方向应符合要求,声音正常。
(2)电动机的振动应符合规范要求,空载时测得的振动速度有效值应不大于 2.8 mm/s。
(3)电动机的温度不应过高。

2. 装配注意事项

(1)不可在有腐蚀性气体、易潮、易燃、易爆的环境中使用伺服电机,以免引发火灾。
(2)不得损伤电缆或对其施加过度压力、放置重物和挤压,否则可能导致触电,损坏电机。
(3)不要将手伸入驱动器内部,以免灼伤手或触电。
(4)不要在伺服电机运行过程中,用手去触摸电机旋转部位,以免烫伤手。
(5)切断电源,确认无触电危险之后,方可进行电机的移动、配线、检查等操作,以免检查人员触电。

3. 装配流程

伺服电机的装配流程见表 14-4。

表 14-4　伺服电机的装配流程表

序号	装配内容	装配图示	装配要求	所用工具
1	去除毛边、锐边、检查螺栓孔和密封槽等	略	无毛边、隆起或异物	干净抹布
2	清洁安装平面	略	不能有异物、油渍等	干净抹布
3	安装电机密封圈	（密封圈、机架平面）	完全嵌入机架平面密封槽	密封圈

续表

序号	装配内容	装配图示	装配要求	所用工具
4	在伺服电机的安装平面上涂抹密封胶	 涂密封胶	涂抹要均匀充分、不能掺入异物	密封胶
5	将伺服电机的安装平面贴紧机架安装平面	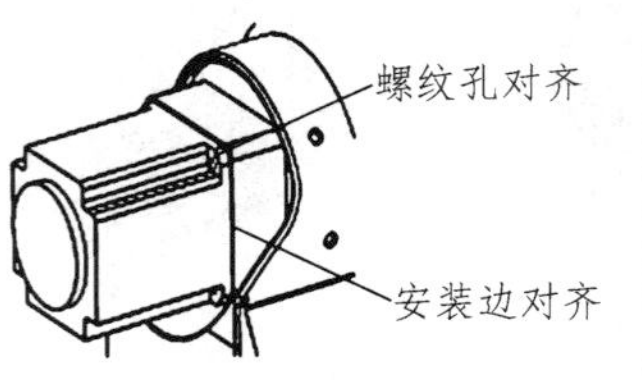 螺纹孔对齐 / 安装边对齐	安装平面要贴紧、边及孔都要对齐	略
6	拧入一半螺纹对两安装平面进行预紧	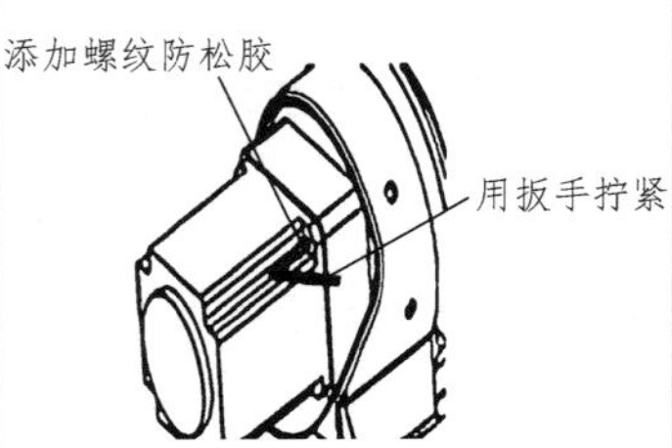 添加螺纹防松胶 / 用扳手拧紧	拧入螺栓时不能发生歪斜	螺栓、六角扳手、螺纹防松胶、内六角扳手
7	给露在外面的半截螺栓添加螺纹防松胶		螺纹防松胶充分添加	
8	用内六角扳手拧紧螺栓		拧紧力度要适中,不能用力扳	
9	检验	略	按技术要求	略

14.3 工业机器人装配实训

工业机器人装配实训包括装配前的准备工作、常用的装配工具和设备。实训的目的是让学习者了解工业机器人机械装配基本知识,掌握装配技术要求,了解并能进行标准化作业,做到安全文明生产。

14.3.1 装配前准备

装配前的准备工作是保证安全生产的有效途径,也是实训正常进行的前提,必须要按照规范要求提前做好准备工作。对于参与实训的学生而言,准备工作主要是指做好安全保护措施。下面以生产过程中作业者的安全保护措施要求为例,说明安全保护措施的工作要求。

14.3.1.1 操作者的生产作业保护

1. 正确选择和穿戴工作服

穿宽松的衣服在操作机械设备时会带来安全隐患,容易被转动的机器卷入其中,对操作者带来不可预想的伤害。另外,切削金属材料(如钻孔、锯割)时产生的切屑温度很高,高温切屑容易熔透涤纶、人造丝、尼龙等人造纤维类衣服,烫伤操作人员的皮肤。因此,在工作时必须穿合身的天然纤维工作服，而且不要有外露的口袋和丝线，如图14-17所示。

图 14-17　安全工作服

2. 佩戴防护眼镜和防护耳塞

许多机械加工车间噪声非常大，且常有飞屑伤人等意想不到的危险发生，必须养成戴防护眼镜和耳塞的良好习惯，以保护眼睛和听力免受伤害。

图 14-18　防护眼镜和防护耳塞

3. 保护脚部和头部

穿工作鞋（防护鞋）能有效地防止工作过程中脚被坠物砸伤，同时当地面有切屑、外泄的切削液或润滑油时，也能起防滑作用。安全帽则是防止冲击物伤害头部的防护用品，进入生产车间必须要戴安全帽。

4. 其他注意事项

进入车间或者实训场所，女生应将长发盘绕置于帽内。另外，不宜佩戴首饰，以免被卷挂到运动着的机器上或者粘在切屑上而引起危险。

对于工业机器人装配而言，除了进行机械专业的培训，如装配钳工的知识与技能培训外，还需要进行工业机器人专业的培训，以便更好地掌握工业机器人的装配与维护。

14.3.1.2　工作现场管理与安全文明生产

安全生产，人人有责。从业人员必须认真执行"安全第一，预防为主"的方针，严格遵守安全操作规程和各种安全生产规章制度，设备是学校（企业）的重要财产，要做好文明生产，防止掠夺性使用设备，并加强设备维护保养，延长机床使用寿命。为确保装配车间实现优质、高效、低耗、安全生产，装配车间所有管理员、装配工必须严格遵守安全文明生产管理制度，并进行定期检查与考核。同时要做好常用设备的日常养护，掌握基本的养护程序与方法。

在装配场所应做到以下要求：

（1）进入拆装场地必须统一穿着工作服，女同学戴好工作帽，不允许穿拖鞋、凉鞋或佩戴首饰。

（2）在拆装场地不允许说笑打闹，大声喧哗。

（3）工作前必须检查手用工具是否正常，并按手用工具安全规范进行操作。

（4）懂得并能正确使用常用拆装工具、机具、测量仪器等，掌握零部件的常规检测要素、测量仪器的应用范围及其测量方法，做到基本能够使用常用量具，加强对常用量具的应用范围和注意事项掌握。

（5）拆装场地要经常保持整洁，通道不准放置物品，废料应及时清除。

（6）任何设备在拆装前，首先要切断电源和相连部分（如操作杆、总线上的开关、管道等），防止误开机器发生安全事故。

（7）拆卸机器时应注意有弹性的零件，防止这些零件突然弹出伤人。

（8）协同作业时必须互相联系协调，禁止互不通气盲目行事。

（9）拆卸下的零部件应摆放有序，不得乱丢、乱放、能滚动的零部件应两侧固定，不让其转动。

（10）拆装机器时，首先应了解机器性能、作用及各部分的重要性，按顺序拆装。

（11）使用手钻要穿戴绝缘护具，钻孔时应戴上防护镜及其他防护用具。

（12）拆装机器时，手脚不得放在或踏在机器的转动部分。

（13）拆卸笨重机件时必须用起重设备，不要以人力强制搬动。

（14）拆装零件、部件与搬运工件时，要稳妥可靠，以免零部件跌落受损或伤人。

（15）需要使用电时，必须通过专业电工将电线接妥后方可使用。

（16）使用三角吊架时，必须将三只吊脚用绳子绑住，以免滑倒。

（17）锤击零件时，受击面应垫硬木、紫铜棒或尼龙棒等材料。

（18）修理受压设备时，应按照受压容器规定进行。

（19）使用电动或手摇吊车时必须按照吊车的安全操作规程进行。

（20）把轴类零件插入机器时，禁止用手引导、用手探测或把手插入孔内。

（21）递接工具材料、零件时，禁止投掷。

（22）实训完毕要做到"三清"，即场地清、设备清、工具清。

14.3.2 装配工具及设备

工业机器人的装配过程与其他机械产品装配有许多相似的地方，都会使用与钳工相关的常用设备。前面章节已对钳工作了详细的介绍，包括常用工具的结构、作业特点、使用方法和注意事项等，这里就不再赘述。

下面简单介绍工业机器人装配还需用到的设备以及常用量具，见表 14-5。

表 14-5　工业机器人装配常用设备及量具

序号	名称、实物图	用途说明
1	千斤顶	千斤顶是装配作业中常用到的小型起重机械，常用它来支撑零件，具有体积小、操作简单、使用方便等优点
2	单梁起重机	单梁起重机是一种轻型的起重设备，它由吊架和球链手拉葫芦组成，具有体积小、质量轻、价格低廉且使用方便等优点
3	手动压力机　　液压压力机	压力机是一种结构简单的通用性设备，具有用途广泛、生产效率高等特点。在工业机器人装配现场，压力机主要用于齿轮和轴套等紧配件的拆卸以及变形零件的校正
4	感应加热器	轴承和齿轮等一般都是采用过盈配合安装在轴上的，除了采用锤击法装配之外，通常采用热胀法或冷缩法，感应加热是目前较先进且常用的加热方法

续表

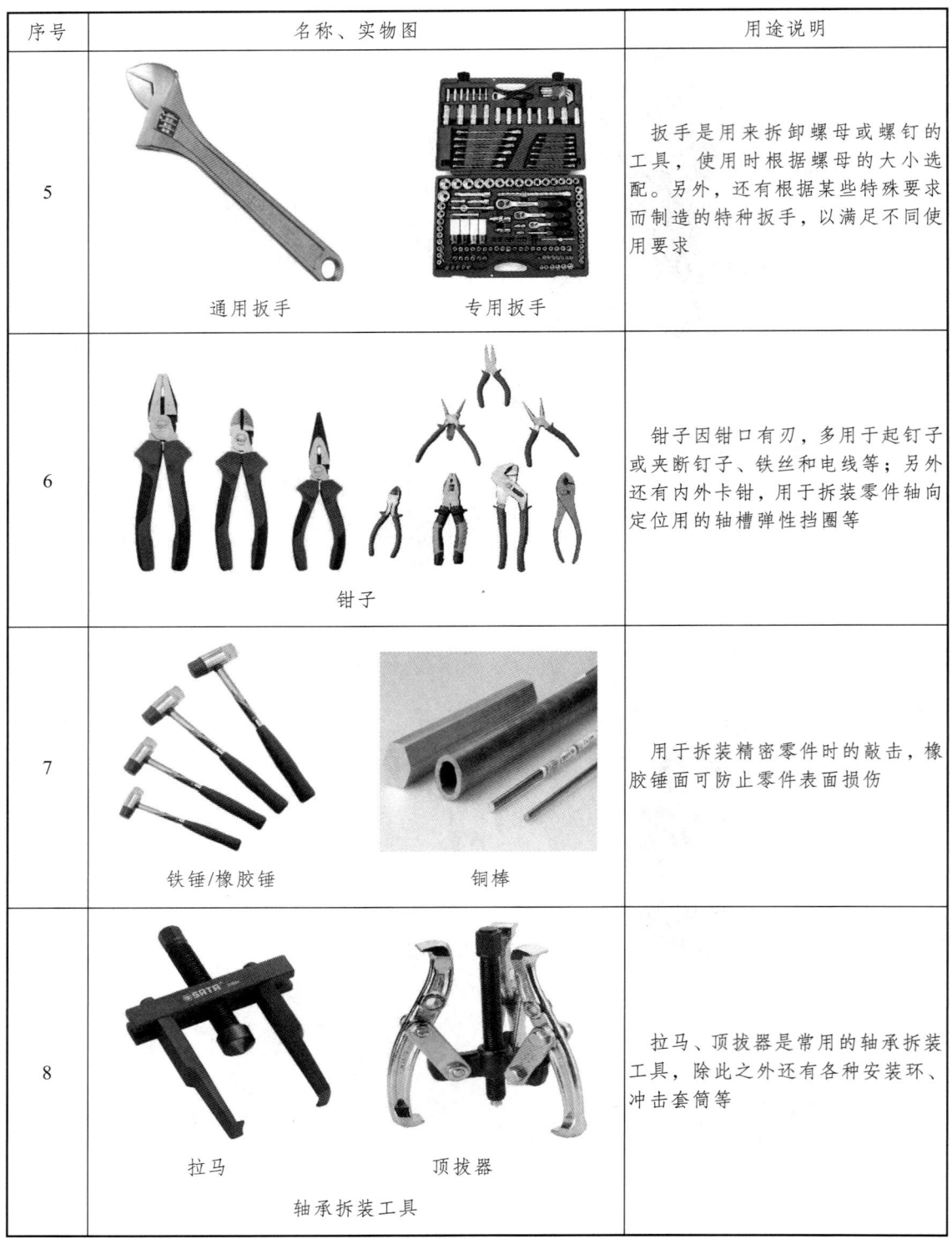

序号	名称、实物图	用途说明
5	通用扳手　专用扳手	扳手是用来拆卸螺母或螺钉的工具，使用时根据螺母的大小选配。另外，还有根据某些特殊要求而制造的特种扳手，以满足不同使用要求
6	钳子	钳子因钳口有刃，多用于起钉子或夹断钉子、铁丝和电线等；另外还有内外卡钳，用于拆装零件轴向定位用的轴槽弹性挡圈等
7	铁锤/橡胶锤　铜棒	用于拆装精密零件时的敲击，橡胶锤面可防止零件表面损伤
8	拉马　顶拔器 轴承拆装工具	拉马、顶拔器是常用的轴承拆装工具，除此之外还有各种安装环、冲击套筒等

上述为工业机器人装配过程中常用到的工具，在工厂的实际生产作业中，还可能用到砂

轮机、高压清洗机等机械装备。工具和量具在使用过程中，作业人员必须熟知它们的性能、特点、使用方法、保管方法、维修及保养方法等。在作业之前必须先对工量具进行检查，严禁使用不合格或已损坏的工量具作业。使用完毕后要对工量具进行妥善保管，长时间不用也要经常进行保养。

14.3.3　典型工业机器人的装配任务

14.3.3.1　工业机器人简介

1. 五轴工业机器人

机械手是指能模仿人手和臂的某些动作功能，用以按固定程序抓取、搬运物件或操作工具的自动操作装置。机械手是最早出现的工业机器人，也是最早出现的现代机器人，它可代替人类繁重劳动以实现生产的机械化和自动化，能在有害环境下取代人工作业，因而广泛应用于机械制造、冶金、电子、轻工和核工业等部门。目前，机械手按驱动方式可分为液压式、气动式、电动式、机械式机械手；按适用范围可分为专用机械手和通用机械手；按运动轨迹控制方式可分为点位控制和连续轨迹控制机械手等。

工业机器人的自由程度，通常是指机器人可动关节的数量。图 14-19 所示为深圳华胜控公司生产的五轴工业机器人，它由五个伺服电机直接通过谐波减速器驱动或者通过同步带轮等方式间接驱动五个关节轴的旋转运动。五轴机器人通过程序精确控制五个关节机械传动实现各种预先设置的运动，可以实现产品的自动取放料、搬运、定位装配等，应用十分广泛。

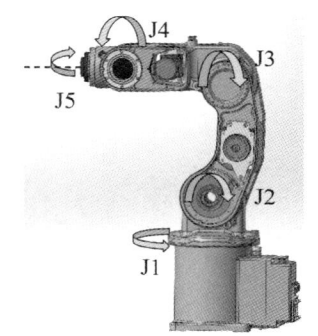

图 14-19　五轴工业机器人机械手关节旋转示意图

2. 五轴工业机器人的运动

J1 轴电动机固定在腰部旋转座内，其旋转通过齿轮轴直接传送到减速器输入端，J1 轴的减速器输入端固定在底座上，输出端固定在 J2 轴腰部旋转座上驱动 J1 轴旋转。

J2 轴电动机的旋转通过齿轮轴直接输送到减速器输入端，J2 轴的减速器输入端固定在腰部旋转座上，输出端固定在 J2 轴大臂上驱动大臂旋转。

J3 轴电动机的旋转通过齿轮轴直接传送到减速器输入端，J3 轴的减速器输入端固定在 J2 轴大臂上，输出端固定在前臂旋转壳体上驱动前臂旋转壳体旋转。

J4 轴电动机固定在前臂管内，并通过同步带传送到减速器输入端，J4 轴的减速器输入端固定在前臂管内，输出端固定在 J4 轴手腕端面上驱动 J4 轴零部件的转动。

J5 轴电动机固定在前臂管内，并通过同步带和伞齿轮传送到减速器输入端，J5 轴的减速器输入端固定在手腕端面上，输出端固定在法兰上，从而驱动 J5 轴旋转。

3. 五轴工业机器人安装的注意事项

（1）限　位

限位即限制运动件位置，常有限位板、限位块、限位栏等装置。

工业机器人的限位有硬限位和软限位之分，此处只介绍工业机器人的机械结构安装，因此不涉及软限位问题。工业机器人的硬限位位置是指工业机器人各基本轴运动能达到的带有缓冲器的机械终端位置，理论上工业机器人各轴都不可能达到硬限位位置，而是由软件上的软限位提前起作用，防止机械构件的碰撞，但是，工业机器人的硬限位也是不可缺少的。

（2）零 位

机器人的零位是机器人操作模型的初始位置。当零位不正确时，机器人不能精确地运动。在机械结构中，相邻两轴的运动在特定位置上有零位标志，机器人出厂前已经安装调试完毕。如图14-20所示，机器人经拆卸后机械零位标志不能等同于软件零位标志，但在实践教学中，机械零位标志可作为工业机器人装配的零位标志。

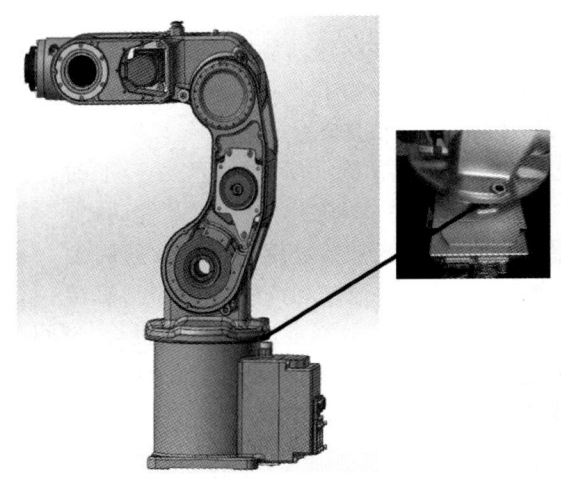

图14-20 五轴工业机器人机械零位标志

（3）润 滑

保持机器零部件的润滑，可以减少机器人在运动过程中对于零部件的损坏、生锈等，而且能保证机器人的运动精度，因此，在装配时要对零部件进行充分润滑，在一些关键位置如注油孔和出油孔，装配时要注意不要被异物堵塞，以免润滑不充分。

（4）油 封

在伺服电机、谐波减速器和RV减速器等安装部位，常有用于密封的装置，例如密封圈等，防止油液或润滑油泄漏，安装时须保证密闭没有缝隙。

14.3.3.2 五轴工业机器人装配

1. 装配前准备

根据装配图和零件实物图，分析五轴工业机器人的结构和装配技术要求，根据要求准备工具物料清单。检查零件数量及相关工艺是否符合装配要求，回忆并掌握重要零部件的装配方法及注意事项，做好装配前准备工作。

2. J1轴及底座装配工艺过程及装配方法

这部分是整个工业机器人装配的基础，主要的装配包含J1轴安装以及底座、腰部旋转座等安装，零部件装配包括伺服电机、减速器等，整个装配如图 14-21 所示。装配时遵循"由下到上、由里及外"的装配原则，注意在安装伺服电机和减速器时应注意润滑和密封，安装密封圈时严禁强力拉扯，拧紧螺丝时按照相应顺序拧紧。另外，在装配时要注意机械零位的对准，避免装配后偏差较大，软件校准时难度较大，难以保证工业机器人的运动精度。

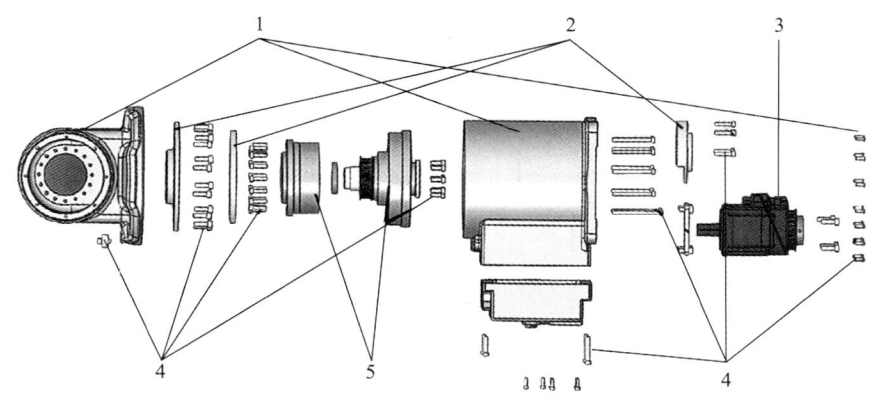

图 14-21　J1 轴及底座装配示意图

1—底座；2—法兰垫圈；3—伺服电机；4—螺钉；5—减速器

3. J2、J3 轴装配工艺过程及装配方法

这部分主要包括 J2 轴伺服电机、工业机器人大臂以及谐波减速器等零部件安装。腰部旋转座的输出端与减速器的输入端相连，大臂输入端与减速器输出端相连，整个大臂可以绕腰部旋转座输出端中心轴旋转。这一部分起着承上启下的连接作用，装配时两个大臂外壳和减速器、伺服电机的对准需要精确，否则后期和 J4、J5 轴连接时会被卡死。整个装配如图 14-22 所示。

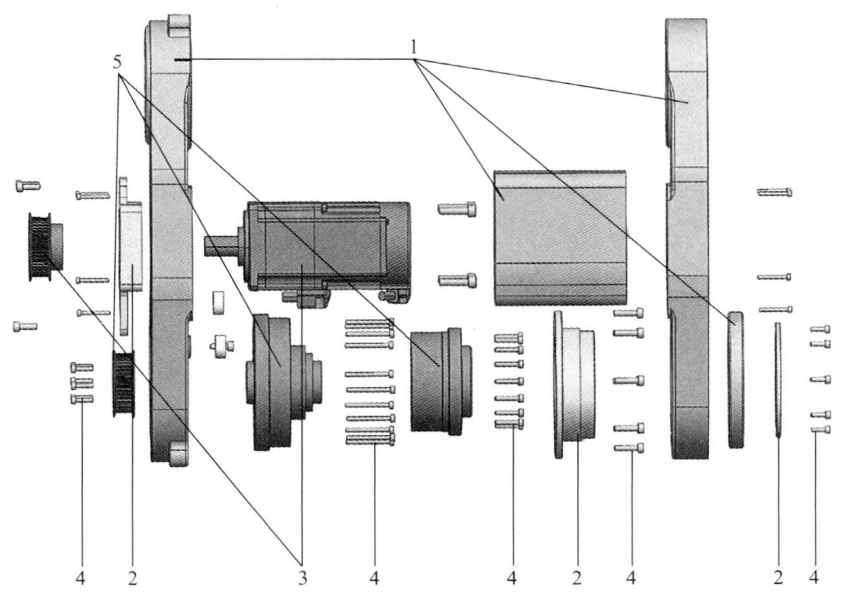

图 14-22　J2、J3 轴装配示意图

1—机械手臂外壳；2—法兰垫圈；3—伺服电机；4—螺钉；5—减速器

4. J4、J5 轴装配工艺过程及装配方法

这部分主要包括前臂臂架、J3/4/5 轴伺服电机、电机固定装置、手臂外壳、谐波减速器、法兰垫圈、带轮、同步带等零部件安装。J4 轴的输入端通过同步带和减速器与 J3 轴输出端伺服电机相连，绕着 J3 中心轴旋转运动。整个装配如图 14-23 所示。

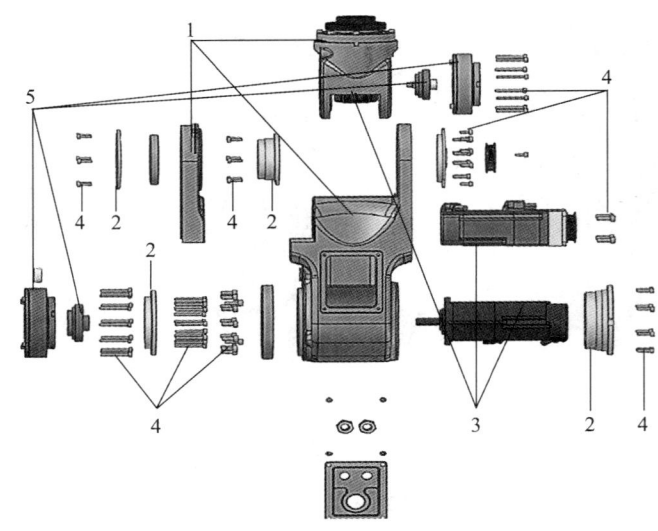

图 14-23　J4、J5 轴装配示意图

1—机械手臂外壳；2—法兰垫圈；3—伺服电机；4—螺钉；5—减速器

整个工业机器人机械装配过程中，除了上述机械手的装配之外，还会有控制线路和管线的装配，需要与专业的电气工程师或电气装配工一起协同完成。在装配控制线路和管线的过程中，由电气装配工具体负责相应项目，确保准确无误，在装配机械手的过程中对于相应的线路应该注意：

（1）保持线管顺直、不要扭曲、交叉。

（2）整理控制线、做到不缠绕。

（3）正确插拔、连接、固定控制线套管。

至此，五轴工业机器人的装配工作全部完成，后续将按照技术要求和工艺流程卡进行检验、机械零位校准以及软件零位校准等，编写导入程序后即可正常使用。

思考与练习

1. 什么是工业机器人？工业机器人是怎么分类的？有哪些用途？
2. 谐波减速器和 RV 减速器各有哪些特点？两者又有哪些区别？
3. 安装 CRB 轴承以及同步皮带时需要注意哪些事项？
4. 五轴机器人各轴是怎么运动的？都有哪些特点？
5. 五轴机器人采用了哪些关键零部件？装配时应注意哪些事项？
6. 简述工业机器人的应用前景。

第 15 章　教育机器人认识与实训

教育机器人指应用于教育领域的机器人，具有符合教学使用的相关需求；具有良好的性价比具有开放性和扩展性，可根据需要灵活增减功能模块，自主创新；友好的人机交互界面等特点。本章以 Arduino 开发板应为案例，讲述开发板硬件电气特性及软件（Arduino IDE）的使用，了解教育机器人开发流程。此外，通过介绍常用外围设备，如传感器，舵机等使用方法，结合创新实践项目，巩固 Arduino 开发板的综合应用。

15.1　Arduino 初识

15.1.1　什么是 Arduino

认识 Arduino

Arduino 是一个基于 AVR 微控处理器单片机并且开放源代码的嵌入式系统，包含各种型号的 Arduino 开发板硬件（见图 15-1）和软件（Arduino IDE）。它构建于开放原始码 Simple I/O 界面，并且具有使用类似 Java、C 语言的 Processing/Wiring 开发环境。

Arduino 设计之初的目的是让设计师以及初学者能够很快地通过它学习电子和传感器的基础知识，并应用到具体的设计中。

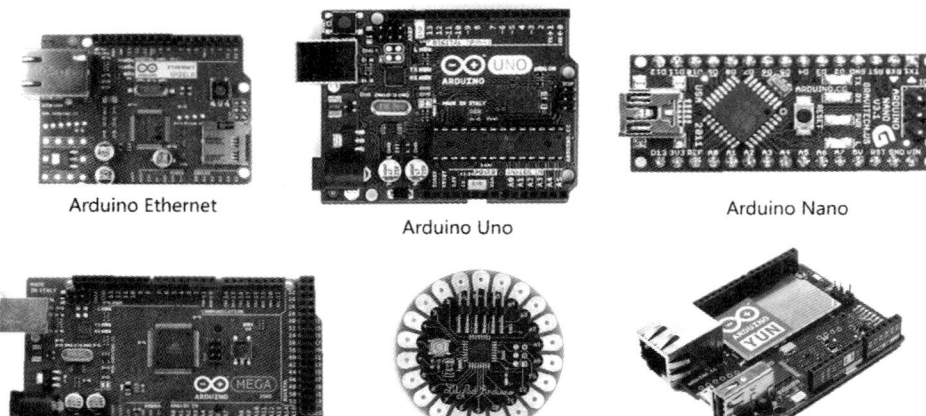

图 15-1　Arduino 开发板

15.1.2　Arduino 的构成

Arduino 主要包含硬件和软件两个部分：

（1）硬件部分：Arduino 开发板，由各种电路及相关电子元器件组合，如图 15-2（a）所示。

（2）软件部分：编程及开发环境 Arduino IDE，如图 15-2（b）所示。

当需要 Arduino 来进行某些操作时，只需要在 IDE 中编写相对应的程序代码，将程序通过数据线上传到 Arduino 电路板后，Arduino 电路板按照程序指令，通过电信号来驱动红外传感器、超声波传感器等检测元件及舵机、LED 等执行元件进行动作。

（a）Arduino 硬件平台　　　　　　　　（b）软件开发环境

图 15-2　Arduino 开发板与开发环境

15.1.3　Arduino 的应用

Arduino 可以用来开发交互产品，可用它来读取大量的开关和传感器的输入信号，并且可以输出控制信号来驱动各式各样的电灯、电机和其他物理设备，如智能小车、无人机，如图 15-3 所示。Arduino 项目可以单独开发使用，也可以与 Flash、Processing、MaxMSP 等电脑应用程序进行交互使用。

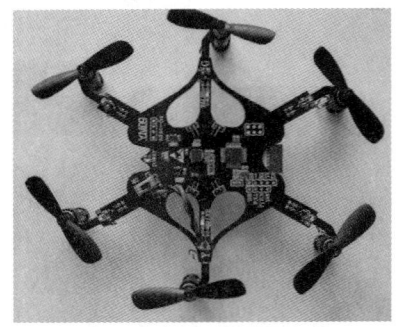

（a）利用 Arduino 制作的智能小车　　　　　　（b）基于 Arduino 飞控无人机

图 15-3　Arduino 应用

15.2　Arduino 的电气特性

Arduino 是一个基于 AVR 芯片开发的物理平台，认识 Arduino 的电气特性本质是了解 AVR

处理芯片的电气特性。AVR 芯片引脚直接连接 Arduino 开发板上针型端子或焊点，芯片与开发板的连接点之间不存在缓冲或电平位移。

目前市面上按照配置和封装类型，常用的 AVR 微控制器有 8 种，见表 15-1。各种 8 位 AVR 设备围绕着内部数据总线，使用通用 CPU 以及模块化功能件进行搭建。这种模块化的架构方式允许设计者把不同的组合包含到设计中，并把大量功能模块加入到 AVR 的内部电路，以迎合特定的设计需求，生产出能够满足不同应用场景的产品。由于篇幅所限，本章只作简要讲解，并以 ATmega168/328 硬件为例讲述相关特性，更多底层细节可以在 Atmel 官网的相关介绍中找到。

表 15-1 Arduino 产品使用的 AVR 微控制器

微控制器	闪存	I/O 引脚（最多）	备注
ATmega 168	16 kb	23	时钟频率 20 MHz
ATmega 168V	16 kb	23	时钟频率 10 MHz
ATmega 328	32 kb	23	时钟频率 20 MHz
ATmega 328P	32 kb	23	时钟频率 20 MHz，微型电源
ATmega 328V	32 kb	23	时钟频率 10 MHz
ATmega 1 280	128 kb	86	时钟频率 16 MHz
ATmega 2 560	256 kb	86	时钟频率 16 MHz
ATmega 2U4	32 kb	26	时钟频率 16 MHz

15.2.1 AVR 内核结构

AVR ATmega 微控制器由 AVR CPU、输入/输出（I/O）端口、时序、模数转换、计数器/定时器、串口功能以及其他各种部件功能组成，如图 15-4 所示。Atmel 将其称为"外围功能"。

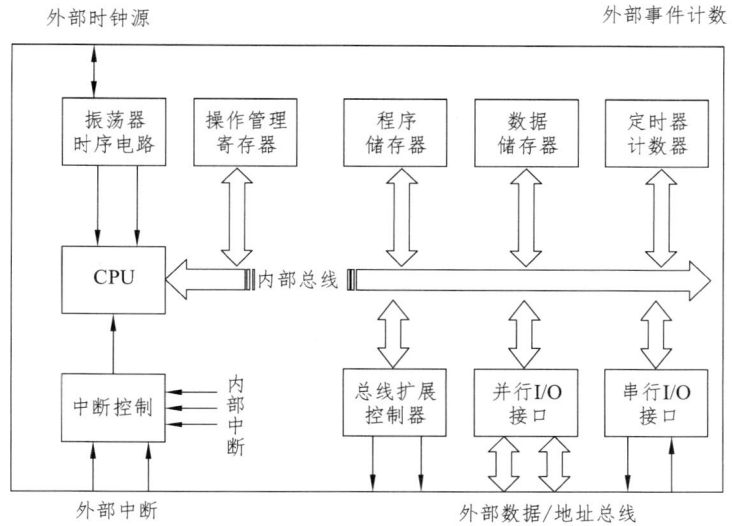

图 15-4 通用 AVR 组成结构框图

图 15-5 所示为 AVR CPU 内核结构，其中核心部分为算术逻辑单元（ALU），其功能是进行算术、逻辑、比较等运算和操作，并将结果和状态信息与储存器以及状态寄存器进行（读/写）。8 位处理器基本都使用相同的 AVR CPU 核心。AVR 内核的一些基本特性如下：

1. **RISC 架构**

① 131 条机器指令，而且大部分指令执行时间为单个系统时钟周期。

② 32 个 8 位通用寄存器。

③ 最大时钟频率为 20 MHz（20 个 MIPS 操作）。

2. **板载内存**

① 快速程序存储器（多达 256 kB）。

② 板载 EEPROM（多达 4 kB）。

③ 内部 SRAM（多达 32 kB）。

3. **工作电压**

VCC = DC 1.8 ~ 5.5 V

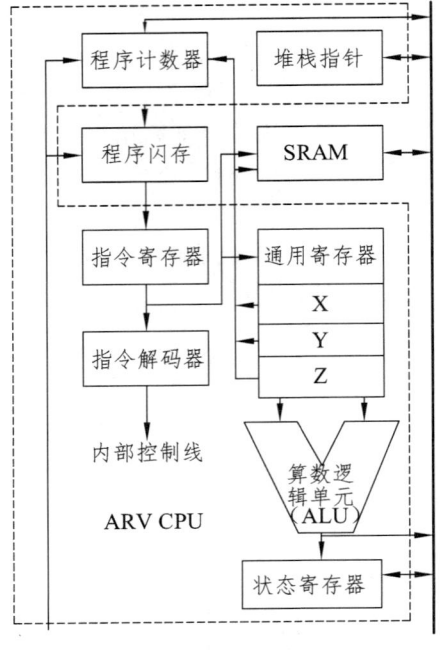

图 15-5　AVR CPU 内核结构

15.2.2　内部存储器

一般单片机的储存器分为程序储存器和数据存储器两大类，而 AVR 设备包含了不同数量的存储器，大致分为 3 种类型：闪存（Flash）、静态随机存取存储器（SRAM）和带电可擦可编程只读存储器（EEPROM）。

Flash 存储程序代码，属于程序储存器；SRAM 存储临时数据（如程序变量），EEPROM 存储软件变更或断电后需要持续保留的数据（如放大倍率、时间常数、网卡地址等），两者都属于数据储存器。

15.2.3　AVR 外围功能

1. **输入/输出（I/O）端口**

AVR 内核上有各种输入/输出（I/O）端口，用于与外部通信。

（1）并行 I/O 通信端口：用于外部扩展和扩充并行存储器芯片或者并行 I/O 芯片等使用，包括数据总线和读写控制信号。

（2）通用数字 I/O 端口：用于外部逻辑电路信号的输入和输出控制。

（3）功能单元的输入/输出端口：用于定时器/计数器的计数脉冲输入，外部中断源信号的输入等。

（4）串行 I/O 通信端口：用于系统之间或者采用专用串行协议的外围芯片之间连接和数据交换。例如，树莓派与 Arduino 通信可以通过 SPI 串行接口及 USB 串行接口。

（5）其他专用接口：在单片机上集成了专用功能模块的接口，如 Arduino UNO 及 Mega 系列上的 A/D 输入、数字 I/O 的输入端口、模拟比较输入端口等。

2. 操作管理寄存器

操作管理寄存器是单片机芯片的重要组成部分之一，负责管理、协调、控制单片机芯片中的各功能单元的使用和运行。例如，状态寄存器、控制寄存器、数据寄存器、地址寄存器等。

（1）状态寄存器：状态寄存器用来存放两类信息：一类是体现当前指令执行结果的各种状态信息，例如结果正负、奇偶标志位等；另一类是存放控制信息，例如允许中断、跟踪标志等。

（2）控制寄存器：用于控制和确定处理器的操作模式以及当前执行任务的特性。例如，设置串口通信模式，用串口控制寄存器设计串口波特率。

（3）数据储存器：用来暂时存放计算过程中所用到的操作数、结果和信息。

（4）地址寄存器：持有存储器地址，用来访问存储器。

3. 定时器/计数器

AVR 的定时器/计数器实质就是一个加 1 计数器，通过软件对其控制寄存器的操作，来实现定时、计数功能及转换。AVR 中的定时器/计数器来源于两种方式：第一种是源于 CPU 内核中的振荡器和时钟电路；第二种是源于外部的时钟源。

定时器/计数器使用灵活，用途广泛，如延时、物理信号的测量、信号的周期、频率、脉宽测量、产生定时脉冲信号、捕捉输入，还可以实现 PWM 输出，用于 D/A，电动机的无级调速等。ATmega16 的三个定时器/计数器是 T/C0、T/C1、T/C2，其中 T/C0、T/C2 为 8 位定时器/计数器，T/C1 是 16 位定时器/计数器。

4. 模数转换器

模数转换器是将模拟信号（如电流、电压、温度等）变成数字信号的电子元件。大多数 AVR 芯片包含 8 位、10 位或 12 位模数转换器。在 ATmega328 中有 6 个 10 位的模数转换器（A0、A1、A2、A3、A4、A5），即精度为 10 位，返回值为 0 ~ 1 023。就是说，当输入点压为 5V 的时候，读取精度为 5 V/1 024 个单位，约等为 4.9 MV。

AVR 使用了名为"逐次逼近"的 ADC 电路。ADC 连接到一个 8 通道模拟多路复用器，该多路复用器允许从端口 a 的引脚构造 8 个单端电压输入，单端电压输入为 0 V（GND）。ADC 包含一个采样和保持电路，确保 ADC 的输入电压在转换期间保持在恒定的水平。AVR 模数转换器的框图如图 15-6 所示。

5. 模拟比较器

模拟比较器用于比较正引脚 AIN0 和负引脚 AIN1 上的输入值。当正引脚 AIN0 上的电压高于负引脚 AIN1 上的电压时，设置模拟比较器输出 ACO。此外，比较器可以触发一个单独的中断，这个中断是模拟比较器所独有的。用户可以在比较器输出上升、下降或切换时选择中断触发。AVR 模拟比较器框图如图 15-7 所示。

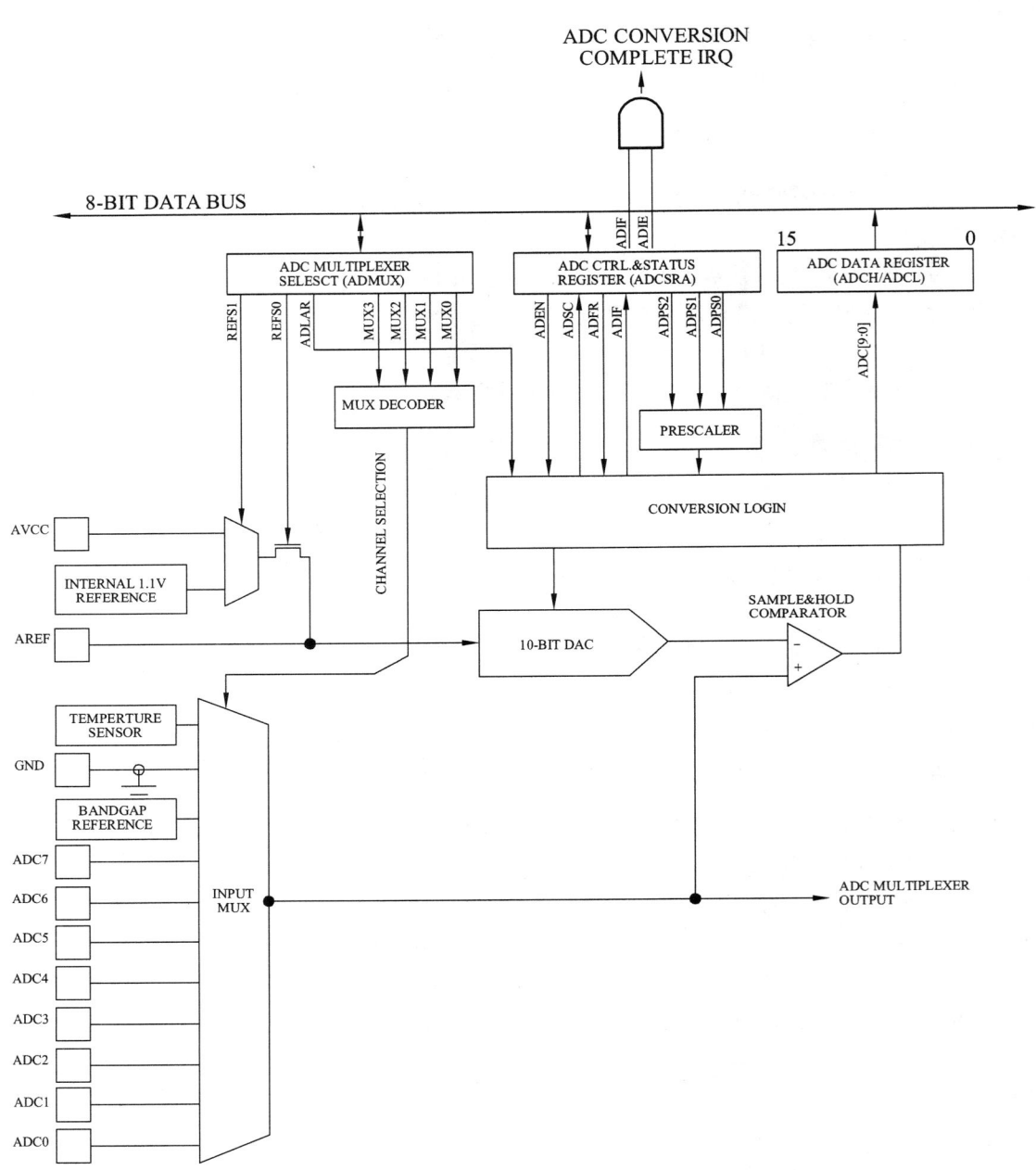

图 15-6 AVR 模数转换器框图

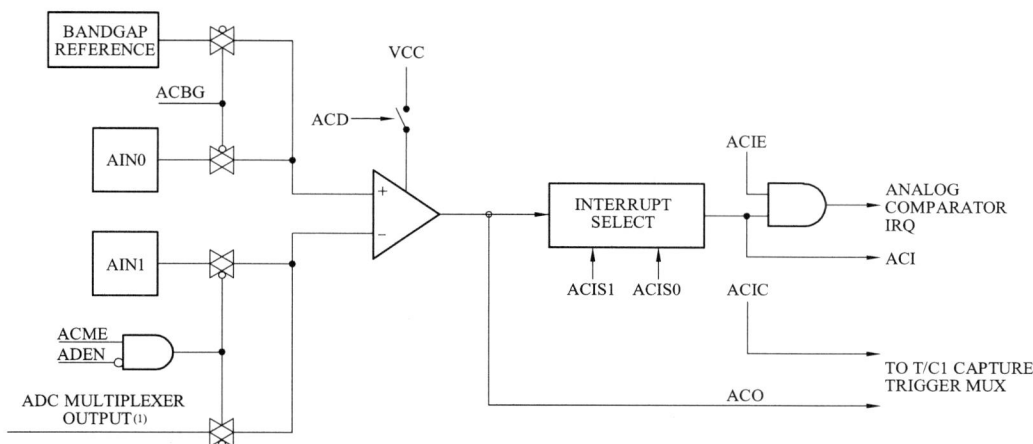

图 15-7　AVR 模拟比较器框图

6. 中　断

中断是现代处理器的基本功能。它们允许处理器对内部或外部事件做出响应，通过切换到一段特殊的中断处理代码来处理中断。一旦中断处理代码执行完毕，控制流将返回程序中发生中断的位置，并继续向下执行。在 AVR 中，通过修改控制寄存器中相应的位，可以打开或关闭中断响应。

15.2.4　封　装

封装是指把 CPU 芯片上的电路管脚，用导线接引到外部接头处，以便与其他器件连接。例如 ATmega168 与 ATmega328 有 4 种不同的封装类型可用，分别为 28-pin DIP（直插式封装）、28-pin MLF 表面贴装、32-pin TQFP 表面贴装、32-pin MLF 表面贴装。其中，28-pin DIP 是 Arduino 开发板最常用的封装方式，但 Uno SMD 除外，它使用 32-pin 表面贴装封装方式，如图 15-8 所示。

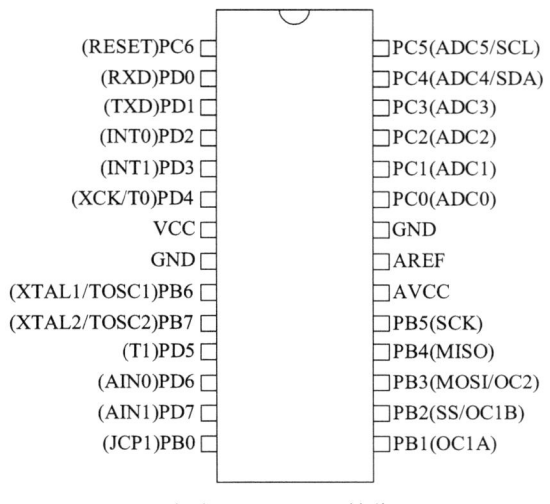

（a）28-pin DIP 封装

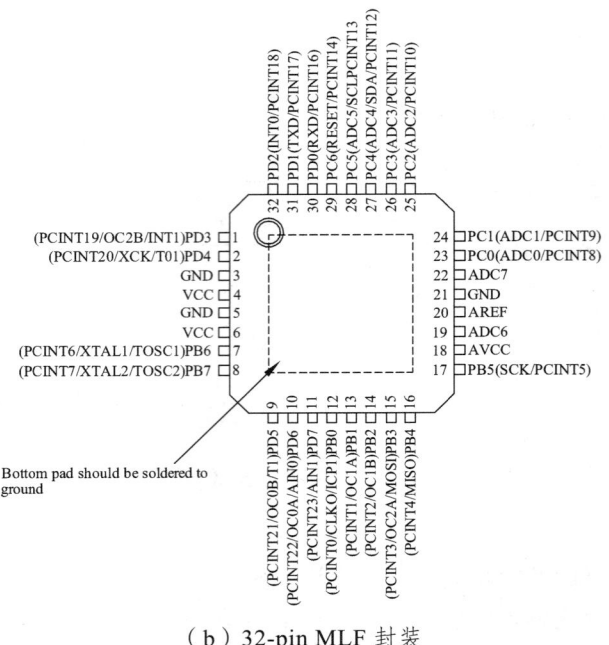

（b）32-pin MLF 封装

图 15-8　ATmega168/328 CPU

15.3　传感器技术及测量

15.3.1　传感器的定义

传感器是一种常见的却又很重要的器件，它利用物理效应、化学效应、生物效应等原理，把被测的物理量、化学量、生物量等按一定规律将其转换成符合需要的电量信号，并传送给测试系统中的后续环节进行信号调理与处理，其工作流程如图 15-9 所示。

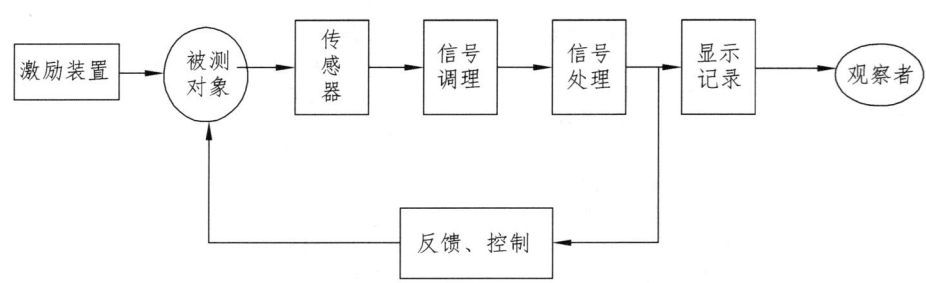

图 15-9　传感器工作流程图

15.3.2　传感器技术的应用

传感器技术与通信技术、计算机技术共同构成了现代信息技术的三大支柱。随着现代科学发展，传感技术作为一种与现代科学密切相关的新兴学科也得到迅速的发展，并且在工业自动化测量和检测技术、航空航天技术、深海探测技术、军事工程、医疗诊断等学科被越来越广泛地利用，同时对各学科发展还有促进作用。例如，传感器在机器人领域中有着广阔应用前景，智能传感器使机器人具有类人的五官和大脑功能，可感知各种现象，完成各种动作。如图 15-10 所示，汽车中传感器的应用，通过各种传感器对汽车行驶过程中的状况进行检测和数据收集，用于实现汽车驾驶的精准控制。

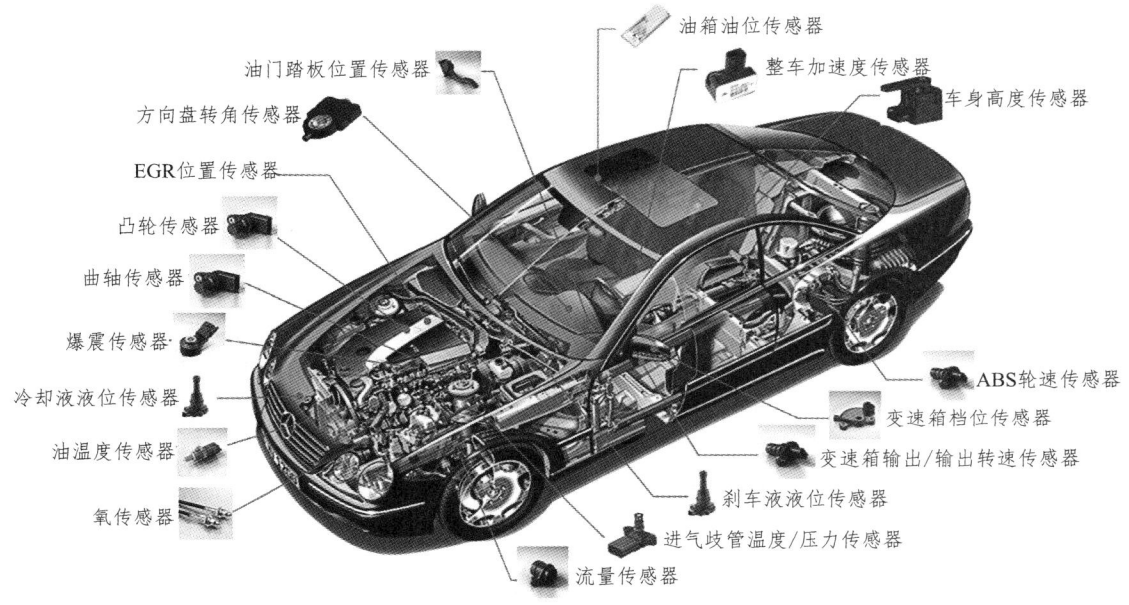

图 15-10 汽车中应用的传感器

15.3.3 传感器的分类

传感器种类繁多，功能各异。由于同一被测量可用不同转换原理实现探测，利用同一种物理法则、化学反应或生物效应可设计制作出检测不同被测量的传感器，而功能大同小异的同一类传感器可用于不同的技术领域，故传感器有不同的分类方法。目前，主要分类方法有如下几种：

（1）为了便于传感器的管理与使用，可以按照被测量对象输入的信号来分类，例如可以分为位移、温度、压力、流量、加速度、力矩、湿度、重力、速度等传感器。生产厂家和用户普遍使用这种分类方法。

（2）按照工作原理分类，以传感器对信号转换的原理命名。例如应变式传感器、电容式传感器、光电式传感器、热电式传感器、霍尔传感器等。

（3）按被测量转换特征或构成原理来分类命名，例如通过传感器元件的结构参数改变实现信号转换的结构型传感器，如电容式传感器、电阻式传感器等；还有依靠敏感元件本身物理性质随被测量变化实现信号转换的物性型传感器，如压电式传感器、水银温度计、双金属片等。

（4）按照能量传递方式的不同，可分为有源传感器和无源传感器。传感器输出的能量由外部电源供给，但受被测量控制的，属于能量控制型的有源传感器，例如RLC式传感器等，大多数传感器属于这类；传感器输出能量直接由被测量能量转换而得的，属于能量转换型的无源传感器，例如热电偶温度计、光电传感器等。

15.3.4　传感器的选用原则

现代传感器在原理与结构上千差万别，如何根据具体的测量目的、测量对象以及测量环境合理地选用传感器，是在进行某个量的测量时首先要解决的问题。当传感器确定之后，与之相配套的测量方法和测量设备也就可以确定了。测量结果的成败，在很大程度上取决于传感器的选用是否合理。

（1）灵敏度：被测量发生较小变化时，传感器会有较大变化的输出，此时传感器的灵敏度高，有利于信号处理。

（2）线性范围：线性范围越宽，传感器灵敏度可以保持稳定的值，其工作的量程也越大，但实际上，任何传感器都不可能做到绝对的线性，当要求测量精度不高时，在一定范围内，可将非线性误差较小的传感器近似看作线性，可显著降低传感器的使用成本，带来极大的方便性。

（3）响应特性：在所测频率范围内尽量保持不失真，要求传感器具有尽可能低的延迟率。

（4）稳定性：经过长期使用以后，能够保持输出特性不发生变化的能力。传感器稳定性好，要求传感器能够经得起时间的考验，并且有较强的环境适应能力。

（5）精确度：表示传感器的输出与被测量的对应程度。传感器精确度越高，价格越昂贵，因此传感器的选用只要满足整个测量系统的精度要求就可以了，不必选得太高。

（6）其他选用原则：通常，传感器接收到的信号都有微弱的低频信号，外界的干扰幅度有时能够超过被测量的信号，因此必须予以消除。

15.4　创新与实践

15.4.1　QTSTEAM硬件平台

QTSTEAM控制器是基于Arduino开源平台而设计的小型教学及娱乐机器人开发平台，也可以作为智能玩具控制器。QTSTEAM控制器采用Atmega 328p控制芯片，与通用的Arduino Uno开发学习板相比，可以方便各种教育机器人和智能玩具的开发。该平台可以与各种标准的传感器接口兼容，能够让零基础的玩家及设计人员快速制作和编程各种小型的Arduino机器人。QTSTEAM控制器实物图及I/O引脚对应表如图15-11所示。

为方便各种教育机器人和智能玩具的开发，QTSTEAM控制器专门进行了如下特殊的设计：

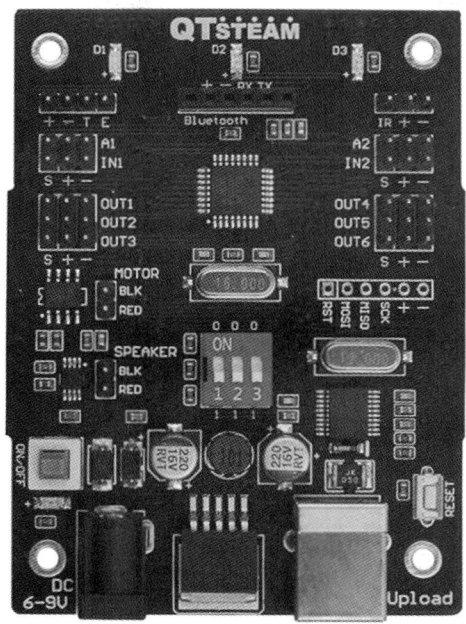

(a) QTSTEAM 控制器实物图

板上标识	器件类型	Arduino I/O(Digital|Analog)	ATmega328P 管脚定义	功能/备注
D1	绿色LED灯	19 | 5	ADC5	
D2	红色LED灯	13 | -	PB5	
D3	黄色LED灯	8 | -	PB0	
T	4Pin插针接口	3 | -	PD3	
E	4Pin插针接口	4 | -	PD4	
IR	3Pin插针接口	2 | -	PD2	
A1	3Pin插针接口	- | 6	ADC6	
A2	3Pin插针接口	- | 7	ADC7	
IN1	3Pin插针接口	11 | -	PB3	
IN2	3Pin插针接口	12 | -	PB4	
OUT1	3Pin插针接口	5 | -	PB5	
OUT2	3Pin插针接口	6 | -	PD6	
OUT3	3Pin插针接口	19 | -	PC5	
OUT4	3Pin插针接口	9 | -	PB1	
OUT5	3Pin插针接口	10 | -	PB2	
OUT6	3Pin插针接口	8 | -	PB0	
MOTOR BLK RED	2Pin插针接口	受控于 14 | 0 和 15 | 1	ADC0 ADC1	接直流电机 2 根控制线
SPEAKER BLK RED	2Pin插针接口	受控于 7 | -	PD7	接 8Ω喇叭 2 根控制线
RESET	轻触按键			复位控制器
0 0 0 1 1 1	三位拨码开关	位 1 16 | 2 位 2 17 | 3 位 3 18 | 4	ADC2 ADC3 ADC4	
D6	红色LED灯			电源指示灯
ON/OFF	自锁开关			电源开关
DC 6-9V	电源插入口			直流输入
DOWN PRO	USB方口	0 | - 1 | -	PD0 PD1	串口接收 串口发送
+	电源正极			5V
-	电源负极			接地/GND

(b) 控制器标识、器件名称和 I/O 引脚

图 15-11 QTSTEAM 控制器

（1）设计了 11 组标准 3pin 插针接口，可以快速连接各种标准伺服舵机和三线制传感器，如循线传感器、红外测距传感器、红外接收传感器等。

（2）设计了 2 个专用的 2pin 插针接口，一个用于控制直流电机，一个用于控制小型喇叭或者扬声器。

（3）设计了 1 个 4pin 插针接口，可以用于接四线制传感器，如超声波传感器、射频读卡器、蓝牙等。

（4）设计了 1 个专门的 3 位拨码开关，用于设定控制板地址，用于多通道红外遥控器控制指定的机器人。

（5）设计了大容量的稳压电源，比普通 Arduino 系列控制器高出 2 倍以上，能够控制和驱动更多的电机和传感器。

（6）设计了 3 个 LED 灯，可以用于输出更多指示信息。

（7）设计一个专用的蓝牙通信模块接口。

15.4.2　Arduino 程序开发环境

软件与驱动

Arduino 软件菜单栏有校验、上传、新建、打开和保存五个常用功能按钮，如图 15-12 所示。

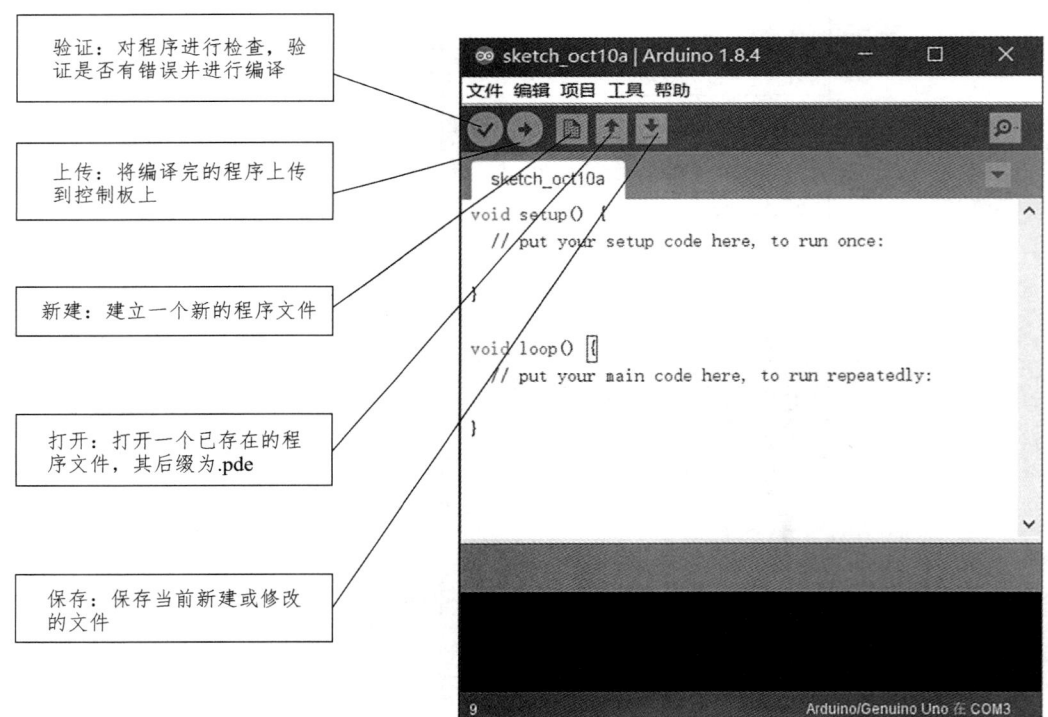

图 15-12　Arduino 界面介绍

了解了操作界面后，可以利用 Arduino 自带的示例程序实现一个简单的控制。

操作前需要先了解控制板的类型和控制板所用的处理器，然后在软件上进行选择，如图 15-13 所示。选择完毕后就可以点击打开按钮选择"01.Basics"里面的"Blink"示例，之后示例程序"Blink"就加载到编辑区，如图 15-14 所示。

Arduino 编程软件及串口驱动

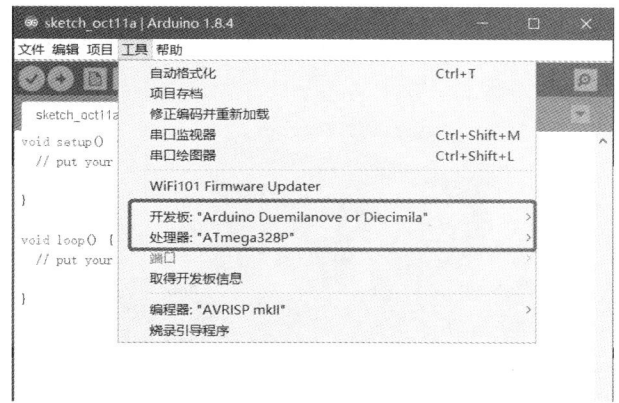

图 15-13　控制板与处理器选择

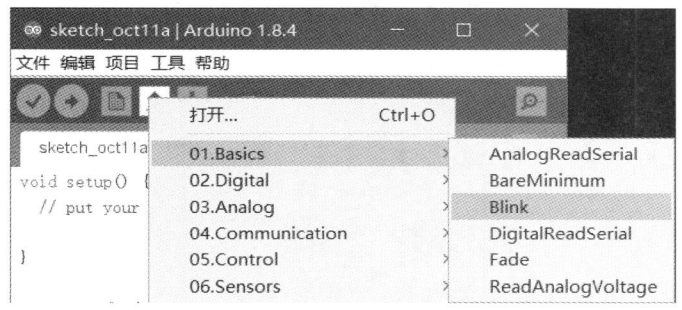

图 15-14　Blink 程序的选择

当程序加载到编辑区后，再点击验证按钮进行编译，编译成功后便可以点击上传按钮，将程序上传至控制板上。这样，控制板上 13 号引脚的 LED 等便会开始闪烁，如图 15-15 所示。

图 15-15　控制板 D2 红色 LED（13 号引脚）

15.5 综合实例——智能小车

智能小车是一款使用 QTSTEAM 控制器,既可以重新编程,也可以扩展硬件的教育娱乐机器人,带有巡线模块、避障模块和音乐播放模块,并配有遥控器供给使用。

以智能小车为例,通过学习制作、编程和扩展,掌握中等复杂程度的 Arduino 智能硬件设计制作和软件程序开发技术,图 15-16 所示为组装好的智能小车。

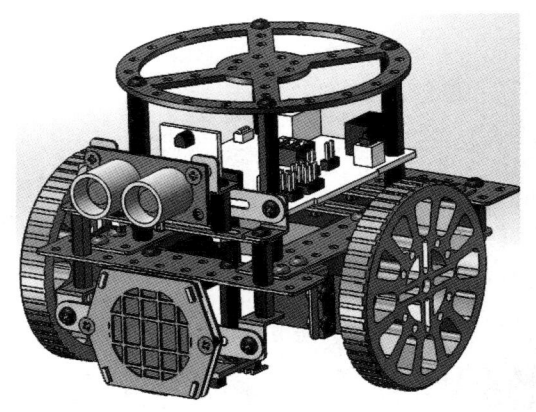

图 15-16　智能小车三维视图

15.5.1　智能小车的安装步骤

15.5.1.1　智能小车各部分组装

1. 车身支撑架(带电池盒)的安装

(1)如图 15-17 所示,将板件 110×20 和板件 100×20 摆好位置,并在对应的位置插入插销式铆钉,共 6 颗。

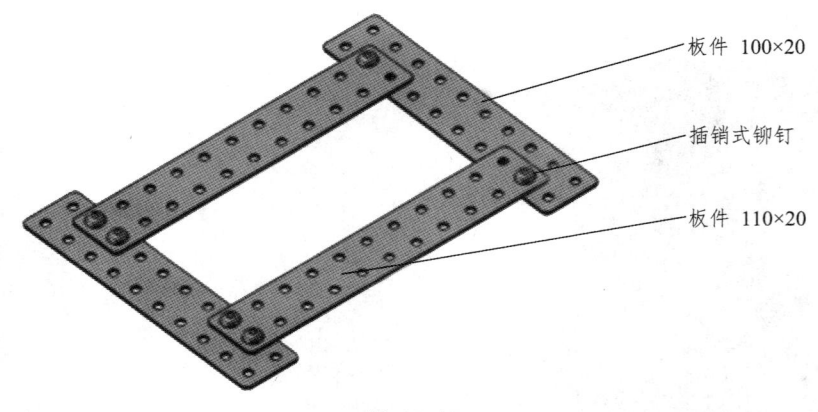

图 15-17

(2)如图 15-18 所示,将开槽杆件 80×10 摆放好,在对应的位置插入插销式铆钉,共 4 颗。

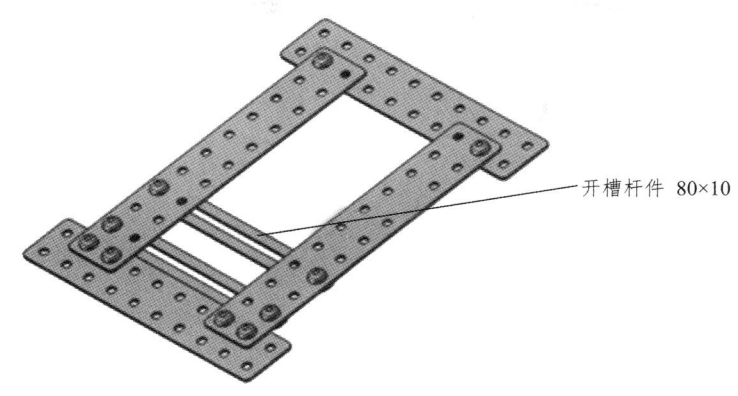

图 15-18

（3）如图 15-19 所示，在对应的孔处安放六角双通螺母 M3×30 和六角单通螺柱 M3×15+6，并用十字圆头螺钉 M3×6 拧紧，共四颗。

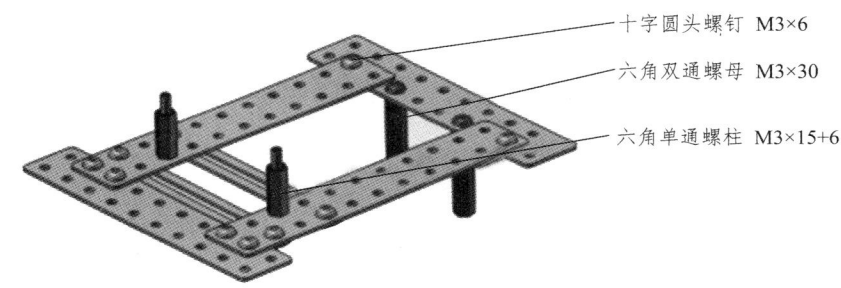

图 15-19

（4）如图 15-20 所示，对应的位置安放六角单通螺柱 M3×10+6，并在六角单通螺柱上拧上六角双通螺母 M3×15，共 2 颗。

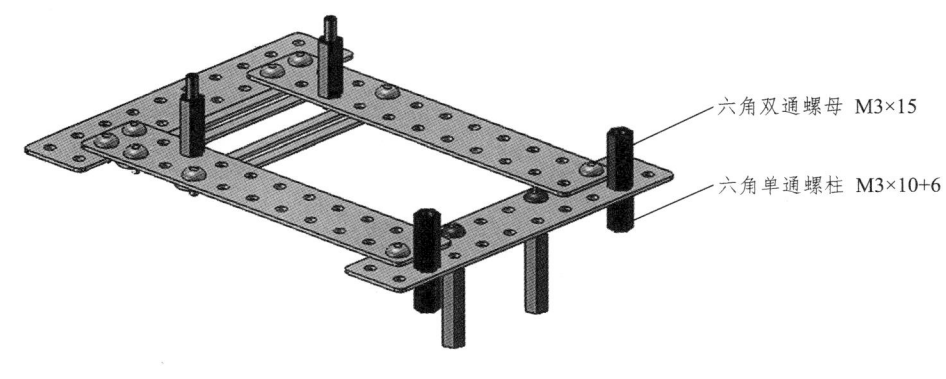

图 15-20

（5）如图 15-21 所示，在恰好的位置安放电池盒，在对应的孔插上十字沉头螺钉 M3×10，并在十字沉头螺钉处拧上六角透明螺母 M3。

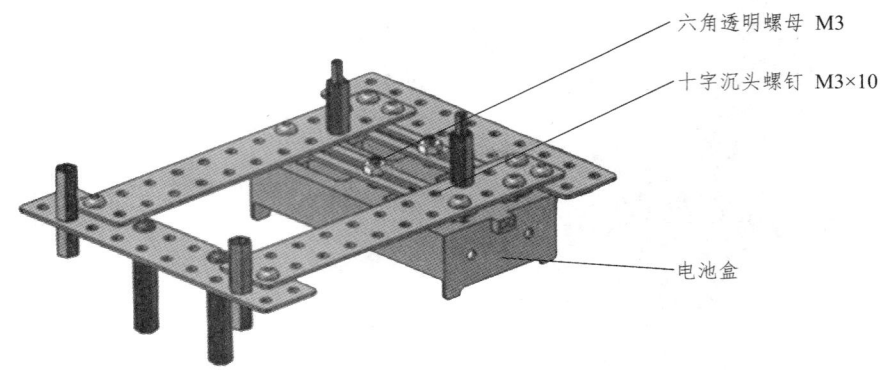

图 15-21

2. 电机（带车轮）的安装

（1）如图 15-22 所示，把双孔 L 形连接片和电机的孔对准，在孔里插入十字圆头螺钉 M3×6，并在螺钉处拧上六角透明螺母 M3。

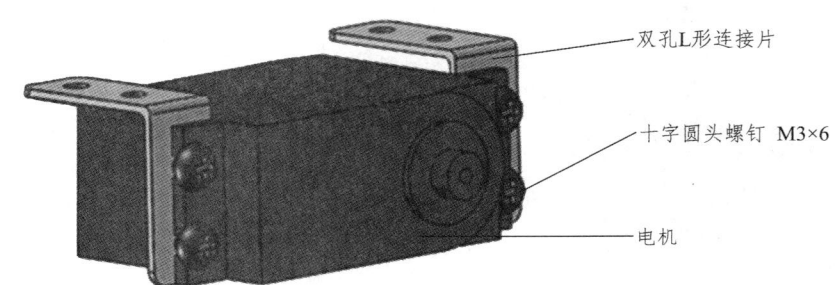

图 15-22

（2）如图 15-23 所示，在电机的轴上安放车轮，并拧上黑色铁螺钉。

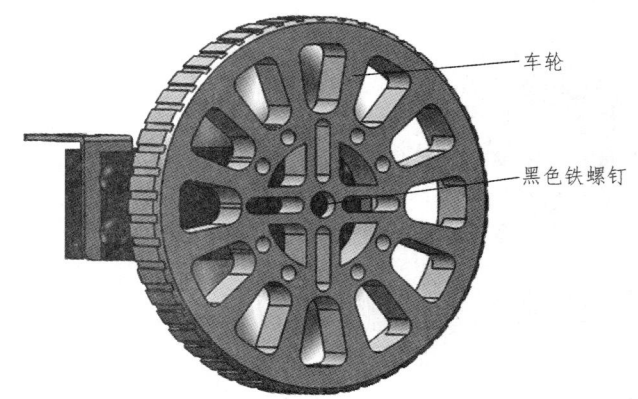

图 15-23

3. 超声波传感器和红外线接收模板组合体的安装

（1）如图 15-24 所示，安装好超声波传感器、十字沉头螺钉 M3×10、垫圈筒 3 mm × 5 mm × 3 mm 和单孔 L 形连接片，并拧上六角透明螺母 M3。

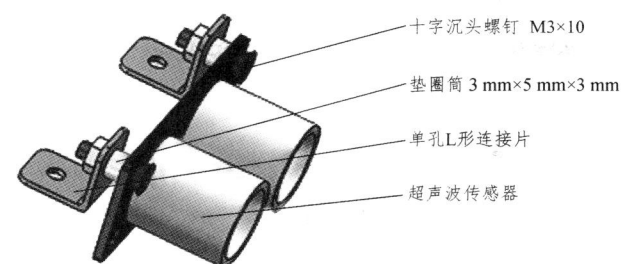

图 15-24

（2）如图 15-25 所示，把六角单通螺柱 M3×15+6 用十字圆头螺钉 M3×6 拧紧。

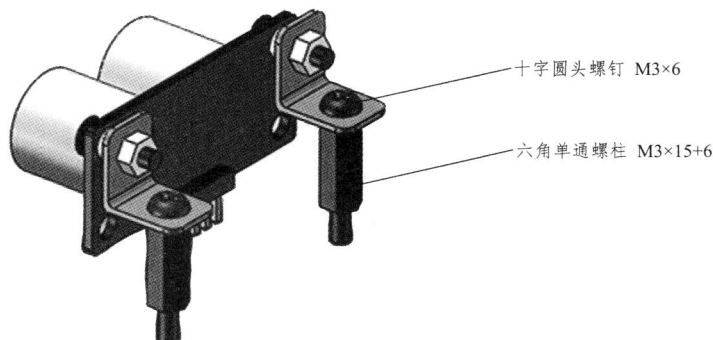

图 15-25

（3）如图 15-26 所示，装好开槽杆件 80×10 和六角透明螺母 M3，并拧紧。

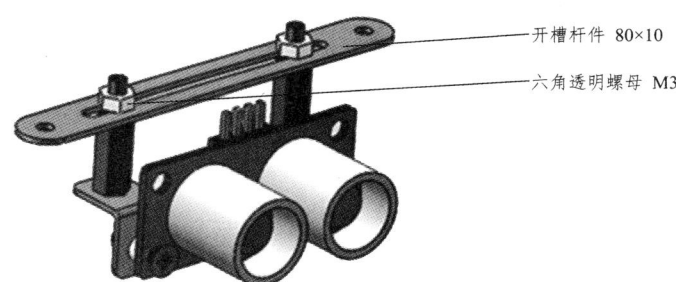

图 15-26

（4）如图 15-27 所示，安放好十字圆头螺钉 M3×6 和单孔 L 形连接片。

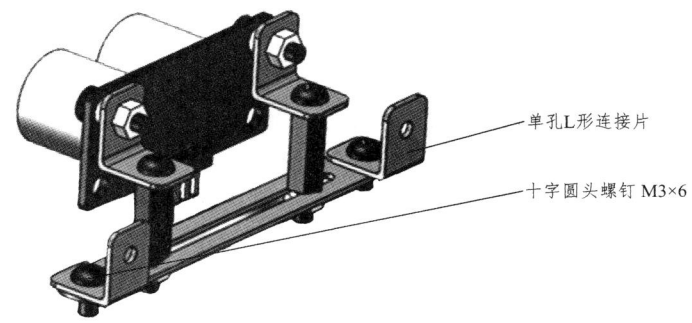

图 15-27

（5）如图 15-28 所示，装好开槽杆件 80×10，并用六角透明螺母 M3 和十字圆头螺钉 M3×6 拧紧。

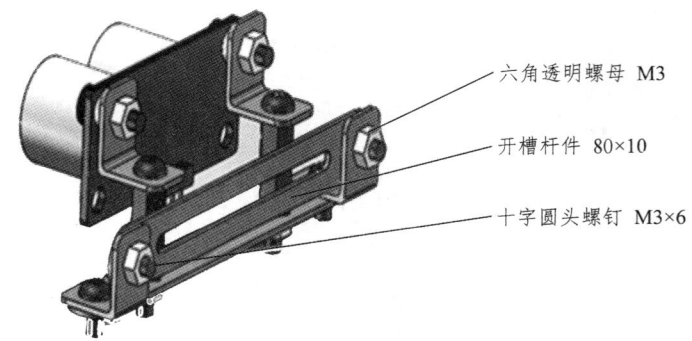

图 15-28

（6）如图 15-29 所示，装好红外线接收模板、十字沉头螺钉 M3×10 和垫圈筒 3 mm×5 mm×5 mm（红外线接收模板位于开槽杆件的中间处），并拧上六角透明螺母 M3。

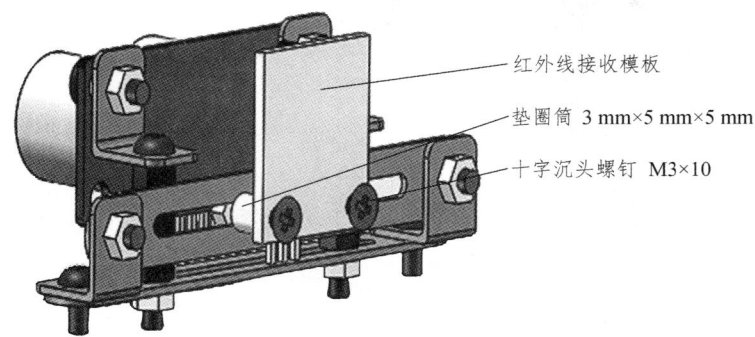

图 15-29

4. 万向轮及其他零件的组合体安装

如图 15-30 所示，把万向轮和其他零件按图组装起来。

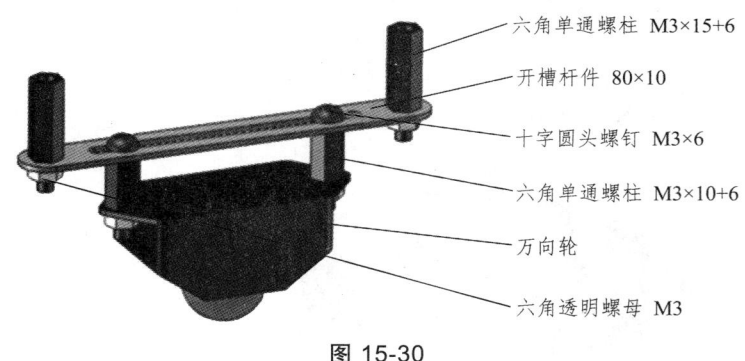

图 15-30

5. 喇叭及其他零件的组合体安装

（1）如图 15-31 所示，放置好喇叭前扣件、喇叭和喇叭后扣件的位置，然后扣紧。

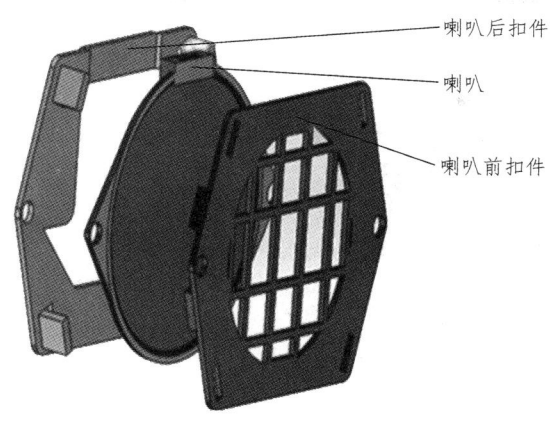

图 15-31

（2）如图 15-32 所示，在对应的孔插上十字沉头螺钉 M3×10，然后装上开槽杆件 80×10，最后拧上六角透明螺母 M3。

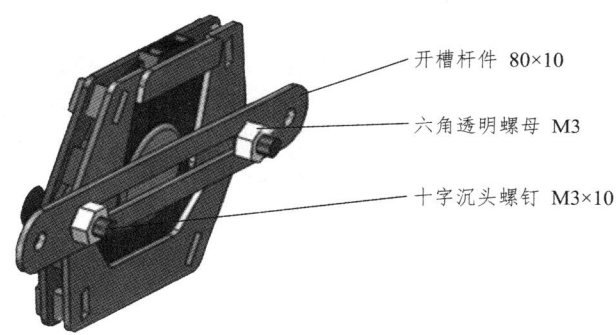

图 15-32

（3）如图 15-33 所示，把十字圆头螺钉 M3×6 插入对应的孔并装上单孔 L 形连接片，最后拧上六角透明螺钉 M3。

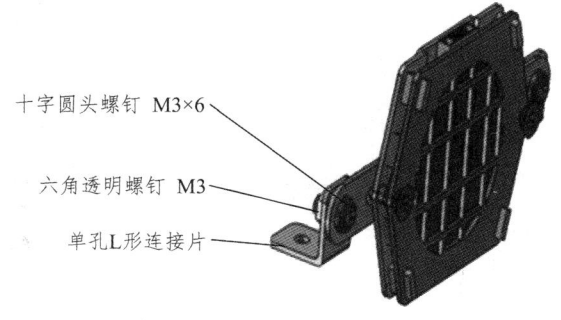

图 15-33

6. QTI 传感器模块及其他零件安装

如图 15-34 所示，把 QTI 传感器模块、十字圆头螺钉 M3×6 和杆件 10×40 按图示安装好。

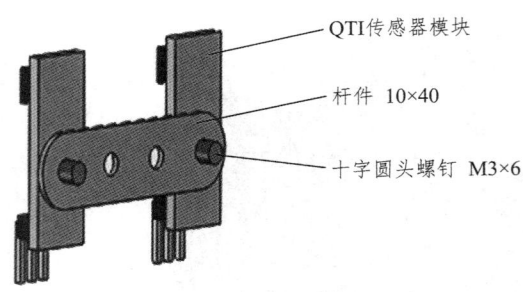

图 15-34

15.5.1.2 智能小车整合组装

（1）车身支撑架（带电池盒）和 QTI 传感器模块及其他零件的整合。

如图 15-35 所示，十字圆头螺钉 M3×6 拧紧在六角双通螺母 M3×30 上。

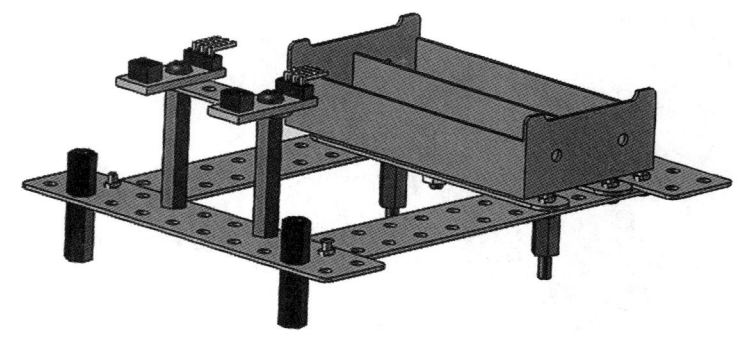

图 15-35

（2）车身支撑架（带电池盒）和电机（带车轮）的整合。

如图 15-36 所示，在对应的孔插上 3 颗插销式铆钉，在最靠近 QTI 一端处装上六角单通螺柱 M3×15+6，并拧上十字圆头螺钉 M3×6。另一端也是按同样方法安装。

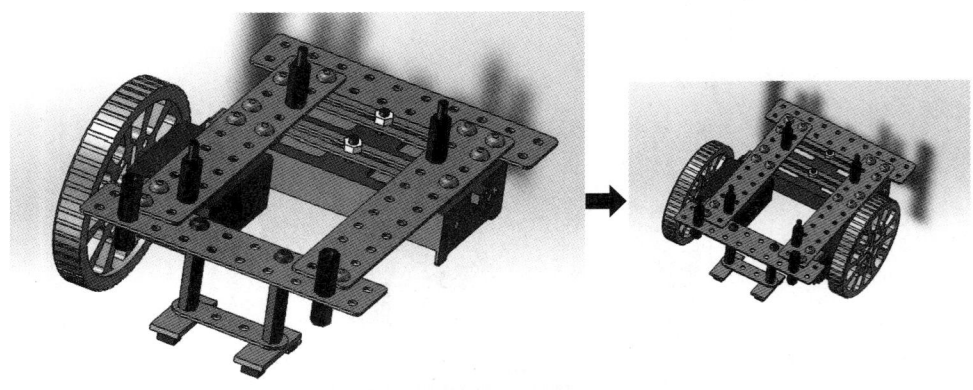

图 15-36

（3）小车中心骨架（带电池盒）、超声波传感器及红外线接收模板组合体的整合。

如图 15-37 所示，十字圆头螺钉 M3×6 拧紧在六角双通螺母 M3×15 上。

图 15-37

（4）小车中心骨架（带电池盒）和喇叭及其他零件组合体的整合。

如图 15-38 所示，用十字圆头螺钉 M3×6 拧紧喇叭及其他零件的组合体在六角单通螺柱 M3×10+6 的孔上。

图 15-38

（5）小车中心骨架（带电池盒）和万向轮及其他零件组合体的整合。

如图 15-39 所示，在板件 100×20 对应的孔上用十字圆头螺钉 M3×6 把六角单通螺柱 M3×15+6 的孔拧紧。

图 15-39

（6）如图 15-40 所示，在六角单通螺柱 M3×15+6 上放上 QTSTEAM 主板，然后拧上六角双通螺母 M3×35，再在其上放置扩展盖板，之后拧上十字圆头螺钉 M3×6 即可。

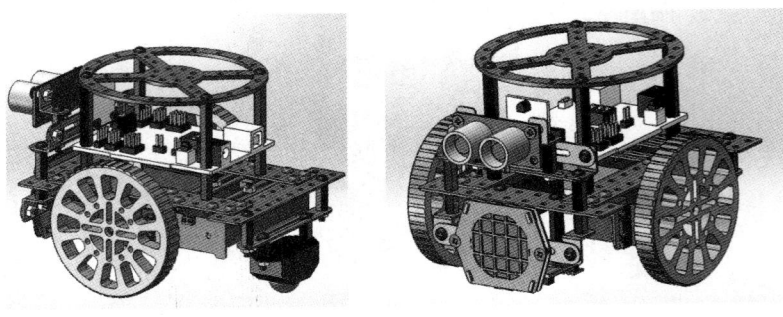

图 15-40

15.5.1.3 智能小车的接线

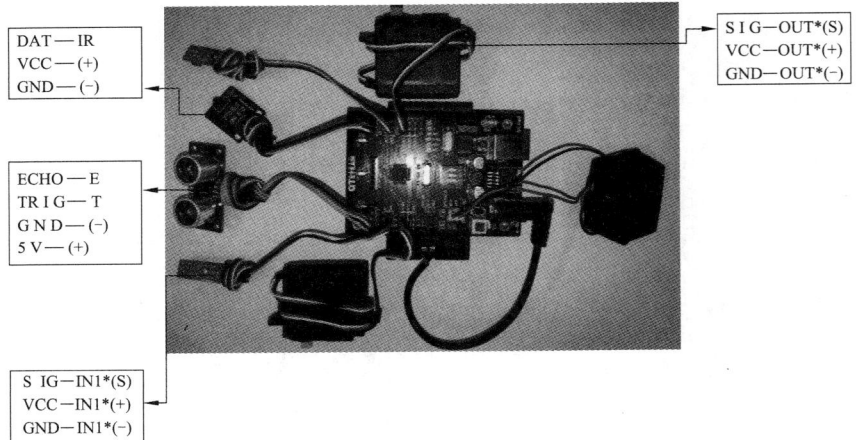

图 15-41 主要传感器接线示意图

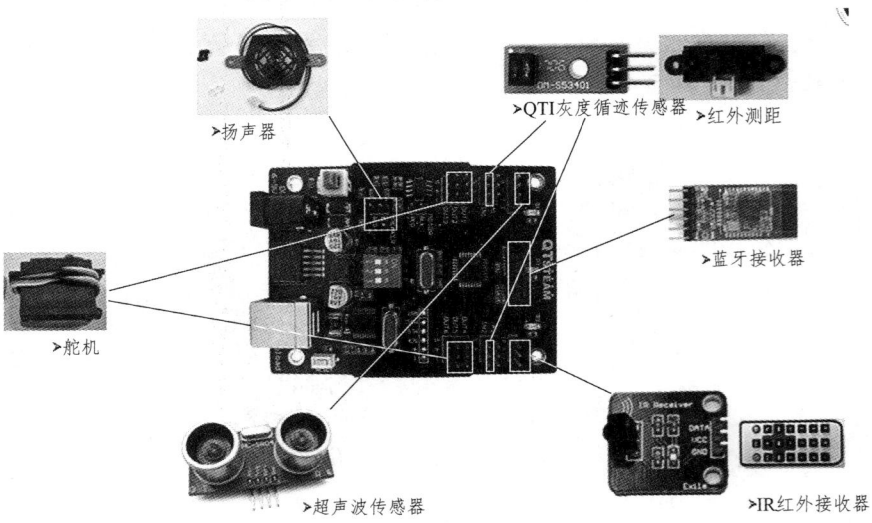

图 15-42 Arduino 开发板传感器接线端口图

15.5.2 传感器的认识、调试及运用

15.5.2.1 QTI 传感器

QTI 传感器是将红外发射器和红外接收器集成封装在一起的传感器，主要用于地面灰度检测、黑白线区别、简单颜色识别等，如图 15-43 所示。

图 15-43

1. QTI 传感器引脚含义

SIG：信号输出；
VCC：接 5 V 直流电源；
GND：电源地引线。

2. QTI 传感器测试的程序代码

```
Char qtis,qti1=12,qti2=11;   //qti1 为左边的 QTI，qti2 为右边的 QTI
void setup( )
{
  Serial.begin(9600);          //设置串口波特率
  pinMode(qti1,INPUT);         //设置 11、22 号控制口为输入口
  pinMode(qti2,INPUT);
}

void loop( )
{
  while(1)   //while(表达式为非 0 时，执行 while 语句中的嵌套语句)
{
  qtis=digitalRead(qti1)*2+digitalRead(qti2);   //读取 QTI 状态
  delay(100);
  switch(qtis)              //打印 QTI 状态
{
  case 0 : Serial.println("00");break;
  case 1 : Serial.println("01");break;
  case 2 : Serial.println("10");break;
  case 3 : Serial.println("11");break;
  }
 }
}
```

3. QTI 传感器的测试调试

接通电源，编译验证并上传程序到 Arduino QTSTEAM 控制板，单击菜单栏 Tools 选项里

的 Serial Monitor 选项,这时会弹出串口调试助手界面,根据不同的输入信号会弹出如图 15-44 所示的 QTI 测试窗口,显示传感器结果。

图 15-44　QTI 测试窗口

4. QTI 传感器测试调试的注意事项

（1）将 QTI 传感器探头对着空旷位置,若此时屏幕上的返回值为"1",而用手遮挡探头时其返回值为"0",则表明该 QTI 传感器正常工作,无需更换 QTI 传感器。

（2）在确认传感器本身没有问题后,接下来将小车放到场地的黑线上,分别测试放在黑线和放在边上两种情况下的返回值。若无论是否在黑线上,返回值都显示为"1",那么说明 QTI 传感器安装位置离地面太高,离黑线距离太远,导致 QTI 传感器无法识别,这时需将 QTI 传感器的安装位置适当调低。反之,若返回值一直显示为"0",则说明距离太近,此时需将 QTI 传感器的位置适当调高。

（3）两个 QTI 传感器必须分开测试。每个 QTI 传感器都必须通过测试程序检验,并正确设定 QTI 传感器与地面的高度。保证传感器能够可靠地分辨出场地上的黑线区域和非黑线区域。

15.5.2.2　超声波传感器

超声波传感器能够发射与接收超声波信号,通过检测超声波传感器发射信号与接收到障碍物反射回来信号的时间来进行距离的测量。主要用于智能机器人避障、跟随等,如图 15-45 所示。

1. 超声波传感器引脚含义

ECHO：反馈信号输出引脚,高电平 5 V；
TRIG：触发输入引脚,高电平 3.3 V/5 V；

图 15-45

GND：电源地引线；

5V： 电源 + 5 V。

2. 超声波传感器测试距离的程序代码

```
char Sonar_T=3; //超声波 Trig 引脚接控制器 3 号引脚
char Sonar_E=4; //超声波 Echo 引脚接控制器 4 号引脚
void setup()
{
   Serial.begin(9600);
   pinMode(Sonar_T,OUTPUT); //超声波 I/O 口模式设置
   pinMode(Sonar_E,INPUT);
}
void loop()
{
int distance;     // distance 为超声波所检测到的距离，单位为厘米。
    int sonar_pwm;
    digitalWrite(Sonar_T,LOW);
    delayMicroseconds(2);
    digitalWrite(Sonar_T,1);   //10 μs 触发脉冲，超声波传感器开始工作
    delayMicroseconds(10);
char Sonar_T=3; //超声波 Trig 引脚接控制器 3 号引脚
char Sonar_E=4; //超声波 Echo 引脚接控制器 4 号引脚
void setup()
{
   Serial.begin(9600);
   pinMode(Sonar_T,OUTPUT); //超声波 I/O 口模式设置
   pinMode(Sonar_E,INPUT);
}
void loop()
{
    int distance;     // distance 为超声波所检测到的距离，单位为厘米
    int sonar_pwm;
    digitalWrite(Sonar_T,LOW);
    delayMicroseconds(2);
    digitalWrite(Sonar_T,1);   //10 μs 触发脉冲，超声波传感器开始工作
    delayMicroseconds(10);
digitalWrite(Sonar_T,0);
sonar_pwm=pulseIn(Sonar_E,1,18500);
//测量 Echo 引脚高电平持续时间，单位是微秒，超时参数设定为 18 500 μs
```

distance=sonar_pwm/60;
//将测量距离转换为厘米，测试距离=((sonar_pwm/1000000)*声速(34 000 cm/s))/2
Serial.println(distance);
}

3. 超声波传感器的测试调试

接通电源，编译验证并上传程序到 Arduino QTSTEAM 控制板，单击菜单栏 Tools 选项里的 Serial Monitor 选项，这时会弹出串口调试助手界面，根据不同的输入信号会弹出如图 15-46 所示的超声波传感器测试窗口，显示传感器状态的输出结果。

图 15-46　超声波传感器测试窗口

15.5.2.3　IR 红外线接收器

IR 红外线接收器是运用红外光谱法将光信号转化为电信号的传感器，主要用于智能机器人接收红外遥控器的控制信号使用，如图 15-47 所示。

1. IR 红外线接收器引脚含义

DAT：信号输出；
VCC：接电源正极；
GND：电源地引线。

2. IR 红外线接收器测试的程序代码

void setup()
{
pinMode(2,INPUT);//红外接收器信号输入口
pinMode(13,OUTPUT);//D2 灯控制口
Serial.begin(9600);//设置串口波特率

图 15-47

```
}
void loop()
{
timer1_init();//定时器初始化
while(1)
{
if(remote_decode())
{
//输出译码结果
Serial.println(ir_object,HEX);//输出十六进制数据码
for(i=0;i<16;i++)
{
Serial.print(a[i]);//输出用户码
a[i]=0;
}
Serial.println("*");
Serial.println(ir_code,BIN);//输出地址码
Serial.println("*");
}
remote_deal();//执行译码结果
}
}
```

3. IR 红外线接收器的测试调试

接通电源,编译验证并上传程序到 Arduino QTSTEAM 控制板,单击菜单栏 Tools 选项里的 Serial Monitor 选项,这时会弹出串口调试助手界面,根据不同的输入信号弹出如图 15-48 所示的 IR 红外线接收传感器测试调试窗口,显示传感器状态的输出结果。

15.5.2.4 舵 机

舵机是小型伺服电机的一种,它能将收到的电信号转换成电机轴上的角位移或角速度输出,如图 15-49 所示。相对于普通直流电机而言,舵机能够精确控制输出轴的速度或位置,且控制简单,但相对应的缺点是速度低、价格贵,适合用于开发机器人。舵机分为角度伺服电机和连续旋转伺服电机:角度舵机一般用于机械手的关节,而连续旋转舵机通常用于驱动移动机器人的轮子。本例中使用连续舵机来作为智能小车行走的控制电机。

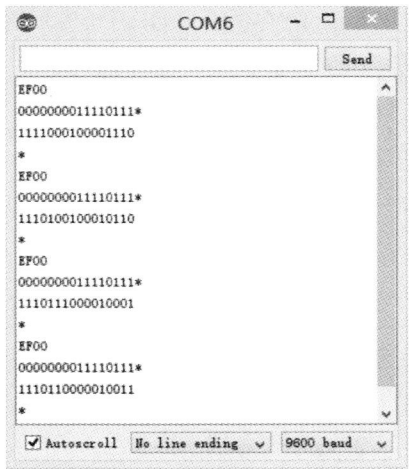

图 15-48 IR 红外传感器测试窗口

 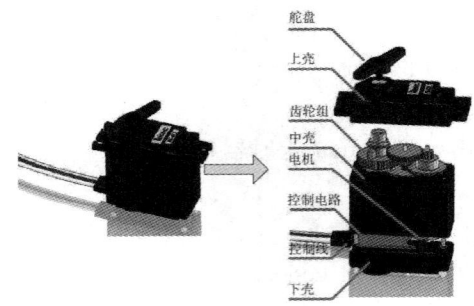

（a）各种型号的舵机　　　　　　（b）舵机内部结构示意

图 15-49　舵机及内部结构

1. 舵机引线含义

白色线：SIG；
红色线：VCC；
黑色线：GND。

2. 舵机调零与驱动程序测试代码

void setup()
{
//设定 5、9 引脚（即 out1 和 out4 对应的）为输出引脚
pinMode（5，OUTPUT）;
pinMode(9,OUTPUT);
}
void loop()
{
//左电机调零控制脉冲。
digitalWrite(5,HIGH);　　　　　//设置 5 号引脚为高电平
delayMicroseconds(1500);　　　 //高电平持续 1 500 μs
digitalWrite(5,LOW);　　　　　 //设置 5 号引脚为低电平

//右电机调零控制脉冲。
digitalWrite(9,HIGH);　　　　　//设置 9 号引脚为高电平
delayMicroseconds(1500);　　　 //高电平持续 1 500 μs
digitalWrite(9,LOW);　　　　　 //设置 9 号引脚为低电平
delay(20);　　　　　　　　　　//低电平持续 20 ms
}

3. 舵机测试

（1）舵机调零测试

舵机的控制必须要有一个参考位置，即所说的"零点"位置，以"零点"位置为基础来

对舵机进行正反转。生产厂家在制作舵机时，不可能保证舵机出厂后都是绝对零点，而且舵机使用一段时间后，会发生"零点漂移"而造成控制不精准，故需要对舵机重新进行"调零"操作。

接通电源，编译验证并上传程序到 Arduino QTSTEAM 控制板，这时两个伺服电机才会转动。用螺丝刀插入电机调零孔，然后轻微转动螺丝刀去调零电机，若电机停止转动则调零成功。

（2）舵机速度调节测试

Arduino 控制板通过信号线发送 PWM（即脉冲宽度调制，简称脉宽调制。）信号控制舵机转动速度。

当控制板通过信号线向舵机发送【高电平持续时间（即脉宽）是 1.5 ms，低电平持续 20 ms】的 PWM 重复脉冲序列，若舵机经过零点标定，则舵机不会旋转；若舵机旋转，则需要对舵机标定，即调零。

当控制板通过信号线向舵机发送【高电平持续时间（即脉宽）是 1.3 ms，低电平持续 20 ms】的 PWM 重复脉冲序列，舵机全速顺时针旋转。而高电平持续时间由 1.3 ms 逐步增大到 1.5 ms 时，舵机顺时针旋转速度依次降低。

当控制板通过信号线向舵机发送【高电平持续时间（即脉宽）是 1.7 ms，低电平持续 20 ms】的 PWM 重复脉冲序列，舵机全速逆时针旋转。而高电平持续时间由 1.7 ms 逐步降低到 1.5 ms 时，舵机逆时针旋转速度依次降低。

思考与练习

1. 什么是 Arduino？列出 Arduino 主要的构成部分。
2. 简述 Arduino 的用途。
3. 简述 Arduino 电气控制逻辑。
4. 什么是传感器？传感器的分类方法与选用原则是什么？
5. Arduino 控制板如何与编程软件连接？
6. 智能小车使用到哪些传感器？分别有什么功能，并给出相应的测试程序？
7. 舵机为何要进行"调零"操作？如何"调零"？

第 16 章　难熔金属合金及其制造技术

16.1　难熔金属合金及其制造方法

16.1.1　难熔金属合金

难熔金属合金，是一种通俗的称法，一般把钨、钽、钼、铌、铪、铬、钒、锆和钛等金属合金称为难熔金属合金，其熔点基本都在 1 700 ℃ 以上，其中如钨、钼、钽、铌的熔点高达 2 600 ℃ 以上，其再结晶温度高于 1 000 ℃，可长时间在 1 000 ℃ 以上工作。

难熔金属是到 20 世纪才获得广泛工业应用的金属。1909 年美国人库利吉（W. D. Coolidg）首次用粉末冶金法制备钨坯条，经旋锻、拉伸方法制成灯泡用钨丝。1910 年加工出钼的棒、片和丝材。20 世纪 40 年代中期，由于航空、航天、电子和原子能技术发展的需要，促进了难熔金属材料及其加工技术的发展，如熔炼、粉末冶金、塑性加工等的迅速发展。20 世纪 40 年代出现了真空自耗电弧炉，20 世纪 50 年代出现了电子束熔炼炉，自 20 世纪 60 年代后出现冷、热等静压，精密铸造，等温变形，焊接等一系列的粉末冶金、熔铸、塑性加工、热处理等新技术。

难熔金属材料主要有机械工业、电子工业和灯泡工业大量应用的丝、带、管、片和棒材。此外，用量较大的还有玻璃工业上用的钼电极，无缝钢管穿孔用的钼钛锆合金顶头，高比重合金，钨铜、钨铜镍、钨镍铁、钨银假合金等等。

1. **电熔玻璃用钼电极**

钼具有优异的耐熔融玻璃腐蚀的性能，用它来代替熔化玻璃的铂电极，使用效果很好，可节约贵金属铂，大大降低了生产费用。此项用途的用量占金属钼材的 60% 以上。

2. **耐热钢无缝钢管穿孔用的钼钛锆合金顶头**

现已生产两种粉末冶金的钼合金顶头：烧结态顶头和烧结-变形态顶头。粉末冶金顶头的晶粒细、塑性好，工作时不易产生裂纹，使用寿命长，穿管质量好。

3. **高比重合金**

以钨为基（含钨量 90% ~ 98%），添加少量的 Fe、Ni、Cu 等元素，通过液相烧结制得的合金，具有高的比重（16.5 ~ 18.8 g/cm^3），故称为高比重合金。高比重合金分为 W-Ni-Fe 和

W-Ni-Cu 两大系列，由于它们具有高的比重、高的强度和强的吸收 X 射线和 γ 射线能力，广泛用作惯性元件、穿甲弹芯和放射性物质的储存器和屏蔽。

4. 钨铜、钨银假合金

钨和铜（或银）不发生合金化（不形成固熔体），也不形成化合物，其物理性质相差极大，无法用熔炼工艺制取，而只能用粉末冶金方法制取。它们是具有两相结构、综合两种金属性能的复合材料，所以称为"假合金"。这类假合金耐电弧烧蚀性高，抗熔焊性好，有良好的导电、导热性，早在 20 世纪 30 年代就被用作电器开关的接点（触头）。W-Ag 比 W-Cu 的接触电阻低，多用作接触器接点，W-Cu 多用作高压断路器的触头，特别是 W-20Cu 用作高压断路器触头是最成功的材料。W-Cu 还用作电阻焊和电火花加工的电极。由于在高温下，W-Ag 和 W-Cu 中的 Ag 或 Cu 具有发汗冷却作用，所以 20 世纪 60 年代以来又被用作固体燃料火箭发动机的燃气喷口喉衬，使用温度可达 3 000 ℃ 以上。

16.1.2　难熔金属合金的用途

20 世纪 40 年代中期以前，主要是用粉末冶金法生产难熔金属。20 世纪 40 年代后期至 60 年代初，由于航天技术和原子能技术的发展，自耗电弧炉、电子轰击炉等冶金技术的应用，推动了包括难熔金属在内的、能在 1 093～2 360 ℃ 或更高温度下使用的耐高温材料的研制工作。这是难熔金属及其合金生产发展较快的时期。20 世纪 60 年代以后，难熔金属虽然有韧性、抗氧化性不良等缺陷，在航天工业中应用受到限制，但在冶金、化工、电子、光源、机械工业等部门，仍得到广泛应用。主要用途有：

（1）用作钢铁、有色金属合金的添加剂，钼和铌在这方面的用量约占其总用量的 4/5。

（2）用作制造切削刀具、矿山工具、加工模具等硬质合金，钨在这方面的用量约占其总用量的 2/3，钽、铌和钼也是硬质合金的重要组分。

（3）用作电子、电光源和电气等元器件的灯丝、阴极、电容器、触头材料等，其中钽在电容器中的用量占其总用量的 2/3。此外，还用于制造器材的耐蚀部件、高温高真空的发热体和隔热屏、穿甲弹芯、防辐射材料、仪表部件、热加工工具和焊接电极等。中国在 20 世纪 50 年代已用粉末冶金工艺生产难熔金属制品，20 世纪 60 年代起已能生产多种规格的难熔金属及其合金产品。

16.1.3　难熔金属合金的制造方法

难熔金属合金一般通过坯锭制备、塑性加工、定向凝固、粉末冶金等方法制成。

1. 坯锭制备

多孔、弥散、掺杂、高比重材料和许多直接成型的难熔金属及其合金零件是采用粉末冶金工艺制备的。要求提纯的钽和铌合金以及部分钼和钼合金是采用电子束或自耗电弧熔炼工艺。坯锭制备工艺的选择不仅取决于成本和设备条件，而且取决于其后制造工艺和最终性能的要求。采用化学气相沉积和等离子喷涂工艺也可生产某些钨制品。

2. 塑性加工

钨和钼能够经受挤压、锻造、轧制、拉伸等塑性加工。钽和铌及其合金由于转变温度低，且在室温下有良好的塑性，可采用常规工艺加工。钨、钼及其合金片材、丝材、管材生产工艺有其共同的特点，一般是在加工过程中进行再结晶退火，其后采用消除应力退火以使成品具有低的转变温度；钨和钼对间隙元素熔解度极小、污染层很薄，可在保护气氛（如氢气）中加热后，直接在空气中进行高温塑性加工。钽和铌对氮和氧有较大的熔解度，氧、氮含量过高会损害其塑性和加工性能，应避免直接在空气中高温加工，一般需采用包套或涂层。

3. 定向凝固

近年来，定向凝固技术用于熔铸难熔金属间复合材料。定向凝固，又称为定向结晶，是指使金属或合金在熔体中定向生长晶体的一种工艺方法。定向凝固技术是在铸型中建立特定方向的温度梯度，使熔融合金沿着热流相反方向，按要求的结晶取向进行凝固铸造的工艺，它能大幅度地提高高温合金综合性能。

目前，美国田纳西州大学 Y. H. He 等人使用定向凝固法制备出 Cr-Cr2Ta 合金锭。分析结果表明，定向凝固技术能使合金中具有均匀的层状 Laves 相。这种结构能显著提高合金的室温断裂韧性和高温强度，并降低高温蠕变率，从而实现合金在高温环境下的使用。

4. 粉末冶金

粉末冶金是制备难熔金属大型件的常规技术，目前，大多数难熔金属合金的研究都采用粉末冶金方法，粉末冶金工艺是难熔金属，特别是钨、钼材料的主要生产工艺。

粉末冶金是用几种不同的金属粉末（或金属粉末与非金属粉末的混合物）作为原料，经过混合、成型和烧结，制造金属材料、复合材料以及各种其他类型制品的一种工艺技术方法。粉末冶金法具有可生产难熔金属及其化合物，可制取高纯度的材料，以及可很大程度地节省材料等系列优点，使它成为解决新材料问题的钥匙，在新材料的发展中起着举足轻重的作用。

16.2　粉末冶金

16.2.1　粉末冶金的原理及特点

粉末冶金的方法由来已久，我国在 1 000 多年前就出现了采用机械粉碎法制取金、银、铜和青铜粉末，用以制作陶器等的装饰涂料的方法。19 世纪 90 年代，美国的库利吉发明用粉末冶金方法制造灯泡用钨丝，奠定了现代粉末冶金的基础。

20 世纪初，人们已经用粉末冶金法制造了钨钼制品、硬质合金、青铜含油轴承、多孔过滤器、集电刷等，逐步形成了整套粉末冶金技术。20 世纪 30 年代，旋涡研磨铁粉和碳还原铁粉问世以后，用粉末冶金法制造铁基机械零件获得了很快的发展。第二次世界大战后粉末冶金技术发展迅速，新的生产工艺和技术装备、新的材料和制品不断出现，开拓出一些能制造特殊材料的领域，成为现代工业中重要的组成部分。

粉末冶金是一种制取材料和制品的特殊的冶金方法，它的基本过程是制备粉末，经过压制，成型为一定尺寸的压坯，然后在低于物料基本组元熔点的温度下烧结成所需的成品，由于粉末冶金工艺与陶瓷生产工艺在形式上类似，所以，粉末冶金制品通常又被称作金属陶瓷制品。由于粉末冶金生产工艺的特殊性，它在技术上和经济上具有一系列的特点。

首先，从制取材料方面来看，粉末冶金方法能生产具有特殊性能的结构材料、功能材料和复合材料。

（1）粉末冶金方法能生产普通熔炼法无法生产的具有特殊性能的材料。
① 能控制制品的孔隙度。
② 能利用金属和金属、金属和非金属的组合效果，生产各种特殊性能的材料。
③ 能生产各种复合材料。

（2）粉末冶金方法生产的某些材料，与普通熔炼法相比，性能优越。
① 高合金粉末冶金材料的性能比熔铸法生产的好。
② 生产难熔金属材料和制品，一般要依靠粉末冶金法。

其次，从制造机械零件方面来看，粉末冶金法制造的机械零件时一种少切削、无切削的新工艺，可以大量减少机加工量，节约金属材料，提高劳动生产率。

总之，粉末冶金法既是一种能生产具有特殊性能材料的技术，又是一种制造廉价优质机械零件的工艺。

16.2.2 粉末冶金的生产过程

粉末冶金的生产过程包括粉末生产、成型、烧结及后处理。

1. 生产粉末。

粉末的生产过程包括粉末的制取、粉料的混合等步骤。为改善粉末的成型性和可塑性通常加入汽油、橡胶或石蜡等增塑剂。

2. 粉末成型

粉末在 500～600 MPa 压力下，压成所需形状。粉末的压制成型通常有模压成型、挤压成型、注射成型等等。

3. 烧 结

在保护气氛的高温炉或真空炉中进行。烧结不同于金属熔化，烧结时至少有一种元素仍处于固态。烧结过程中粉末颗粒间通过扩散、再结晶、熔焊、化合、溶解等一系列的物理化学过程，成为具有一定孔隙度的冶金产品。通常情况下，烧结分为预烧结与成品烧结，预烧结的主要目的是排除粉末中增塑剂，以及使产品初步具有一定的强度和硬度，在此基础上，成品烧结可制成最终产品。预烧结一般在保护性气体中进行，常用的有氮气、氩气和氢气等，成品烧结目前一般在真空烧结中进行，对于一些特殊的产品，也常在保护性气体中进行。

4. 后处理

一般情况下，烧结好的制件可直接使用。但对于某些尺寸要求精度高并且有高的硬度、耐磨性的制件还要进行烧结后处理。后处理包括精压、滚压、挤压、淬火、表面淬火、浸油及熔渗等。

粉末冶金制品的主要工艺过程如图16-1所示。

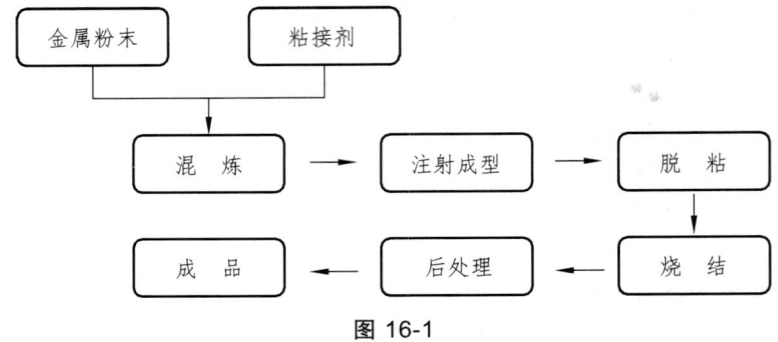

图 16-1

16.2.3 粉末冶金的主要工艺

粉末冶金的主要工艺包括粉末制取、粉末成型、烧结成型。

16.2.3.1 粉末制取

粉末制取中的主要工艺参数包括粉末的几何性能、力学性能、化学性能、物理性能和表面性能等等，其中对工艺过程影响最大的是几何性能和工艺性能。

1. 粉末的几何性能

粉末的几何性能包括粒度、颗粒形状、比表面等。

（1）粒度。以纳米或微米表示的单个粉末颗粒的大小称为粒度，它影响粉末的加工成型、烧结时收缩和产品的最终性能。某些粉末冶金制品的性能几乎和粒度直接相关。生产实践中不会存在同一种粒度的粉末，而是在一定的粒度范围以内，并且有几乎连续的各种尺寸的粉末。按一定的粒度范围可以将粉末分成很多级，各级粉末的百分含量叫作粉末的粒度组成，如图16-2所示。通常生产上讲的粉末粒度是指一定粒度组成的粉末的平均粒度。测定粉末粒度及粒度组成的方法很多，主要有筛分析法、显微镜分析法、沉降法、淘析法等等。

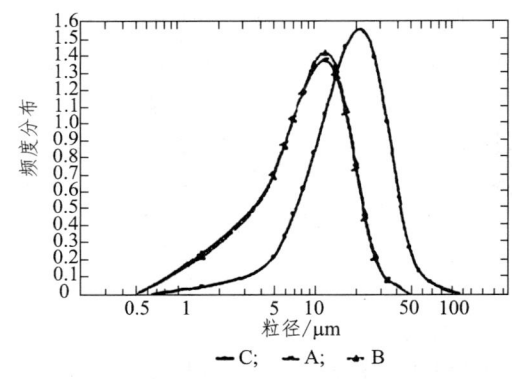

图 16-2 粉末粒度分布曲线

粉末的粒度越小,活性越大,表面就越容易氧化和吸水。当小到一定程度时量子效应开始起作用,其物理性能会发生巨大变化,如铁磁性粉会变成超顺磁性粉,熔点也随着粒度减小而降低。

(2)粉末的颗粒形状。粉末的颗粒形状多种多样,主要取决于制粉方法,如还原法制得的铁粉颗粒呈海绵片状;电解法制得的粉末,颗粒呈树枝状;气体雾化法制得的基本上是球状粉。此外,有些粉末呈卵状、盘状、针状、洋葱头状等。粉末颗粒的形状会影响到粉末的流动性和松装密度,由于颗粒间机械啮合,不规则粉的压坯强度也大,特别是树枝状粉其压制坯强度最大。但对于多孔材料,采用球状粉最好。

(3)比表面积。单位质量粉末的总表面积,可通过实际测定。粉末的比表面积的大小与粉末的粒度密切相关。比表面积大小影响着粉末的表面能、表面吸附及凝聚等表面特性。比表面积越大,表面吸附及凝聚等能力越强。

粉末的比表面积的测定方法主要是吸附法和透过法。

2. 粉末的工艺性能

粉末的工艺性能又称为粉末的力学性能,它是粉末冶金成型工艺中的重要工艺参数。粉末的工艺性能主要包括松装密度、流动性、压制性和活性等。粉末的松装密度是在压制时用容积法称量的依据;粉末的流动性决定着粉末对压模的充填速度和压机的生产能力;粉末的压制性决定压制过程的难易和施加压力的高低;而粉末的活性则影响生产过程中产品质量的稳定。

(1)粉末的松装密度。粉末自由松装时,单位容积的质量叫作粉末的松装密度。它是粉末生产炉前分析的重要数据。生产实践中,影响粉末松装密度的主要因素包括粉末的颗粒大小、颗粒形状、颗粒的内空隙、表面氧化物以及粉末的球磨时间等等。

(2)粉末的流动性。用 50 克粉末从规定孔径的标准漏斗流出所需的时间表示,单位为 s/50 g,其倒数是单位时间内流出的粉末的质量。此外,也可以根据粉末的自然堆积角(又称安息角)测定流动性。让粉末通过一个筛网自然流下并堆积在直径为 1 英寸的圆板上。但粉末堆满圆板后,以粉末堆的圆锥底角(又称为堆积角)来衡量粉末的流动性,堆积角越小,表示粉末的流动性就越好。

粉末的流动性是一个复杂的综合性能,取决于粉末的粒度、颗粒形状及粉末的内摩擦系数等,粉末越粗,形状越简单,颗粒表面越光滑,则其流动性越好。

(3)粉末的压制性。粉末的压制性包括压缩性和成型性两个方面。压缩性是指在一定的压力下粉末的压缩程度,可以用压缩比 α 表示:

$$\alpha = H_{压} / H_{松}$$

式中,$H_{松}$——压块的高度;

$H_{压}$——粉末的松装高度。

显然,压缩比 α 越大,粉末的压缩性越好。

成型性是指粉末压制成型的难易程度和粉末压制后压坯保持其形状的能力,通常以压坯的强度来表示。粉末的成型性对于生产形状复杂的粉末冶金零件,特别是多孔性的结构件非常重要。成型性好的粉末能在较低压力下得到较高强度的压坯,适用于制造多孔性的形状复杂的低密度中强度的粉末冶金零件。粉末成型性的高低与颗粒的形状及其内部结构形态有着密切关系。颗粒形状复杂、比表面大的粉末，有利于成型性的提高。

在评价粉末的压制性时，必须综合比较压缩性和成型性。一般说来，成型性好的粉末，往往压缩性差；压缩性好的粉末，成型性差。

16.2.3.2　粉末成型

粉末成型是使金属粉末密实成具有一定形状、尺寸、密度和强度的坯块的工艺过程。它是粉末冶金工艺的基本工序之一。粉末成型前一般要将金属粉末进行粉末预处理以符合成型的要求。混料时，一般须加入一定量的粉末成型添加剂。

粉末成型分为粉末压制成型、粉末冷等静压成型、粉末轧制成型、粉末挤压成型、粉浆浇注成型、粉末注射成型等。20世纪80年代出现金属粉末注射成型，在美国、日本发展非常迅速，它可以生产高精度、不规则形状制品和薄壁零件。

1. 压制成型

粉末压制成型又称粉末模压成型，简称压制，它是粉末冶金生产中使用最普遍的成型方法，压制是在压模中利用外加压力使粉末成型的方法。压制成型过程由装粉、压制和脱模组成。

（1）压制过程。粉末压制成型是粉末冶金生产的基本成型方法。在压模中填装粉末，然后在压力机下加压，脱模后得到所需形状和尺寸的压坯制品。压制过程大致可以分三阶段：第一阶段，压块密度随压力增加而迅速增大，此时孔隙急剧减少；第二阶段，压块密度增加缓慢，因孔隙在第一阶段中大量消除，继续加压只是让颗粒发生弹性屈服变形；第三阶段，压力的增大可能达到粉末材料的屈服极限和强度极限，粉末颗粒在此压力下产生塑性变形或脆性断裂。因颗粒的脆性断裂形成碎块填入孔隙，压块密度随之增大。

（2）压制压力。分为两部分，一是在没有摩擦的情况下，使粉末压实到一定程度所需的压力为"静压力"（P_1），二是克服粉末颗粒和压模之间摩擦的压力为"侧压力"（P_2）。

$$压制压力 P = P_1 + P_2$$

（3）压制过程中的压力分布。引起压力分布不均的主要原因是粉末颗粒之间以及粉末与模壁之间的摩擦力。压块高度越高，压力分布越不均匀。实行双向加压或增大压坯直径，可减少压力分布的不均匀性。

2. 压制工艺

压制工艺包括称料，装模，压制，脱模以及压块干燥、修边，检查和简单机械加工；压力机操作比较简单，关键在于调整好单重和尺寸，以及处理由于设备故障及物料不稳定带来的一些问题。此外，由于无论是油压机还是自压机，大多构造简单，长久操作易疲劳，因此要格外注意安全。

16.2.3.3　粉末烧结成型

烧结是粉末或粉末压坯加热到低于其中基本成分的熔点的温度，然后以一定的方法和速度冷却到室温的过程。烧结的结果是粉末颗粒之间发生粘接，烧结体的强度增加，把粉末颗粒的聚集体变成为晶粒的聚结体，从而获得所需的物理、机械性能的制品或材料。

1. 烧结机理

在烧结过程中粉末要经历一系列的物理化学变化，如水分或有机物的蒸发或挥发，吸附气体的排除，应力的消除，粉末颗粒表面氧化物的还原，颗粒间的物质迁移、再结晶、晶粒长大等，因而使颗粒间的晶体接触面增加，孔隙收缩甚至消失。出现液相时，还会发生固相的溶解与析出。这些过程彼此间并无明显的界限，而是互相重叠，互相影响。再加上其他烧结工艺条件，使整个烧结过程的反应复杂化。烧结是粉末冶金制品的最终成型阶段，对产品的质量和性能起着决定性的作用。

不同的粉末冶金产品烧结的过程相差很大，如是多相还是单相，固相还是液相，阶段的划分，共晶点等等，都存在很大差异。对于粉末冶金的典型产品硬质合金，其烧结过程的可划分为以下三个阶段。

脱除成型剂和预烧阶段（≤800 ℃）：烧结初期，随温度升高，成型剂逐渐热裂，并排出烧结体，同时，成型剂或多或少使烧结体增碳。氢气烧结时，800 ℃以下能还原粉末表面的氧化物，同时，粉末间接触应力逐渐消除，粘接金属粉末开始产生回复和再结晶，颗粒表面扩散，强度提高。

固相烧结阶段（800 ℃—共晶温度）：所谓共晶温度，是指缓慢升温到烧结体开始出现共晶液相的温度。对于 WC-Co 类硬质合金，平衡烧结时的共晶温度为 1 340 ℃。在出现液相之前的温度下，除了继续上一阶段所发生的过程外，烧结体中的某些固相反应加剧，扩散速度增加，颗粒的塑料流动加强，使烧结体出现明显的收缩。

液相烧结阶段（共晶温度—烧结温度）：当烧结体出现液相后，烧结体的收缩很快完成，碳化物晶粒长大并形成骨架，从而奠定了合金的基本组织结构。

冷却阶段（烧结温度—室温）：在这一阶段，合金的组织和粘结相成分随着冷却条件的不同而产生某些变化。冷却后，得到的最终组织结构的合金。

2. 烧结工艺

硬质合金的烧结工艺一般分为氢气烧结和真空烧结，传统的硬质合金的生产都是氢气烧结，自从 20 世纪 80 年代真空烧结工艺被广泛应用以来，由于其显而易见的优点（产品纯度、湿润性、烧结温度等等），目前已经成为硬质合金生产领域的主流。

真空烧结工艺与氢气烧结过程类似，但增加了排除成型剂工序，此外，装舟时不使用填料。目前，一般的真空烧结工艺的脱蜡阶段仍然需要在氢气保护中进行，但并非氢气烧结，也不用在氢气烧结炉内进行，而是一种专用的氢气脱蜡炉，其温度更低。一般缓慢升温到 200 ℃左右保温 30~60 min，使成型剂充分挥发干净，随后将炉温缓慢升温到 750 ℃左右，进行预烧，预烧时间不宜过长，约 30 min，以防止烧结体与氢气中的水分发生反应而脱碳。

经过脱蜡和预烧后的烧结体，就可以进行真空烧结了，真空烧结在真空烧结炉内进行，先将烧结体放入专门的石墨舟板上，将舟板放入真空炉内的固定位置，层层叠放，然后关闭真空炉，抽真空，待真空度达到规定的工艺要求，则可以放电升温，根据产品的不同，升温速度和保温时间不尽相同，对于 WC-Co 类硬质合金，一般烧结温度为 1 350~1 500 ℃，阶段保温可在 800 ℃ 左右，总体的烧结时间大为 4~5 h，烧结过程中要严格观察炉内真空度的变化，以防意外发生。

真空烧结工艺的舟板选择主要根据制品的大小，确定合适的高度，然后将制品整齐放置于舟板上，层层叠放时，应留有少量的空间。

此外，真空烧结过程中，应严格保证冷却水的畅通，如发生停水事故，应该立即切断升温电源，并保持真空机的正常进行。同时，应该马上开放备用冷却水，使真空度处于正常的情况下缓慢降温，直到冷却水正常后才可重新升温。

16.2.4 粉末冶金工艺的主要设备

16.2.4.1 球磨机

球磨机是粉末混合时使用的设备，主要用来制取粉末冶金制品的粉末。其主要工作原理是，主要部件筒体水平放置在轴承上，依靠电动机经减速装置驱动以一定的工作转速旋转。筒体内装有各种类型的衬板，用以保护筒体并将内装的物料提升到一定的高度。由于物料本身质量的作用，产生抛落或泻落，冲击筒体底部的物料，同时在磨机筒体回转过程中，物料还有滑动和滚动，使物料受到磨削作用，这样不断地冲击和磨削而将物料磨成细粉。物料在承受冲击与研磨的同时，又由于筒体相邻两个横断面上的料面高差所形成的粉体动压力，物料缓慢地向磨机卸料端移动，直至卸出磨机外，完成粉磨作业。球磨机的规格一般用不带磨机衬板的筒体内径和筒体长度（$D \times L$）来表示，间歇式球磨机有时以装填物料的数量（t）来表示。

球磨机的类型和规格较多，但是它们的结构基本相同，主要由筒体、衬板、隔仓板、轴承、进卸料装置和传动装置等组成。图 16-3 所示为溢流式圆筒形球磨机的结构图。

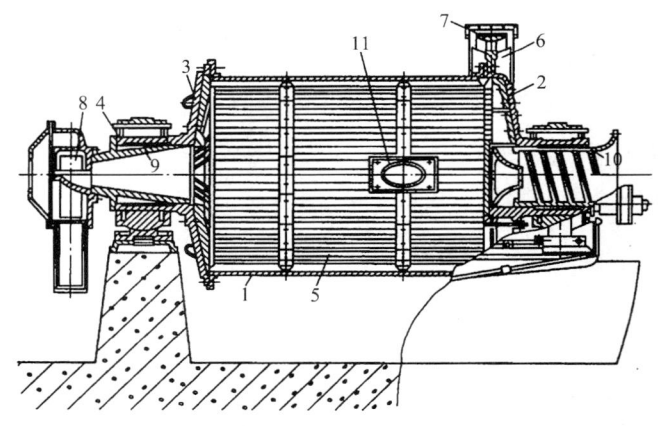

图 16-3 溢流式圆筒形球磨机的结构图

1—圆筒；2，3—端盖；4—主轴承；5—衬板；6—小齿轮；7—大齿圈；
8—给矿器；9—锥形衬套；10—轴承衬套；11—检修孔

16.2.4.2 液压机

粉末冶金的成型都是在液压机的作用下完成的，液压机由主机及控制机构两大部分组成。液压机主机部分包括机身、主缸、顶出缸及充液装置等。动力机构由油箱、高压泵、低压控制系统、电动机及各种压力阀和方向阀等组成。动力机构在电气装置的控制下，通过泵和油缸及各种液压阀实现能量的转换，调节和输送，完成各种工艺动作的循环。

液压机按传递压强的液体种类可分为油压机和水压机两大类。用于粉末冶金工艺的液压机通常是油压机，是利用液体压力来传递动力和进行控制，液压装置是其主要部件，由液压泵、液压缸（液压马达等执行机构）、液压控制阀和液压辅助元件，各部分的主要作用是：

液压泵：将机械能转换成液压能的转化装置。

液压缸（液压马达等执行机构）：将液压能转化为机械能。

控制阀：控制液压油的流量、流向、压力、液压执行机构的工作顺序，以及保护液压回路作用。

辅助元件：包括油箱（用来储油、散热、分离油中空气和杂质作用）、油管及油管接头、滤油器、压力表和密封元件等。

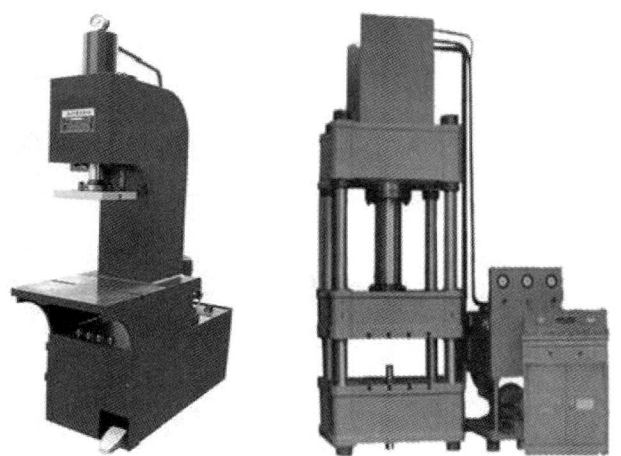

液压机

图 16-4　单柱油压机和四柱油压机

16.2.4.3　烧结炉

电阻烧结炉

烧结炉是一种在高温下，使各类固体颗粒的相互键联，晶粒长大，空隙（气孔）和晶界渐趋减少，通过物质的传递，其总体积收缩，密度增加，最后成为具有某种显微结构的致密多晶烧结体的炉具。烧结炉是粉末冶金制品最终成型的关键设备之一。

用于粉末冶金制品烧结的烧结炉主要是电炉，主要分为电阻烧结炉和感应烧结炉两大类，电阻烧结炉使用更为广泛。电阻烧结炉是通过电热元件将电能转变为热能用来进行烧结的电炉；感应烧结炉是利用电磁感应在金属内激励出电流使其加热的电炉。

按炉内使用气氛和真空度，电阻烧结炉分为普通气氛电阻烧结炉和真空电阻烧结炉；按炉子结构形式，电阻烧结炉分为竖式电阻烧结炉和卧式电阻烧结炉；按作业性质，电阻烧结炉分为间断式电阻烧结炉和连续式电阻烧结炉。

按电热元件的不同，烧结炉可分为金属电热元件烧结炉和非金属电热元件烧结炉两大类。金属电热元件有：铂（最高使用温度 1 400 ℃）、钼（最高使用温度 1 600 ℃）、钨（最高使用温度 2 100～2 500 ℃)、钽（最高使用温度 2 500 ℃等）等；非金属电热元件有：碳化硅（最高使用温度 1 450 ℃)、硅化钼（最高使用温度 1 700 ℃)、石墨（最高使用温度：3 000 ℃）等。

金属电热元件烧结炉可分为钼丝炉、钨丝炉、钨棒炉、钼片炉、钽片炉、镍铬丝炉和铁铬铝丝炉等。其中最有代表性的是钼丝炉，应用也较广泛。钼丝烧结炉的结构如图 16-5 所示，工作温度 1 500 ℃，常用来烧结粉末冶金材料和制品，特别是烧结硬质合金。如果需要使用真空，便可制成真空钼丝炉、真空钨棒炉等。

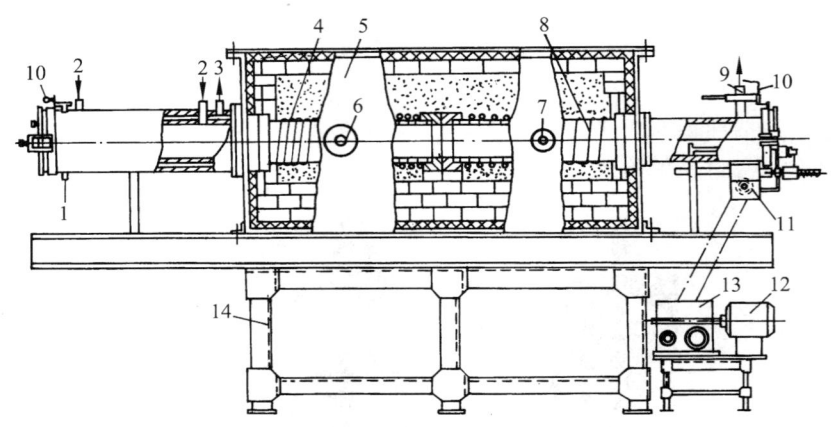

图 16-5　卧式连续钼丝烧结炉结构示意图

1—冷却水进口；2—氢气进口；3—冷却水出口；4—钼丝；5—炉壳；6—高温测温计；
7—热电偶；8—镍铬片；9—氢气出口；10—点火装置；11—推舟装置；
12—电动机；13—减速器；14—炉架

非金属电热元件烧结炉可分为碳化硅棒炉、碳管炉、炭布炉等。其中，碳管炉加装真空系统可制作成真空碳管炉，它的工作温度为 1 200～1 800 ℃，主要用作碳化，有时也可用作烧结炉。碳管炉的结构如图 16-6 所示。

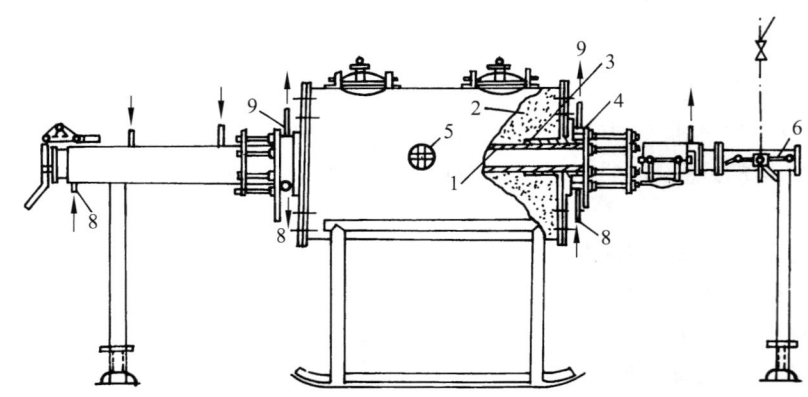

图 16-6　碳管炉结构示意图

1—石墨管；2—炭黑；3—石墨套；4—导电钢套；5—辐射高温计孔；6—推舟装置；
7—压缩空气；8—冷却水入口；9—冷却水出口

16.3 硬质合金

硬质合金是由难熔金属的硬质化合物和粘接金属通过粉末冶金工艺制成的一种难熔金属。硬质合金是最典型的粉末冶金产品之一，其生产工艺符合粉末冶金的基本原理。由于硬质合金具有硬度高、耐磨、强度和韧性较好、耐热、耐腐蚀等一系列优良性能，因而具有广泛的用途。

16.3.1 硬质合金的成分组成

硬质合金是以高硬度难熔金属的碳化物（WC、TiC）微米级粉末为主要成分，以钴（Co）或镍（Ni）、钼（Mo）为粘接剂，经过压制成型，烧结而成的粉末冶金制品。所以，硬质合金的基体由两部分组成：一部分是硬化相，另一部分是粘接金属。硬化相是元素周期表中过渡金属的碳化物，如碳化钨、碳化钛、碳化钽，它们的硬度很高，熔点都在 2 000 ℃ 以上，有的甚至超过 4 000 ℃。另外，过渡金属的氮化物、硼化物、硅化物也有类似的特性，也可以充当硬质合金中的硬化相，硬化相的存在决定了合金具有极高硬度和耐磨性。粘接相是硬质合金中将硬质相紧密粘合在一起的软金属相，是硬质合金的重要组成部分。粘合金属主要有钴、镍、铁等，实际生产中以钴（Co）使用较多。粘合相的成分、结构、粒度在硬质合金中所占的份额对合金的性能产生重要影响。在硬质合金工业生产中，钴是良好的粘合金属。硬质合金生产对钴粉的纯度、粒度及结构形态都具有较高的要求。

在硬质合金中，硬化相的数量占主要部分，一般占到总质量的 80%～90%，粘合相占到总质量的 20% 以下。

16.3.2 硬质合金的分类与牌号

根据硬质相和粘合相的不同，硬质合金主要分为钨钴类硬质合金、钨钛钴类硬质合金、钨钛钽（铌）类硬质合金。

16.3.2.1 钨钴类硬质合金

钨钴类硬质合金的主要成分是碳化钨（WC）和粘接剂钴（Co）。其牌号是由"YG"（"硬""钴"两字汉语拼音字首）和平均含钴量的百分数组成。例如，YG8，表示平均 Co 含量为 8%，其余为碳化钨的钨钴类硬质合金。

一般钨钴类合金主要用于硬质合金刀具、模具以及地矿类产品。

16.3.2.2 钨钛钴类硬质合金

钨钛钴类硬质合金的主要成分是碳化钨、碳化钛（TiC）及钴。其牌号由"YT"（"硬""钛"两字汉语拼音字首）和碳化钛平均含量组成。例如，YT15，表示平均 TiC 的含量为 15%，其余为碳化钨和钴含量的钨钛钴类硬质合金。

16.3.2.3 钨钛钽（铌）类硬质合金

钨钛钽（铌）类硬质合金的主要成分是碳化钨、碳化钛、碳化钽（或碳化铌）及钴。这类硬质合金又称通用硬质合金或万能硬质合金。其牌号由"YW"（"硬""万"两字汉语拼音字首）加顺序号组成，如YW1。

16.3.2.4 硬质合金的牌号

根据硬质合金的分类，硬质合金的牌号可分为 YG 类、YT 类和 YW 类，但这只是国内的通常命名法。在国际标准中，另有一套硬质合金的牌号命名法，表 16-1 是国际标准牌号与国内标准牌号的对比。

表 16-1　硬质合金国际牌号与国内牌号的对比

ISO标准牌号	P10	P20	P30	M10	M20	K10	K15	K20	K30
国内标准牌号	YT15	YT14	YT5	YW1	YW2	YG6A YG6X	YG6	YG6 YG8N	YG8 YG8N

16.3.3　硬质合金的用途

硬质合金具有硬度高、耐磨、强度和韧性较好、耐热、耐腐蚀等一系列优良性能，特别是它的高硬度和耐磨性，即使在 500 ℃ 的温度下也基本保持不变，在 1 000 ℃ 时仍有很高的硬度。因此，硬质合金具有广泛的用途。

硬质合金广泛用作刀具材料，如车刀、铣刀、刨刀、钻头、镗刀等，用于切削铸铁、有色金属、塑料、化纤、石墨、玻璃、石材和普通钢材，也可以用来切削耐热钢、不锈钢、高锰钢、工具钢等较难加工的材料。现在新型硬质合金刀具的切削速度等于碳素钢的数百倍。

硬质合金具有卓越的耐磨性和耐腐蚀性，已被广泛地用来制作凿岩工具、采掘工具、钻探工具、测量量具、耐磨零件、气缸衬套、精密轴承、喷嘴、五金模具（如拉丝模具、螺栓模具、螺母模具以及各种紧固件模具，硬质合金的优良性能逐步替代了以前的钢铁模具）。

20 世纪 90 年代以来，随着涂层硬质合金问世并越来越广泛地使用，硬质合金的用途得到了前所未有的拓展。涂层硬质合金通常指在碳化钨或碳化钛基硬质合金基体上通过化学气相沉积或物理沉淀等方法，涂上几微米厚的 TiC、TiN、Ti（C，N）、Al_2O_3 之类的硬质化合物。刀具的基体是钨钛钴硬质合金或钨钴硬质合金，表面碳化钛涂层的厚度不过几微米，但是与同牌号的合金刀具相比，使用寿命延长了 3 倍，切削速度提高了 25% ~ 50%。20 世纪 70 年代已出现第四代涂层工具，可用来切削很难加工的材料。

16.3.4　硬质合金的生产工艺

硬质合金的生产工序可以追溯到钨精矿的冶炼，经过一系列的工序，分别产出 APT、钨酸、三氧化钨、钨粉、碳化钨粉，再经过湿磨、压制和烧结，产出混合料、硬质合金。但目前国内大多数的工厂都是从混合料的生产开始的。

16.3.4.1 混合料生产

以碳化钨、碳化钛、复式碳化物和金属钴粉、钼粉、镍粉为原料，经配料、球磨、干燥等工序，制成有规定化学成分和物理性能的混合料的过程称之为硬质合金混合料的制备。具体过程如下：

按工艺配方称取所需的各组分原料及少量添加剂，装入滚动球磨机或搅拌球磨机，在球磨机中合金球研磨体的冲击、研磨作用下，各组分原料在研磨介质中得到细化和均匀分布，在喷雾干燥前（或湿磨后期）加入一定量的液态石蜡，卸料后经喷雾干燥、振动过筛（或真空干燥、均匀化破碎过筛）制成有一定成分和粒度要求的掺蜡混合料，以满足压制成型和真空烧结的需要，如图 16-7 所示。

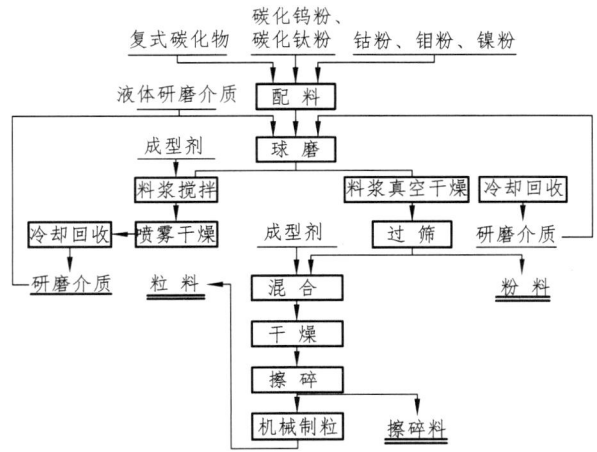

图 16-7 混合料制备工艺流程示意图

混合料制备的主要过程是球磨和干燥。

1. 球 磨

制备硬质合金混合料一般采用湿磨。所谓湿磨，是用液体介质加入球磨主体，一起参与球磨。液体介质要具有与物料不发生化学反应、沸点低、易挥发、表面张力小、无毒、无嗅等性质。具备这些要求的液体介质有酒精、汽油、丙酮、己烷和其他有机溶液等等。国内大多数厂家采用酒精，也有的选用丙酮或己烷。实践中，具体选用须与所采用的成型剂结合考虑。

为改善混合料粉末的流动性，减少粉末在成型过程中的内、外摩擦力，通常须往混合料中加入一种或多种有机物作为成型剂。成型剂要具有较良好的黏性、塑性和润滑性；熔点低，在常温下最好能呈液态或能溶解于易挥发性的溶剂中；纯度高，在较低的温度下，能全部蒸发排除掉，或虽残留微量物质，但不致造成次品或废品。具备这些条件的成型剂一般有石蜡、聚乙二醇（PEG）和人造合成橡胶等。对特殊模压成型毛坯（如形状较复杂、单重较大等）的混合料，选用人造合成橡胶。

制备混合料的球磨设备有搅拌式球磨机和滚动式球磨机。

（1）滚动式球磨机

滚动式球磨机由给料部、出料部、回转部、传动部（减速机，小传动齿轮，电机，电控）等主要部分组成。

滚动式球磨机的工作原理是，磨料与试料在研磨罐内高速翻滚产生强大的压力和摩擦力，对物料产生强力冲击、碾压、剪切从而达到粉碎、研磨物料的目的。滚动式球磨机能很好地实现各种工艺参数要求，同时其具有小批量、低功耗低价位的优点。

与搅拌式球磨机相比，虽然滚动球磨机研磨时间长，效率低，但混合破碎均匀，质量有保证，因此目前仍然是众多硬质合金生产商广泛选用的球磨设备，通常用于复式碳化物与钴粉的研磨。

（2）搅拌式球磨机

搅拌式球磨机由一个固定的立式球磨筒、搅拌轴、传动装置和循环系统组成。工作时不受临界转速的限制，可以采用高转速，同时还可采用小研磨体，球磨的研磨效率要比滚动式球磨机高几倍，甚至几十倍。制备硬质合金混合料一般采用强制循环系统，以有利于破碎均匀。

与滚动式球磨机相比，搅拌式球磨机的主要缺点是研磨不均匀，易形成死角，从而严重影响硬质合金混合料的质量。

2. 干　燥

料浆从球磨机出来后，即可进入干燥工序，干燥通常分为喷雾干燥和真空干燥。喷雾干燥是指将料浆输入喷雾干燥器内，直接制成粒料，具有生产工序少、周期短、产能大、返回料少和回收率高，物料不易氧化、脏化，粒料呈空心球形，均匀性、稳定性和流动性均好的特点，特别适合于自动压力机成型。一般小规模、小批量的湿磨料，采用真空干燥工艺制取粉料，往粉料中掺入成型剂（依产品牌号、单重，可选择汽油橡胶溶液或汽油石蜡溶液），再经干燥，擦碎后得到流动性较差的擦碎料。该工艺流程长，工序多，劳动条件较差，但生产易掌握。

用于混合料浆的干燥设备，喷雾干燥器和真空干燥器等。

（1）喷雾干燥器

喷雾干燥器由干燥塔，喷嘴，进出料系统，热气系统，气体循环系统，冷凝系统，清洗系统和电气、仪表控制系统等组成。产能为 60～300 kg/h，产品质量好，机械化、自动化程度高，适用于规模大，品种、牌号不多的生产。但设备各系统较复杂，操作技术要求较高，价格较昂贵等。

（2）真空干燥器

常见的真空干燥器有真空干燥箱（锅）、行星真空干燥器和回转双圆锥真空干燥器等。这些设备由主体干燥箱（锅、筒、双圆锥）、真空系统和介质冷凝回收系统组成。采用热水或电热油加热，适用于品种、牌号多，批量小的生产，设备较简单，操作方便。图 16-8 所示为真空干燥器的结构示意图。

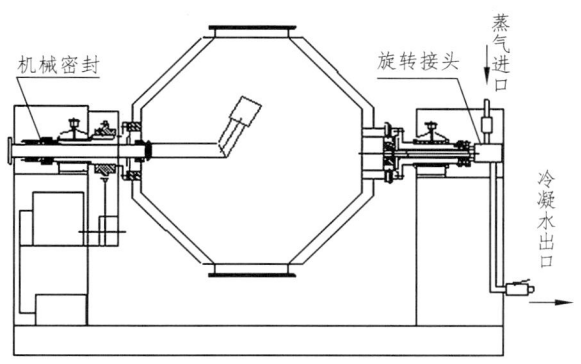

图 16-8　真空干燥器结构示意图

16.3.4.2　压　制

硬质合金的压制成型有多种方式，通常有模压成型、挤压成型、注塑成型等等。其中，模压成型最为常见。

硬质合金的压制工艺详见 16.2.3.2 粉末成型。

16.3.4.3　烧　结

硬质合金烧结的关键是工艺参数的选择。

1. 烧结温度

合金的烧结温度与其他化学成分有关，通常应高于基体碳化物与粘接金属的共晶温度 40~100 ℃，不同合金的大致烧结温度范围见表 16-2。

表 16-2　不同合金的大致烧结温度范围

牌　号	烧结温度
YG6	1 400 ~ 1 420 ℃
YG8	1 400 ~ 1 420 ℃
YG15	1 390 ~ 1 410 ℃
YG20C	1 450 ~ 1 470 ℃
YG11C	1 450 ~ 1 470 ℃
YG6X	1 370 ~ 1 390 ℃
YG6A	1 360 ~ 1 380 ℃

实践证明，烧结温度在一个相当宽的范围内变化，都能使合金有足够的密度，因此，在生产实践中最常要考虑的问题是如何使合金有适当的晶粒度和性能。通常是以合金的使用性能为主要依据来确定烧结温度，例如，对拉伸模具，耐磨零件和精加工用的切削工具，要求合金有较高的耐磨性，则应选取矫顽磁力出现极大值的烧结温度；对于地质钻探和采掘工具，冲击负荷较大的切削加工工具，要求合金具有较高的强度，则可适当的采用较高的烧结温度；

高 Co 合金的使用条件通常是要求尽可能高的抗弯强度，所以对这类合金来说，合金抗弯强度出现极大值的温度应当是最适宜的烧结温度。

2. 烧结时间

必须保证足够的时间，才能完成烧结过程的组织转变。尽管在一定范围内，烧结温度和时间可以相互补充，如高温快速或低温慢速，但是这个范围是有限的，如果温度不够，再延长时间也是没有作用的。

通常为了在最高烧结温度下，能够达到平衡状态，并有充分的组织转变时间，保温 1～2 h 是适当的。

但是烧结时间的确定还受其他因素的影响，如制品大小就是因素之一，一般情况下，大制品的烧结时间要比小制品长。

3. 升温速度

升温速度以单位时间内上升的温度数来表示。升温速度根据设备状况及工艺特点而定，一般在出现液相之前的升温速度较快，之后较慢。

16.3.5　硬质合金生产中的常见质量缺陷

16.3.5.1　膨　泡

硬质合金制品内部有孔洞，并在其相应部位的表面出现凸起的曲面，这种现象叫膨泡，形成膨泡的基本原因是烧结体内有比较集中的气体。

1. 空气在烧结体内集中

烧结体致密化过程中，空气由内部移向表面，如果烧结体内部存在具有一定尺寸的杂质（如硬质合金碎屑、铁、钴屑等），空气向此集中，待到烧结体出现液相，并致密化以后，空气无法逸出，在烧结体阻力最小的表面形成凸起，因此，可以认为膨泡是由于空气集中产生的畸形。

2. 有生成气体的化学反应

当烧结体中某些氧化物在高于液相出现的温度下能够被碳还原生成气体，从而使合金膨泡。在实际生产中，钨钛钴合金膨泡通常与复式碳化物碳化不完全有关，而钨钴合金膨泡则一般由混合料中的氧化物所引起。

16.3.5.2　孔　洞

在硬质合金低倍组织观察时，通常把 40 μm 以上的孔隙叫作孔洞。能够造成膨泡的因素均可形成孔洞，只是不如膨泡那样有大量的气体存在，此外，当烧结体内存在不为粘接金属所润湿的杂质，存在一些如未压好之类的大孔，或者烧结体存在严重的固相与液相的偏析等都可以形成孔洞。

16.3.5.3 变　形

烧结体产生外形的不规则变化叫作变形。弯曲也是一种变形，变形是由于烧结体不同部分体积收缩不同而造成的。

产生变形的主要原因有：

1. 压块密度分布不均匀

通常合金都能达到相同的密度，压块密度大的部分收缩少，密度小的部分收缩大，因而使合金变形。

2. 局部严重缺碳

烧结体缺碳的部分由于出现液相的温度较高，液相数量过少，在通常的烧结时间内收缩不完全，因而体积较其他地方大，造成变形。在特殊情况下，由于某些原因，如压块与炉气的相互作用，可以造成同一烧结体不同部位出现含碳量梯度，使制品产生弯曲。

3. 装舟不合理

如垫板不平也会造成长条弯曲，因此使压块密度均匀分布，改善装舟操作，是防止制品变形的重要措施。

16.3.5.4 裂　纹

1. 压制裂纹

压制裂纹是在压制过程中产生的，通常是由于应力弛豫，压制后没有立即显出裂纹，烧结时则在低温区内弹性回复较快，因而产生裂纹，对于压紧性差的物料应特别注意防止裂纹的产生。

2. 氧化裂纹

氧化裂纹是由于压块干燥时局部严重氧化而引起的，由于氧化部分的热膨胀与未氧化部分不一样，烧结时受热则产生裂纹。因此仔细检查干燥后的压块是否有裂纹，如果压块预烧后经过放大镜或低倍显微镜检查无裂纹，最终成品就不易出现裂纹废品。

16.3.5.5 过　烧

当烧结温度偏高或烧结时间过长时，产品过烧，制品表面晶粒长大，孔隙增大，断面组织较粗糙，合金性能明显下降，轻者只观察到数量较多的闪光点，重者表面有时出现臌泡或呈蜂窝状。

膨泡、孔洞、变形、裂纹和过烧等缺陷的制品不能再处理，属于生产过程中的废品。

16.3.5.6 渗　碳

渗碳一般由混合料的总碳含量偏高，混合料掺胶过多，脱胶时的真空度过低等导致，断口有细小的石墨夹杂黑点或巢形斑点，严重渗碳的合金表面光亮发黑，用手或白纸在其上揩擦，可以使手或纸变黑。渗碳可造成产品硬度过低，影响使用性能。

16.3.5.7 脱　碳

产品表面有银白色亮点或闪光条状，合金断口有银白色闪光点，其组织结构出现脱碳相，严重时其断面可观察到蝌蚪形的坑点。脱碳可造成产品强度过低，影响使用性能。

16.3.5.8 欠　烧

欠烧合金的表面通常为灰白色，无明显的金属光泽。判断欠烧最简便的方法是，用钢笔在断面上滴上一滴墨水，若墨水迅速渗开，则表明结构疏松。欠烧的制品由于烧结未完全成型，强度和硬度都会降低。

渗碳、脱碳、欠烧等缺陷是由于工艺、设备及操作不当导致的，一般可通过适当的再处理工艺使合金的组织结构恢复正常。实践中，一般可以根据不同的牌号以及其用途和要求，视不同情况分别作返烧处理或返回处理。

思考与练习

1. 难熔金属合金包括哪些？主要有哪些用途？
2. 粉末冶金包括哪些主要的工艺过程？
3. 粉末压制成型时的压力分为哪几种？它们是怎样影响压制过程的？
4. 硬质合金制品在烧结过程中分为哪几个阶段？每个阶段制品内部会发生什么变化？
5. 生产粉末冶金制品的烧结炉可分为哪几种？
6. 根据硬质相和粘合相的不同，硬质合金主要分为哪几种？每种的典型制品是什么？主要用途是什么？
7. 制备硬质合金混合料的球磨设备有哪几种类型？
8. 硬质合金烧结工艺的主要参数有哪些？
9. 硬质合金生产过程的主要缺陷有哪些？哪些是可以再处理的？哪些是不能处理的？为什么？

参考文献

[1] 陈勇志，陈盛贵，陈海彬. 机械制造工程实训基础[M]. 成都：西南交通大学出版社，2012.
[2] 陈勇志，李荣泳. 机械制造工程技术基础[M]. 成都：西南交通大学出版社，2015.
[3] 谷龙. 机械制造工程训练[M]. 哈尔滨：哈尔滨工业大学出版社，2018.
[4] 朱瑞宏. 机械工程实训教程[M]. 北京：机械工业出版社，2015.
[5] 夏绪辉，王蕾. 工程基础与训练[M]. 武汉：华中科技大学出版社，2016.
[6] 萧泽新. 金工实习教材[M]. 广州：华南理工大学出版社，2010.
[7] 吴拓. 机械制造工程[M]. 3版. 北京：机械工业出版社，2011.
[8] 周世权，杨雄. 基于项目的工程实践[M]. 武汉：华中科技大学出版社，2011.
[9] 张力重，杜新宇. 图解金工实训[M]. 武汉：华中科技大学出版社，2015.
[10] 陈作炳，马晋. 工程训练教程[M]. 北京：清华大学出版社，2010.
[11] 方海生，何国旗. 金工实习指导书[M]. 成都：电子科技大学出版社，2014.
[12] 张学政，李家枢. 金属工艺学实习教材[M]. 北京：高等教育出版社，2011.
[13] 任国成，崔明锋. 工程训练[M]. 北京：化学工业出版社，2017.
[14] 谢志余，朱瑞富，顾荣. 工程训练[M]. 北京：科学出版社，2018.
[15] 赵越超，董世知，李莉. 工程训练[M]. 2版. 北京：机械工业出版社，2015.
[16] 高进，方斌，杨芳，等. 工程技能训练和创新制作实践[M]. 北京：清华大学出版社，2011.
[17] 周燕飞. 现代工程实训[M]. 北京：国防工业出版社，2010.
[18] 王志海. 机械制造工程实训[M]. 北京：清华大学出版社，2010.
[19] 邱坤. CAD/CAM技术综合实践[M]. 北京：清华大学出版社，2014.
[20] 郭静. AutoCAD 2017基础教程[M]. 北京：清华大学出版社，2017.
[21] 王广春. 快速成型与快速模具制造技术及其应用[M]. 3版. 北京：机械工业出版社，2019.
[22] 喻一帆. 我国工业机器人产业发展探究[D]. 华中科技大学，2016.
[23] 张培艳. 工业机器人操作与应用实践教程[M]. 上海：上海交通大学出版社，2009.
[24] 龚仲华，龚晓雯. 单元结构的工业机器人手腕设计[J]. 机床与液压，2017（21）：89-91.
[25] 龚仲华. 工业机器人结构及维护[M]. 北京：化学工业出版社，2017.
[26] 高永伟. 工业机器人机械装配与调试[M]. 北京：机械工业出版社，2017.
[27] 龚仲华. 工业机器人从入门到应用[M]. 北京：机械工业出版社，2016.
[28] 王大伟. 工业机器人应用基础[M]. 北京：化学工业出版社，2018.
[29] 李慧. 工业机器人及零部件结构设计[M]. 北京：化学工业出版社，2016.
[30] 张宪民. 工业机器人应用基础[M]. 北京：机械工业出版社，2015.